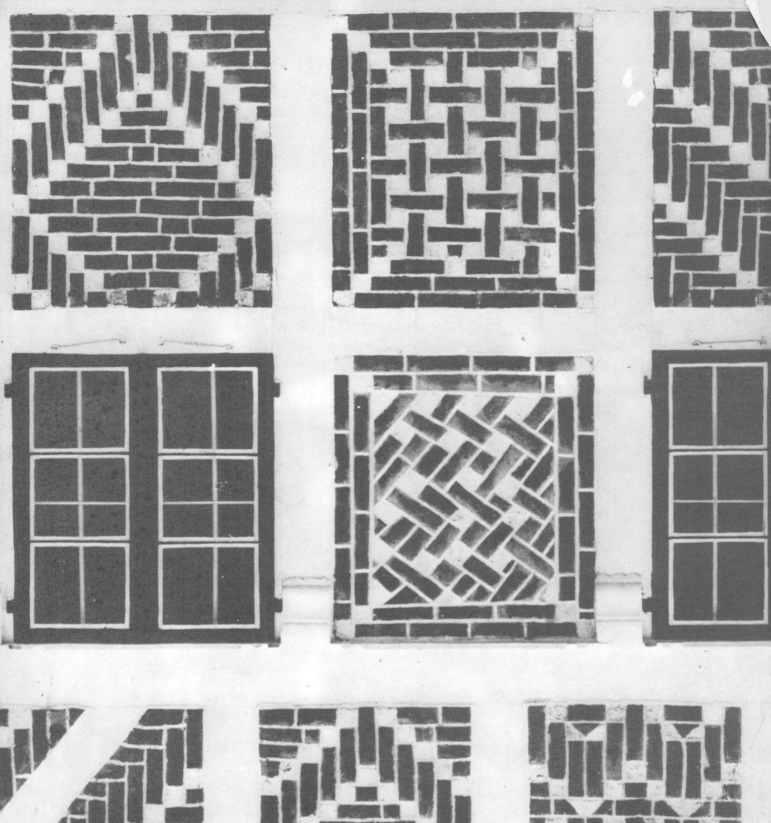

68,–

VERLAG FRITZ MOLDEN
WIEN / MÜNCHEN / ZÜRICH

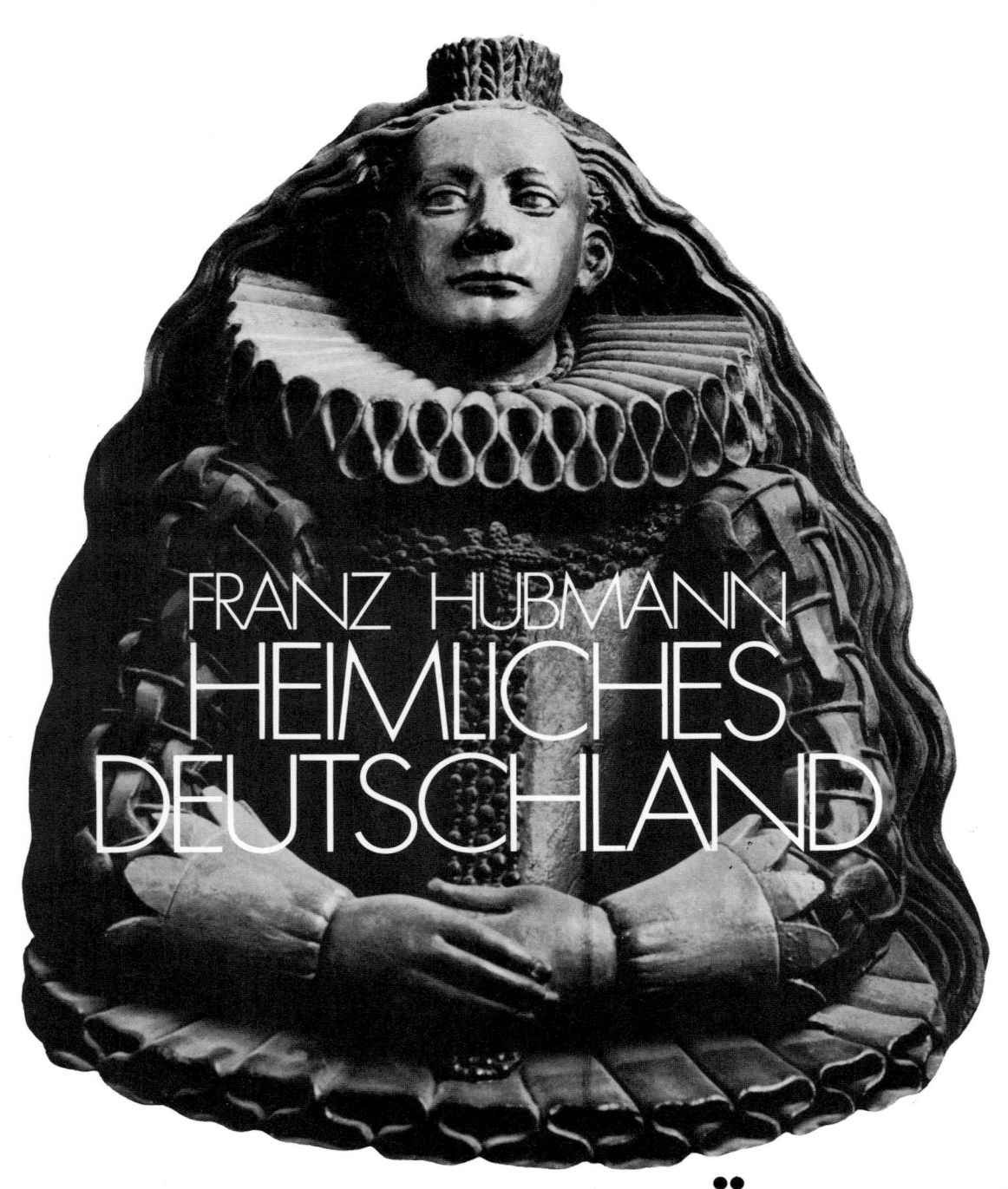

FRANZ HUBMANN
HEIMLICHES
DEUTSCHLAND

VERBORGENE SCHÖNHEIT
IN LANDSCHAFT UND KULTUR

1.—10. TAUSEND

COPYRIGHT © 1976 BY VERLAG FRITZ MOLDEN, WIEN-MÜNCHEN-ZÜRICH
ALLE RECHTE VORBEHALTEN
SCHUTZUMSCHLAG UND AUSSTATTUNG: HANS SCHAUMBERGER, WIEN
LEKTOR: MAX POLATSCHEK
TECHNISCHER BETREUER: FRANZ HANNS
SCHRIFT: GARAMOND-ANTIQUA
SATZ: ASTORIA, WIEN
REPRODUKTIONEN: C. ANGERER & GÖSCHL, WIEN
DRUCK: C. & E. GROSSER, LINZ
BINDEARBEIT: A. POPEK, WIEN
ISBN 3-217-00757-3

Heimliches Deutschland – was will dieser Titel sagen?
Soll hier etwas gezeigt werden, das heimlich im Verborgenen blüht, ein unbekanntes Deutschland, abseits der großen Heerstraßen, ein bißchen Fremdenverkehrslenkung für Ferienreisen?
Oder geht es darum, die Schönheit von Dingen sichtbar zu machen, die offen zutage liegen, an denen wir vielleicht täglich vorbeilaufen, die wir aber so gewohnt sind, daß wir sie übersehen? Und es geht darum, über äußere Schönheit zum Nachdenken über historische Hintergründe anzuregen!
Was ist Deutschland, was ist deutsch eigentlich?
Seit fast 2000 Jahren, genau seit dem Jahre 9 nach Christi Geburt, als Germanen in der Schlacht im Teutoburger Wald „ins Licht der Geschichte traten" und das römische Weltreich erschütterten, gab es immer wieder Versuche, die verschiedenen Stämme zu einigen und ein Reich, eine Nation zu schaffen. Das „Heilige Römische Reich", von dem man seit dem 15. Jh. mit dem Zusatz „Deutscher Nation" sprach, bestand in Wirklichkeit aus einer Unzahl von oft einander befehdenden Fürstentümern und Herrschaften; ein Reich, oft nur dem Titel nach mühsam über die Jahrhunderte erhalten. Das „zweite Reich", von Bismarck mit Blut und Eisen zusammengeschmiedet, brachte es auf ganze 47 Jahre, der Wahnwitz des „Dritten Reiches" währte 12 Jahre. Dazwischen immer wieder Leerläufe, Durcheinander, Gegeneinander, und heute wieder zwei deutsche Staaten. Eine wirklich dauerhafte Einheit, politisch wie auch national, wie sie etwa die Franzosen immer besaßen, blieb ein unerfüllter Wunschtraum.
Deutschland, in dem zu Anfang des vorigen Jahrhunderts die „Blaue Blume der Romantik blühte", das Goethe und Schiller hervorbrachte, warf sich mit aller Gründlichkeit in den folgenden Jahrzehnten der Technik in die Arme und wurde zu einem der führenden Industriestaaten der Welt. Seine zentrale Lage in Europa – und plötzlich nach der Einigung zugeschossene Kräfte – ließen es zur Militärmacht werden und als Land des Militarismus gelten. Heute wieder glaubt man, ein Land von Händlern und Geschäftsleuten zu

sehen, die dauernd nur vom Wirtschaftswachstum und Gewinn sprechen. Wo ist das wahre Deutschland? Gilt den einen der Begriff Deutschland als gleichbedeutend mit Säbelrasseln, Stechschritt und Ärgerem, so ist es für ebenso viele ein Stichwort, unter dem Gemütlichkeit, Gemüt, Romantik und Musik subsumiert werden. Wo ist das Deutschland mit Gemüt? Muß es denn nicht etwas geben, das allen Deutschen gemeinsam ist? Ein einigendes Band trotz Jahrhunderten alter und Jahrzehnten neuer Zersplitterung? Woher kämen denn sonst so geläufige Begriffe wie „urdeutsch", „deutsches Wesen", „deutsches Gemüt", „deutsche Gründlichkeit", „deutsche Seele", oft als Schlagworte gebraucht, doch in der Welt bestimmte Vorstellungen auslösend?

In meiner Kinderzeit hatte ich Märchenbücher mit Illustrationen von Ludwig Richter oder Moritz von Schwind. Auf allen diesen Bildern sah man verträumte Städtchen mit Türmen und Mauern, Häuser mit Holzverstrebungen – heute weiß ich, daß dies Fachwerk ist –, Bäume und Wälder – alles romantisch gezeichnet. Ein Teil meiner Vorstellung von „deutsch" und „deutschem Wald" stammt daher. Hänge ich jetzt einem Kindertraum nach, wenn ich diese Welt suche? Ich glaube, es gibt sie noch, nur muß man sie sehen.

Vom „Alten Land" bei Hamburg über die Lüneburger Heide und Westfalen, über Städte wie Goslar, Hannoversch Münden, Limburg, Fritzlar und Melsungen bis nach Franken und dem Schwarzwald erstreckt sich eine Fülle von Fachwerkhäusern in den verschiedensten Arten und von einmaliger Schönheit. Das ist noch sehr deutsch und trotz aller Verschiedenheiten sehr einheitlich, und es prägt noch ganze Städte. Die ältesten dieser Häuser stammen aus der Gotik, der größte Teil aus dem 16. und 17. Jahrhundert. Die Palette reicht vom einfachen Bauernhaus über die großen und reichverzierten Höfe Niedersachsens und des Marschlandes bis zum prunkvollen Stadthaus, reich mit geschnitzten Figuren geschmückt. Wenn ich an kleine Städte in Oberhessen denke, an Homburg oder Allendorf, ganze

Straßenzüge in Fachwerk, liebevoll gepflegt, ohne einen Betonbau dazwischen, dann wird mir warm ums Herz. Hier ist das Leben noch sehr familiär und gemeinschaftlich, hier kehrt man noch am Sonnabend vor seiner Haustür den Gehsteig, die Stadt gehört einem noch, und man gehört zu ihr. Es ist noch nicht die Anonymität des Wohnens wie in den großen Städten. Daran ist wohl auch die liebenswerte Umwelt schuld, die den Menschen beeinflußt.

Dies ist eine eigene Welt, von Kennern heute schon hochgeschätzt, ein heimliches Deutschland.

Auf einem dieser alten Häuser in Oppenheim am Rhein steht der Spruch: „Vom Alten sollst Du behalten, was gut ist und schön." Das war 1736! Man hat also schon damals ohne Nostalgie gewußt, daß und warum man etwas bewahren soll. In den romanischen Kaiserdomen von Speyer, Worms und Mainz lebt etwas von Deutschlands großer Geschichte. Schon ihre riesige Anlage – der Dom zu Speyer hat eine Länge von 134 Meter – will das Heilige Römische Reich repräsentieren. Zum Unterschied von anderen Kirchenbauten haben diese Dome zwei Chöre: im Osten den Priesterchor für die Geistlichkeit, im Westen den Chor mit dem Sitz des Kaisers. Symbol des Kaisertums, Einheit von weltlicher und geistlicher Macht. Speyer war aus diesen Symbolgründen immer als Grablege begehrt, von den Saliern über die Hohenstaufen bis zu den Habsburgern. Rudolf von Habsburg, der die „kaiserlose, die schreckliche Zeit" beendete, liegt hier begraben, sein Tumbadeckel steht heute in der Krypta des mächtigen Domes.

Als man 1900 die ältesten Kaisergräber öffnete, fand man die Gebeine noch mit Kleidern und Schuhen bedeckt. Die Schädel trugen Grabkronen aus Kupferblech mit dem jeweiligen Namen in vergoldeter Schrift, Kupferkronen als Sinnbild der Demut und nicht als Attribut der weltlichen Macht. Im nahen Museum sieht man diese Stücke. Man sieht eine Locke vom Haupt Kaiser Konrads II., der den Dombau im Jahre 1030 begann, schönes kastanienbraunes Haar, die Locke seiner Gemahlin, der Kaiserin Gisela, ein reines Goldblond. Auf der Totenkrone ist ihr Name in der

Koseform eingraviert: „Gisle" – auch Kaiser können zärtlich sein – heimliches Deutschland!

Grabmäler erzählen Geschichte. Nicht nur die künstlerisch wertvollen Prunkepitaphe von Fürsten und Grafen, sondern auch die Tafeln auf den Grabsteinen der Friedhöfe in den Dörfern und Städten. Figurale Denkmäler konnte sich in früheren Jahrhunderten nur der Adel und die Geistlichkeit leisten. Hier tritt uns der Mensch von damals entgegen. Die Epitaphe von Tilman Riemenschneider in Würzburg zeigen uns dramatische Menschenporträts. Werke kleinerer oder unbekannter Bildhauer wirken durch Naivität, Robustheit und oft unfreiwillige Komik. Immer aber stellt man fest, daß sich der Mensch nicht so sehr verändert hat. Wäre nicht die Kleidung, die Gesichter würden auch in unsere Zeit passen. Manche der Mainzer Bischöfe auf den Epitaphen im Dom sehen aus wie derbe Bauern; doch sie waren unter den Kurfürsten die wichtigsten, sie waren die Königsmacher des Reiches.

Der Blick der Galionsfiguren im Museum von Altona ist starr in die Ferne gerichtet, in eine Ferne, die ihre Schiffe zur großen Zeit der Hanse mit schwerer Fracht und vollen Segeln durchkreuzten.

Die Figuren, Gestalten aus der Mythologie, Kapitäne, Frauen, Tiere, schmückten den Steven der Segelschiffe. Man denkt an die großen Häfen in Bremen, Hamburg und Lübeck, an den Mastenwald, als Schiff an Schiff nebeneinanderlag: Die große Zeit der „Windjammer", wie die Segelschiffe hießen, und jede Seereise war noch ein Abenteuer. Vorbei, vorbei!

Tore und Türme, Giebel und Fassaden, vom Norden, vom Meer, bis zum Alpenrand im Süden, Engel und Putten, die niederbayerische Klosterkirchen bevölkern, die romanischen Kirchtürme in Köln, der ältesten Stadt, sind ein kleiner Ausschnitt aus der Vielfalt dieses Landes.

Wenn es gelungen ist, zu zeigen, daß dieses Land trotz schwerster Verluste eine Fülle von heimlichen Schönheiten besitzt, die es zu bewahren gilt, dann ist der Titel gerechtfertigt.

Franz Hubmann

Die Sonn mit klarem Scheine
Erglastet überall,
Die kühlen Brünnlein reine
Erlusten Berg und Tal,
Viel süßer Lüftlein Güte
Von Auf- und Niedergang,
Aus freier Stimm, Gemüte,
Der hell Waldvöglein Blüte,
Frau Nachtigall, erklang.

Des Walds, der Blümlein Ziere
Gab Wonn und Freudigkeit,
In deutschem Landreviere
War stille Sicherheit.
Der gütig Herr und Gotte,
Sohn, Vater, Heiliger Geist,
Erlös aus aller Note;
Aus Teufels Macht und Tode
Sein göttlich Gnad uns reißt.

Aus „Des Knaben Wunderhorn", 1552

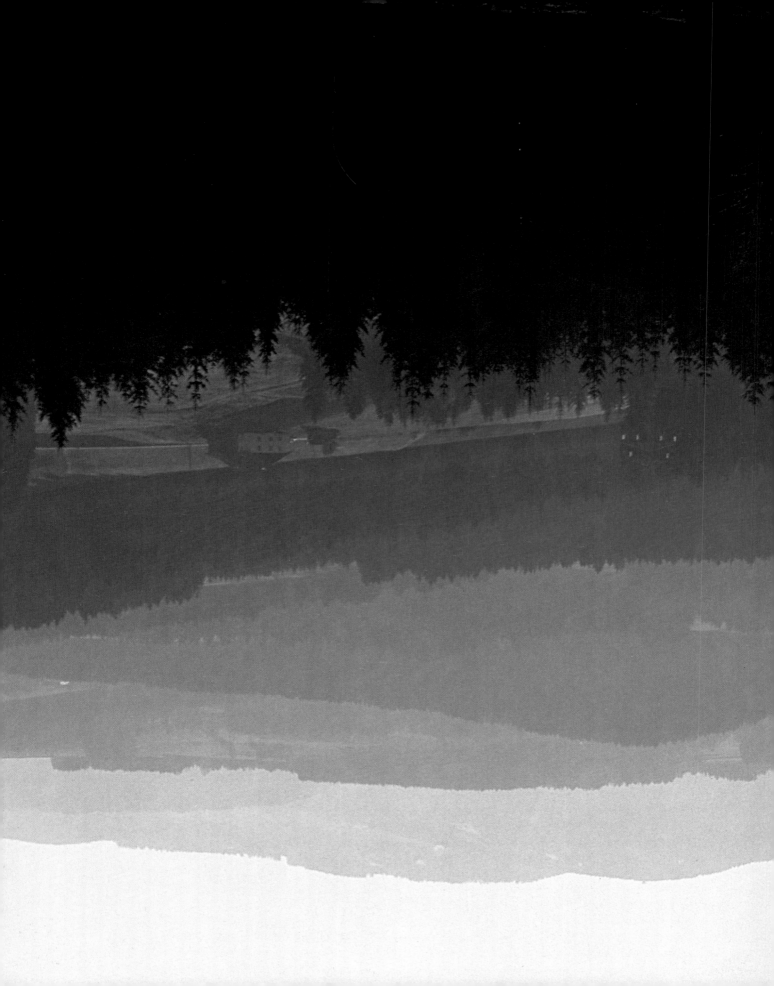

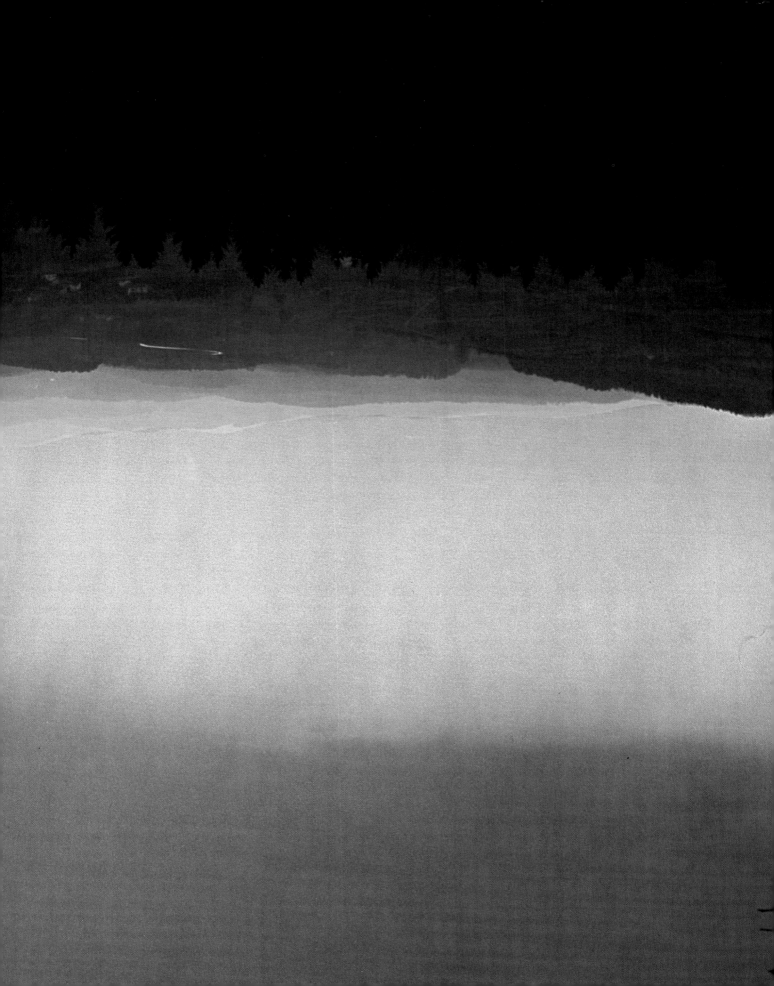

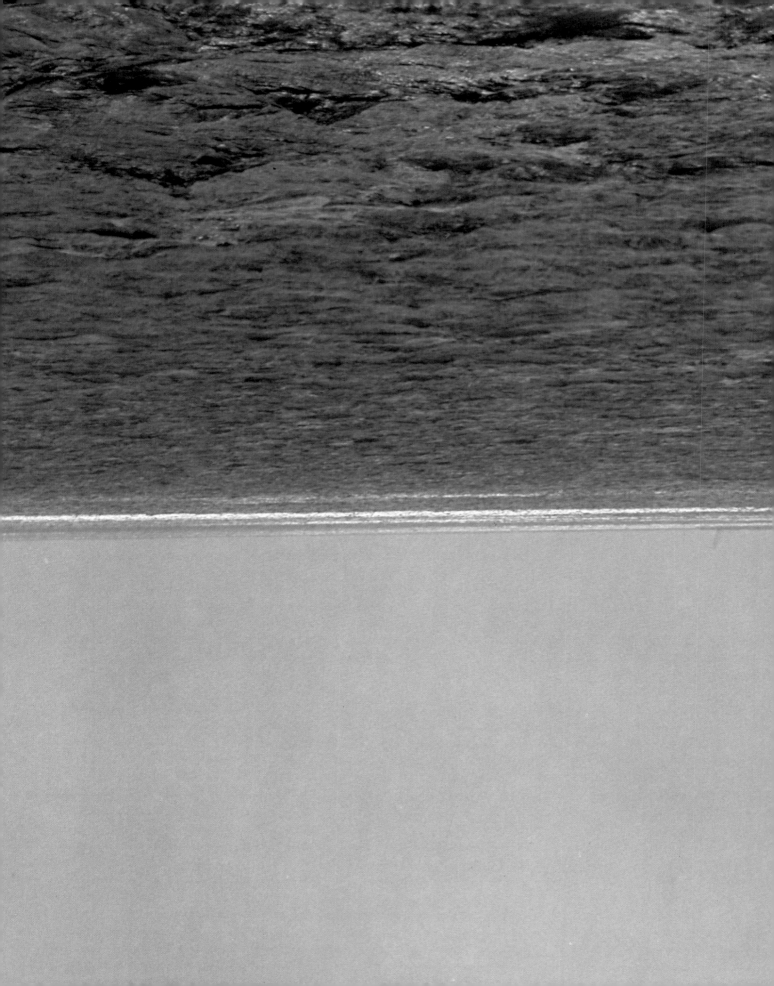

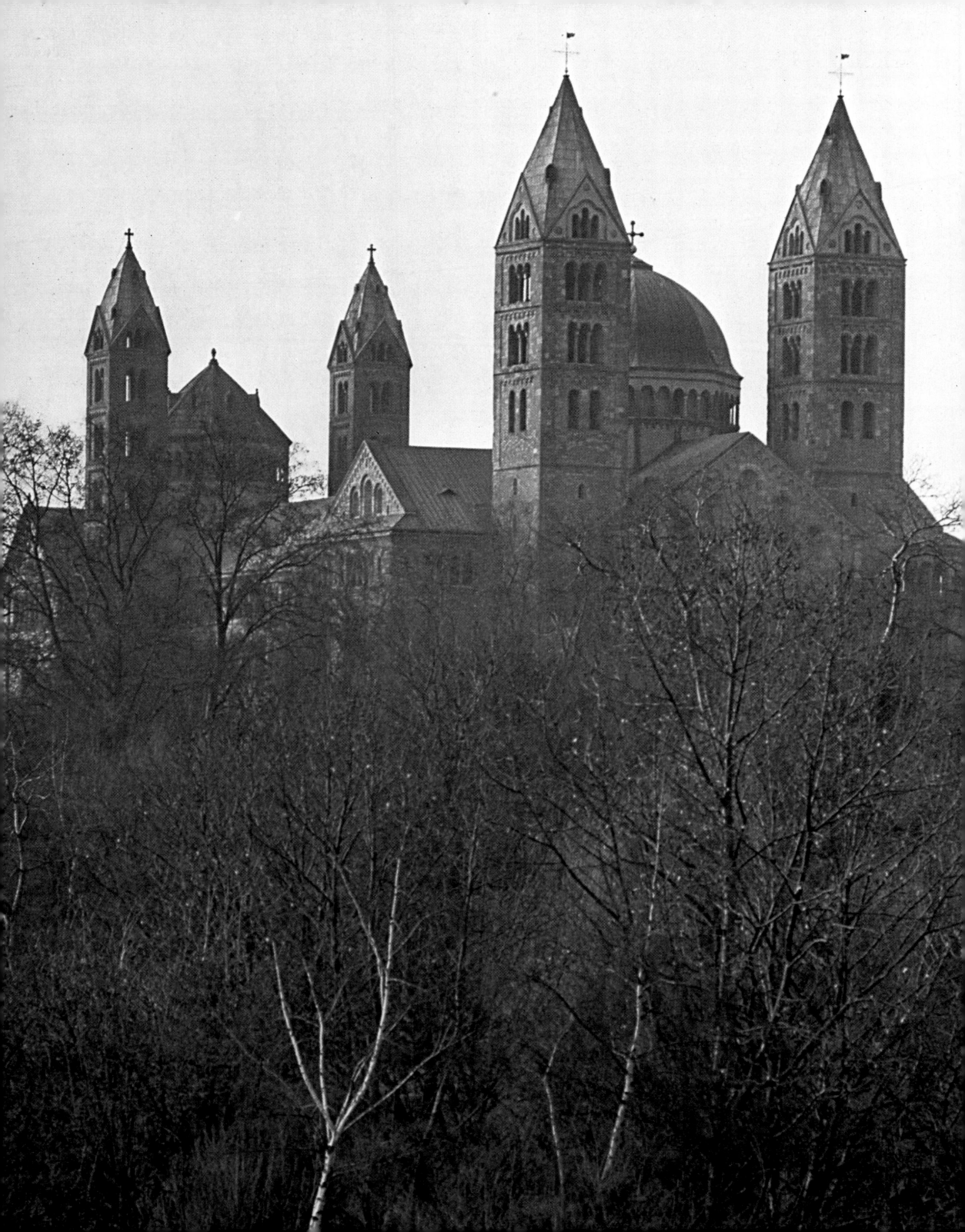

TORE, TÜRME, GIEBEL

Tore und Türen sind Einladung und Abwehr, Türme dienen der Verteidigung in kriegerischen Zeiten, und Giebel sind Behütung und Zier. So war es früher. Und heute?

Das Schmuckbedürfnis der Vergangenheit hat Türen reich verziert, ihnen eine künstlerische Umrahmung gegeben; selbst Tore, die der Abwehr dienten, waren mit schöner Benagelung und Beschlägen versehen oder hatten eine wohlgefällige Form. Noch im Jugendstil sehen wir kassettierte Türen. Heute haben wir eigentlich nur einen Holzladen, denn glatt ist modern.

Auf Türme können wir verzichten, nicht etwa weil unsere Zeit weniger gewalttätig oder kriegerisch wäre, sondern weil weder Mauern noch Türme uns vor der Bedrohung durch Bomben und Granaten schützen können. Die Türme unserer Zeit sind Getreidesilos aus Beton. Und Giebel wären sinnlos, wo wir in Schalbeton oder Fertigteil bauen oder Häuser in Beton gießen und keinen Dachstuhl brauchen. Es werden auch immer mehr Menschen in großen Wohnblocks untergebracht, das ist rationeller; aber all dies führt zu jener Öde und Monotonie unserer Bauten, der man mit farbiger Bemalung und anderen Kunstgriffen begegnen will: freilich vergeblich.

Mit Ausnahme der New Yorker Wolkenkratzer, wo die Monotonie gleichmäßiger Fensterflächen durch die gigantische Höhe und die schlanke Form — einer Stele ähnlich — schon wieder in Rhythmus umschlägt, oder der wenigen Glas-, Stahl- oder Betonhäuser von wirklich hohem Rang hierzulande hat unsere Zeit noch kein Rezept für ein menschenwürdiges Bauen.

Die Bauten der Vergangenheit zeigen, daß neben der Zweckbestimmtheit immer das Schönheitsbedürfnis mit Pate stand, und wenn es sich auch nur um einen Speicher handelte.

Fehlt uns dieser Dräng, oder denken wir nur rationell?

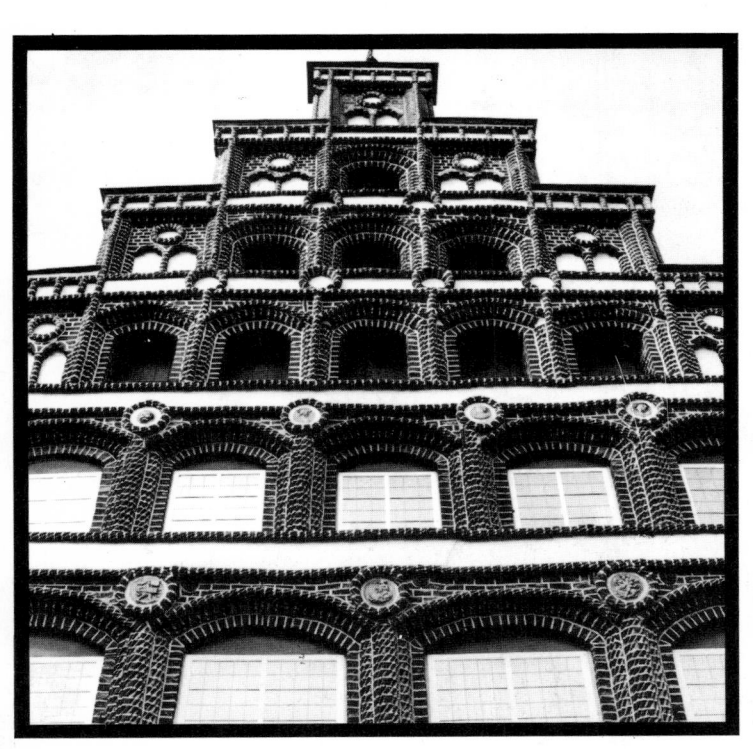
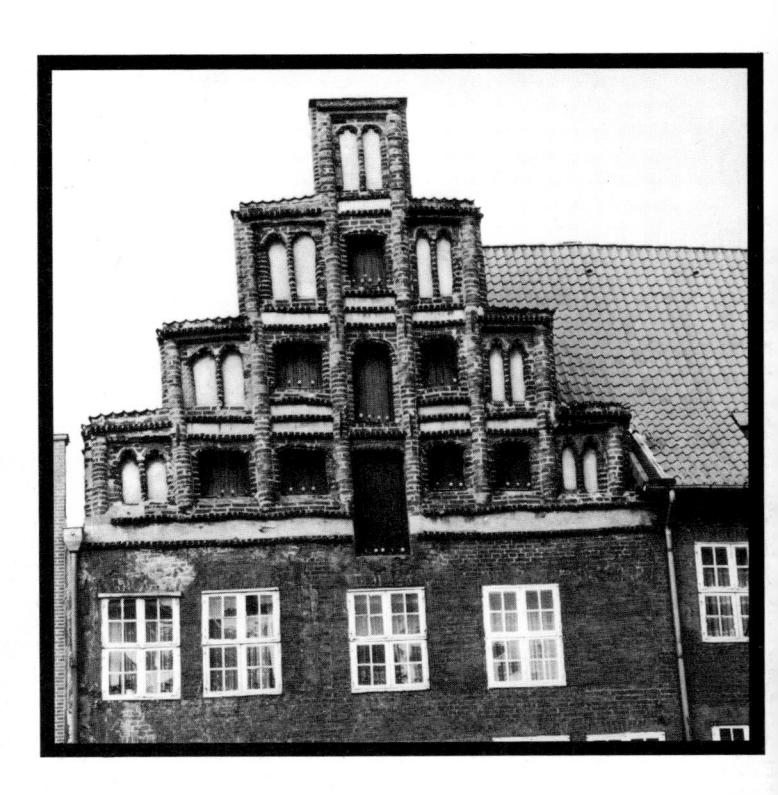
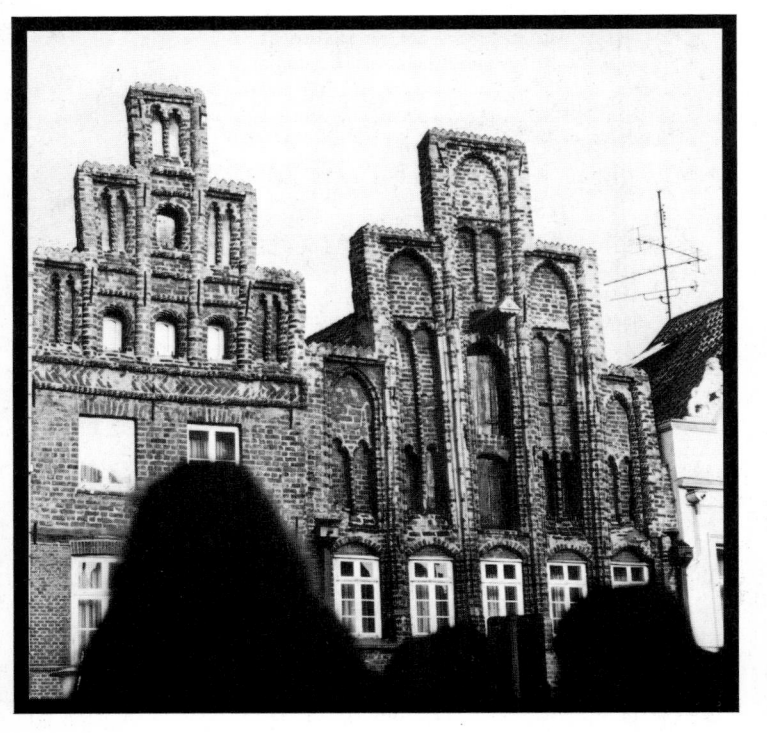
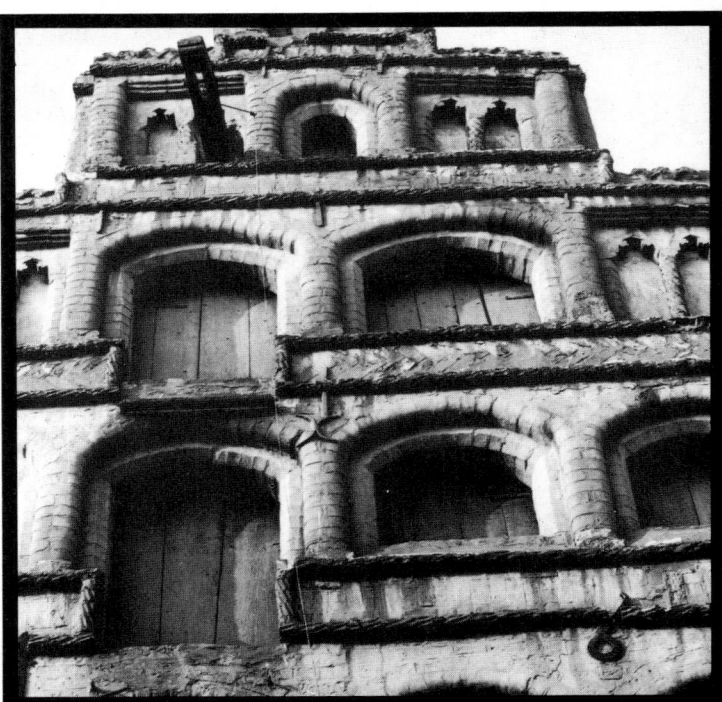

Oben und rechte Seite: Giebel der Backsteinstadt Lüneburg

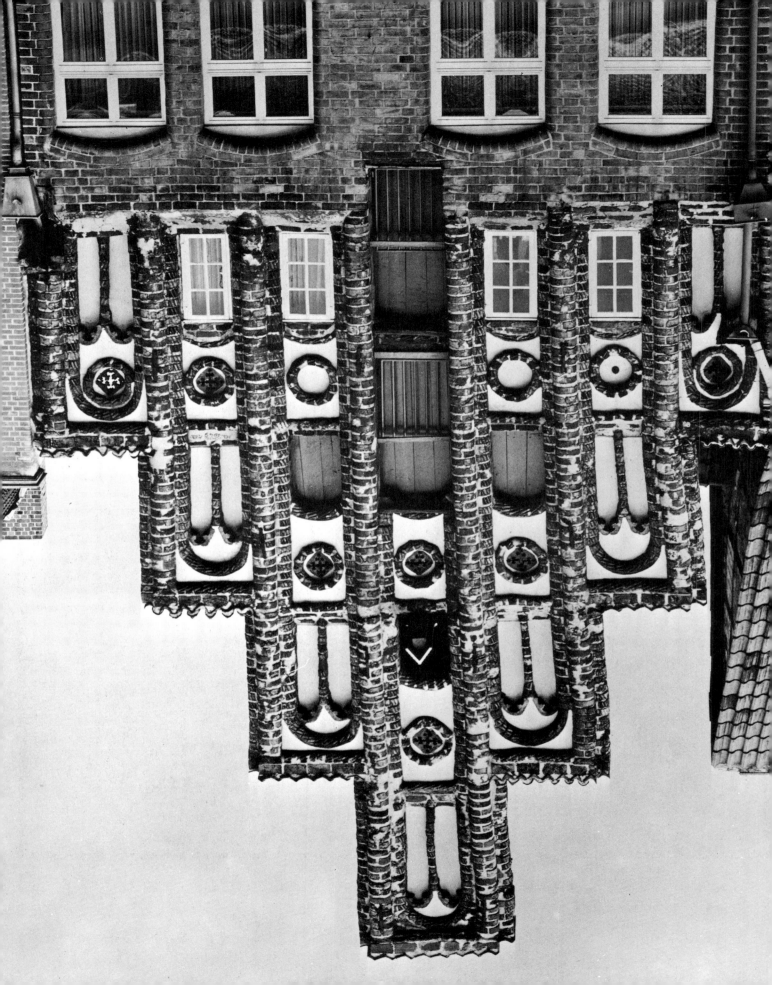

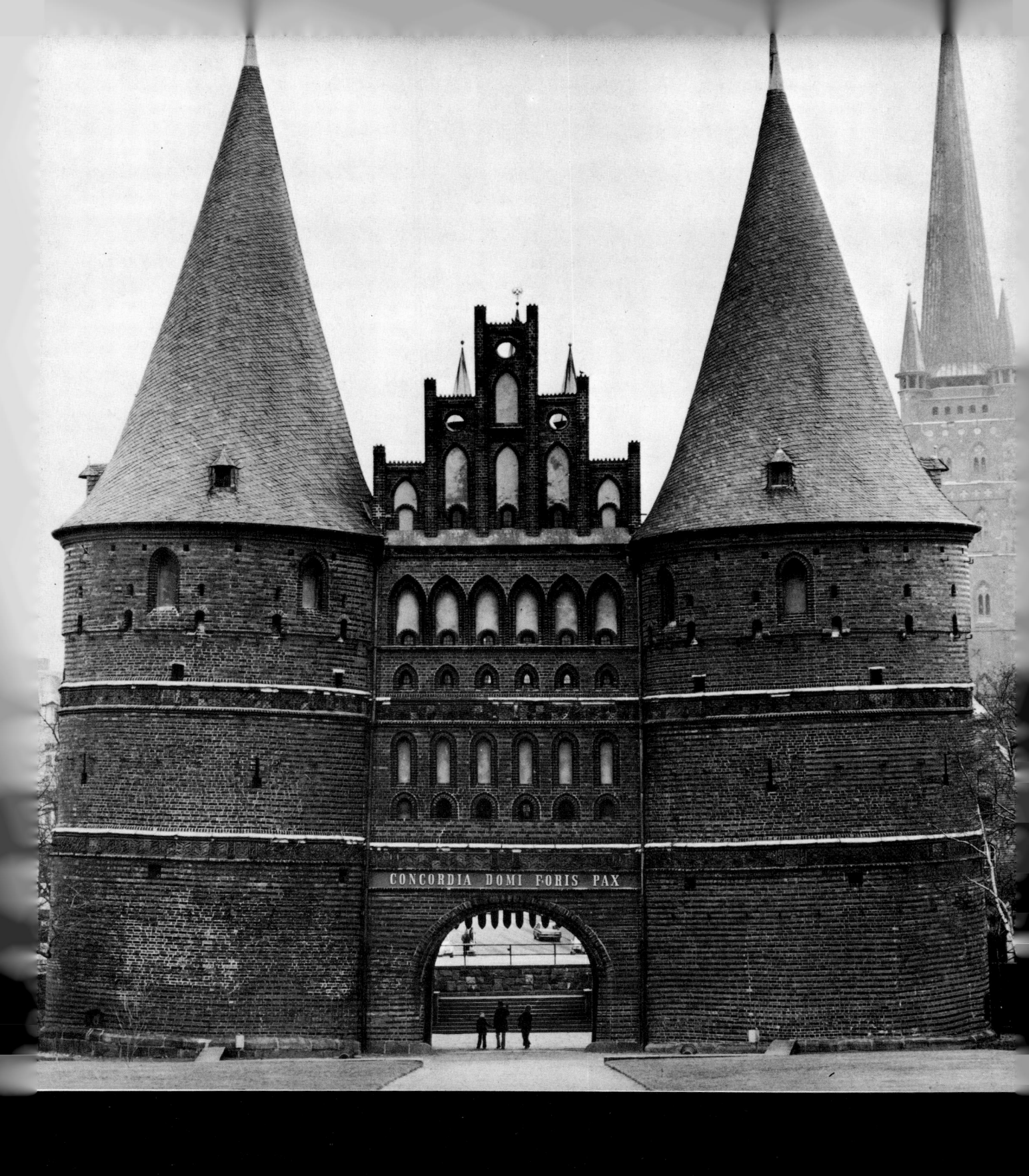

CONCORDIA DOMI FORIS PAX

Das Holstentor, Wahrzeichen der wehrhaften Hansestadt Lübeck, 1477/78

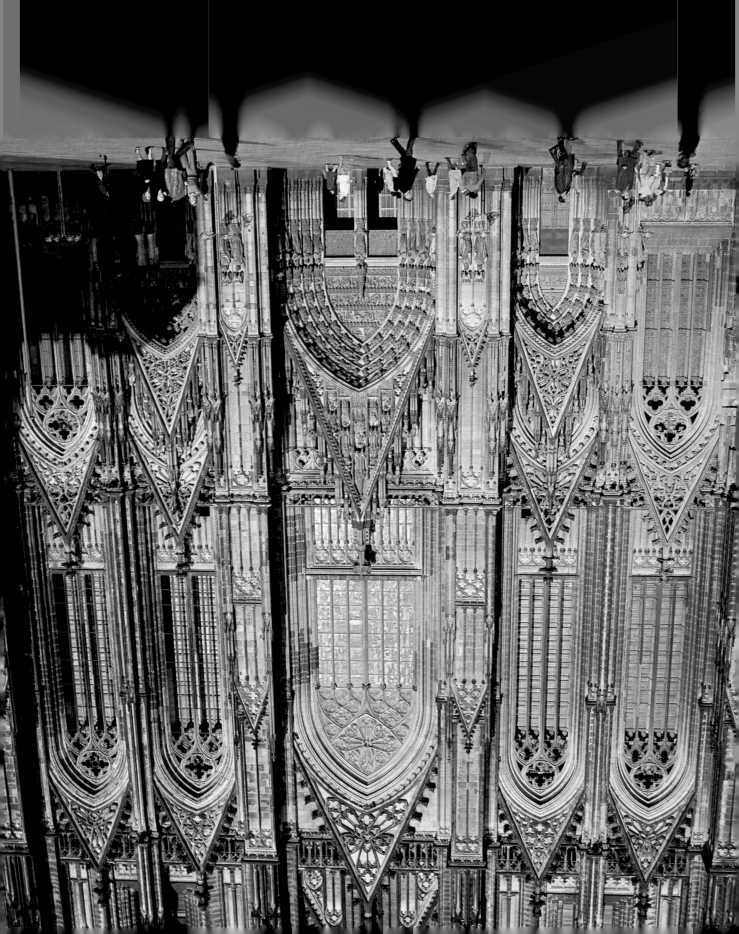

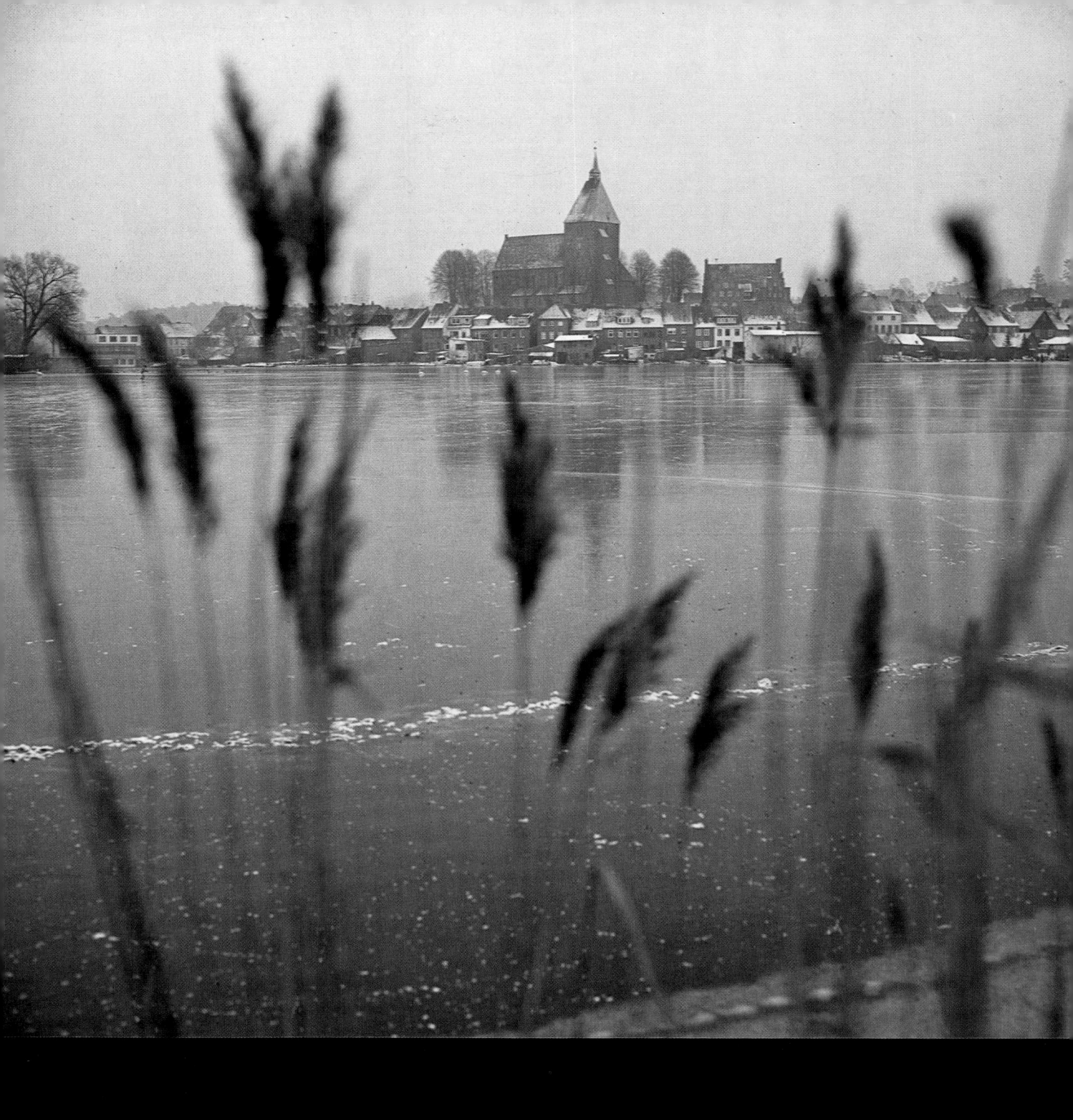

Oben: Mölln, alte Stadt an der Salzstraße Lüneburg-Lübeck im
alten Herzogtum Lauenburg
Rechte Seite: Bürgermeister-Hintze-Haus am Wasser West in Stade, 1621

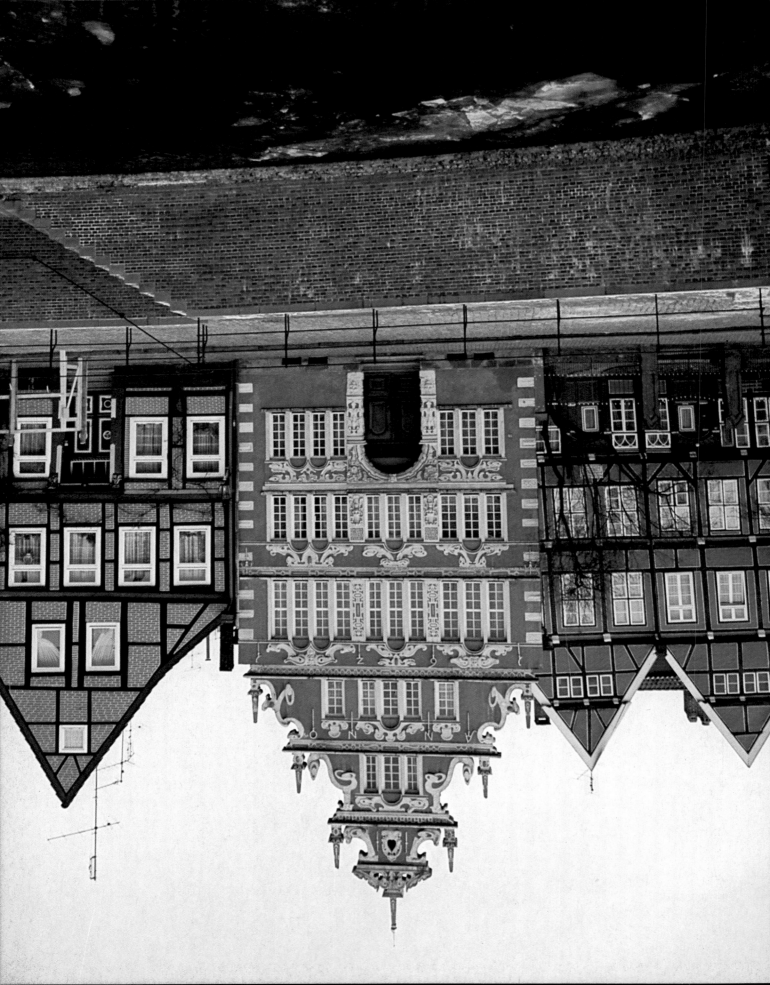

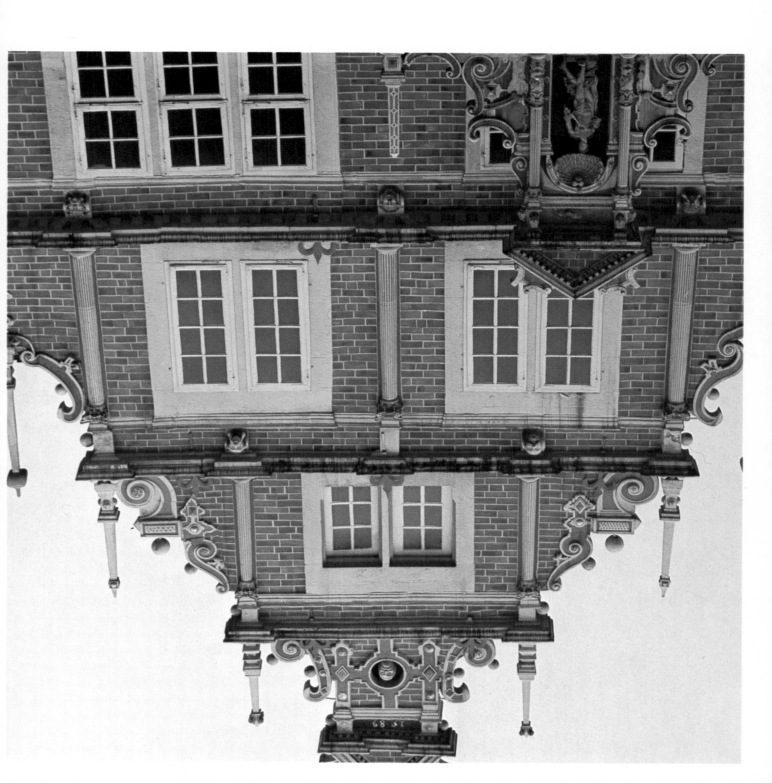

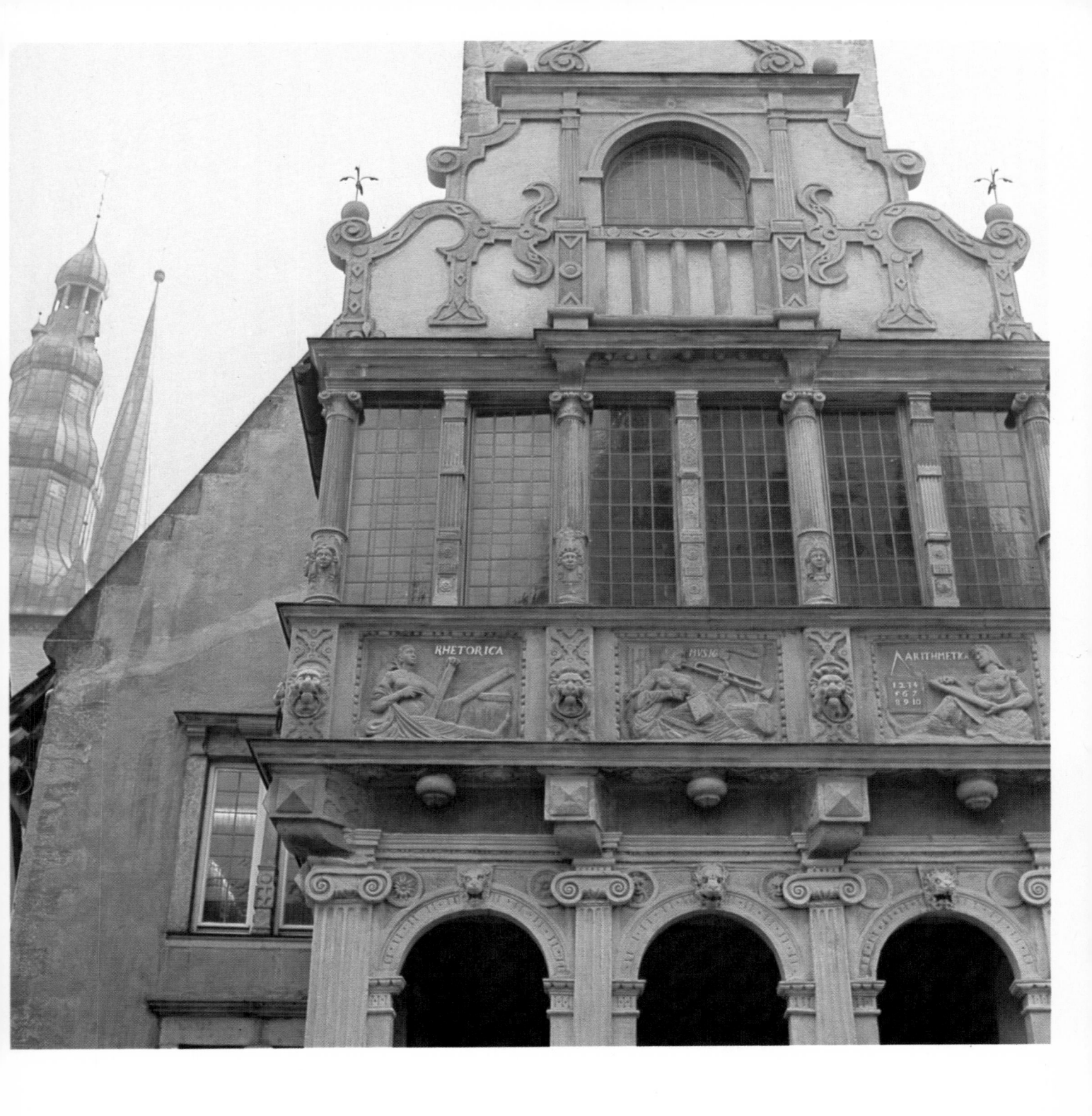

Vorhalle am Rathaus in Lemgo/Westfalen, 1565, darüber die Kornherrenstube, 1589
Folgende Doppelseite: Dinkelsbühl

29

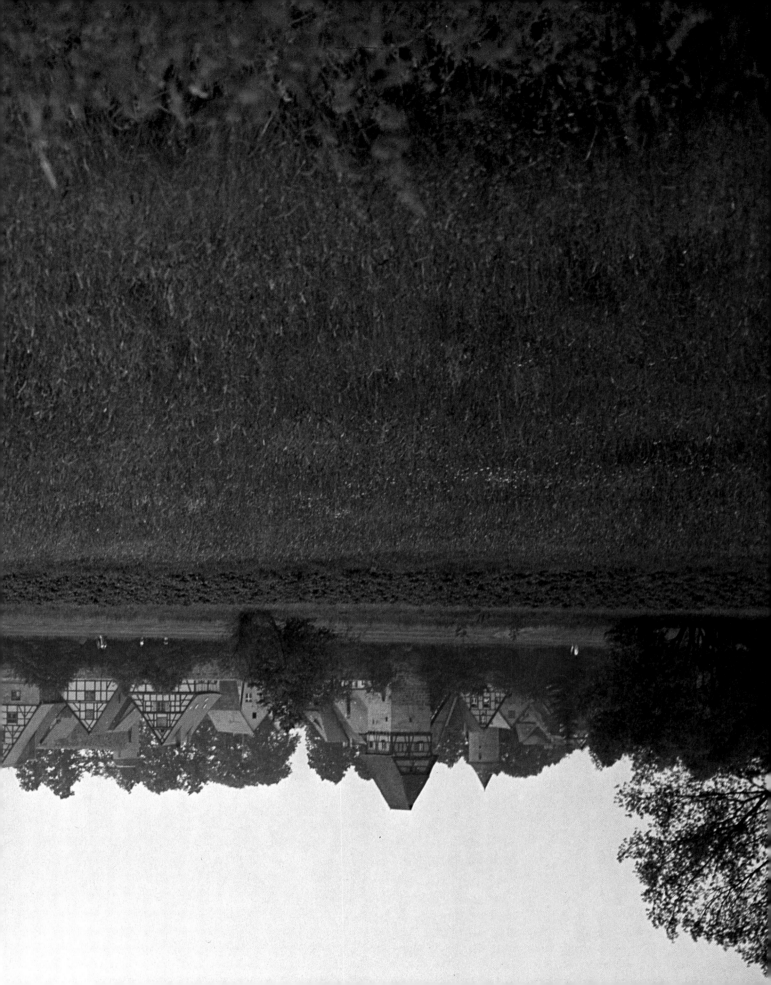

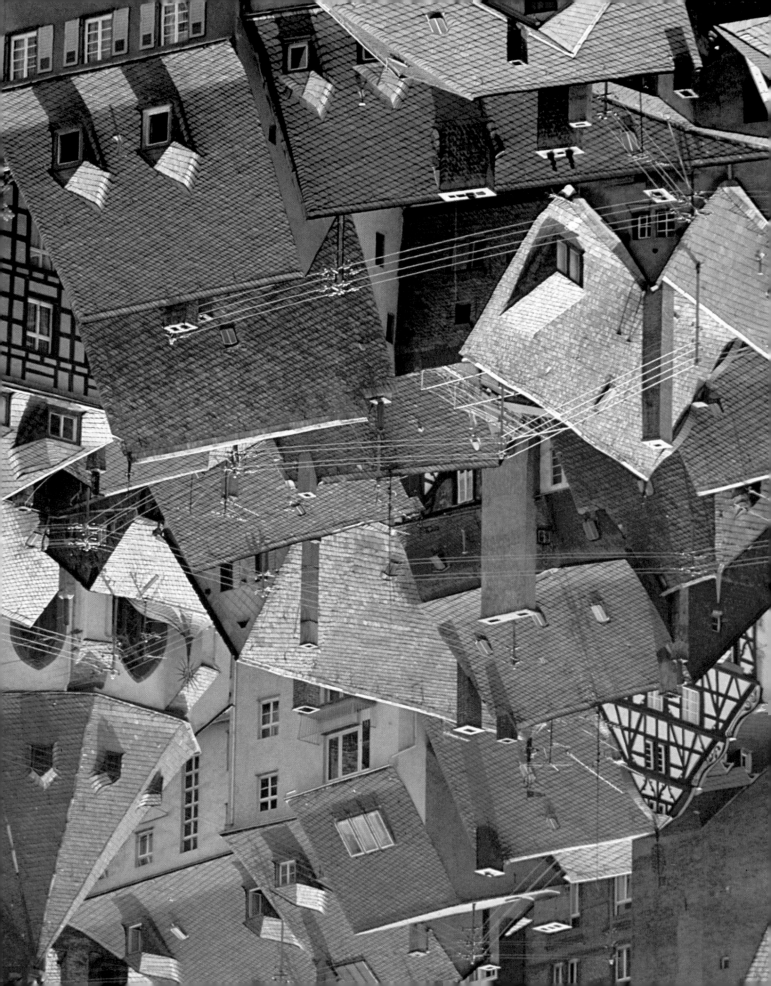

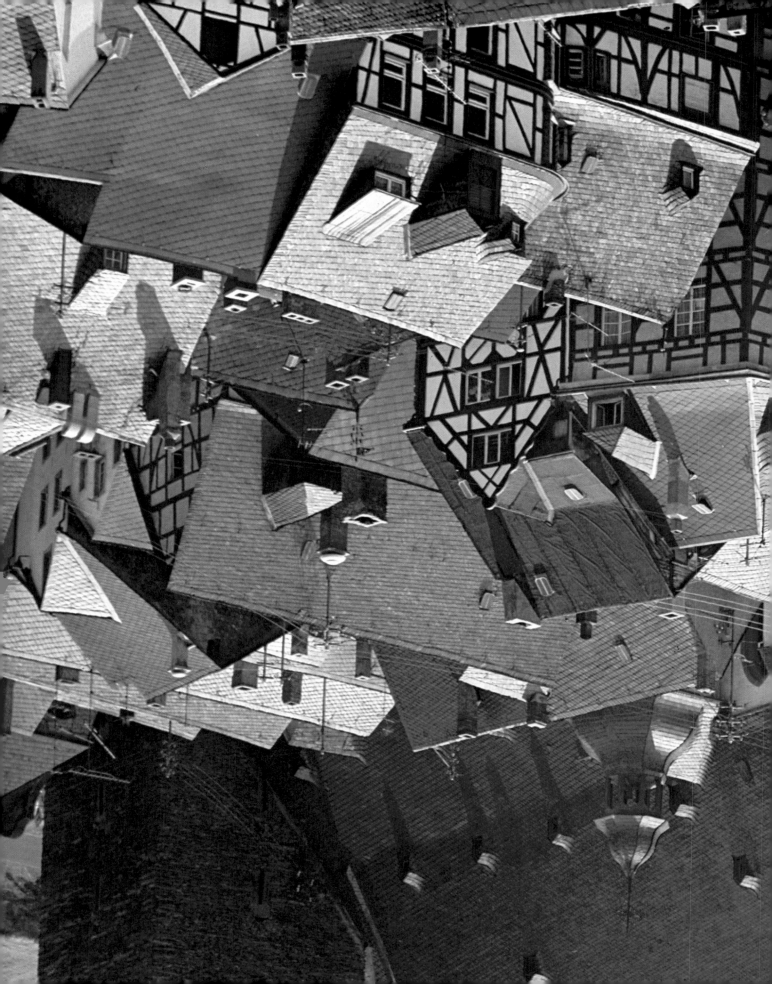

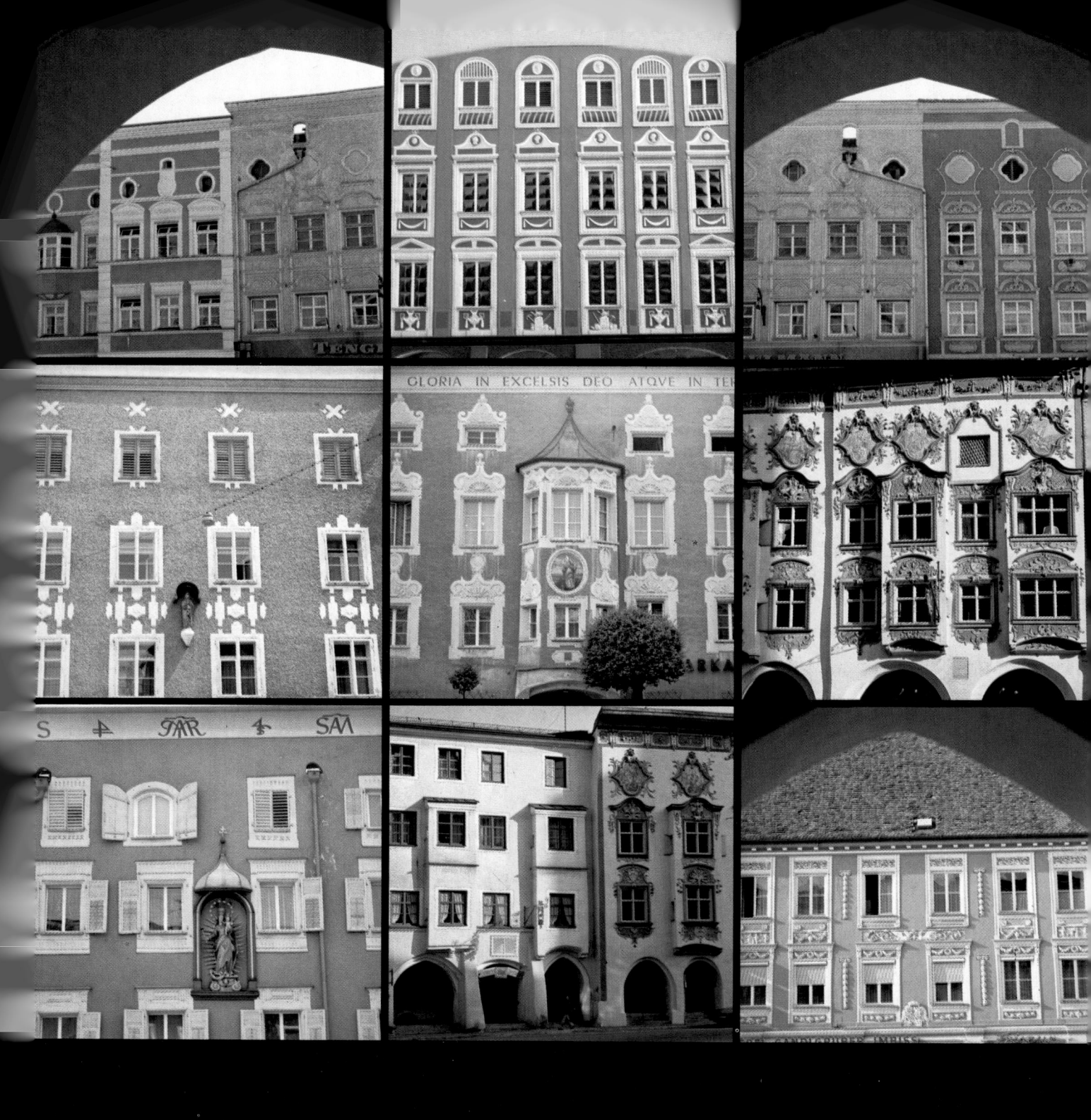

Typische Fassaden der Inn-Salzach-Städte mit ihren Grabendächern.
Links oben beginnend: Mühldorf, Neuötting, Mühldorf, Lauffen, Tittmoning,
Wasserburg, Lauffen, Wasserburg, Neuötting; auf der rechten Seite der „Troadstadel"
am Stadtplatz in Neuötting und der Stadtplatz in Tittmoning
Vorhergehende Doppelseite: Bernkastel an der Mosel

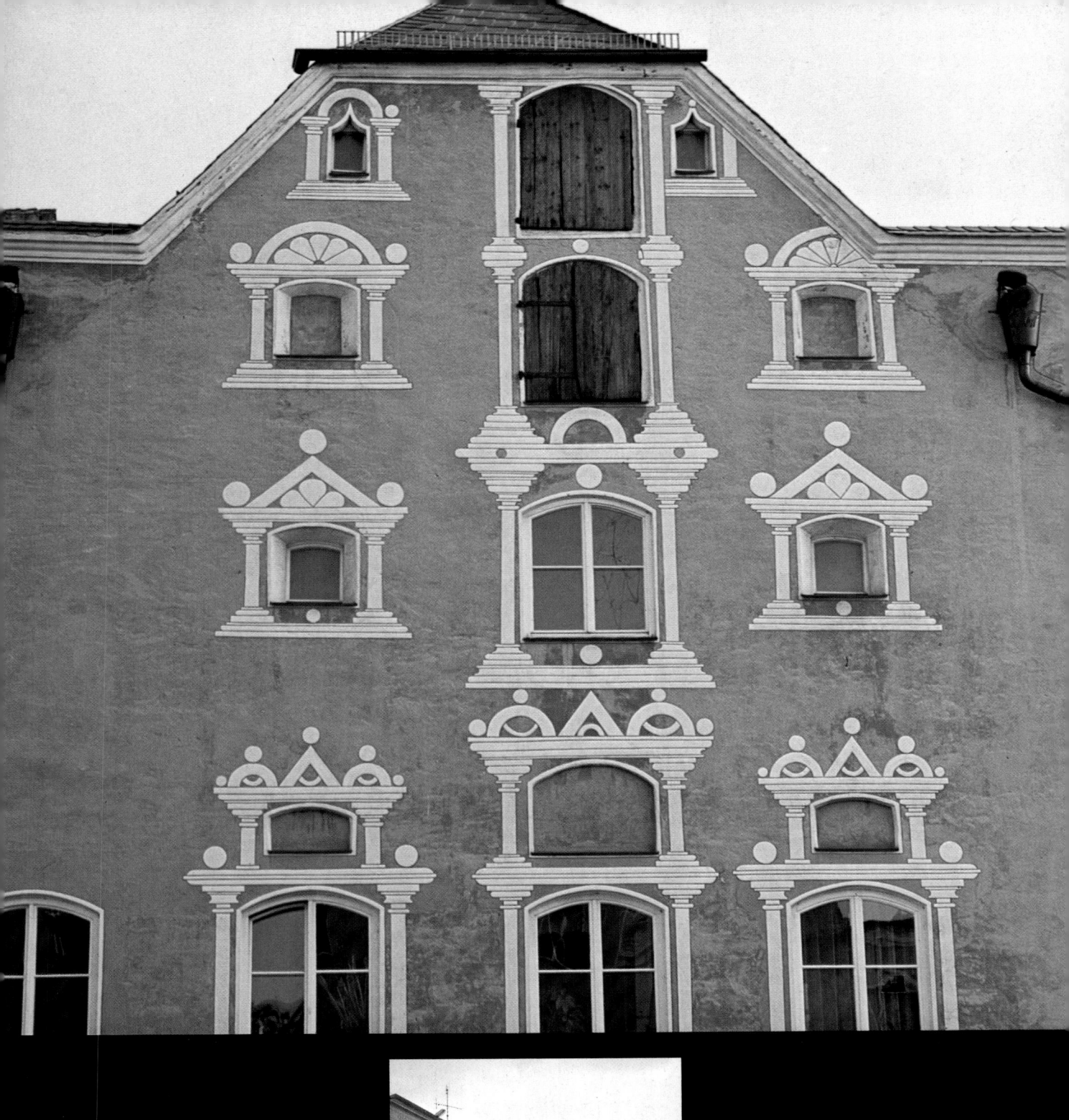

38

Folgende Seite, links: Weinbergstraße
in Frickenhausen am Main
Folgende Seite, rechts: Fachwerkhaus
aus dem 16. Jh. in Bernkastel an der
Mosel

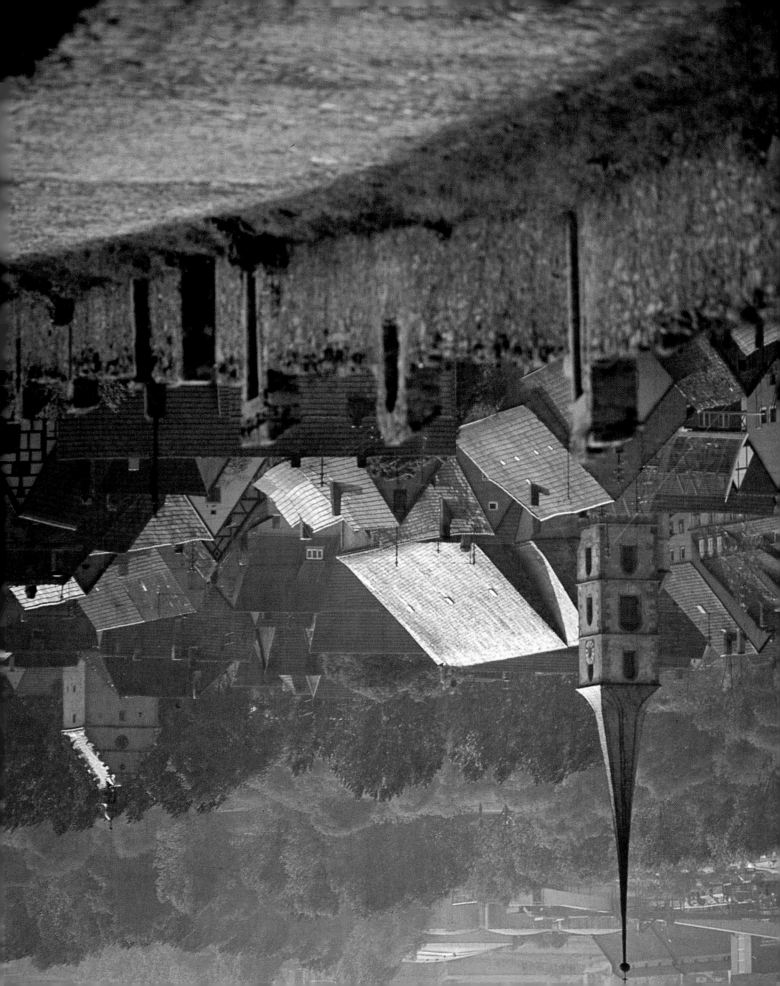

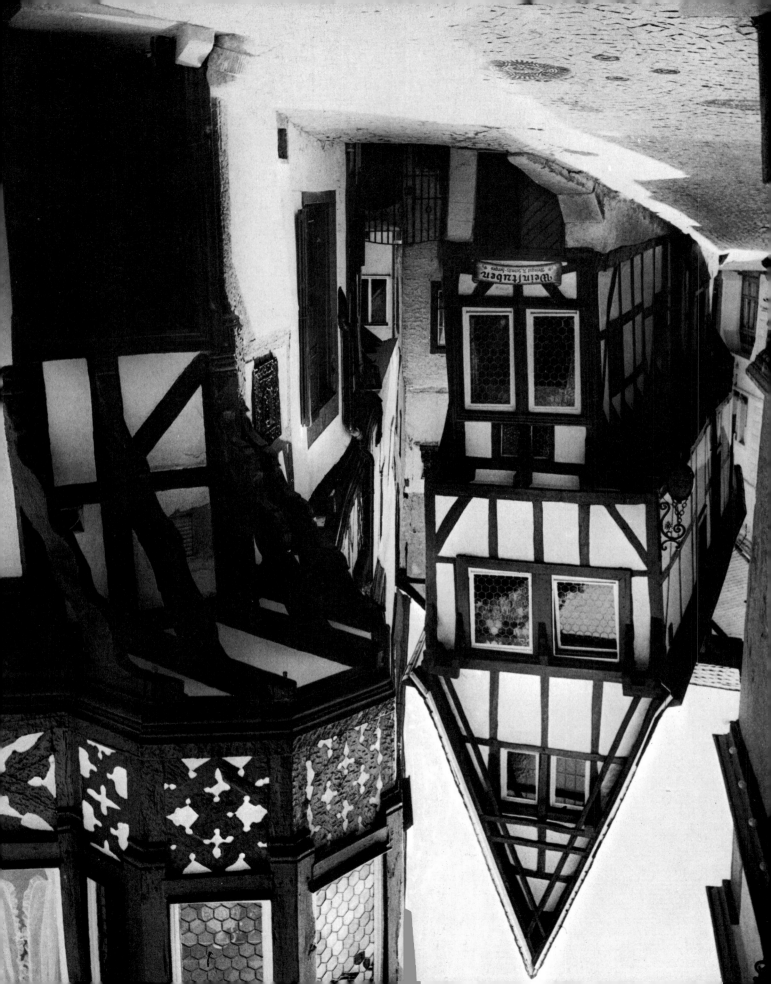

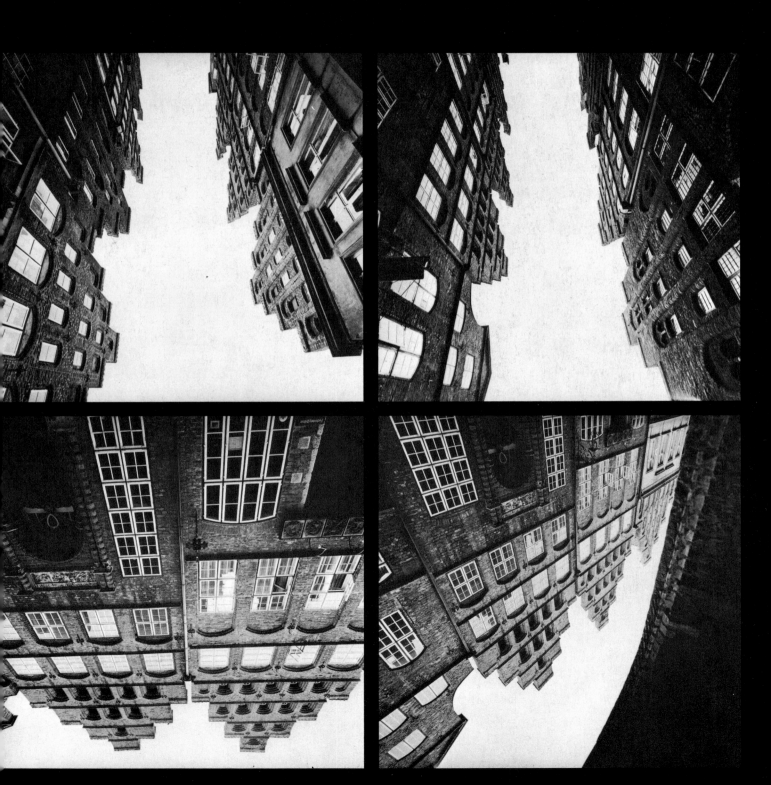

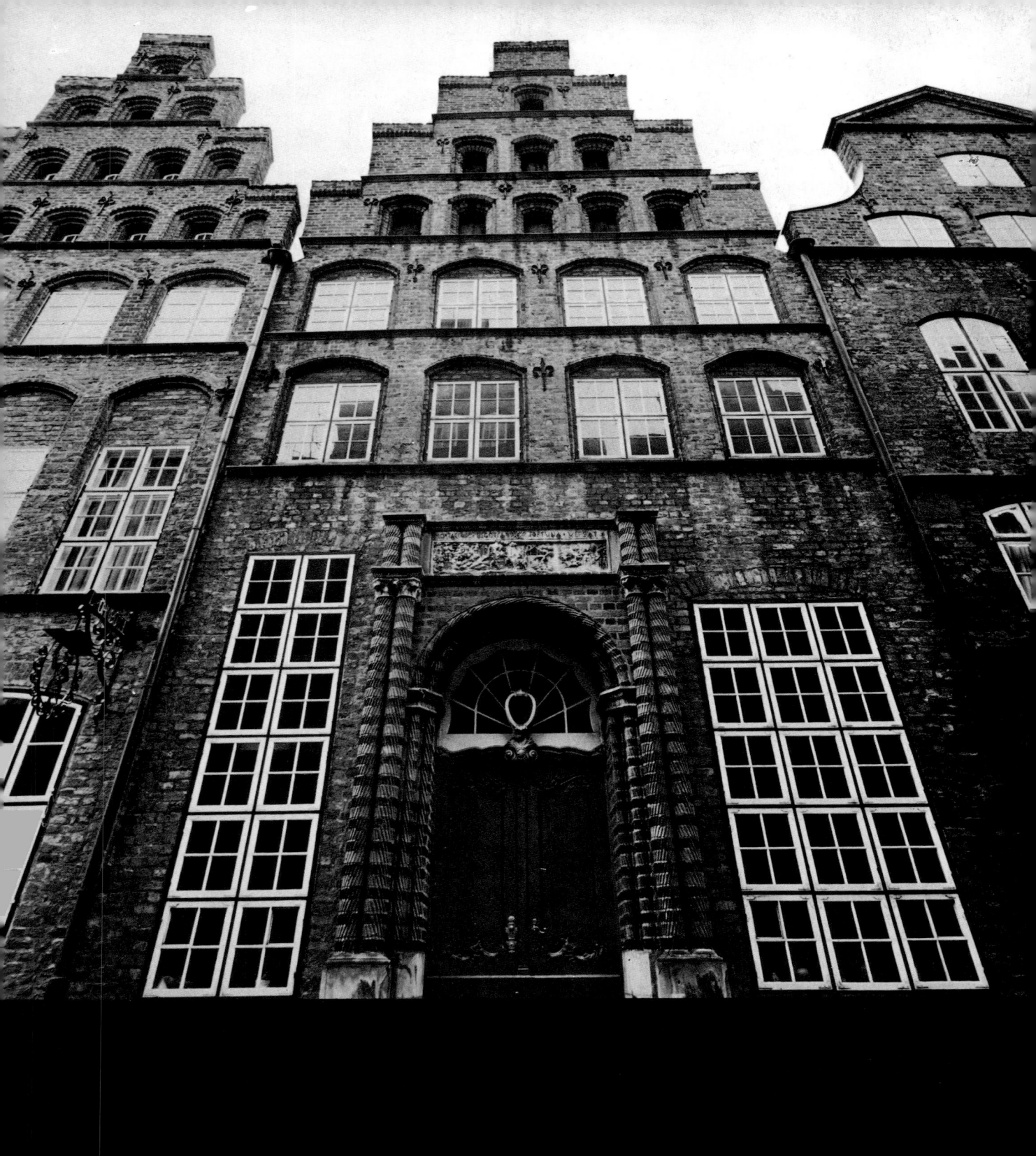

Oben und linke Seite: Giebel alter Kaufmannshäuser in der Mengstraße in Lübeck

39

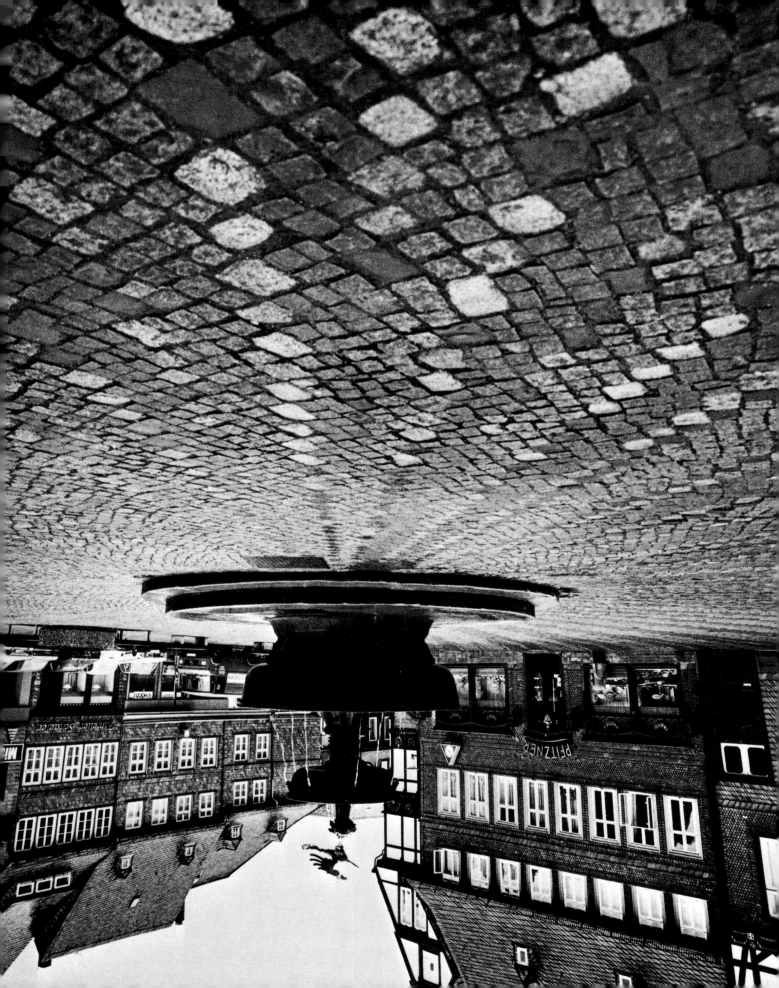

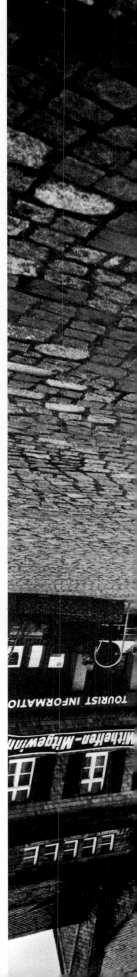
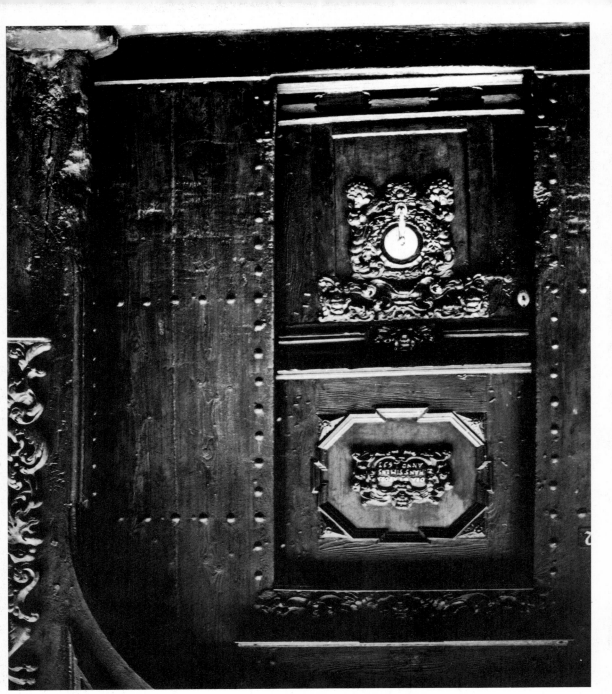

Links: Marktplatz in Goslar
Unten: Türe des Siemenshauses in Goslar, Schreiberstraße

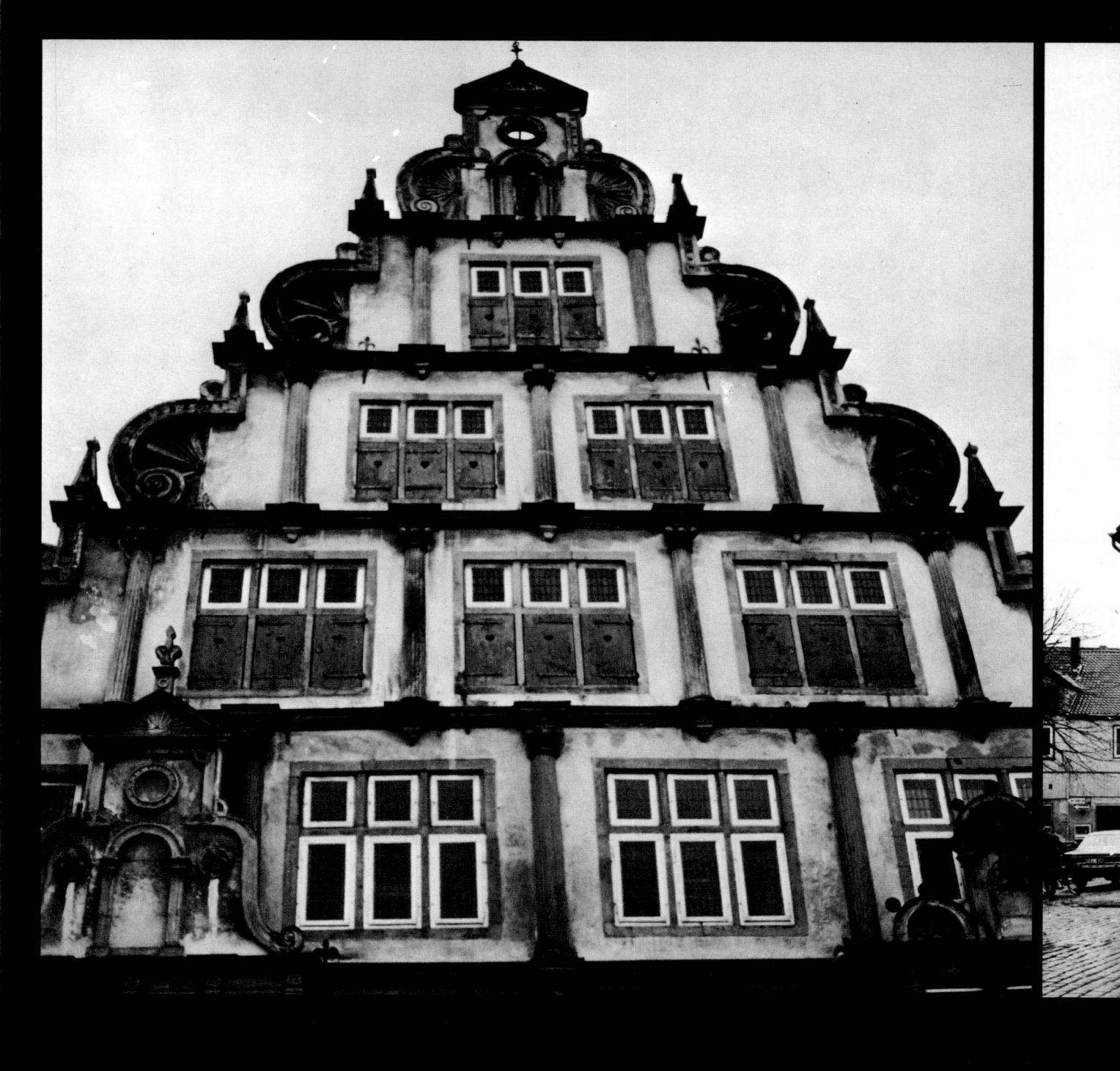

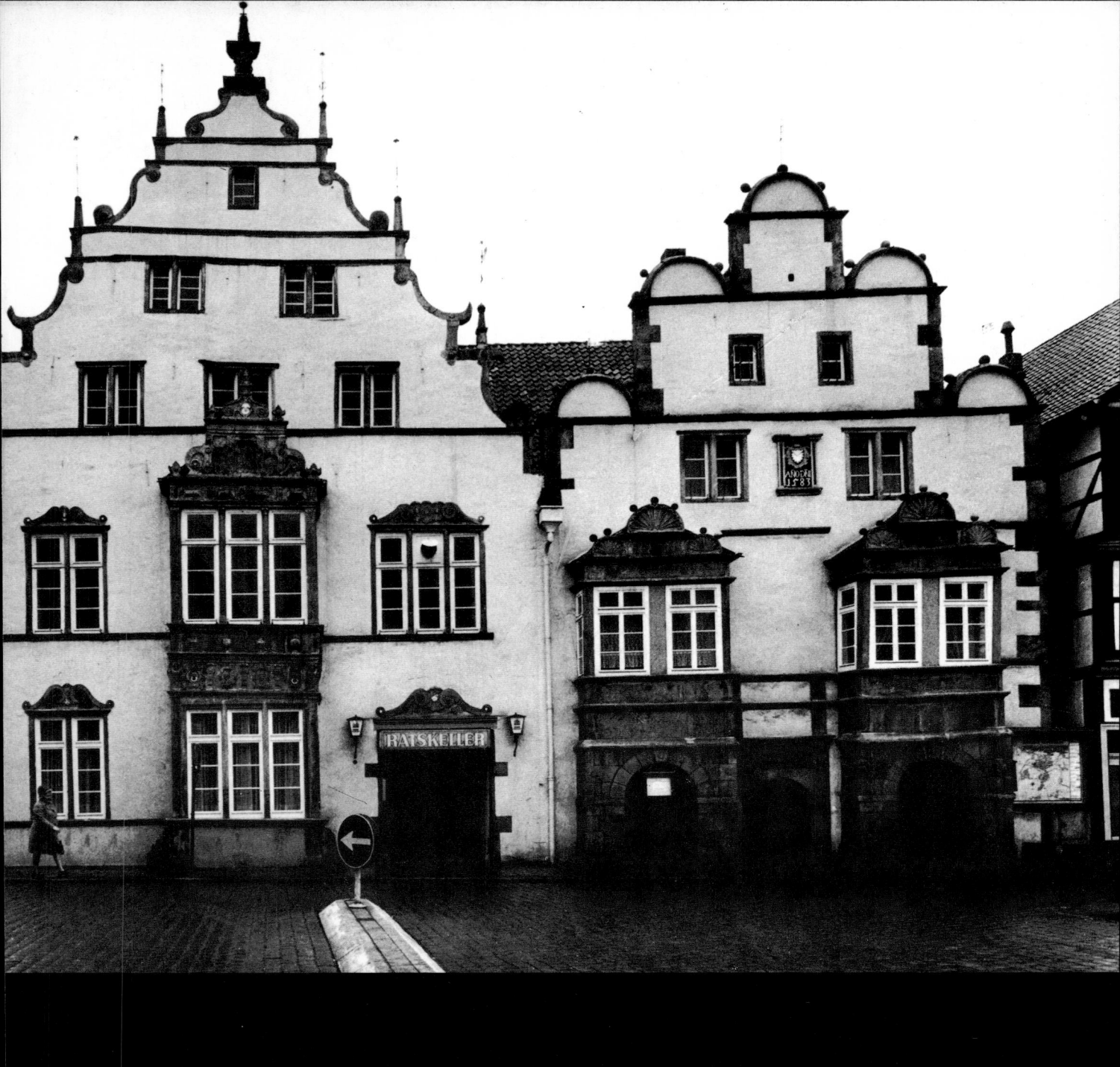

Linke Seite: Giebelfassade des Hexenbürgermeisterhauses in Lemgo/Westfalen, 1571
von Hermann Wulf errichtet. Seinen Namen hat es von einem Bürgermeister, der sich
rühmte, 90 Hexen zum Tode gebracht zu haben
Oben: Ehemaliges Rathaus in Rinteln, 16. Jh.

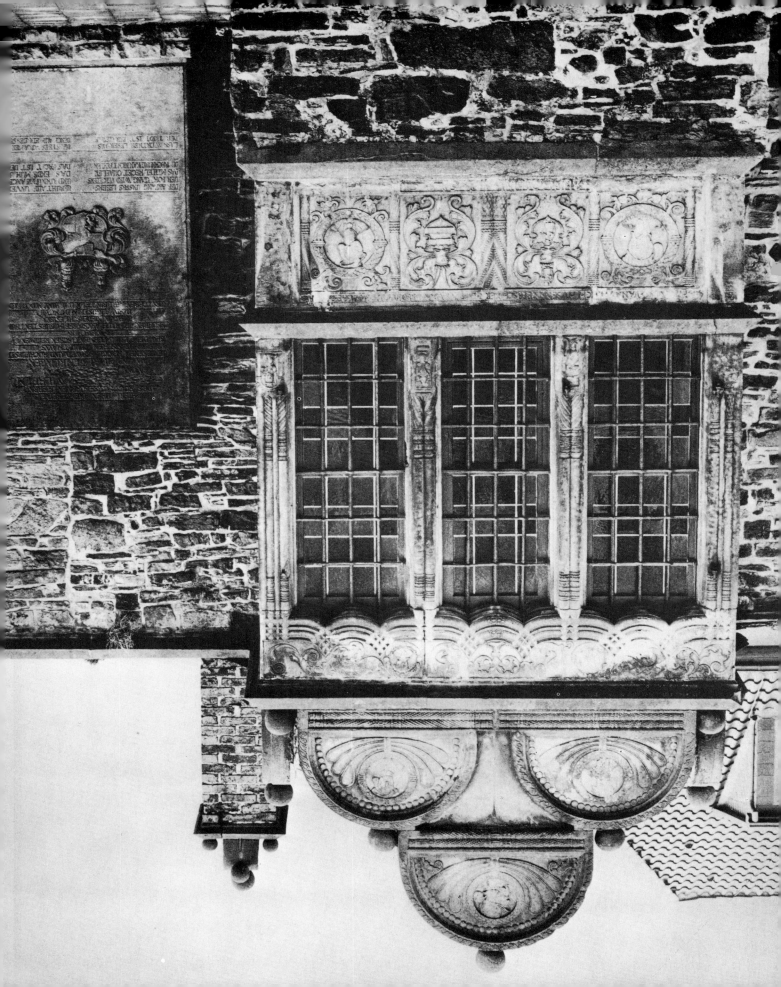

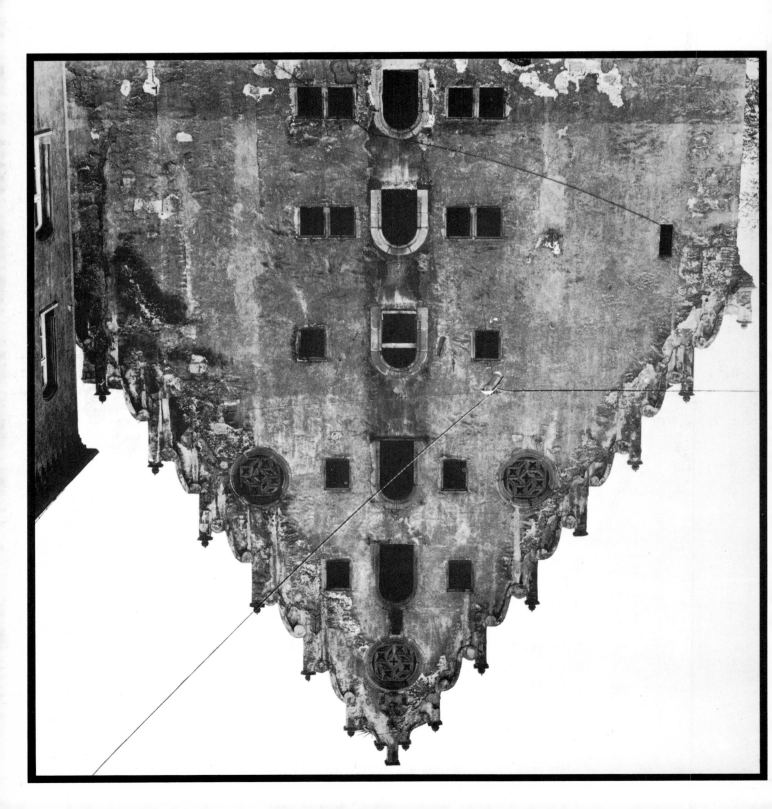

Linke Seite: „Archivhäuschen" an einem Münchhausenschen Hof in Rinteln, 1565
Oben: Speicher aus dem 16. Jh. in Nördlingen
Folgende Seite, links: Turm der Pfarrkirche Bernkastel an der Mosel, 1486
Folgende Seite, rechts: Turm der Dorfkirche in Odensachsen/Hessen

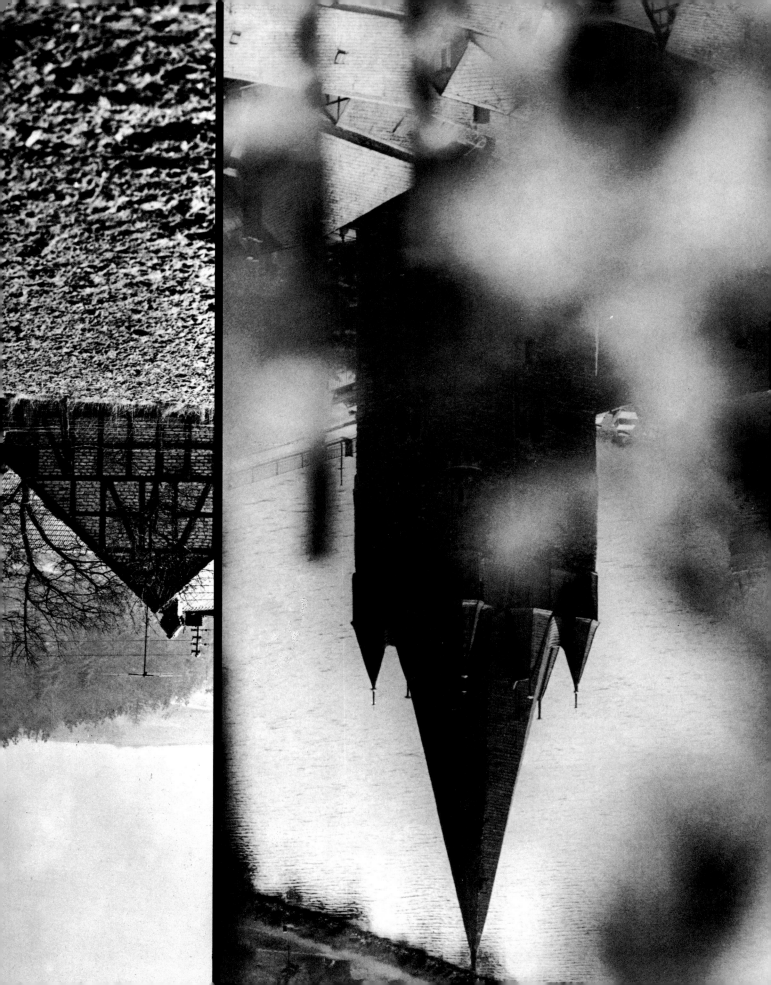

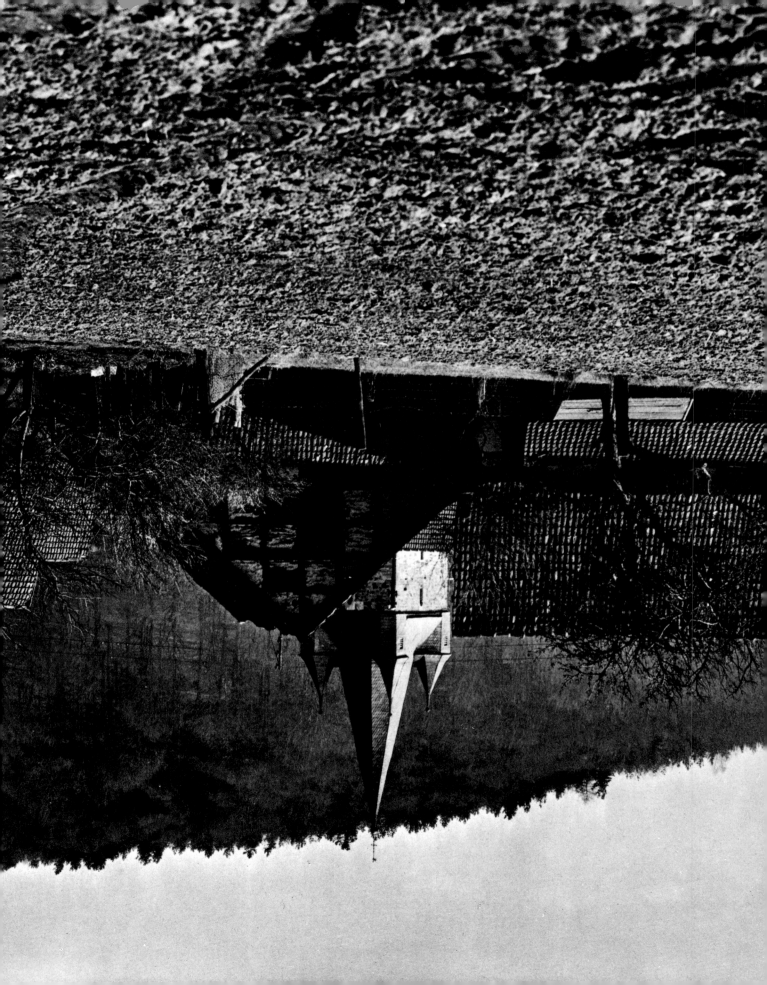

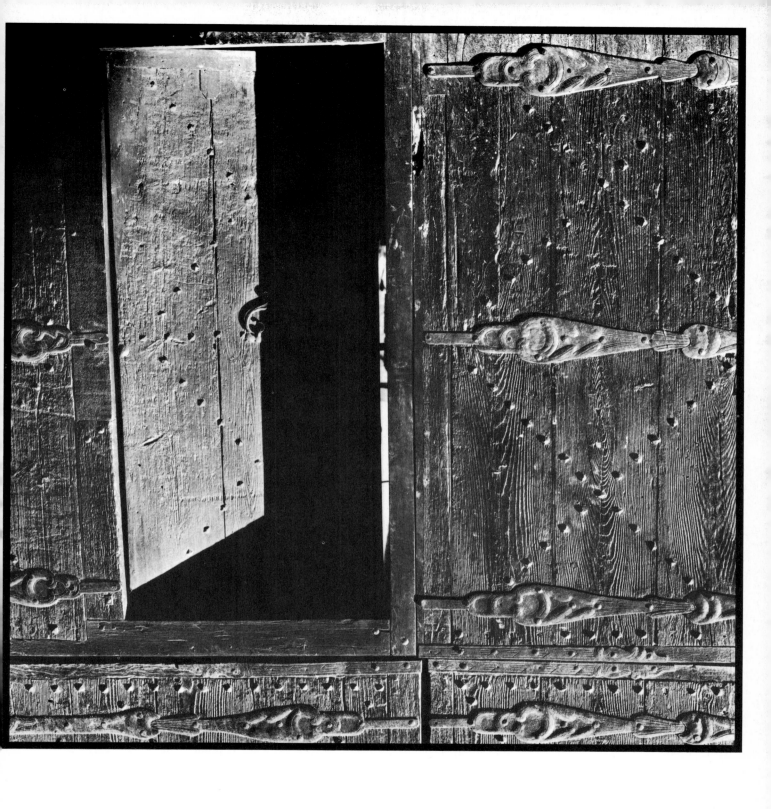

Unten: Tor am Neurathaus in Alsfeld/Hessen, 1688
Rechte Seite: Rathaus in Alsfeld, 1512/1516

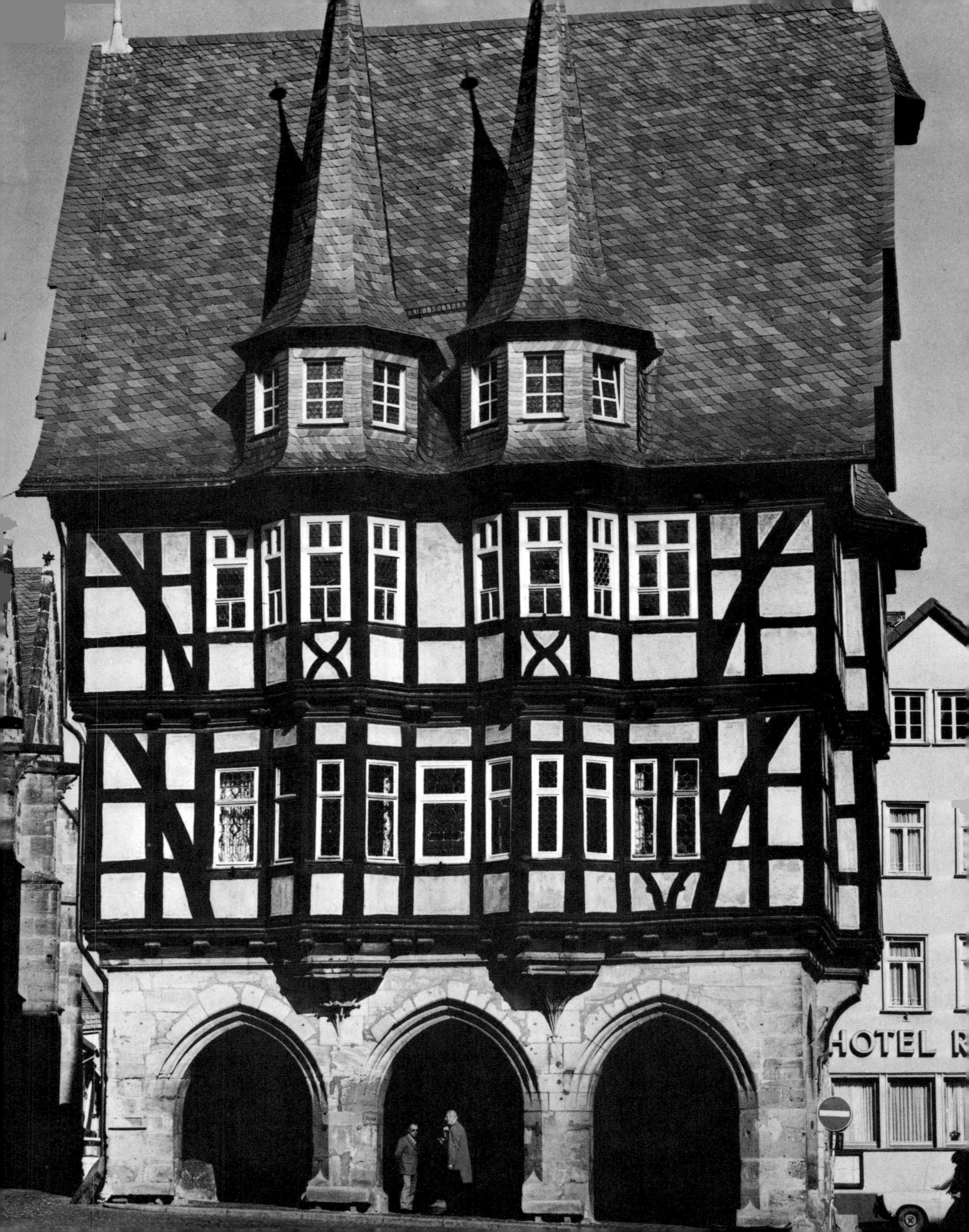

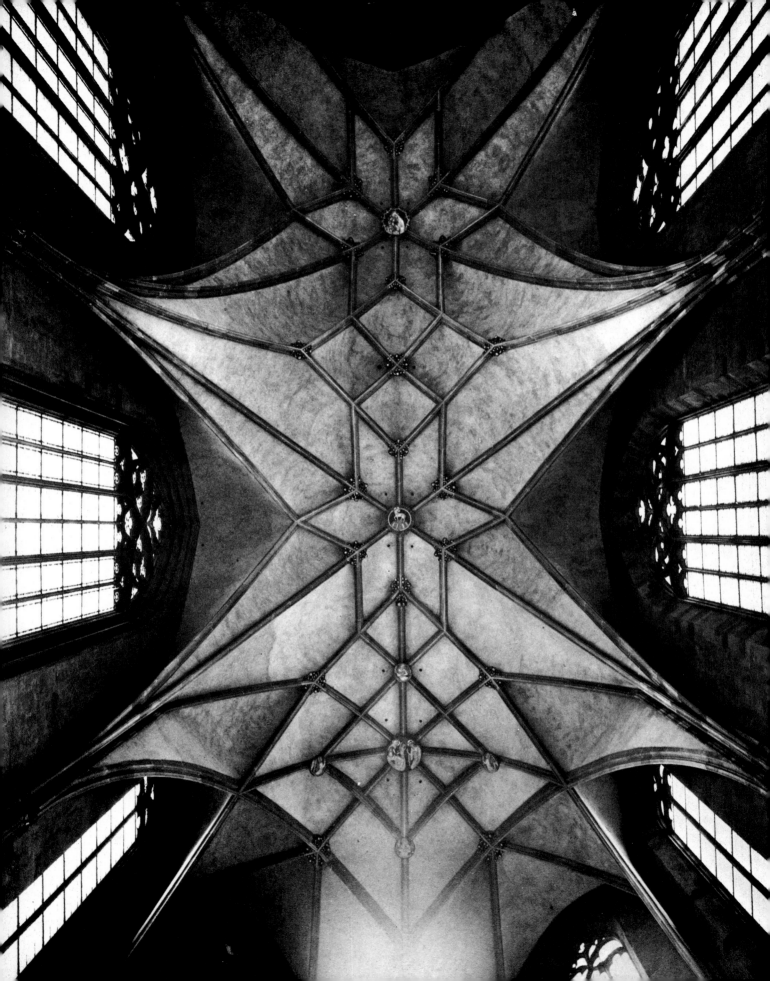

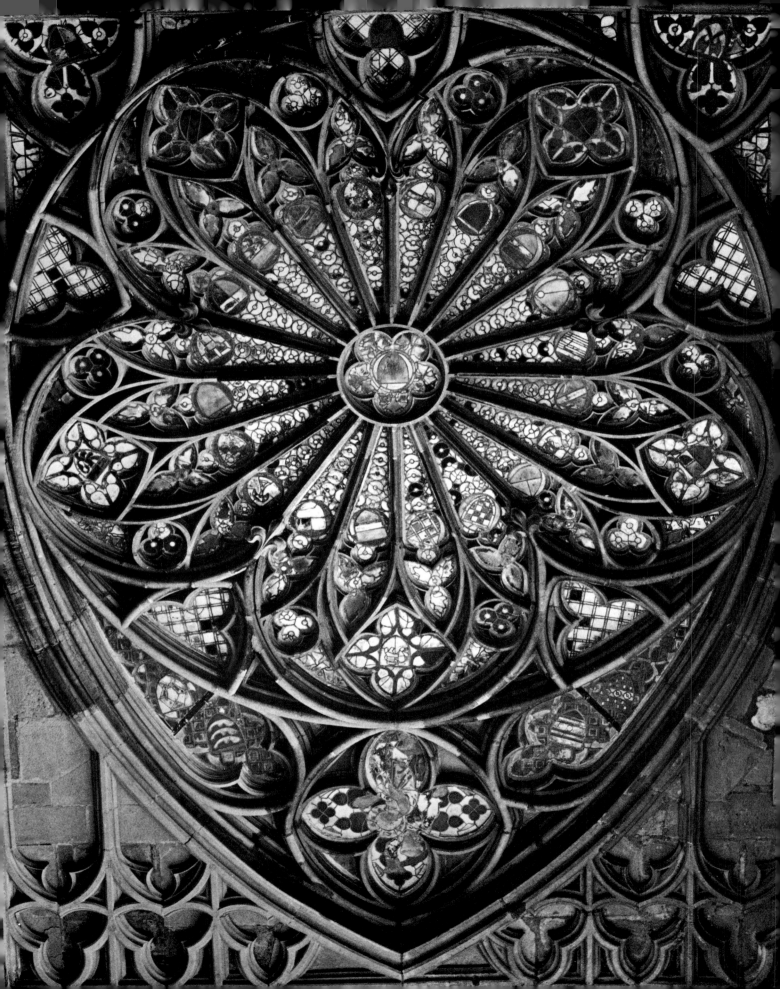

Vorhergehende Seite, links: Netzgewölbe im Westchor der Katharinenkirche in Oppenheim, 15. Jh.
Vorhergehende Seite, rechts: Die „Rose" von Oppenheim, ein Maßwerkfenster am Langhaus der Katharinenkirche, 14. Jh.
Unten: Hl. Georg, vermutlich 1460 von Niclas Gerhaert van Leyen geschaffen, vom Hochaltar der Pfarrkirche St. Georg in Nördlingen
Rechte Seite: Netzgewölbe der Pfarrkirche St. Georg in Nördlingen

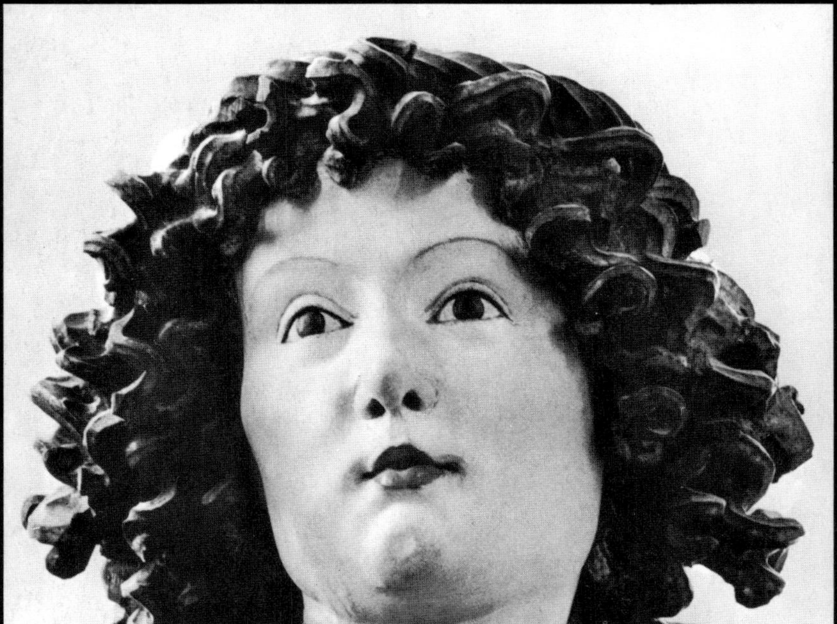

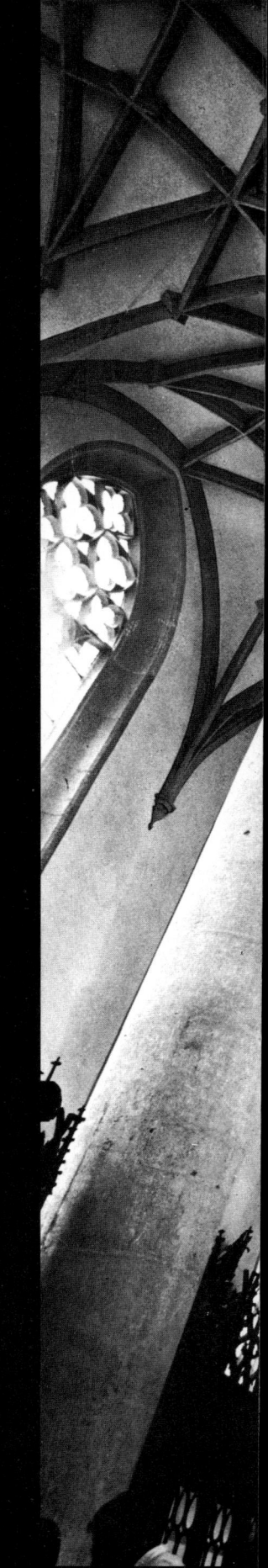

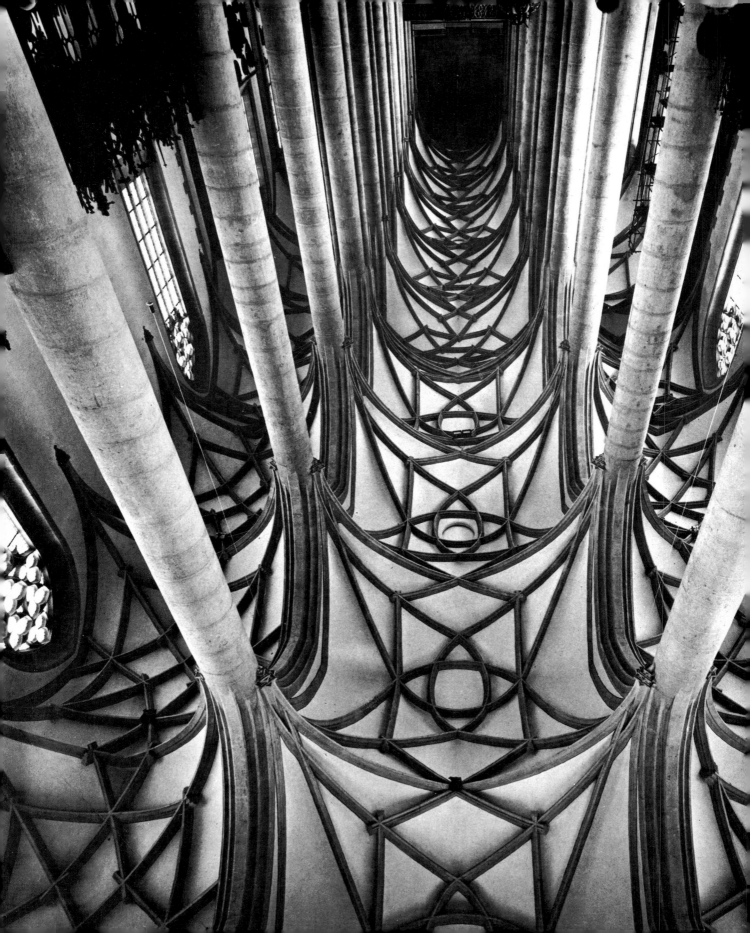

Unten: Adam und Eva von Tilman Riemenschneider.
Kopien der Originale am Südportal der Marienkapelle in Würzburg, 1491/93
Rechte Seite: Die Türme Würzburgs von der Alten Mainbrücke aus gesehen

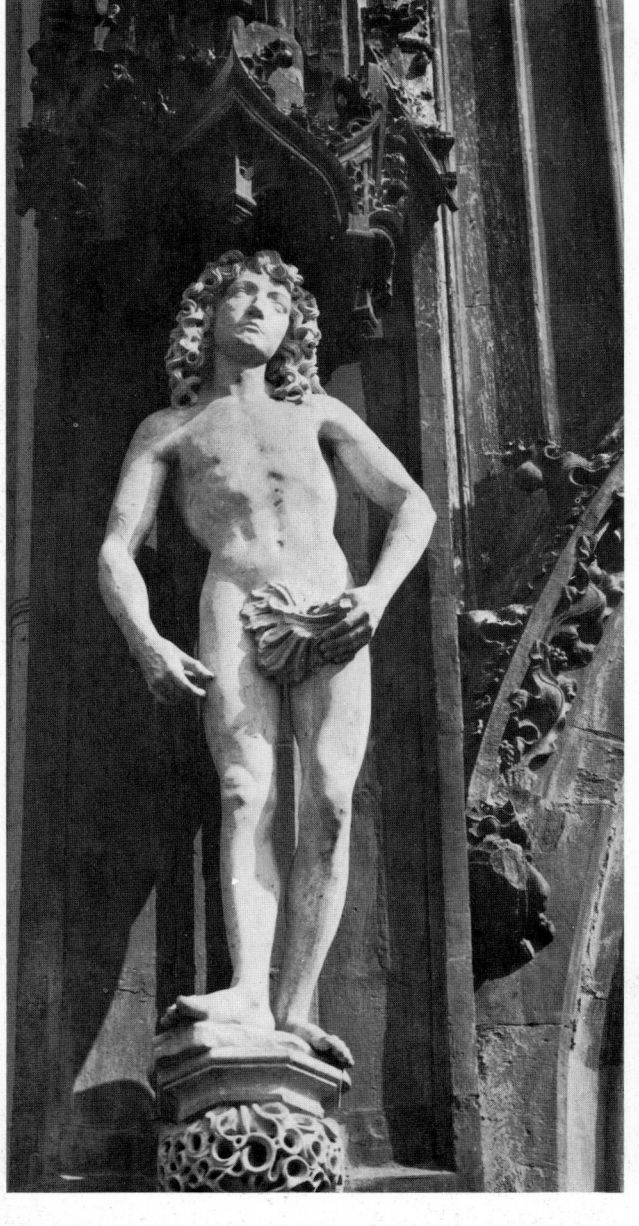
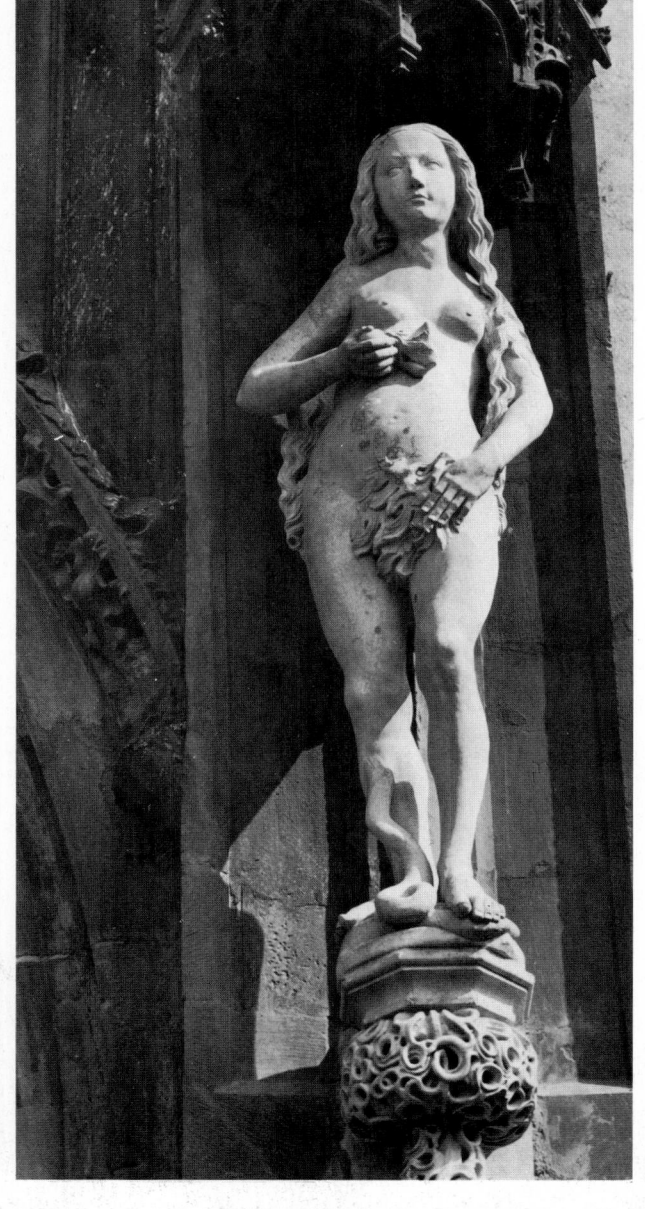
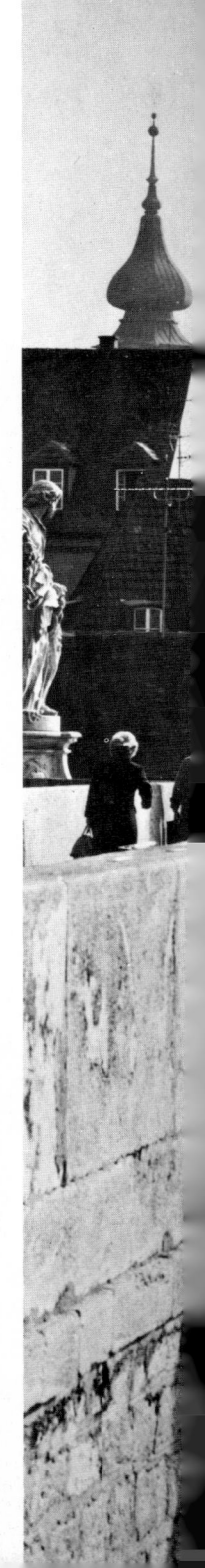

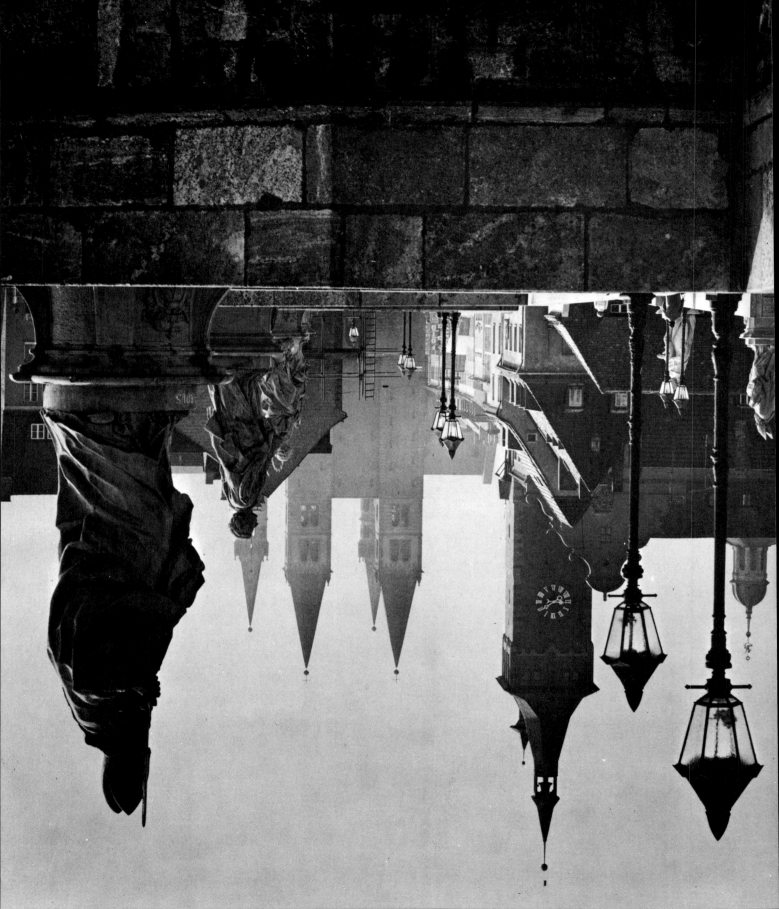

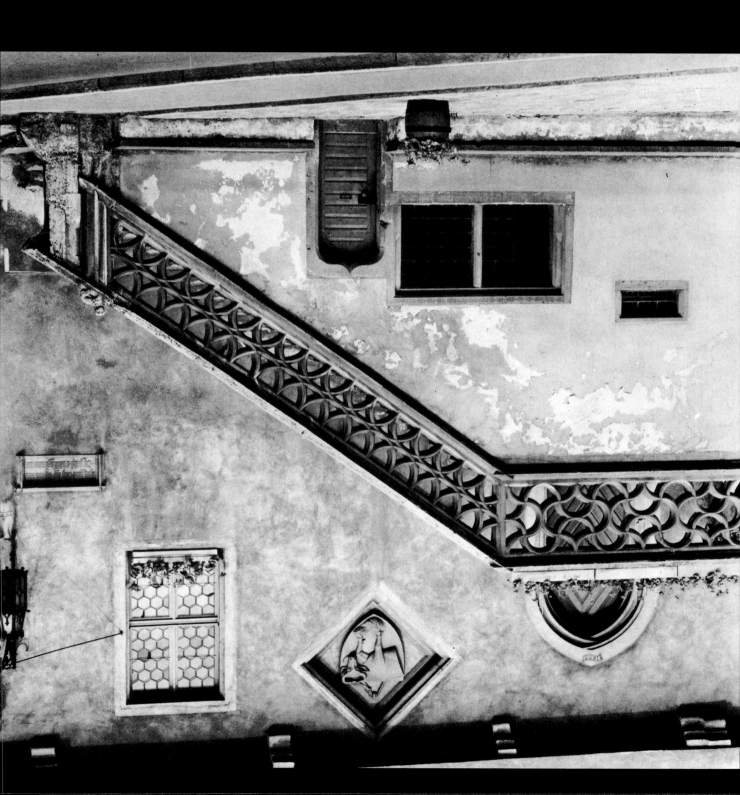

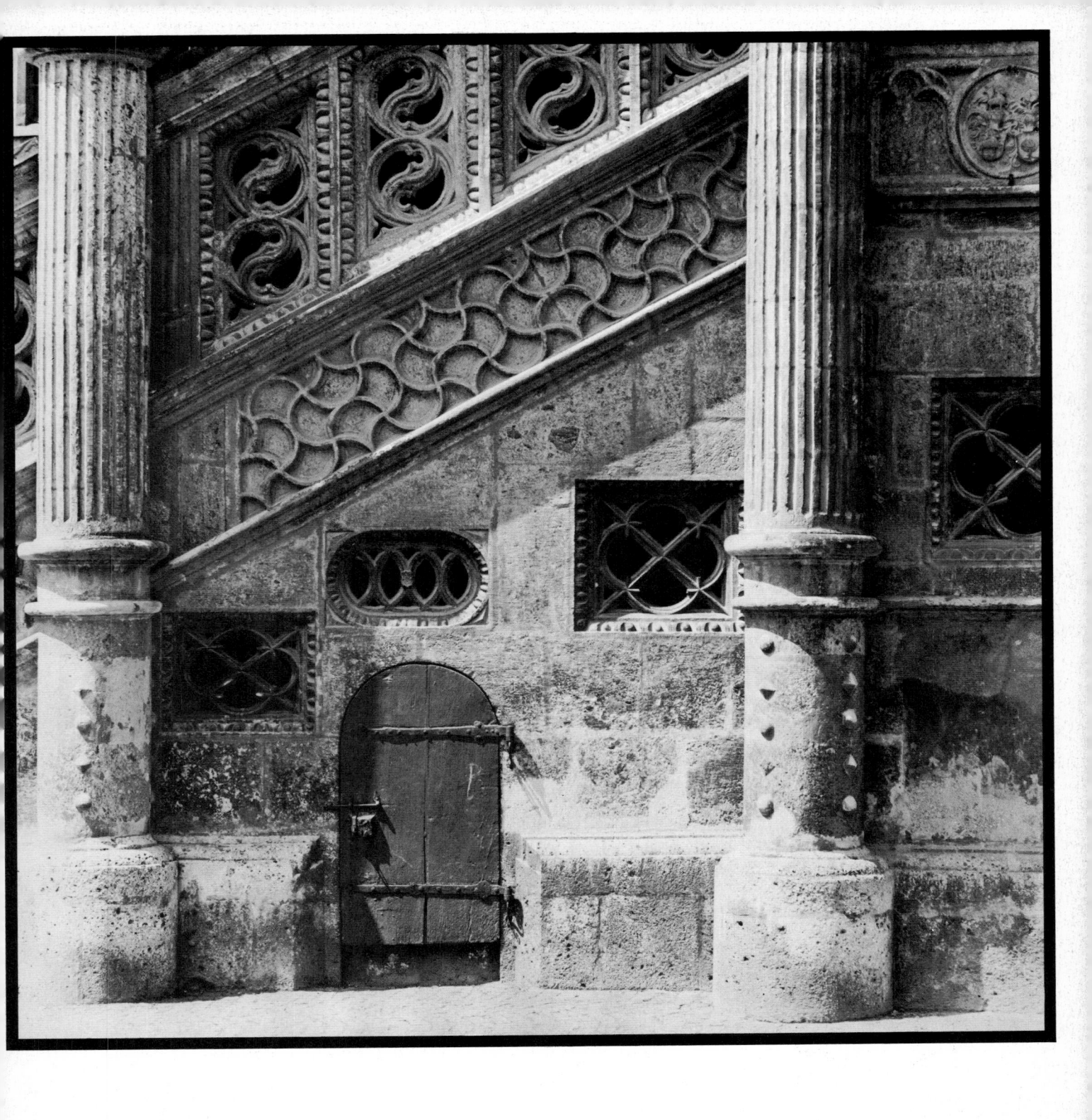

Linke Seite: Freitreppe am Rathaus in Ochsenfurt am Main, 1514. Darunter das „Narrenhäusle", das wohl der Ausnüchterung diente. Man ist hier im Weingebiet
Oben: Freitreppe am Rathaus in Nördlingen, von Wolfgang Wallberger 1617 angebaut

57

Unten: Renaissancetor am Schloß Aschaffenburg, 1614
Rechte Seite: Haus zum Falken in Würzburg, ein ehemaliges
Gasthaus; der Stuck aus dem Jahr 1751 wurde nach
Kriegszerstörung restauriert

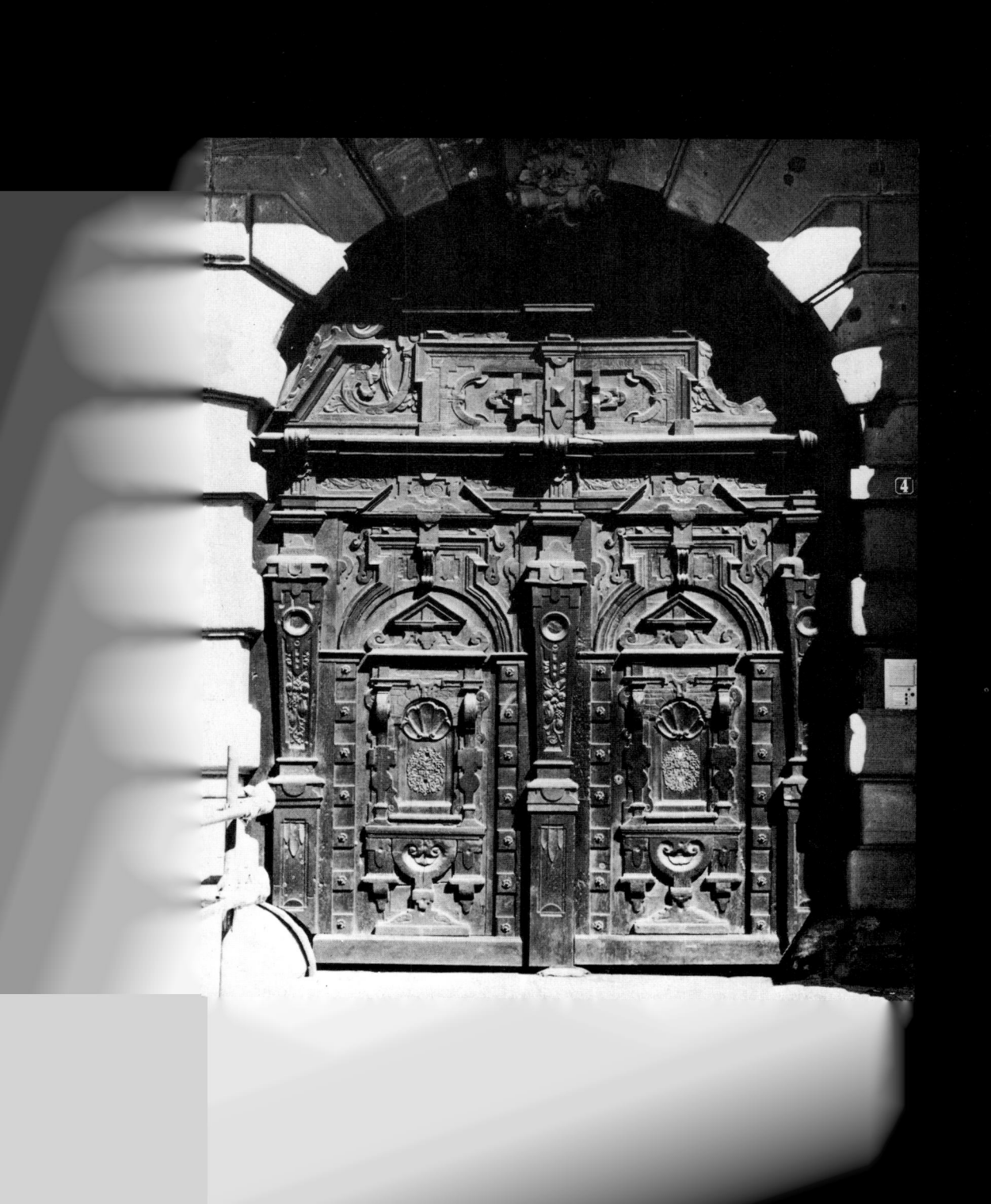

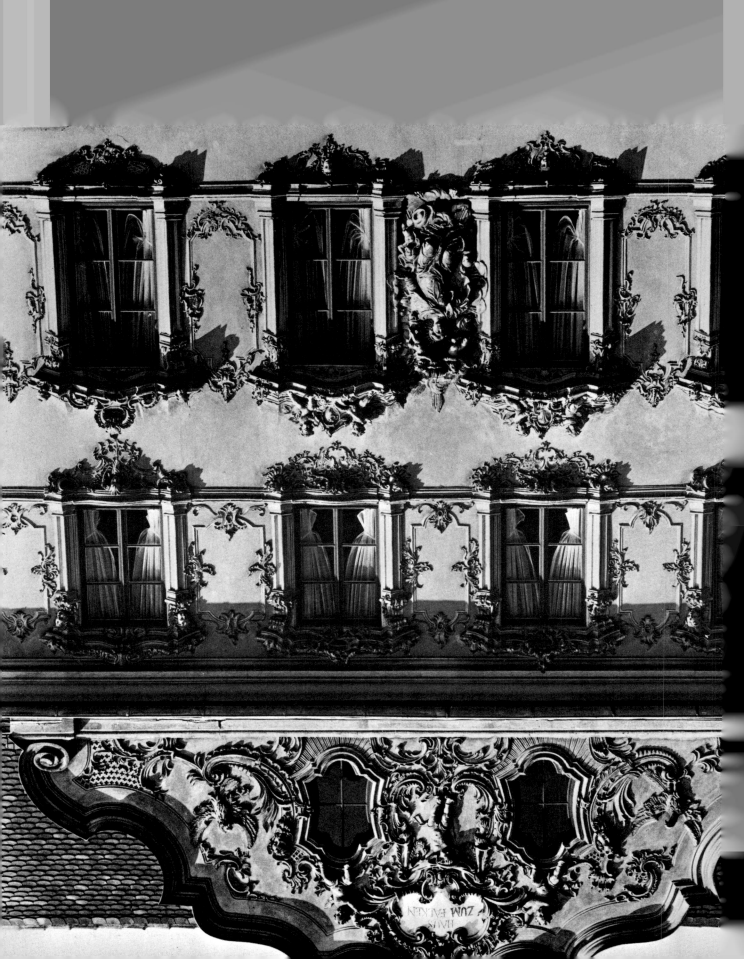

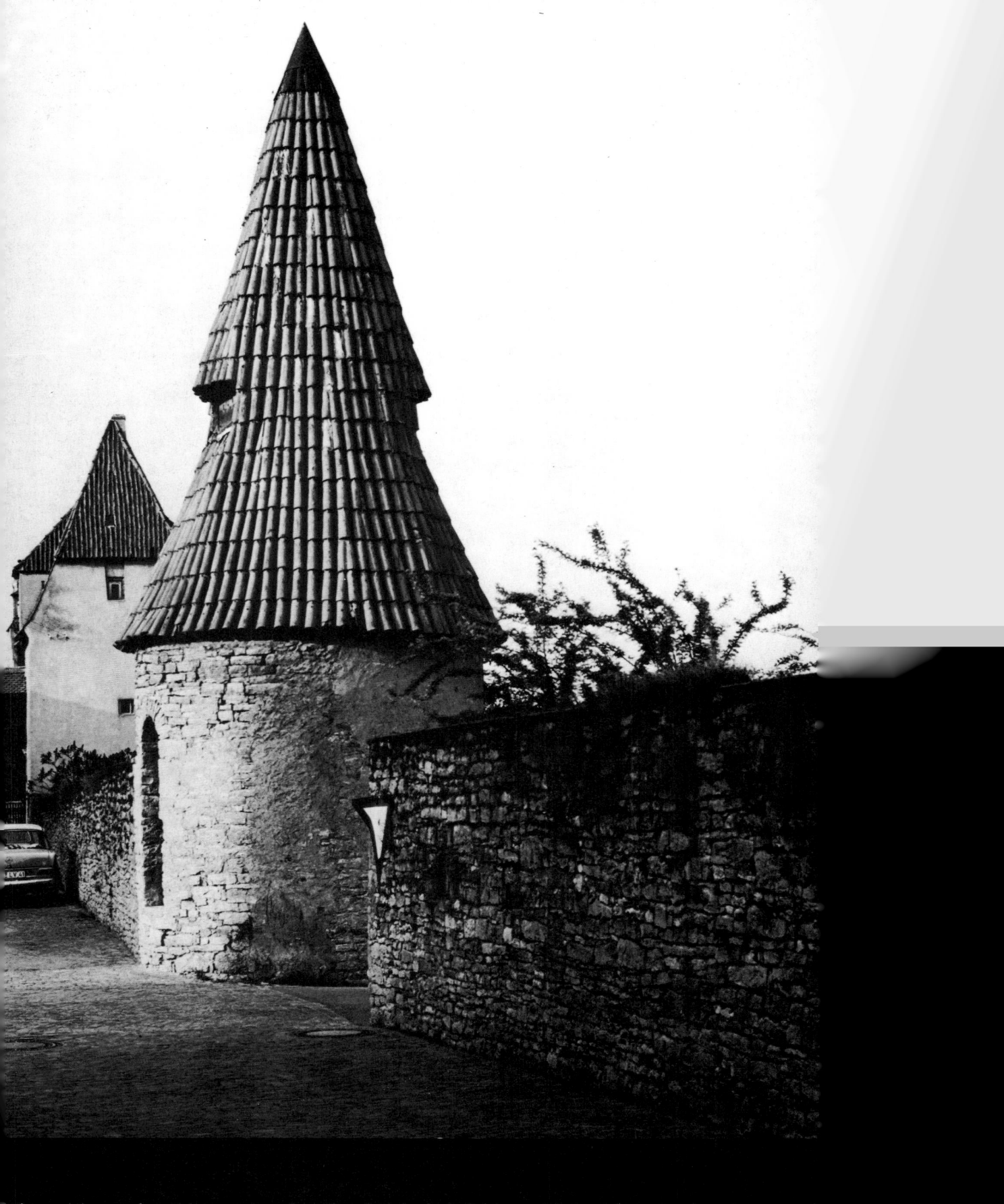

Oben: Turm der Ringmauer der Dorfstadt Sulzfeld am Main (ohne Stadtrecht), 14. Jh.
Rechte Seite: Giebel in Rothenburg ob der Tauber

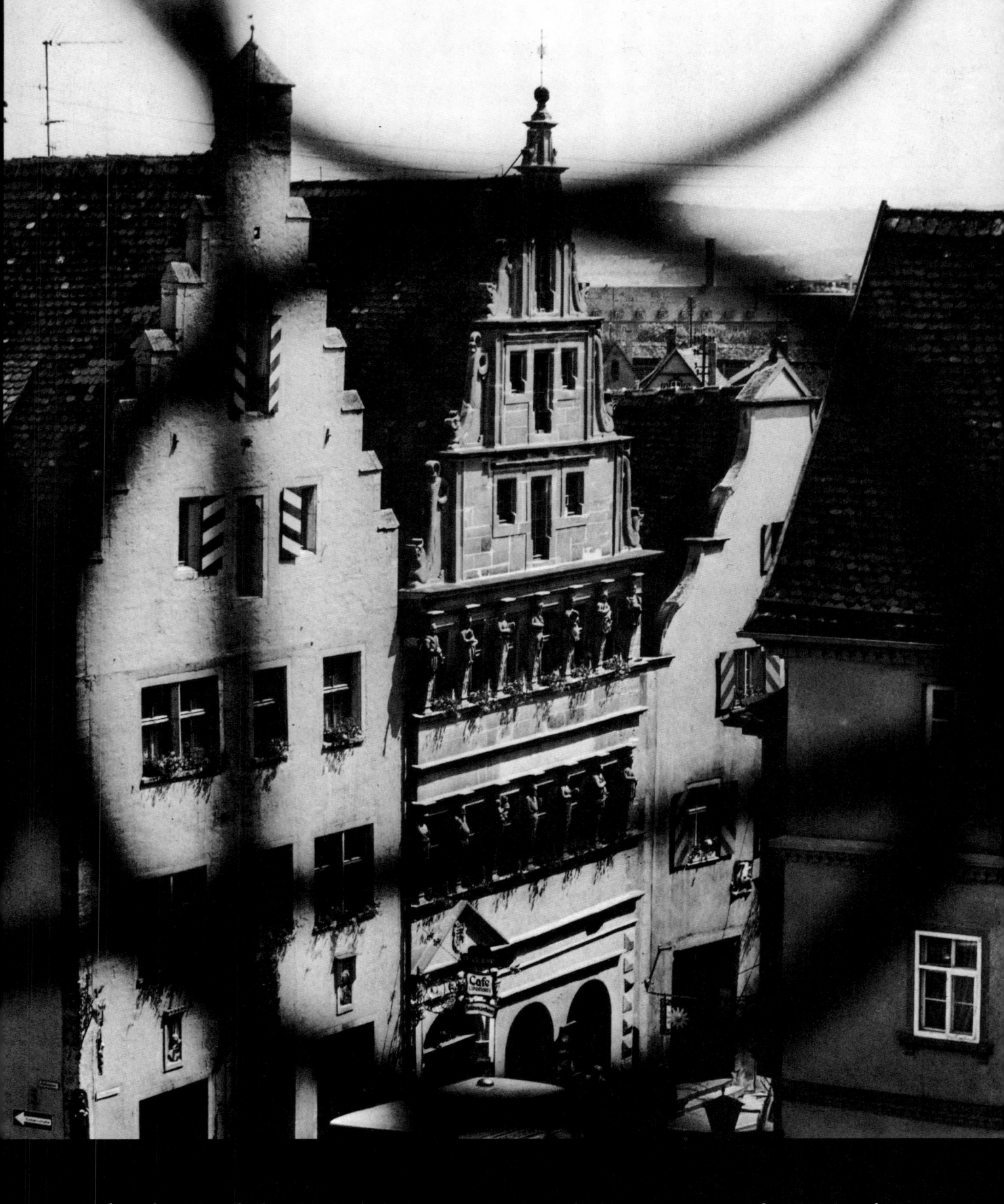

Folgende Seite, links: Herkulesbrunnen (1602) und Turm von St. Afra in Augsburg
Folgende Seite, rechts: Giebelfront der Maximilianstraße in Augsburg

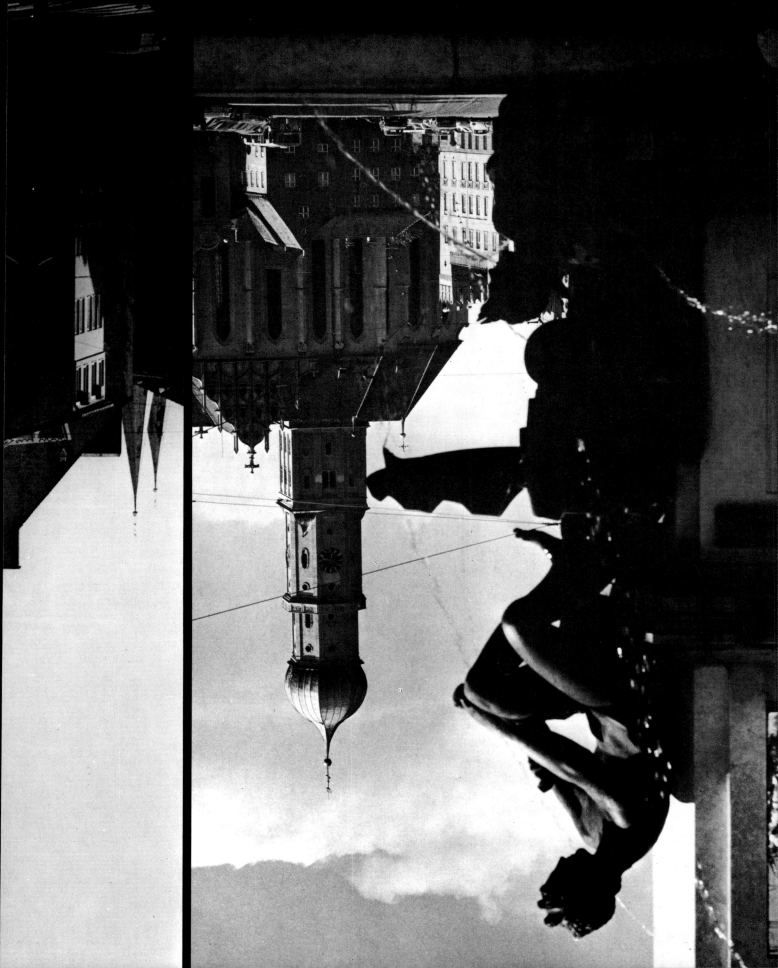

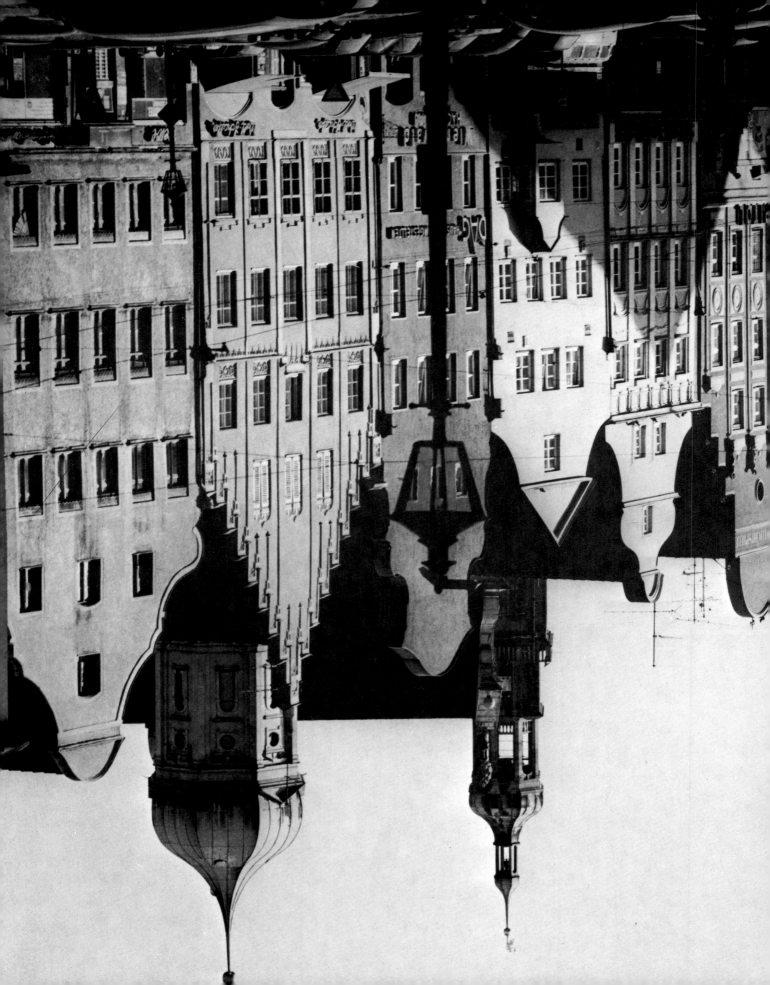

Von links nach rechts: Einer der Türme des Passauer Domes, Turm der Heilig-Grab-Kirche und Rathausturm in Deggendorf/Donau

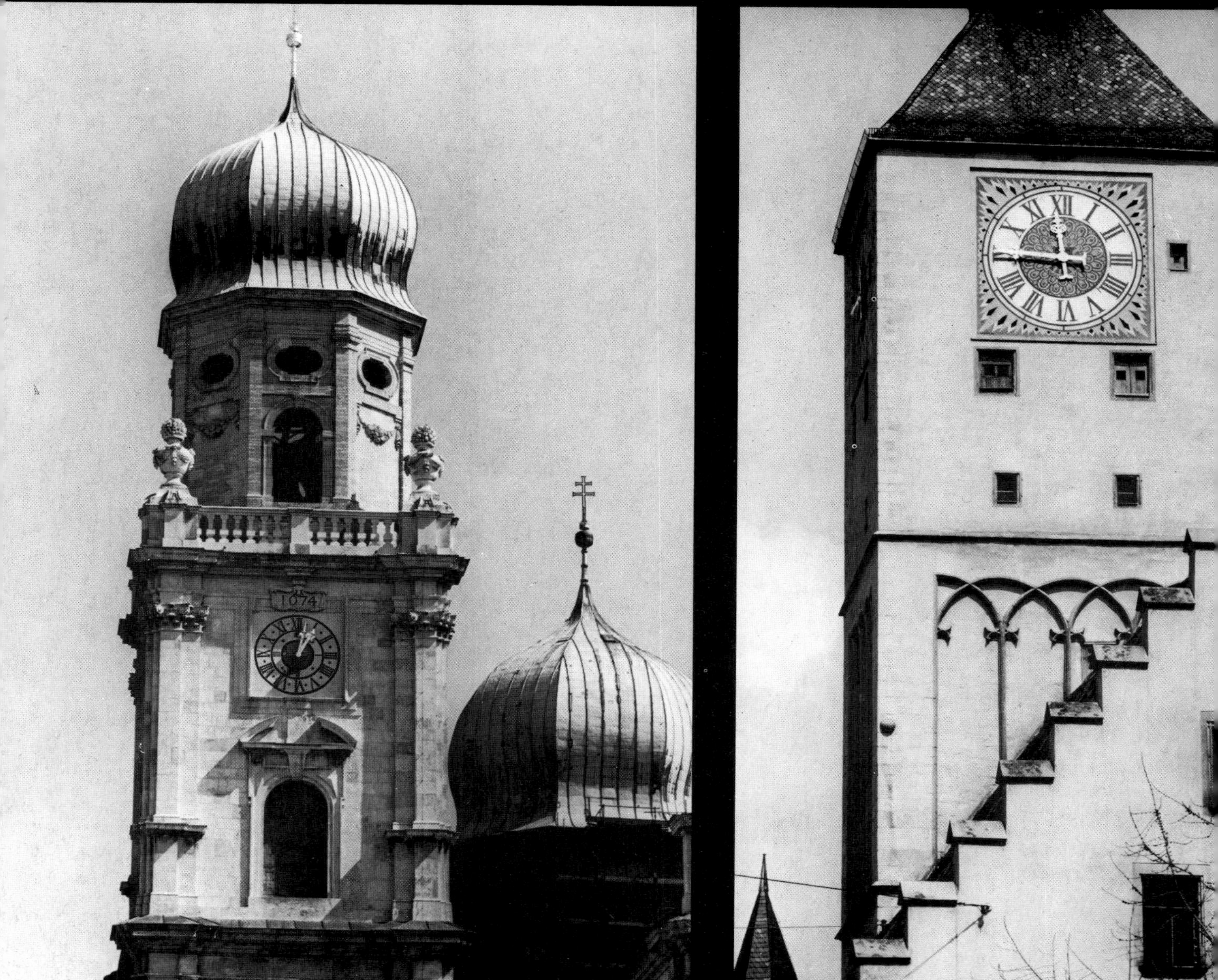

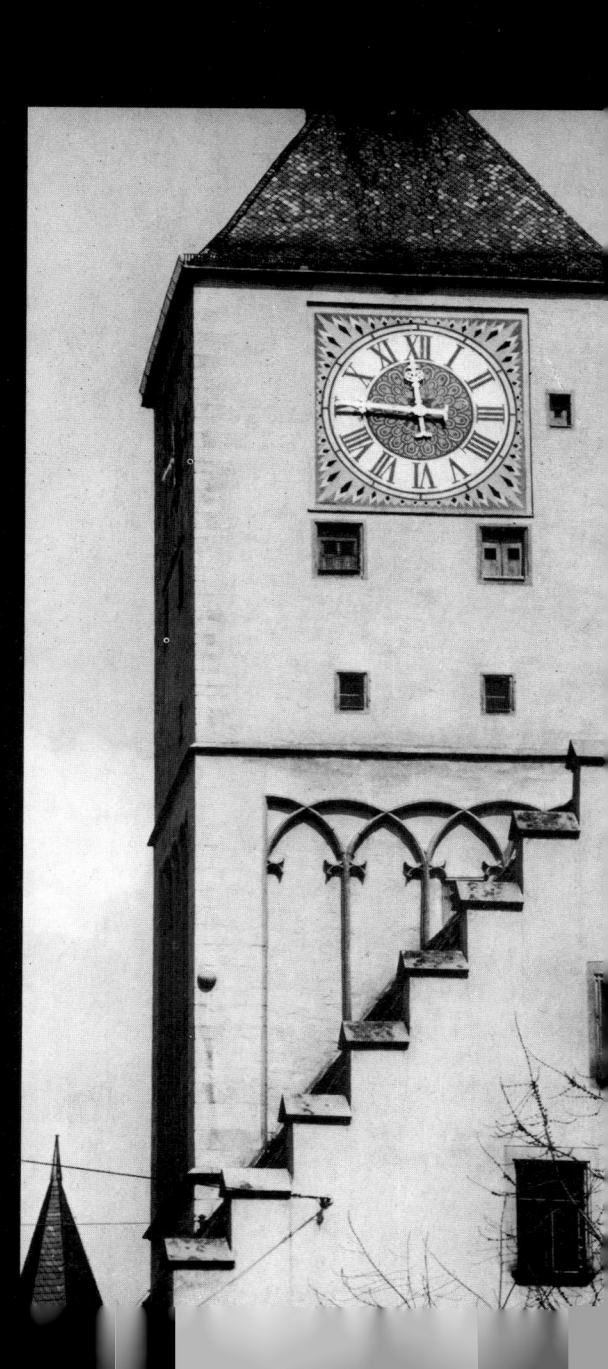

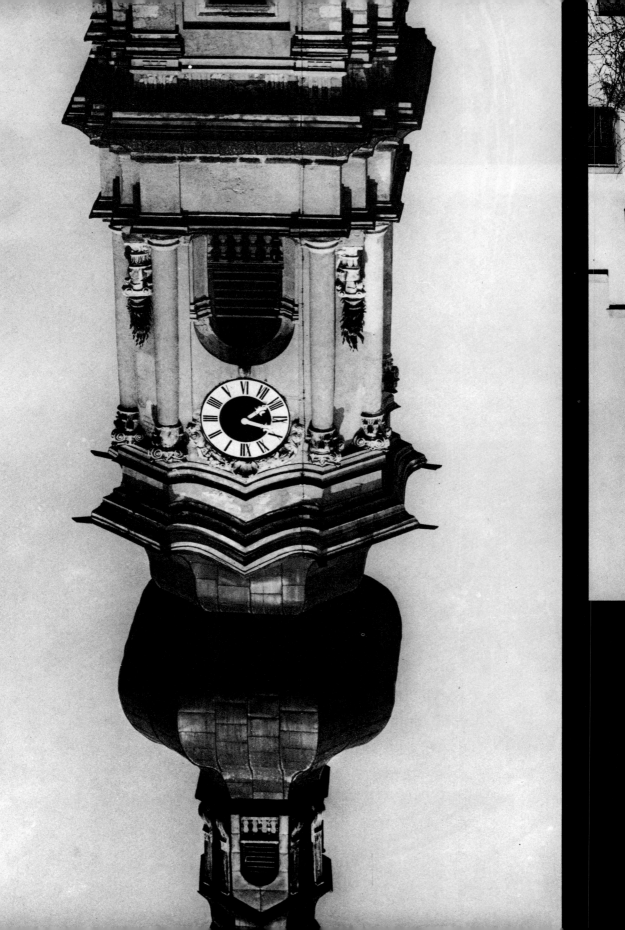

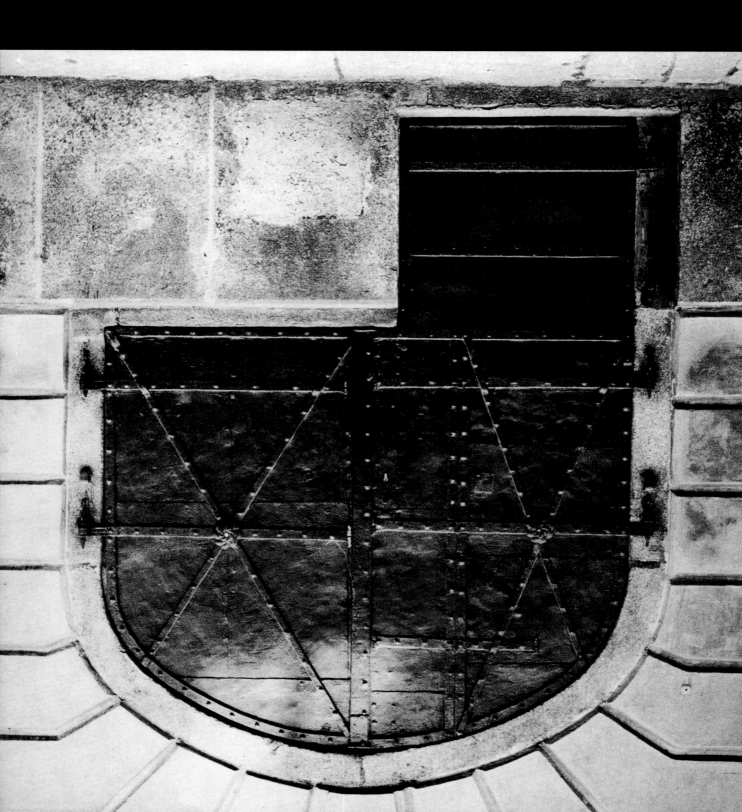

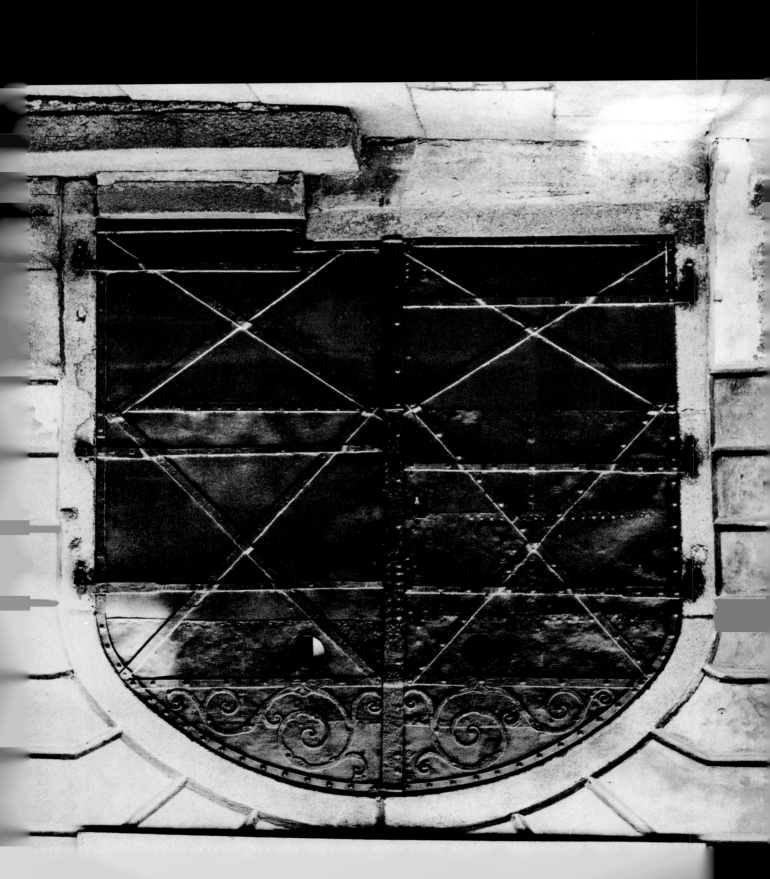

II DIE CHRISTLICHE SEEFAHRT

Das Bild eines Schiffes mit geblähten Segeln löst unweigerlich in jedem Binnenländer romantische Regungen aus. Abenteuerlust und der Traum von der großen Ferne spielen dabei mit, daneben aber ist der Anblick eines Segelschiffes an sich von großem ästhetischen Reiz. Dr. Wietek nennt ein Segelschiff „in seinen dekorativ behandelten Teilen ein Kunstwerk". Dabei ist natürlich an die großen Handels- und Passagierschiffe gedacht.

Die große Zeit dieser „Windjammer" war im 19. Jahrhundert und ging mit ihm zu Ende. Alte Fotos der Häfen in den Hansestädten Lübeck, Hamburg, Bremen zeigen uns einen Mastenwald, Hunderte von Schiffen, die vor Anker lagen und von hier aus die Meere durchkreuzten. Da es sich um Holzbauten handelte, ist keines bis in unsere Tage eralten; beim „Abwracken", wenn das Schiff zerlegt, das Holz verkauft wurde, blieben manchmal die Galionsfiguren über. Das Galion ist der vorderste Teil eines Schiffes, die Spitze sozusagen. Die Bugverzierung war manchmal nur eine Volute mit Rankenwerk, meist aber eine Figur. Der Eindruck wurde erweckt, als ob die Gestalt dem Schiff vorauseilen würde. Diese hölzernen Galionsfiguren wurden häufig von den Schiffszimmerleuten angefertigt, ihr künstlerischer Wert war unterschiedlich, für die Besatzung verkörperten sie aber die Seele des Schiffes. Gestalten aus der Mythologie, Frauen oder Mädchen, berühmte Männer waren das Vorbild.

Im Altonaer Museum in Hamburg ist die größte Sammlung von Galionsfiguren zu sehen, durchwegs aus den Jahren 1800—1850, ein wahres „Geisterschiff", besser eine „Geisterflotte". Die Figuren sehen starr in eine imaginäre Ferne, als ob sie den Jüngsten Tag erwarteten, um wieder auf große Fahrt zu gehen.

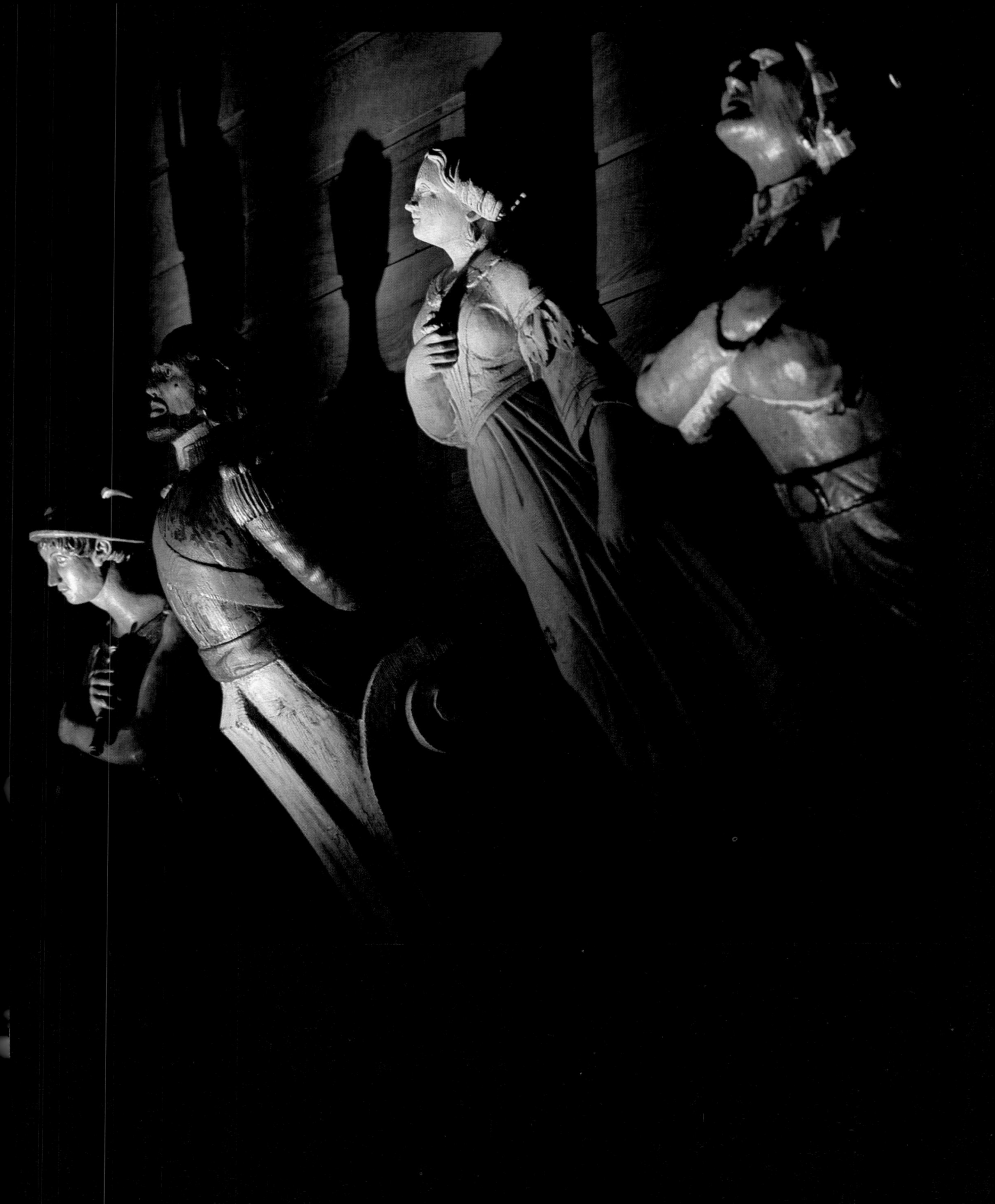

Von links nach rechts: Merkur, Offizier, Mädchen, Indianerin

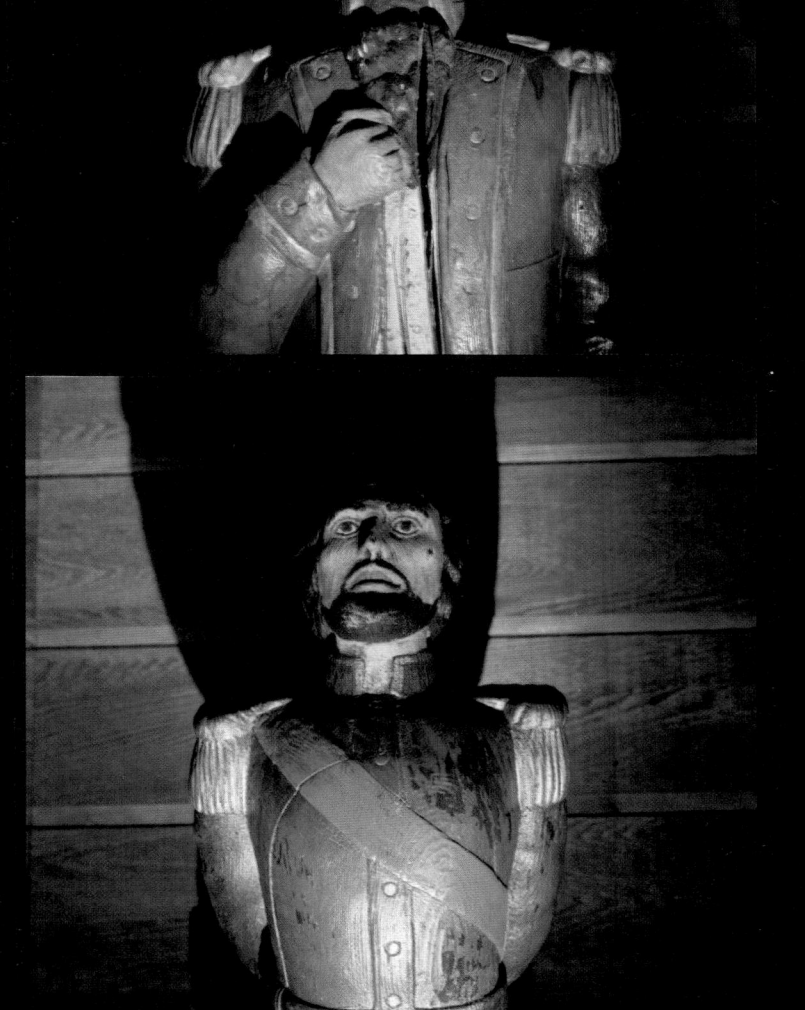
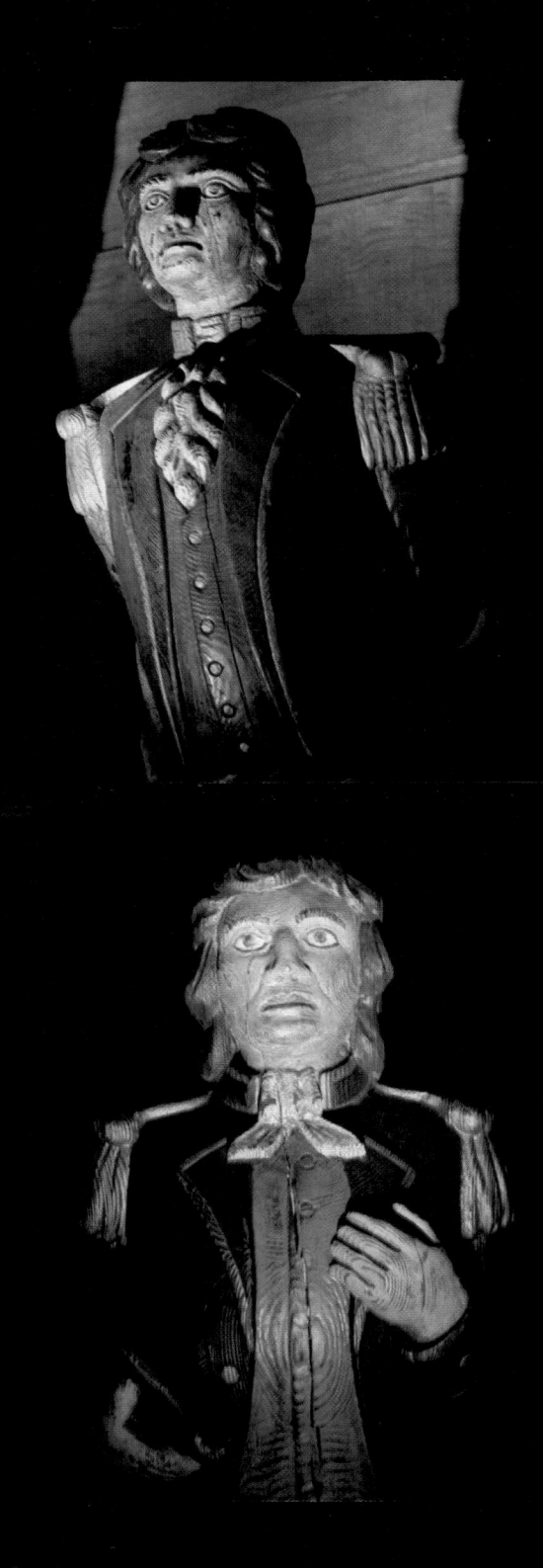

Oben: Vier Offiziere
Rechte Seite: Die Muse Thalia
Folgende Seite, links: Seelord
Folgende Seite, rechts: Hawaii-Mädchen

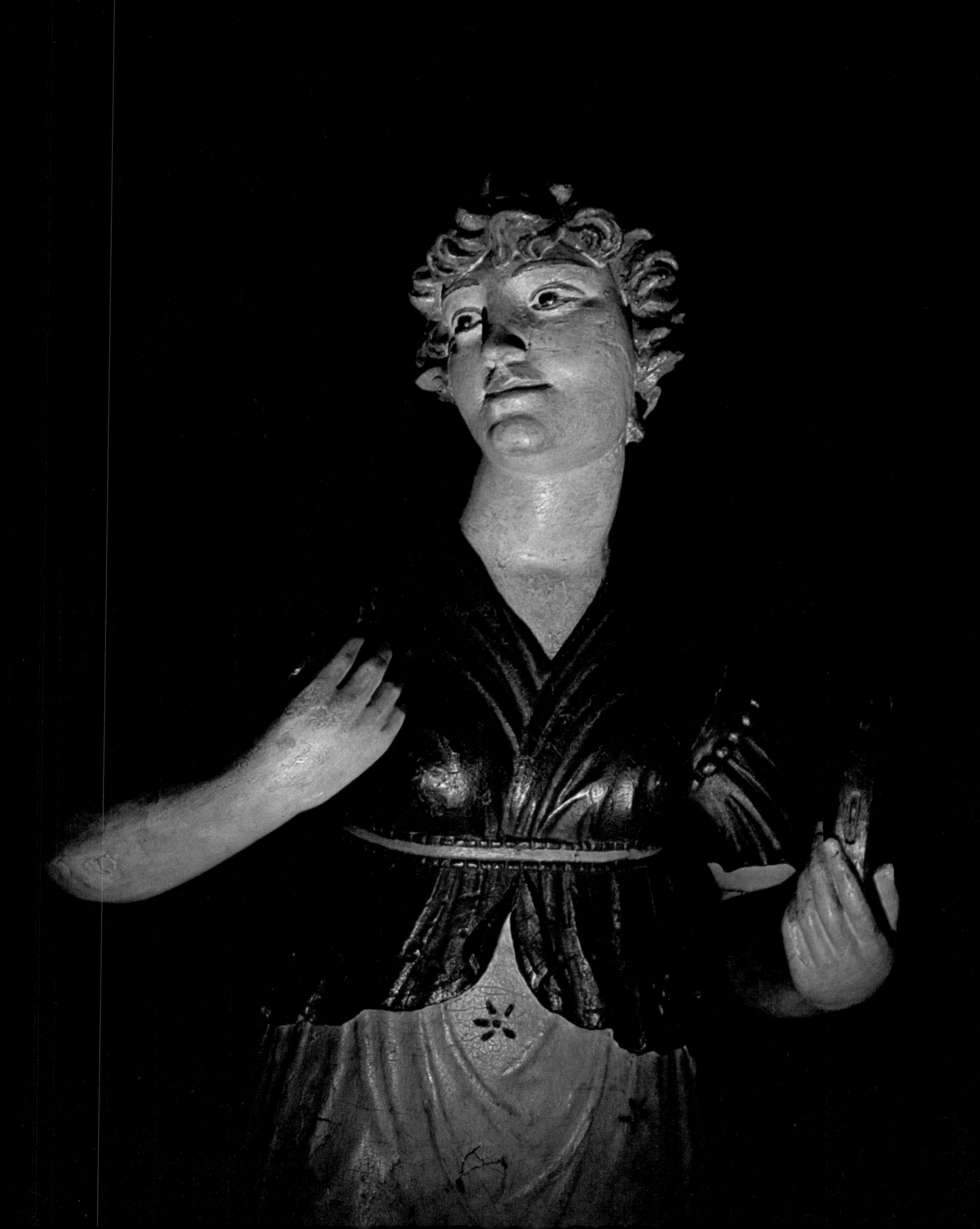

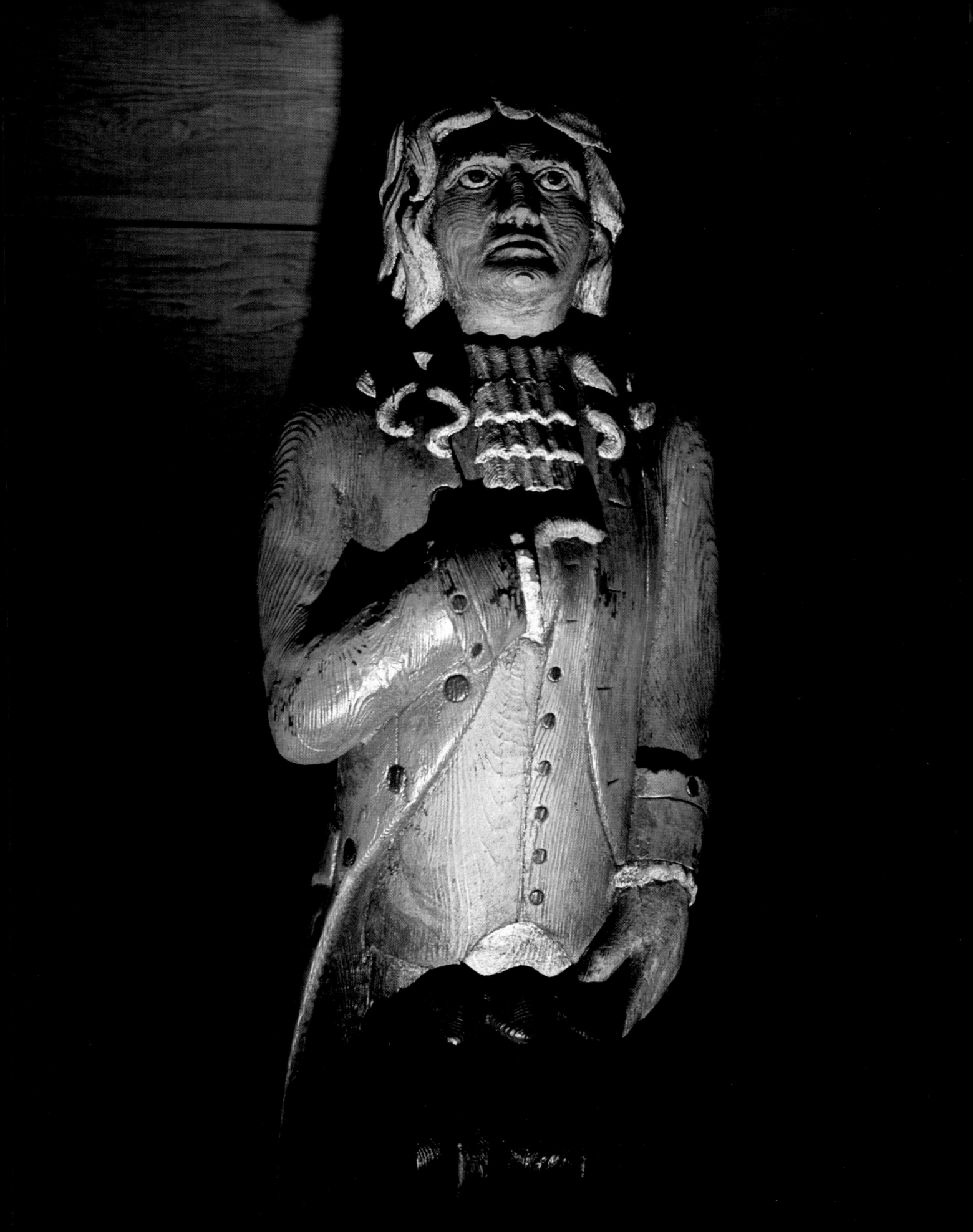

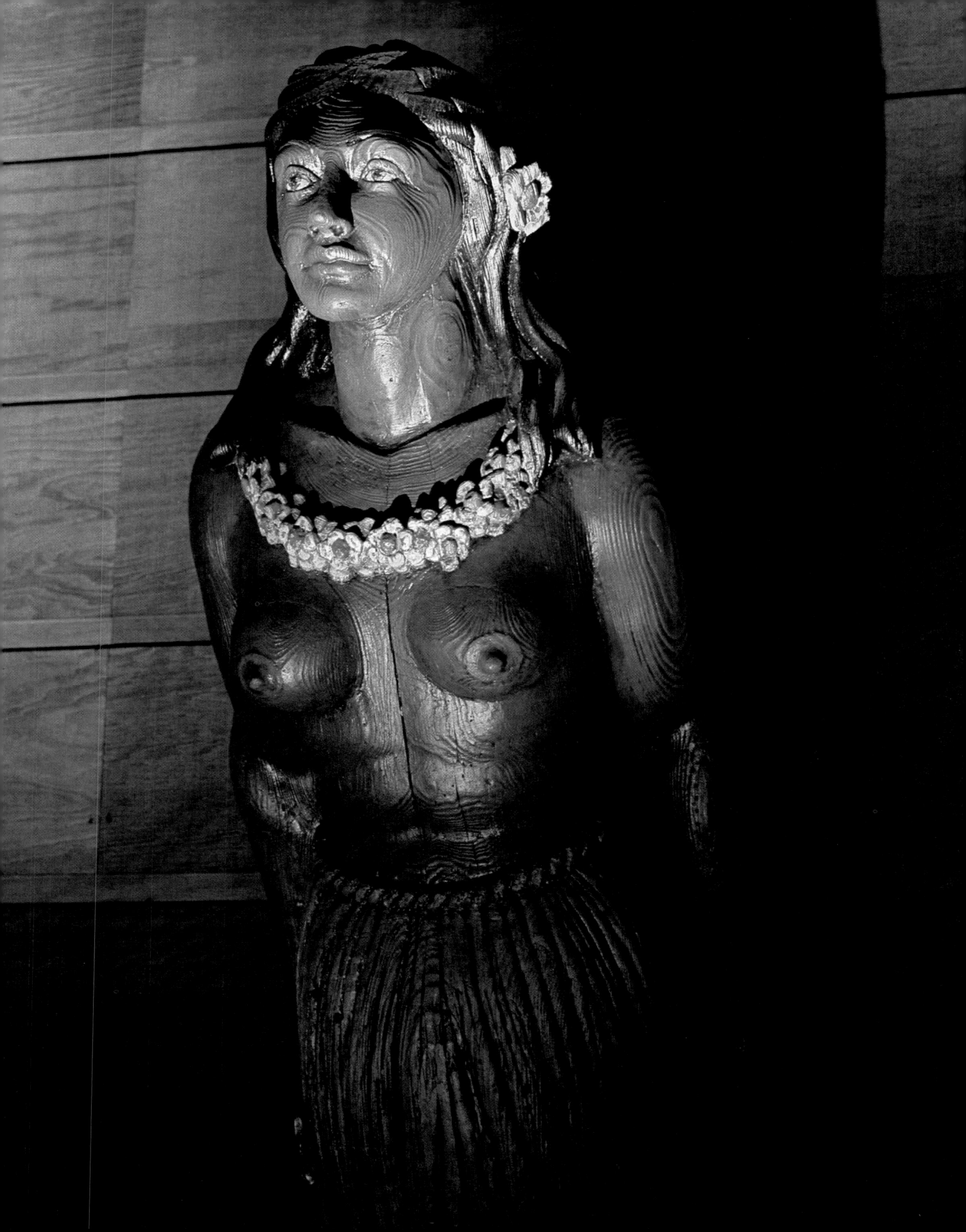

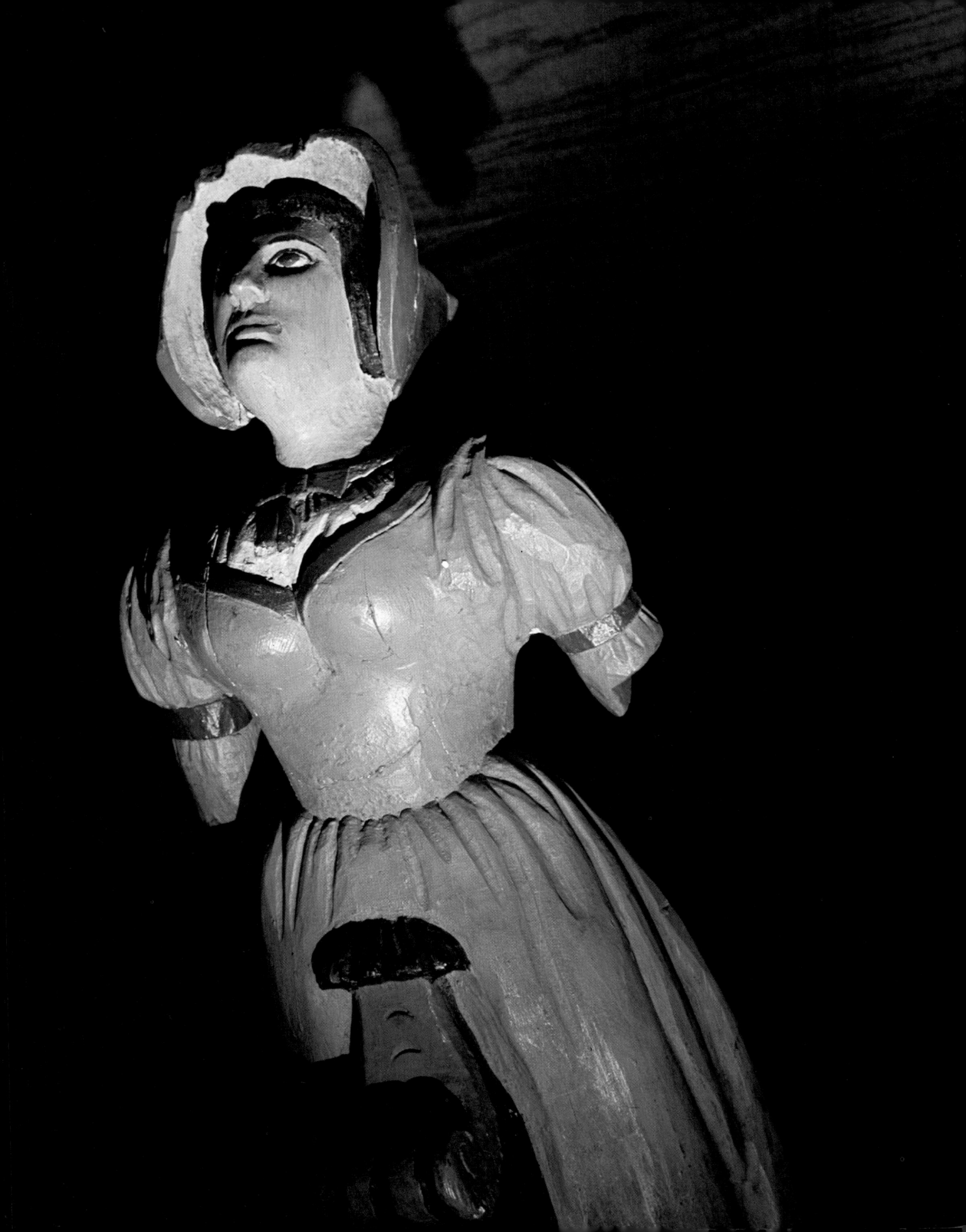

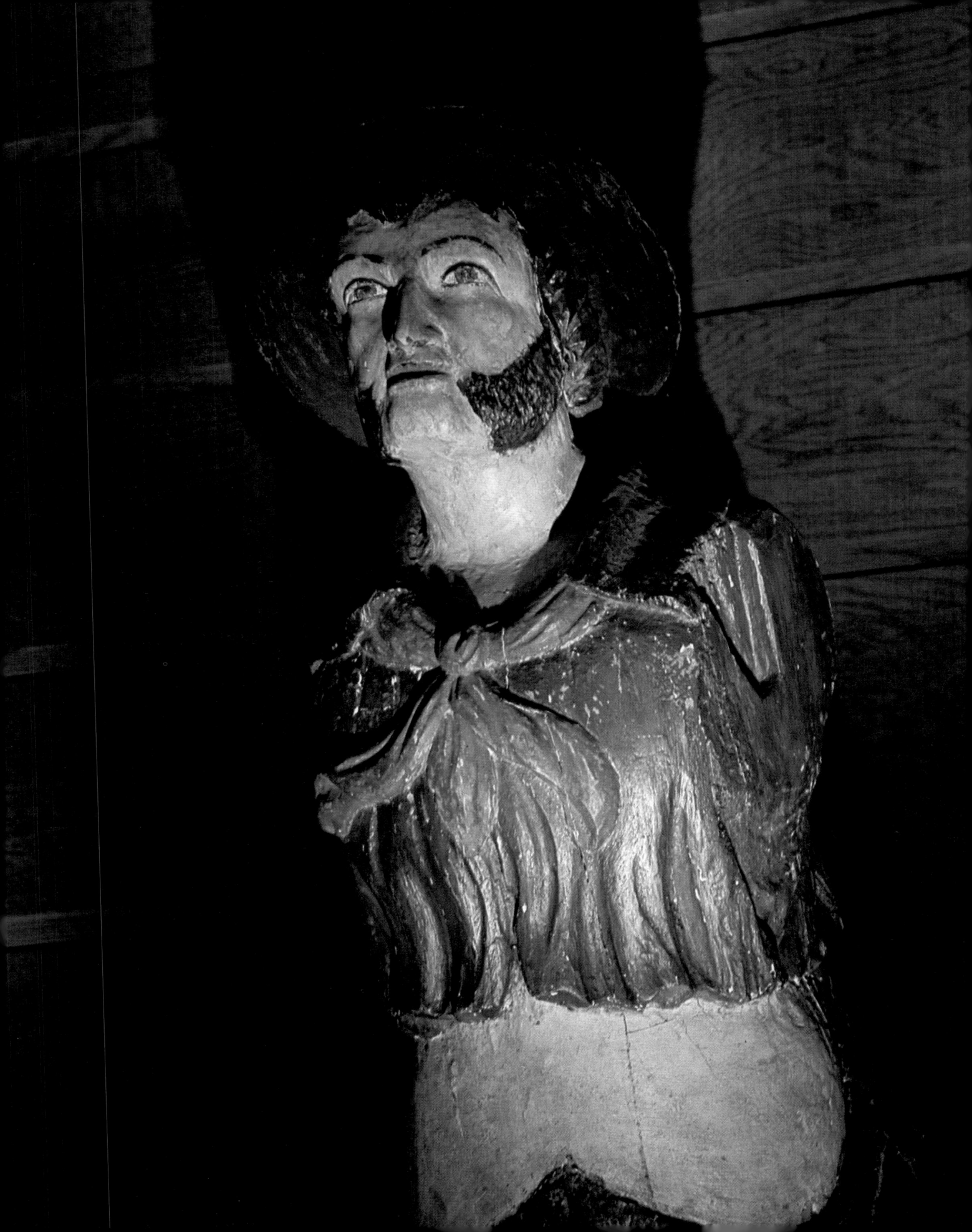

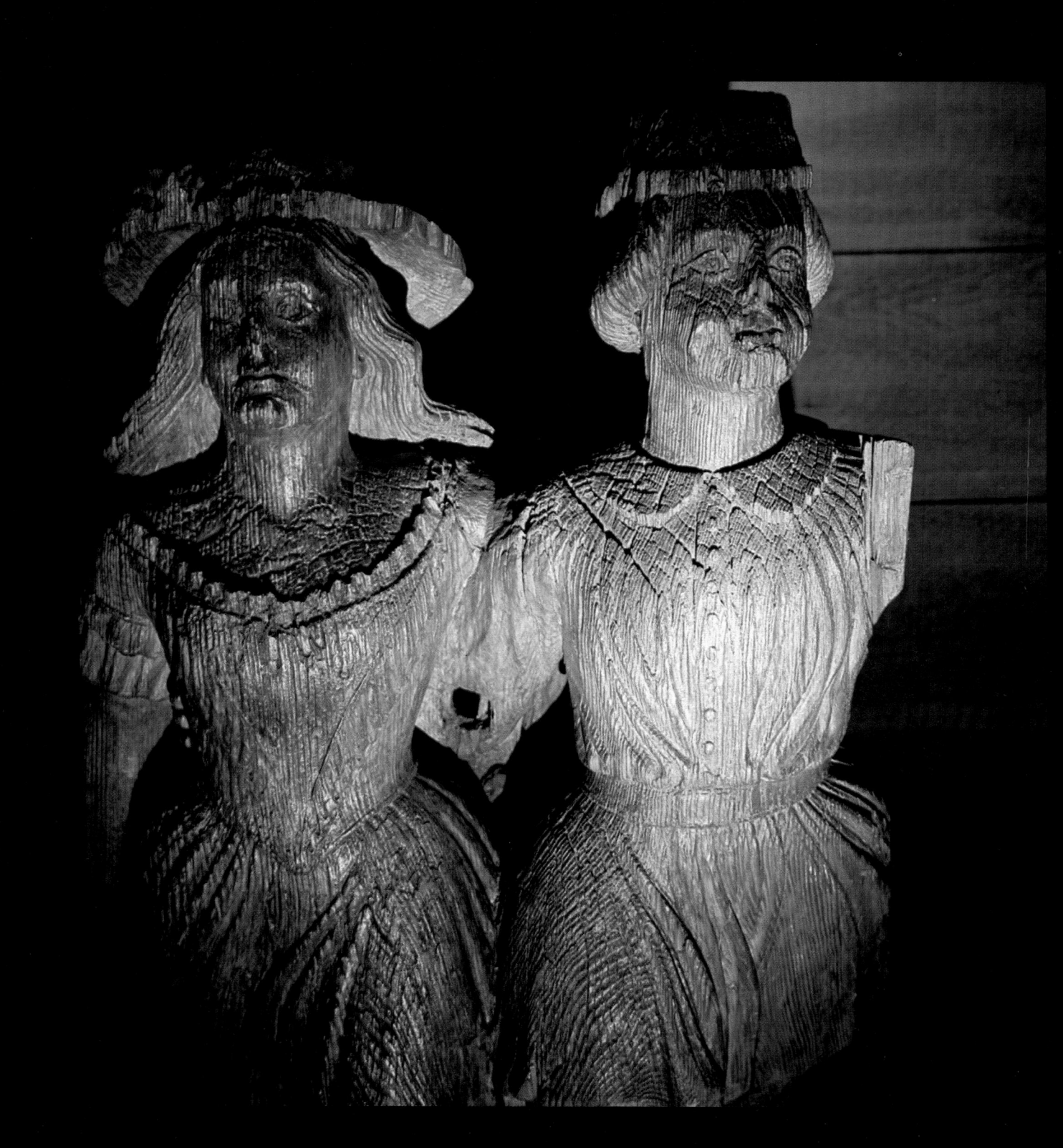

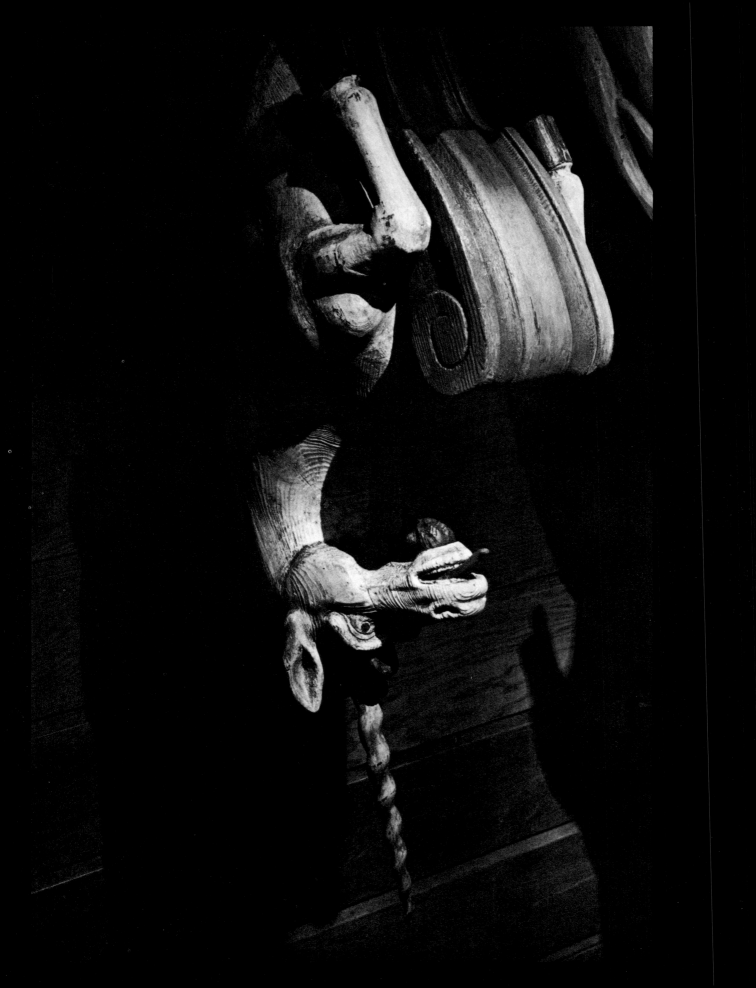

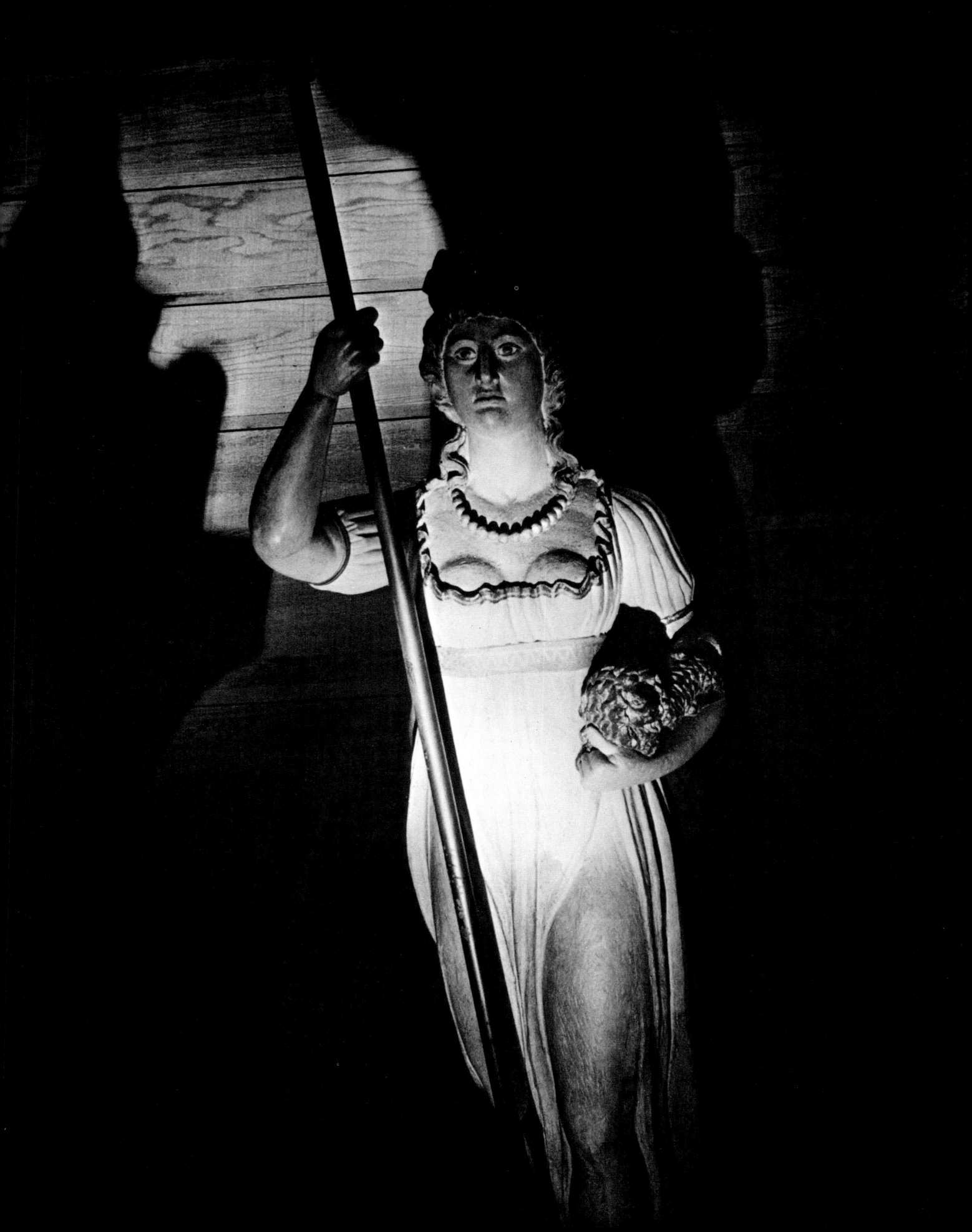

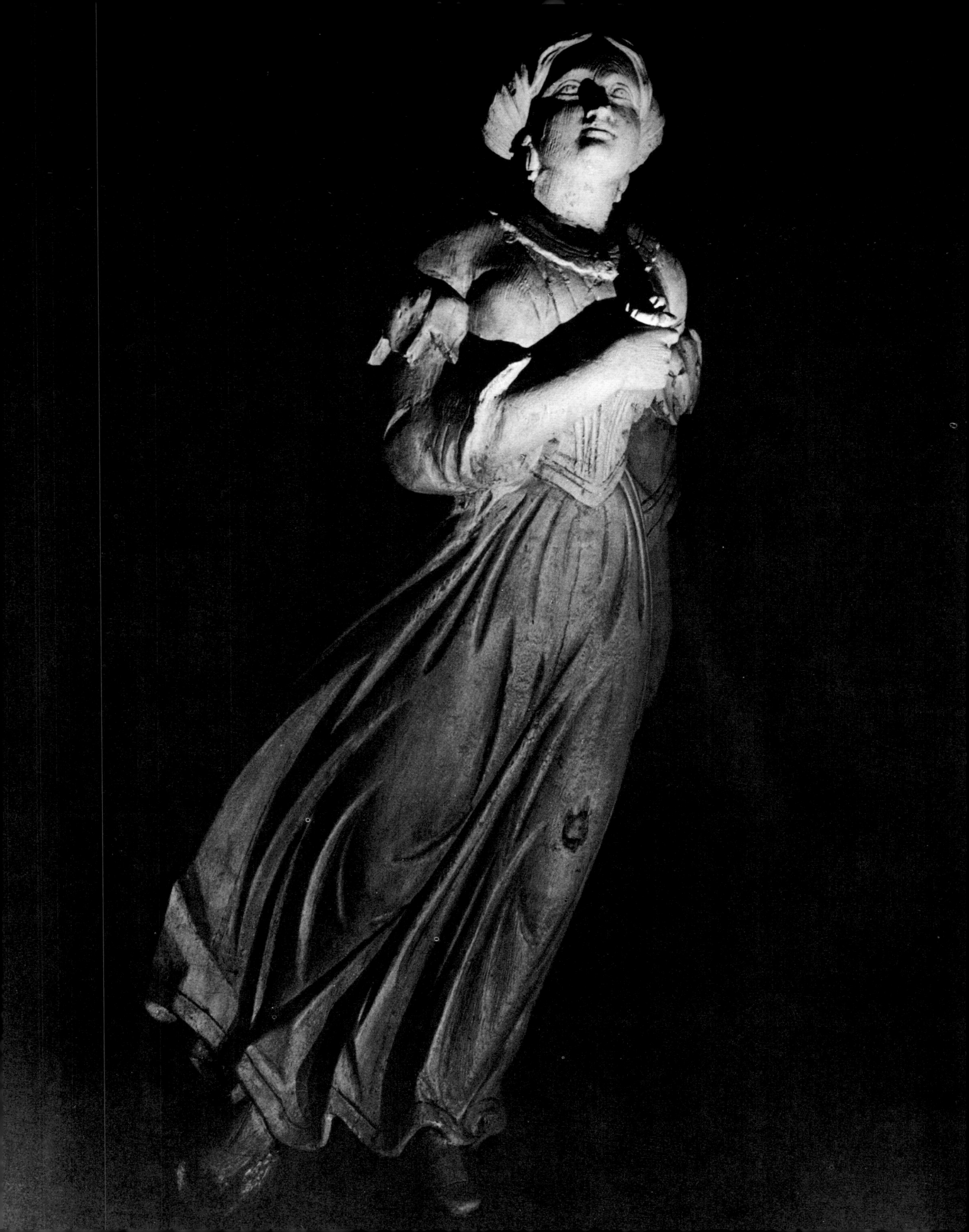

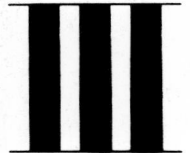

DAS „ALTE LAND"

Ein verhältnismäßig kleines Gebiet, von Hamburg westlich bis Stade reichend, im Norden von der Elbe, im Süden von der Geeste begrenzt, bildet das „Alte Land", mit den anschließenden Obstmarschen das nördlichste geschlossene Obstbaugebiet der Erde. Mehr als ein Viertel aller Äpfel, Kirschen und Birnen Deutschlands werden hier geerntet. Es ist ein reiches Kulturland, um 1060 erstmals urkundlich erwähnt; holländische Siedler bauten um 1200 die ersten Elbdeiche. Es ist ein Marschland, Schwemmland aus Fluß und Meer, das ständig überflutet würde, wäre es nicht eingedeicht, zum Unterschied von der südlich abschließenden Geest, Rest der eiszeitlichen Geröllhalden, die 25 bis 30 Meter höher liegt. Die Marsch atmet sozusagen mit der Ebbe und Flut, die großen Deichanlagen — das „Alte Land" allein hat eine Längenausdehnung von etwa 30 Kilometer — sind mit sogenannten Sieltoren versehen; durch sie kann man das Wasser der Elbemündung durch eine Art Kapillarsystem weitest verzweigter kleiner und großer Kanäle und Gräben, sogenannter Wettern, in die letzten Winkel leiten. Senkstoffe bilden den besten Humus.

Das Schönste sind die riesigen Bauernhöfe, die prächtigste Form des Niedersachsenhauses. Die Giebel sind gestuft und von Schwanenhälsen gekrönt, ein Stockwerk überragt jeweils das untere, die Füllung zwischen dem Fachwerk ist Backsteinmauerwerk in den verschiedensten Zierverbänden, wie „Kreuzelstich"; es gibt bei manchen Höfen noch die schöngeschnitzten sogenannten Brauttüren, dann Nottüren, nur von innen zu öffnen, und hölzerne Prunkpforten aus dem 17. Jahrhundert mit Wagendurchfahrt und Leutetür, mit Löwenköpfen und Pinienzapfen geschmückt.

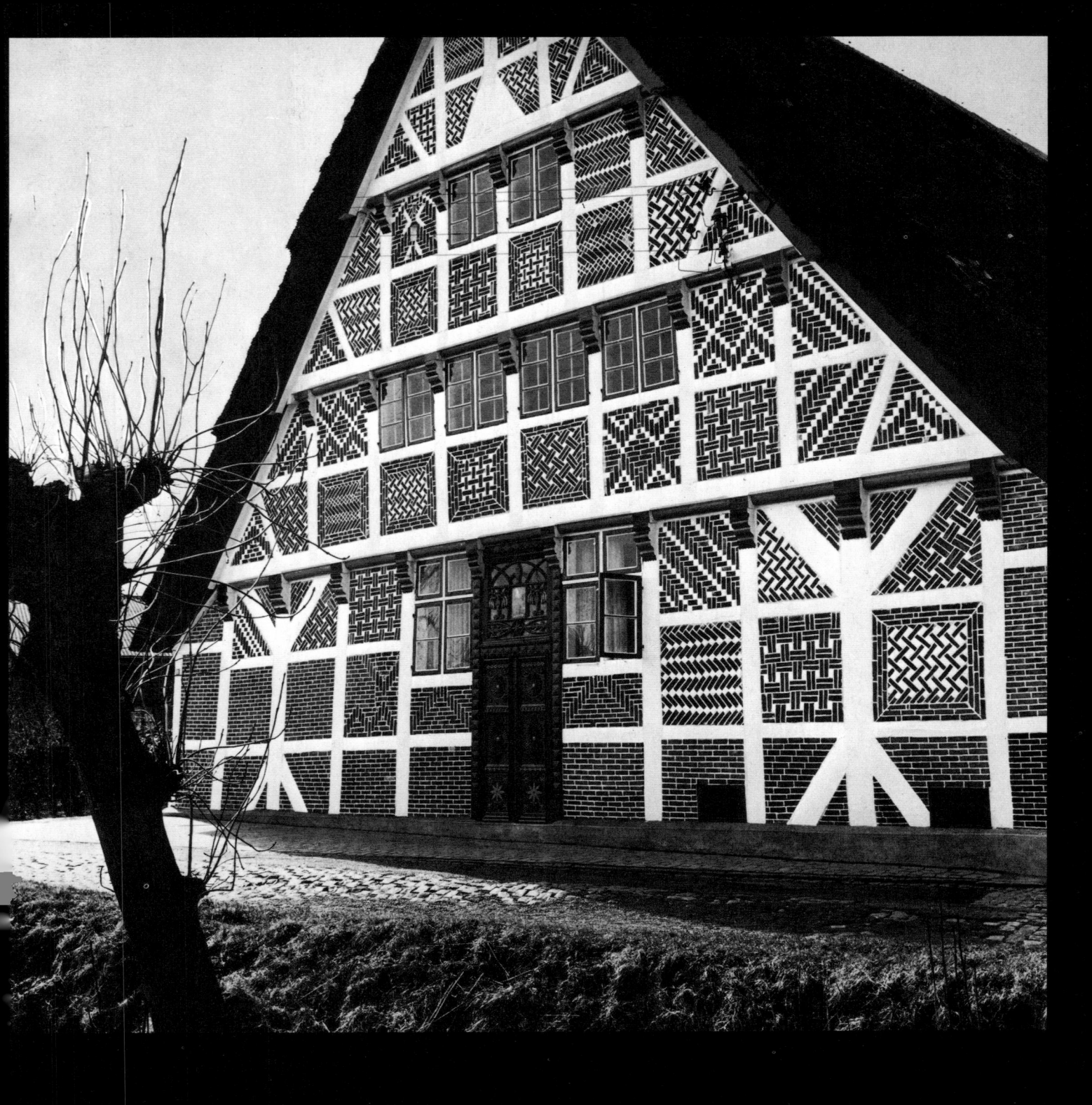

Marschbauernhof bei Jork

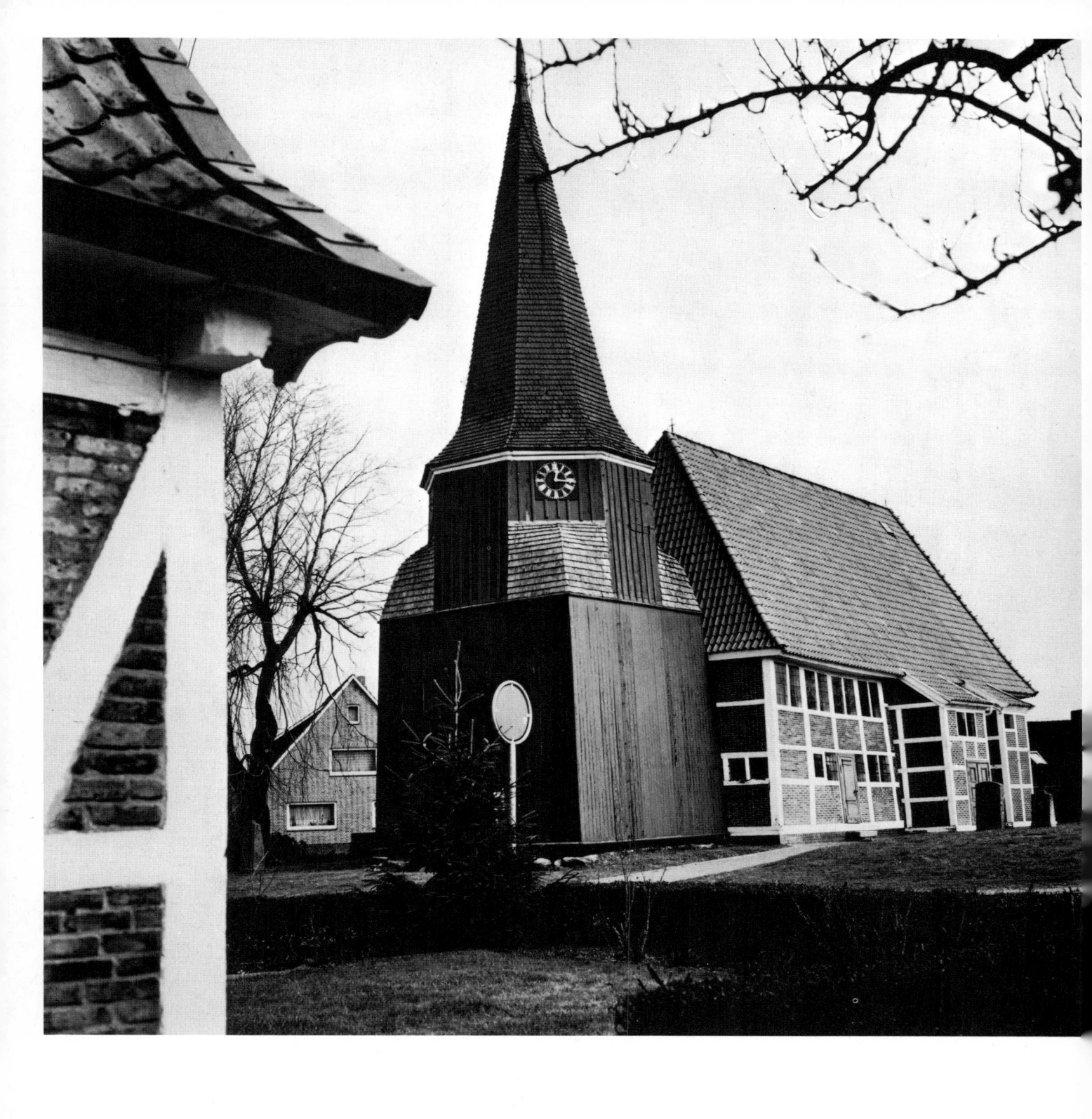

82   Fachwerkkirche in Steinkirchen

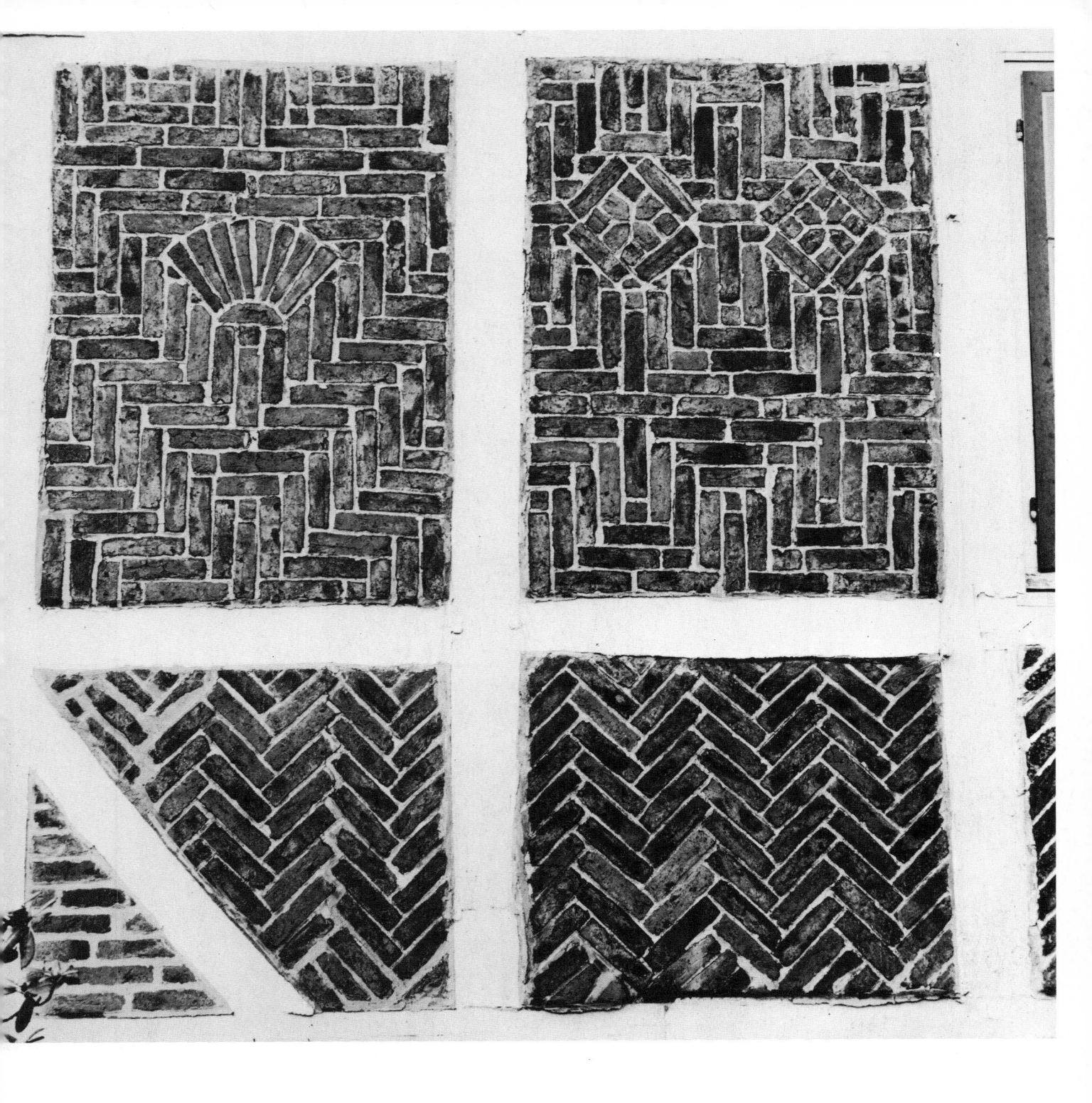

Oben: Altes Gefach
Folgende Doppelseite: Speicher im Guderhandviertel, 1587

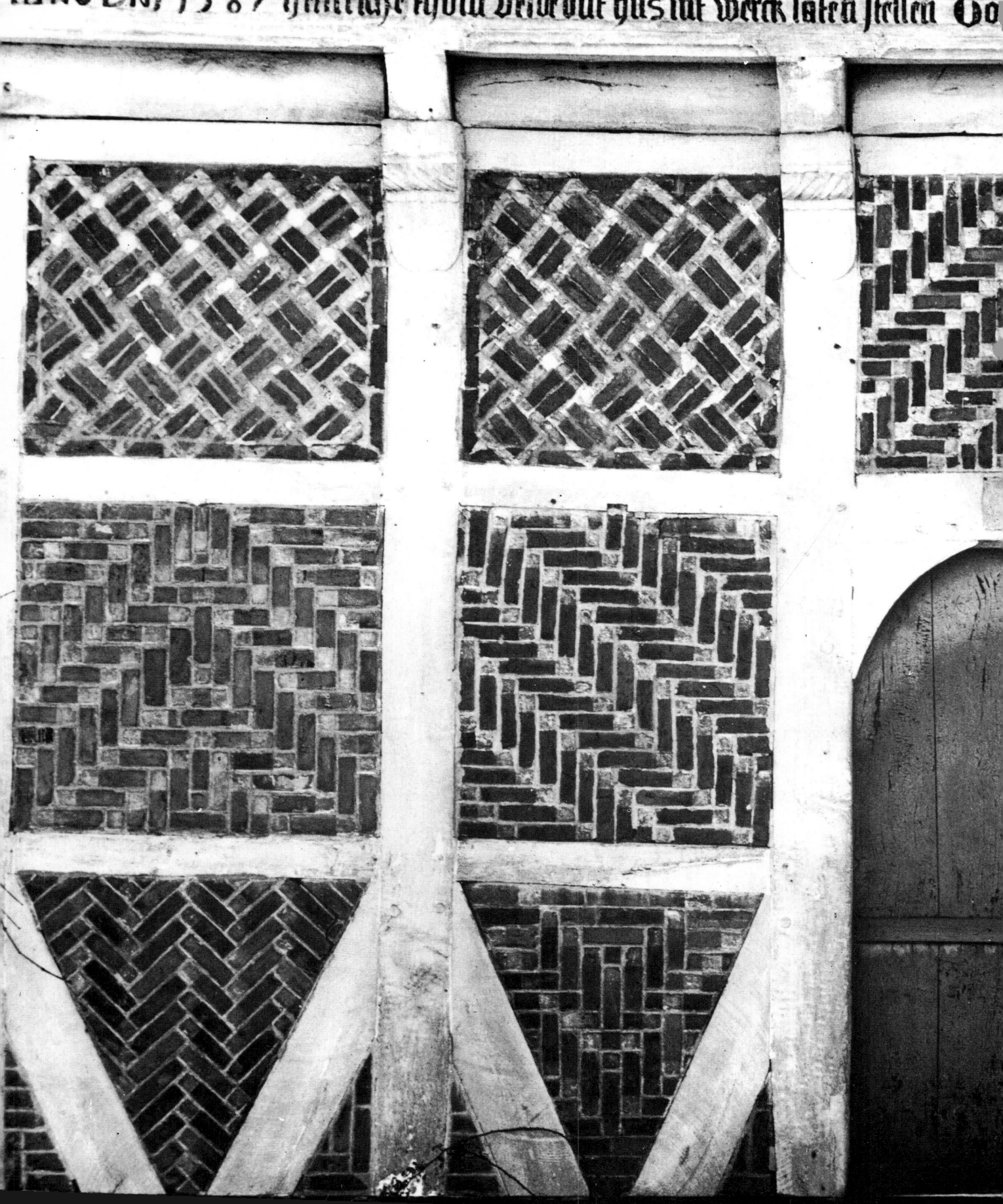

ANNO DNI 1587 Heinrich thom velde düt hus int werck laten stellen Go

ulpe vnd radt wen aller minschen troesteinende hatt min häpen tho godt

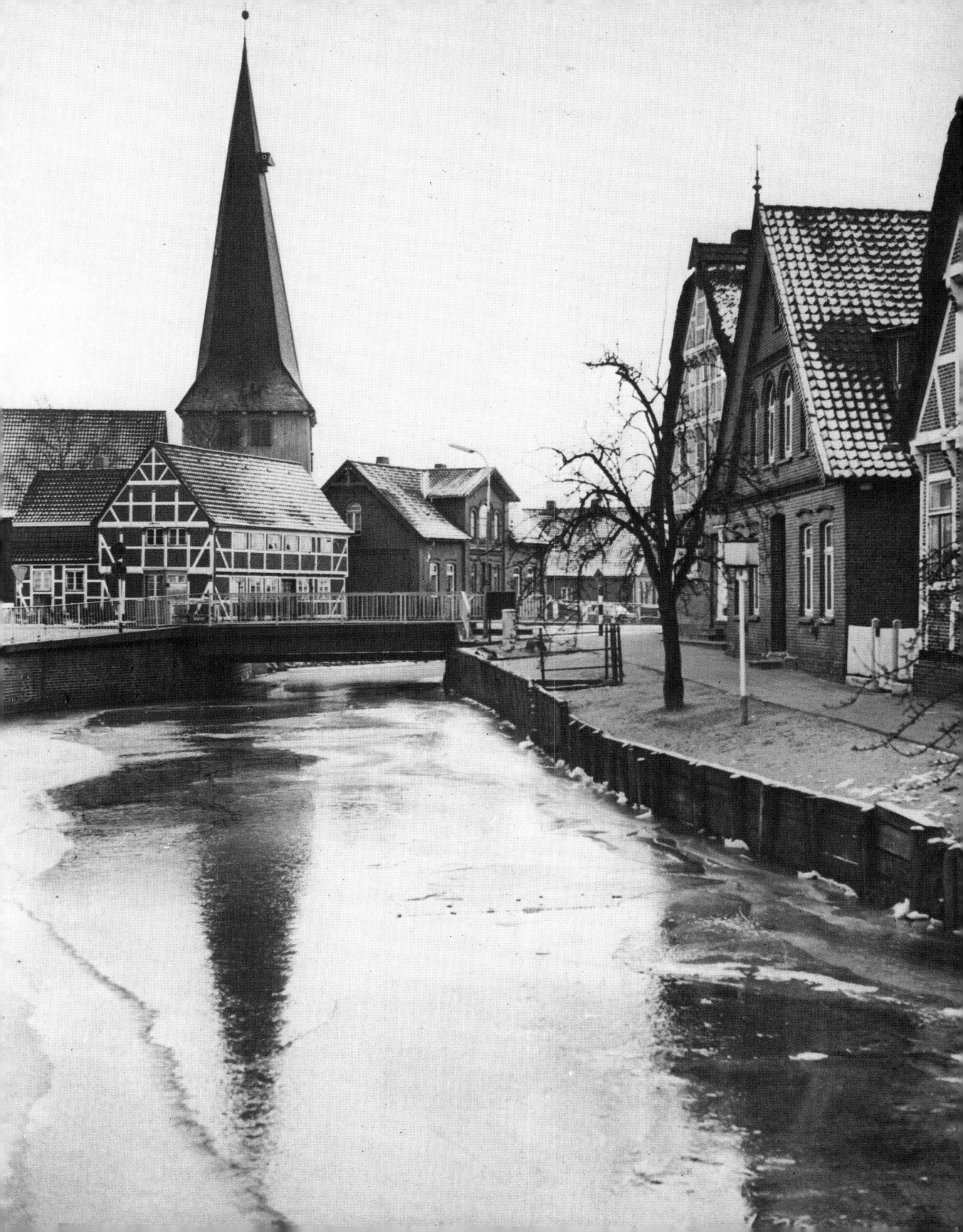

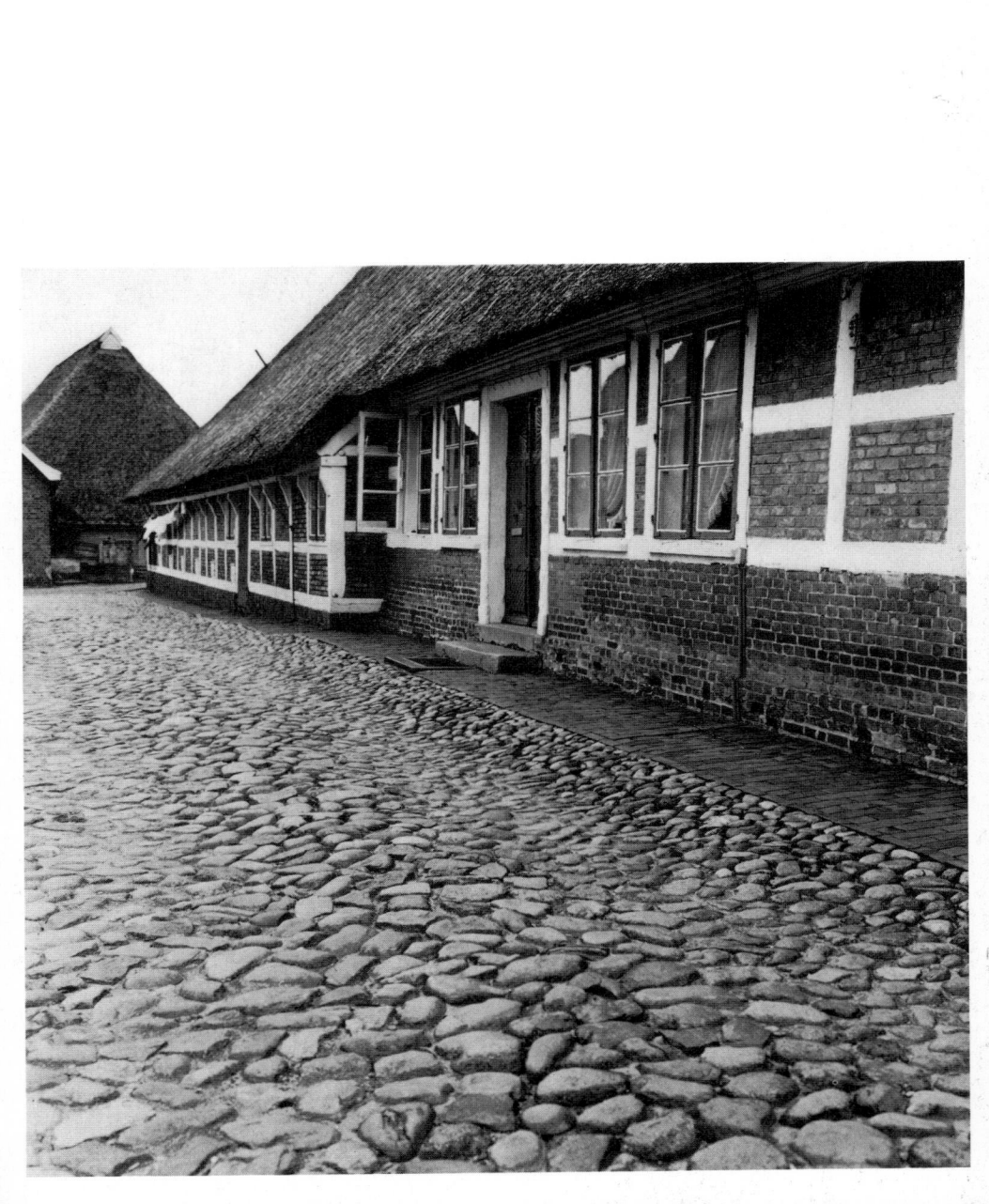

Links: Borstel bei Jork
Unten: Bauernhof in Steinkirchen

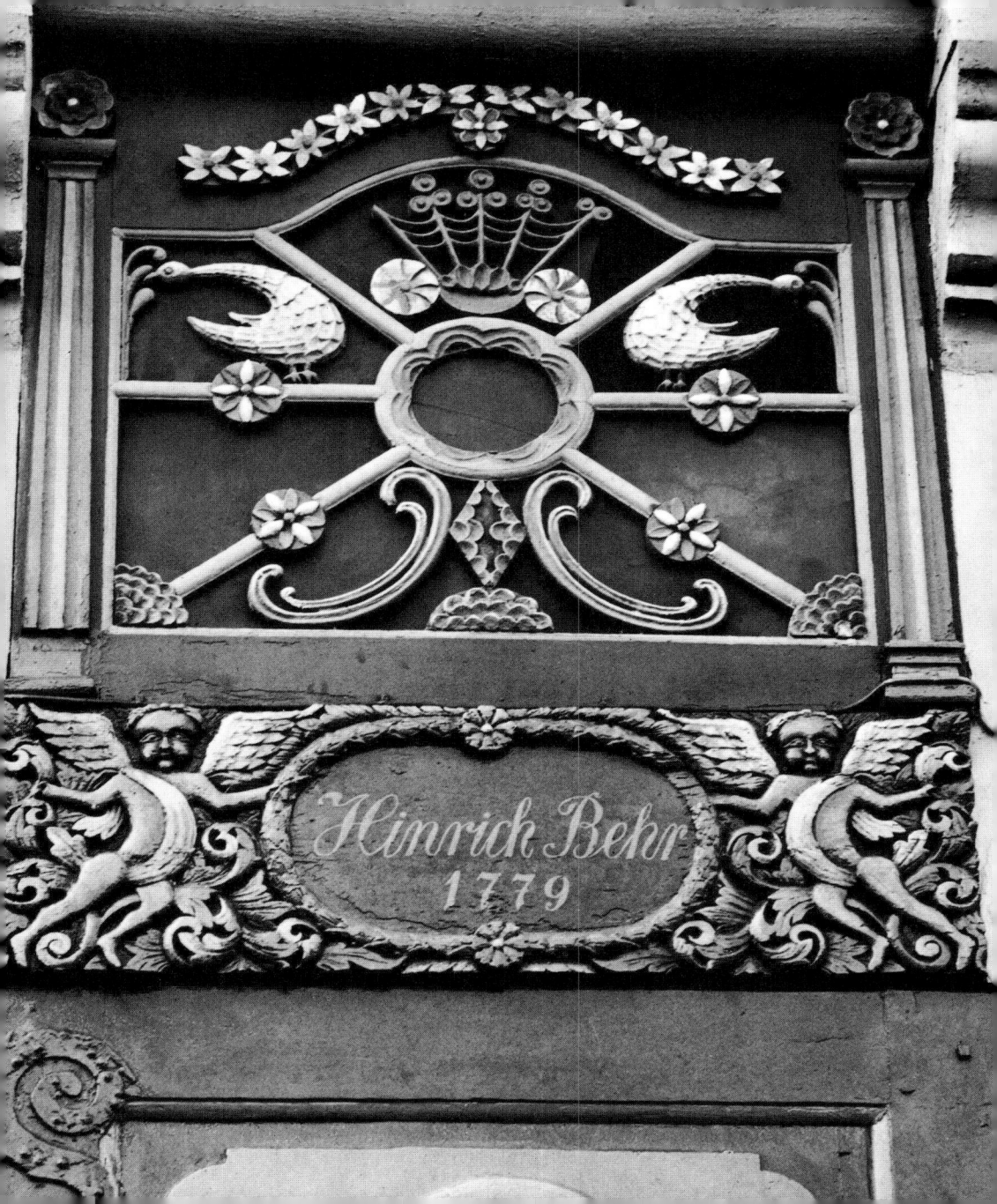

Hinrich Behr
1779

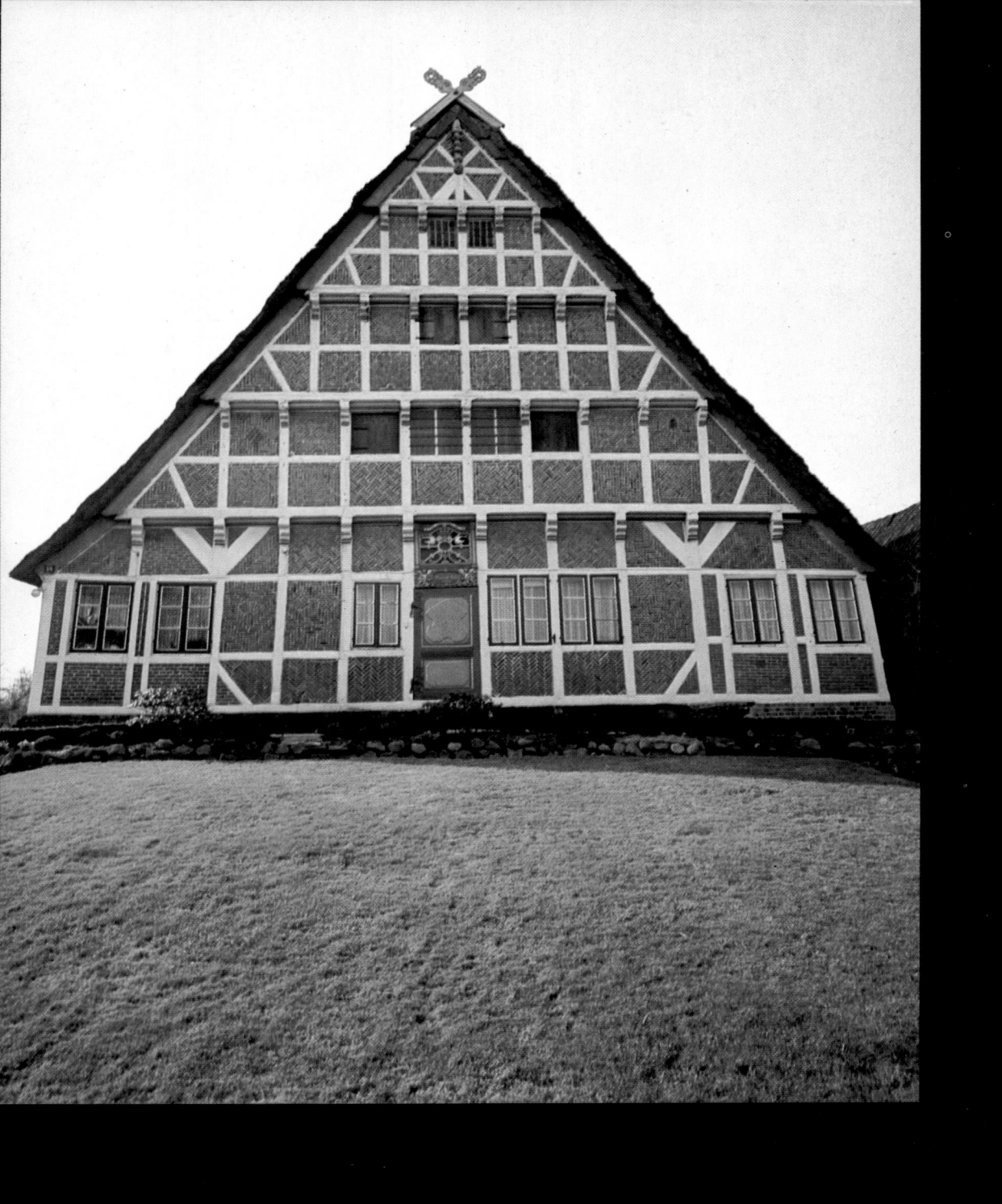

Oben: Haus Hinrich Behr in Neuenfelde
Folgende Doppelseite: Höfe in Twielenfleth bei Stade, Ortsteil Bassenfleth

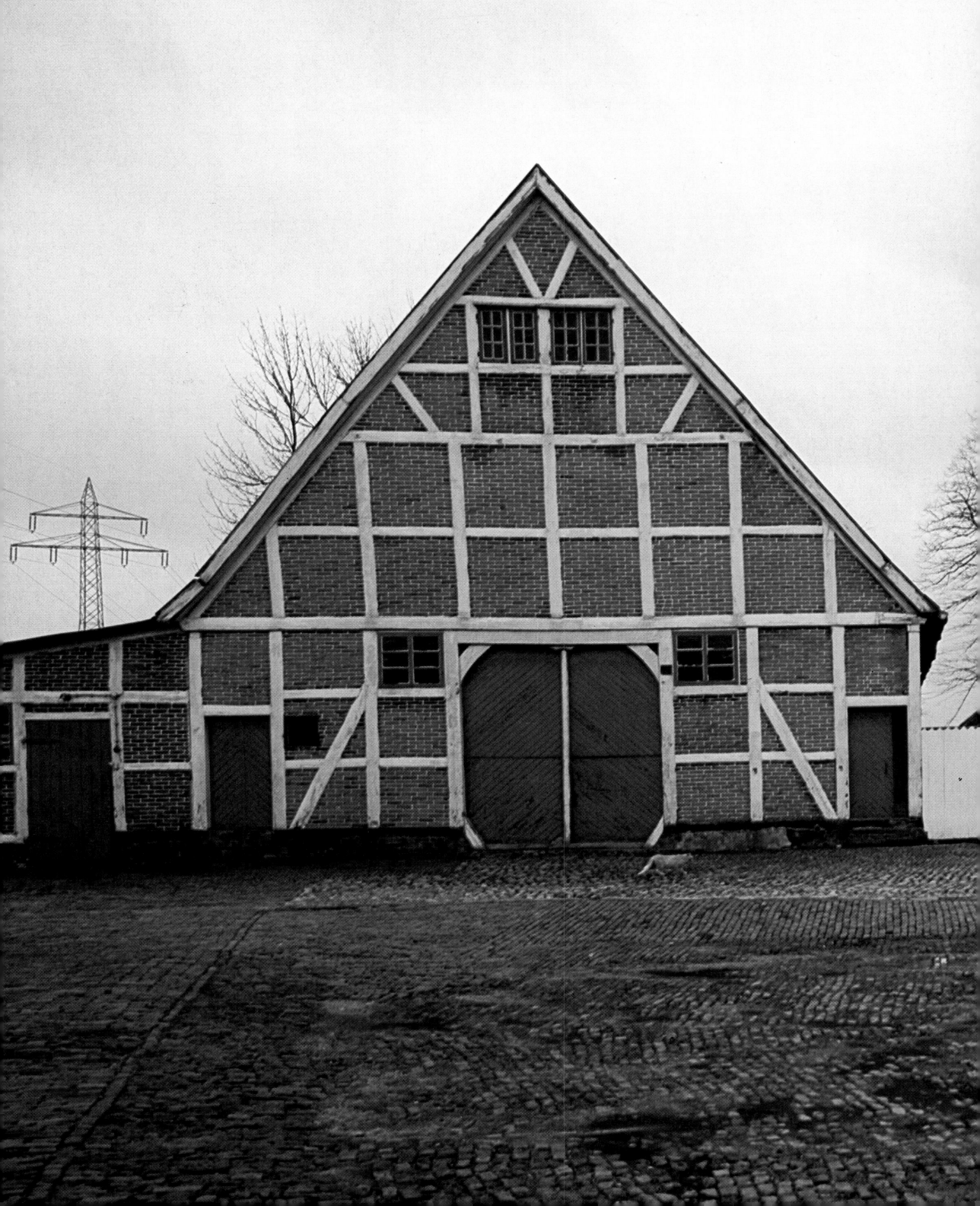

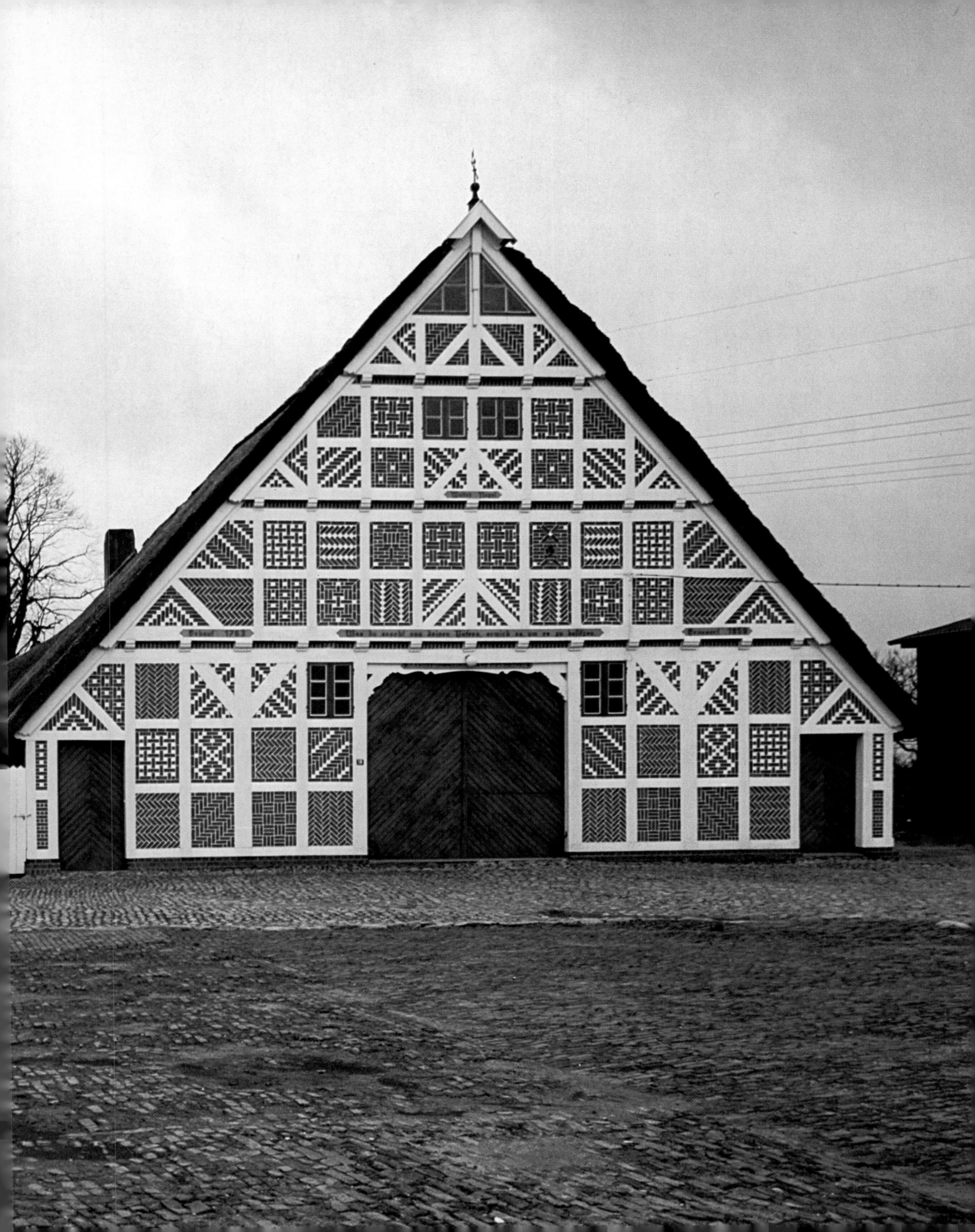

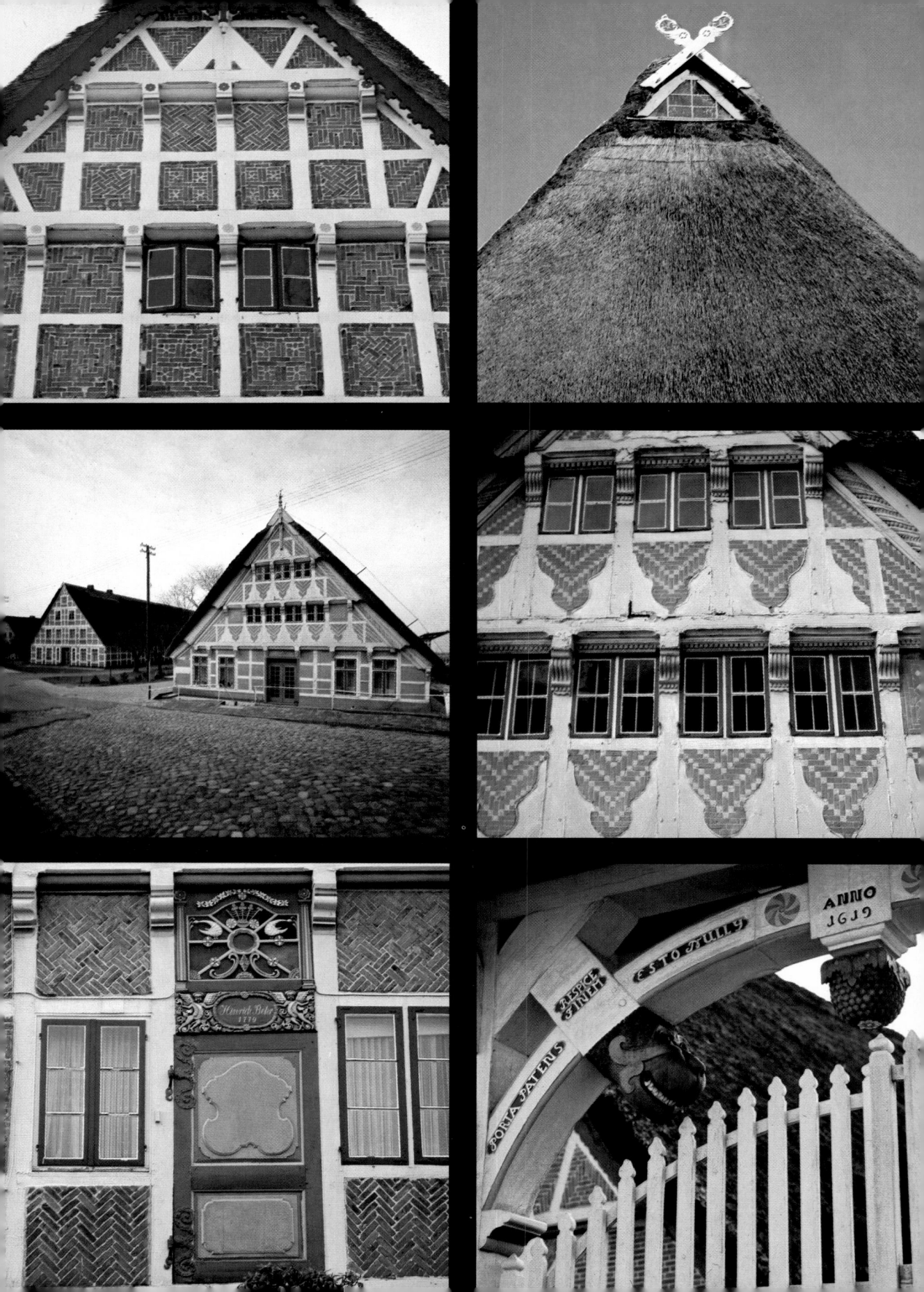

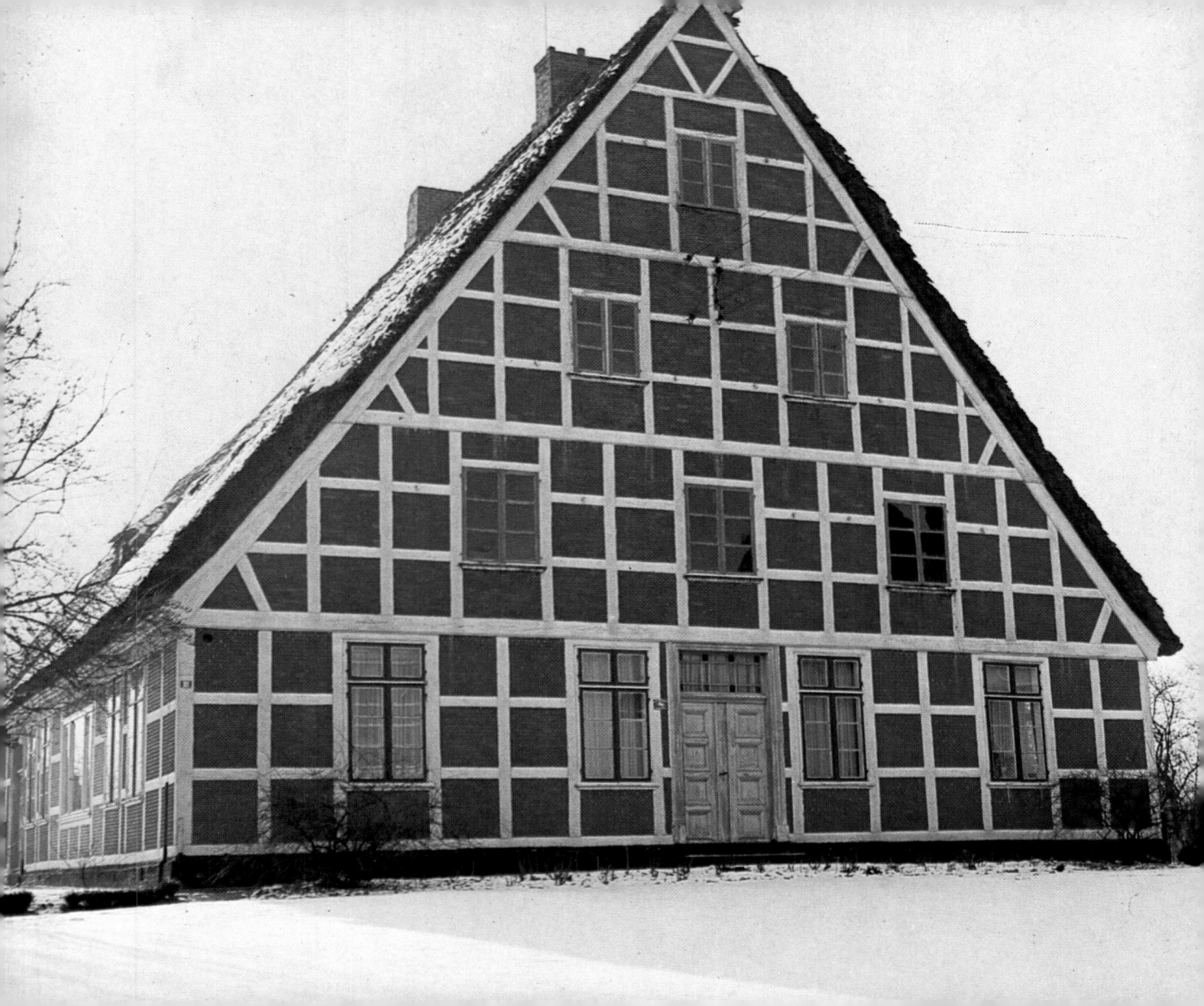

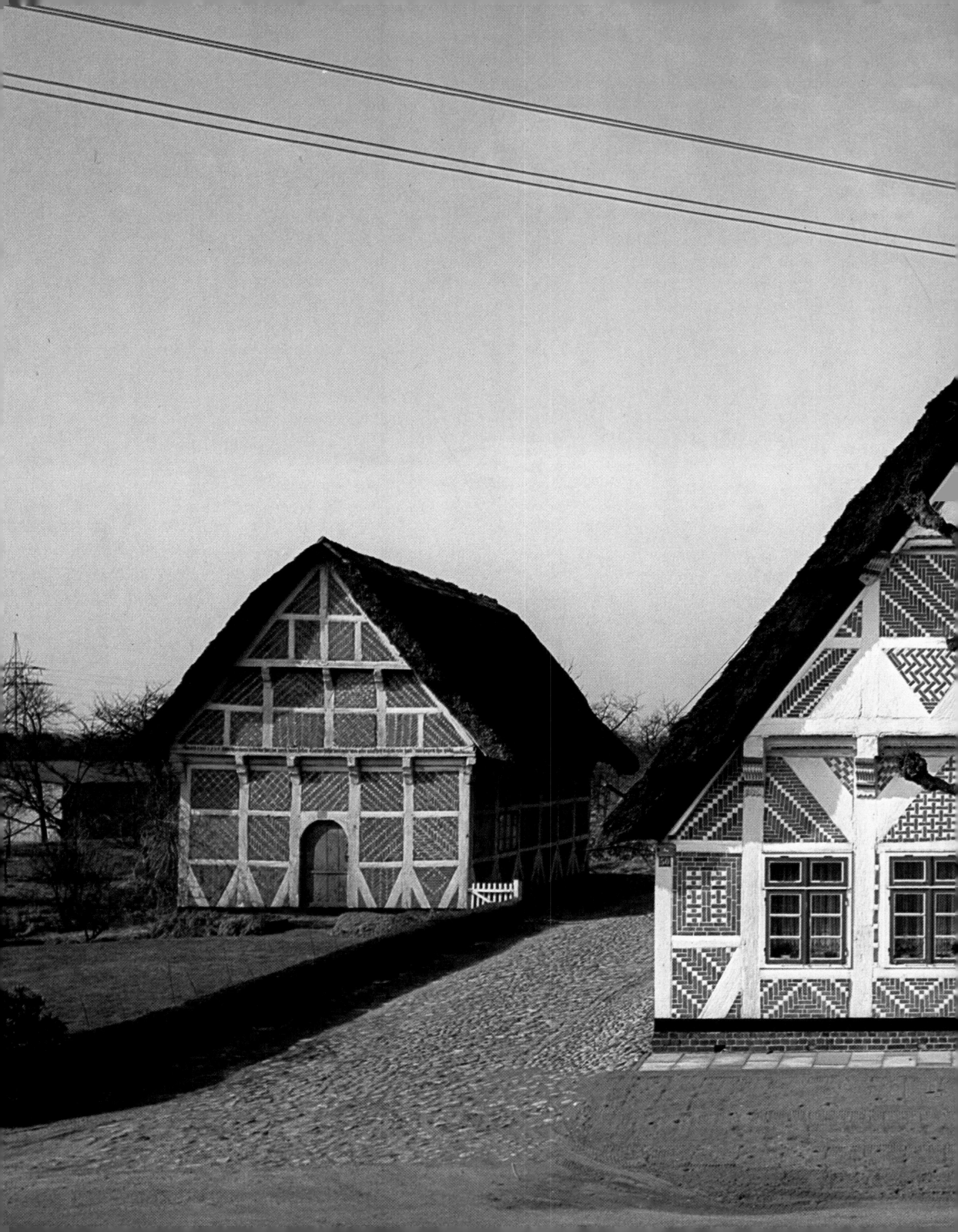

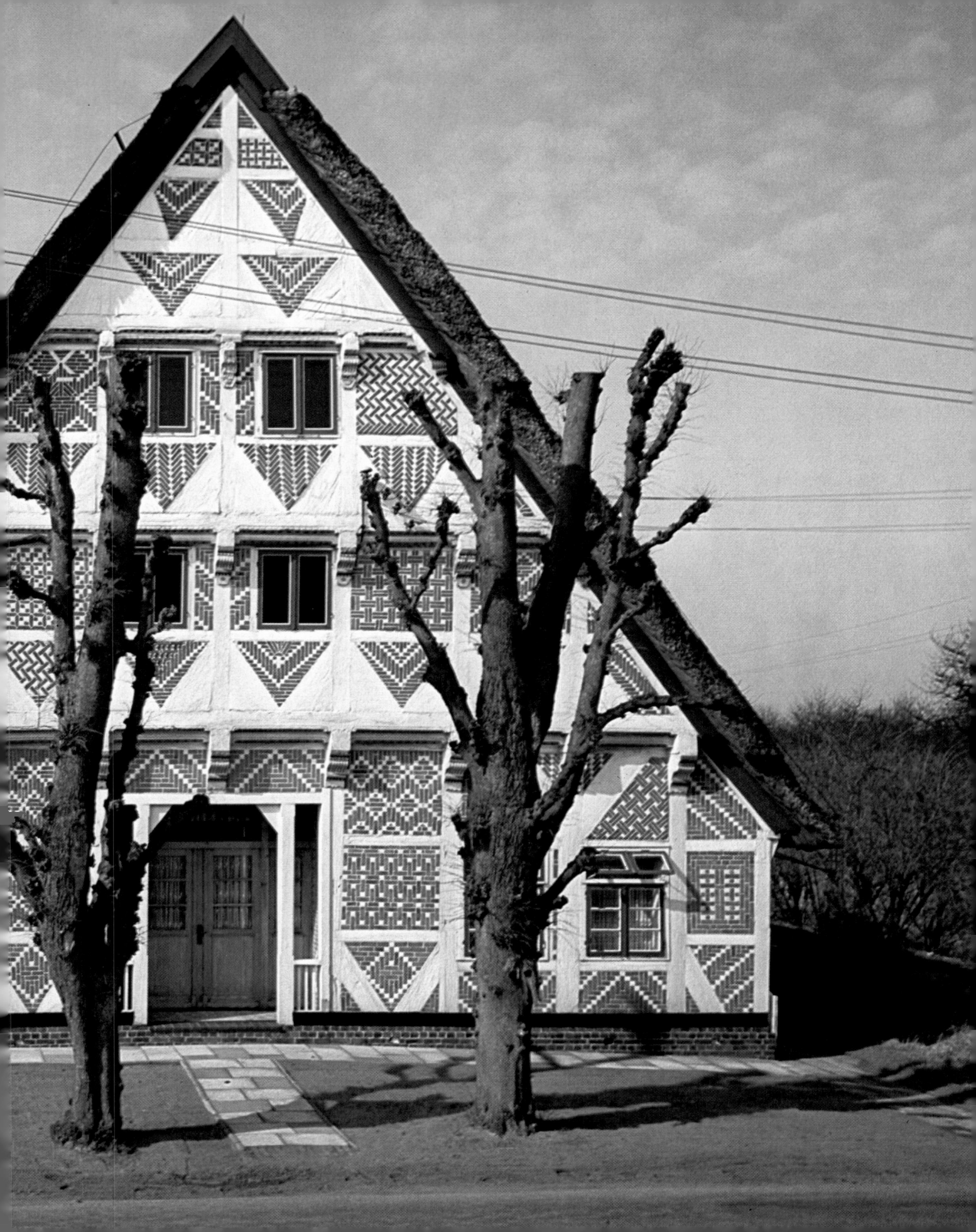

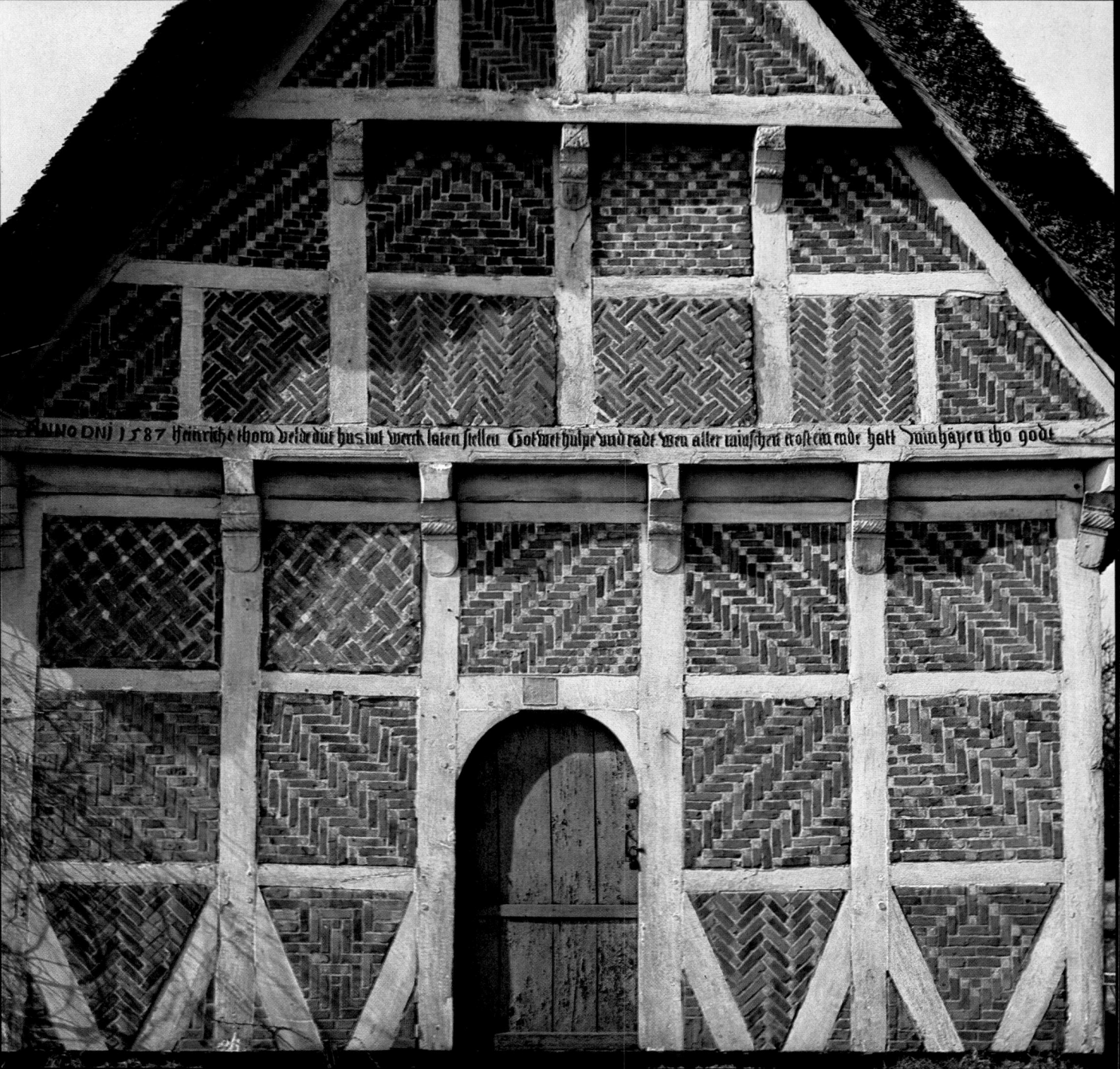

ANNO DNI 1587 heinrich thom velde dut hus tut werck laten stellen Got wet hulpe und radt wen aller minschen trost ein ende hatt Vinhäpen tho godt

ROMANISCHE KIRCHEN – AM RHEIN KÖLN UND MARIA LAACH

IV

Köln ist eine der ältesten Städte des Abendlandes. Im Jahre 50 n. Chr. erhebt Agrippina d. J., Gemahlin des Kaisers Claudius, ihren Geburtsort Oppidum Ubiorum zur Veteranenkolonie mit dem Namen Colonia Claudia Ara Agrippinensis. Im 4. Jahrhundert Colonia Agrippina genannt, ist es bereits Episkopalsitz. Im 5. Jahrhundert von den Franken erobert, richten sich die merowingischen Hausmeier im Kapitolstempel ein, Plektrudis macht ihn zu einem Frauenkloster. Bis zum 11. Jahrhundert wächst die Zahl der Stifte und Klöster auf 14, die Stadt wird zum „heiligen Köln". Stifte erhoben sich vor allem über den Märtyrergräbern, die Legende erzählt vom hl. Gereon und seinen thebäschen Legionären und von der hl. Ursula und ihren 11.000 Jungfrauen. Die zweitausendjährige Geschichte Kölns zeigt sich an der großen Zahl ältester romanischer Kirchen. Die Benediktinerabtei Maria Laach wurde 1093 begonnen und war 100 Jahre später vollendet. Sie ist einer der schönsten romanischen Bauten Deutschlands, vor allem fast ohne Veränderungen erhalten.

Wie bei den Kaiserdomen in Speyer, Mainz und Worms besitzt die Kirche Ost- und Westchor, statt des Eingangs an der Westseite liegt das Paradies vor der Fassade: Paradies bedeutet Garten. Es ist ein quadratischer Vorhof mit Arkadengängen wie ein Kreuzgang, der auch als Begräbnisstätte diente. In der Mitte befindet sich ein Brunnen, symbolisch „Brunnen des Lebens" genannt. Maria Laach hieß eigentlich „das Kloster am See — Monasterium ad lacum —, wovon der See — wunderlich genug — durch sich selbst aus dem Lateinischen zurück den Namen Laacher See bekommen hat" (Ernst Moritz Arndt, 1844).

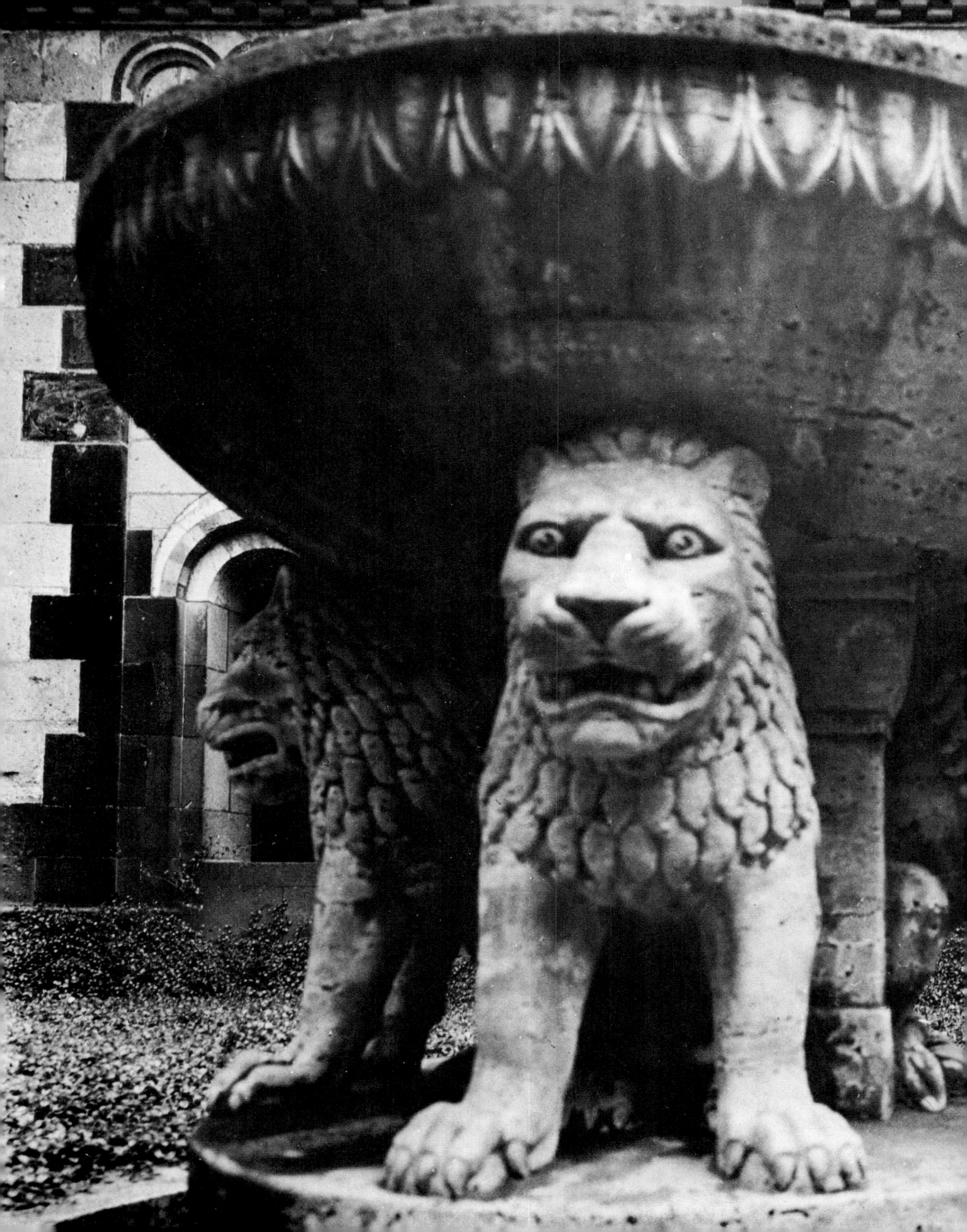

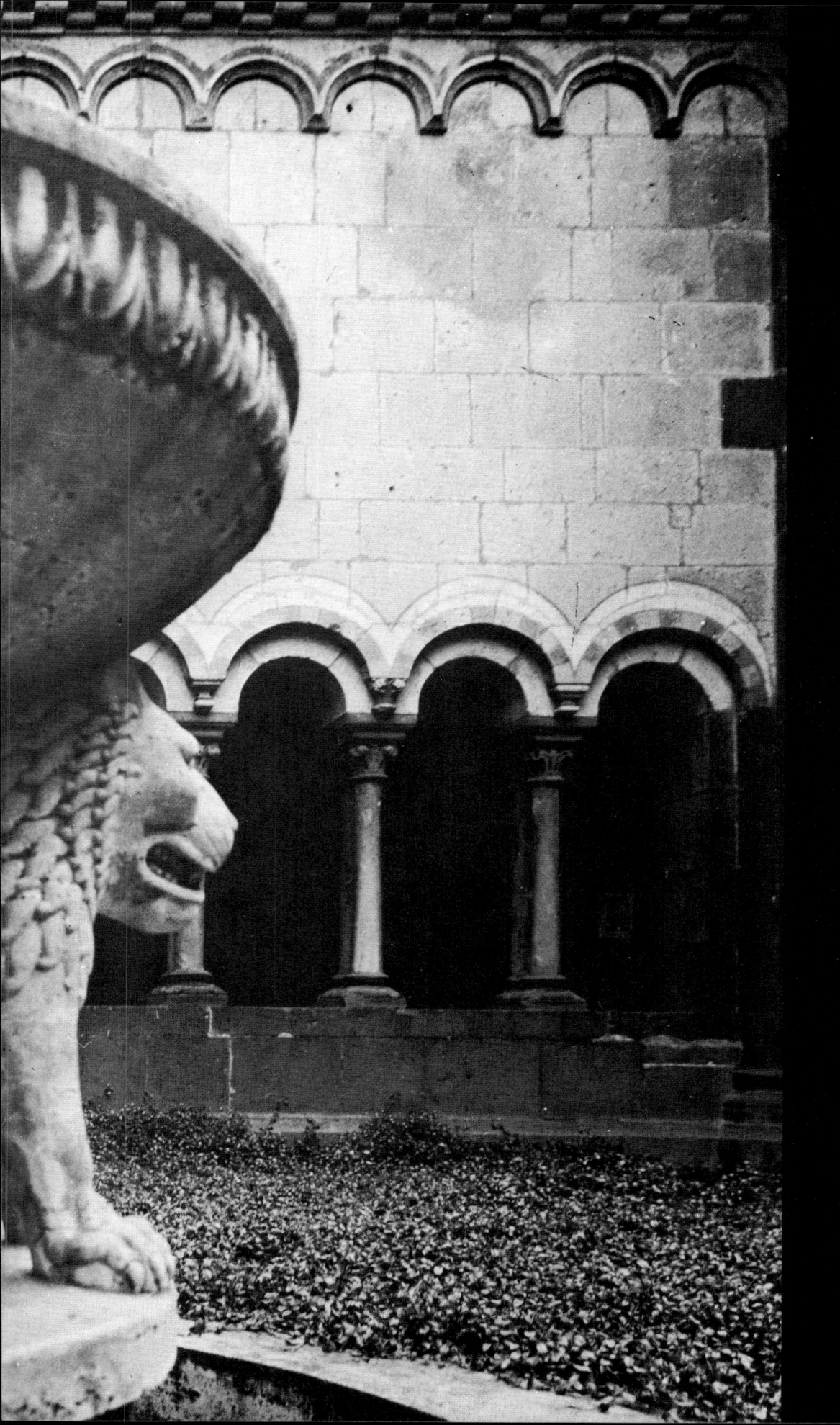

Rechts: Abteikirche von Maria Laach
Unten: Paradies in Maria Laach

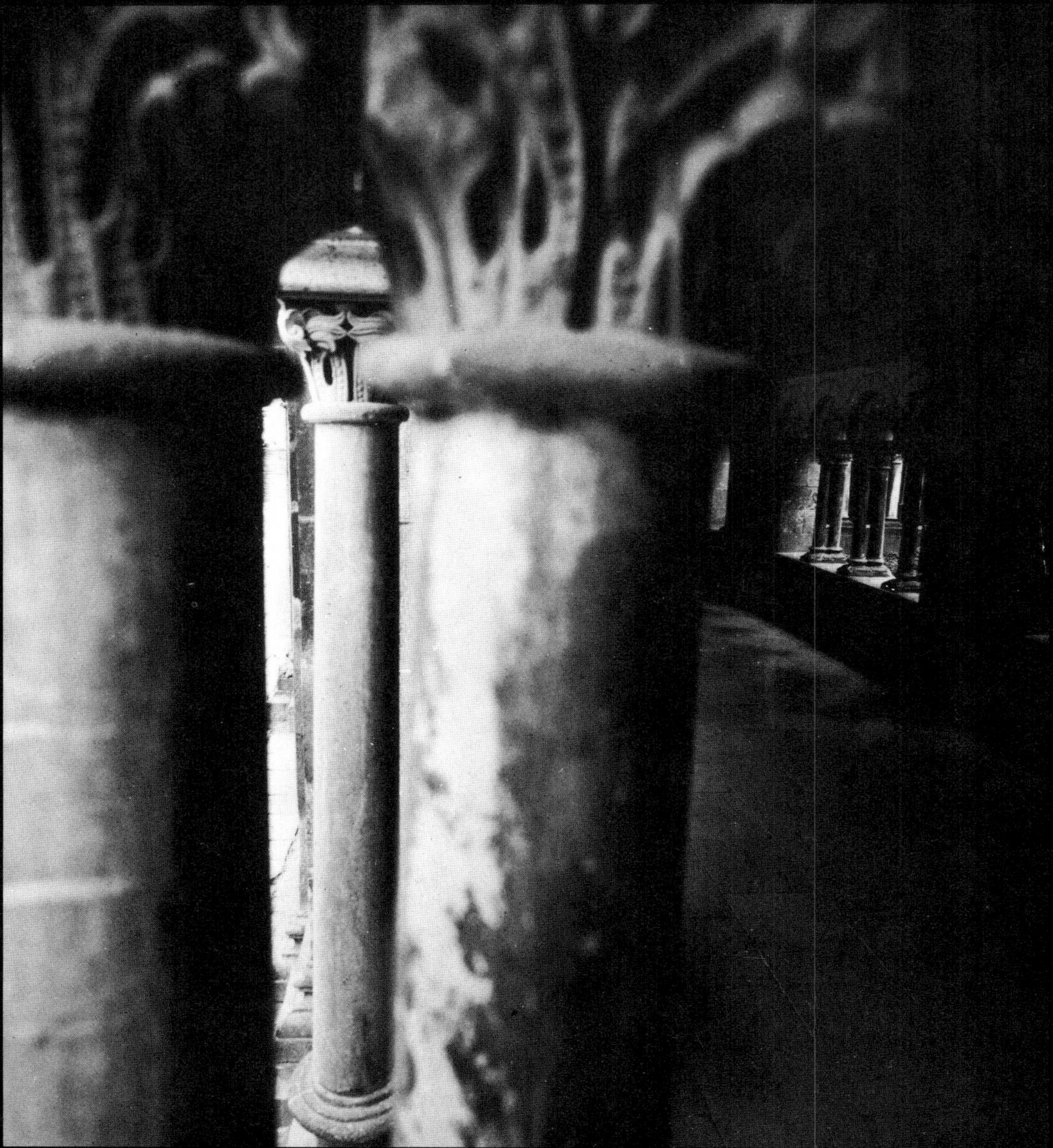

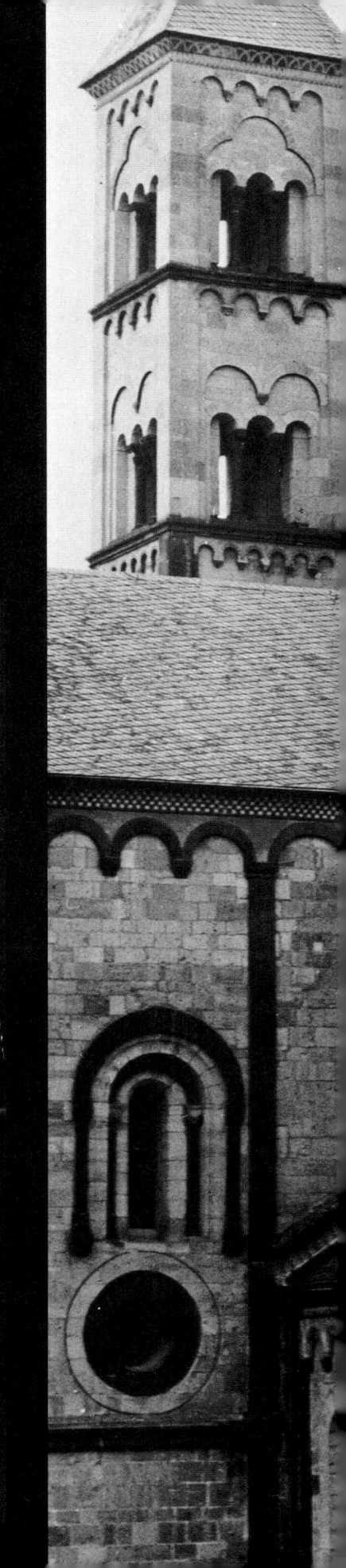

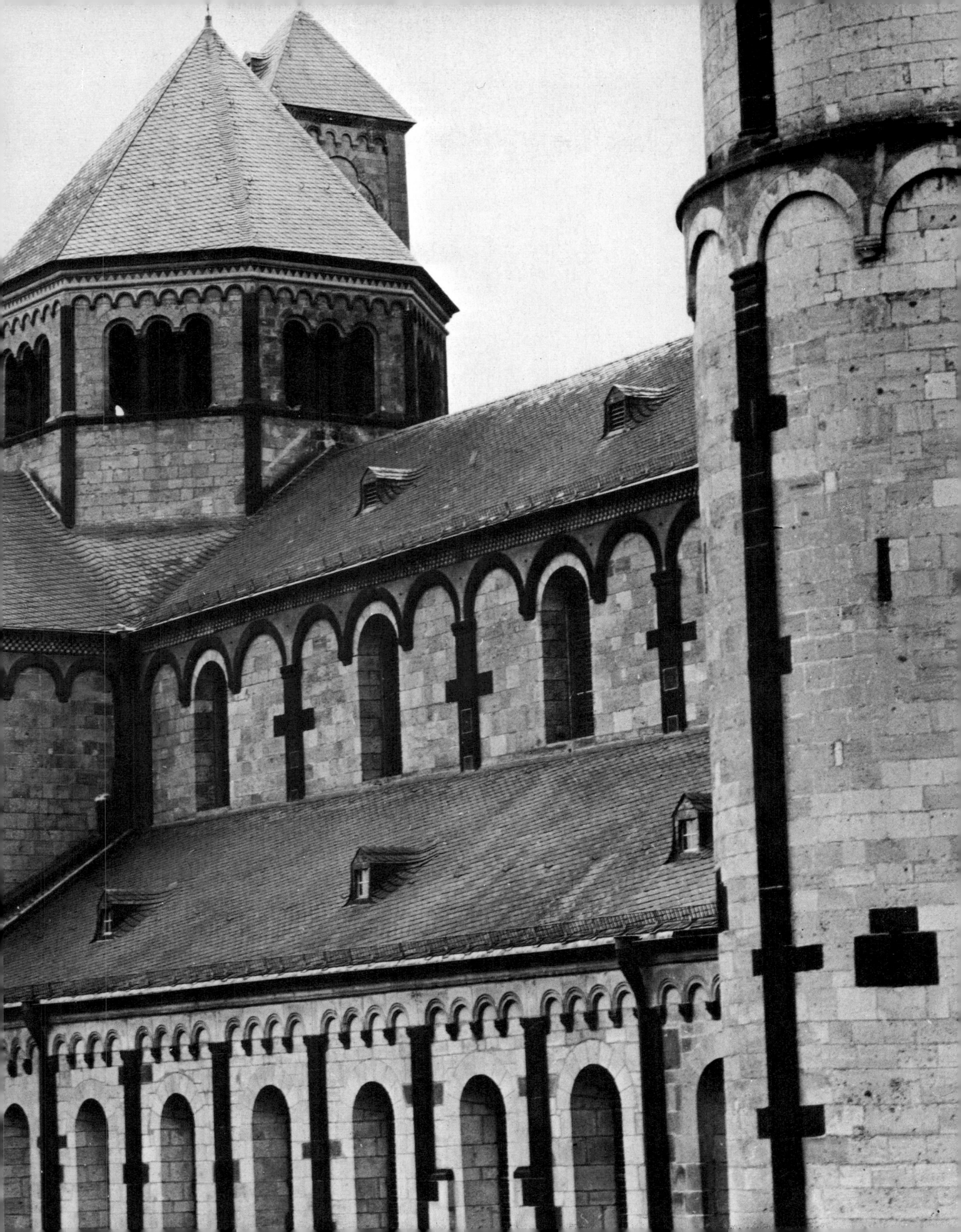

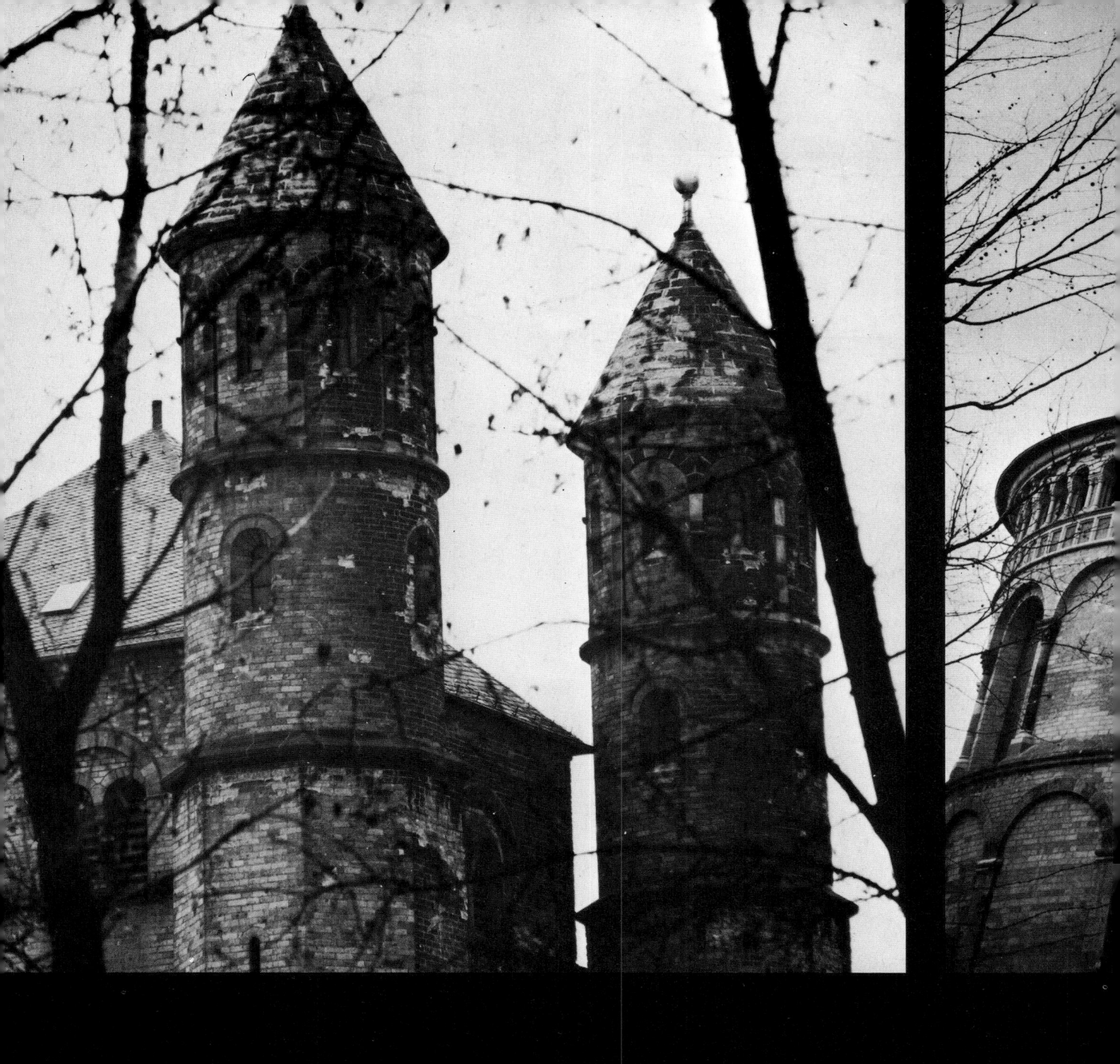

Oben: Westwerk von St. Pantaleon in Köln, 10. Jh.
Rechte Seite: St. Aposteln in Köln, Dreikonchenanlage, 12. Jh.

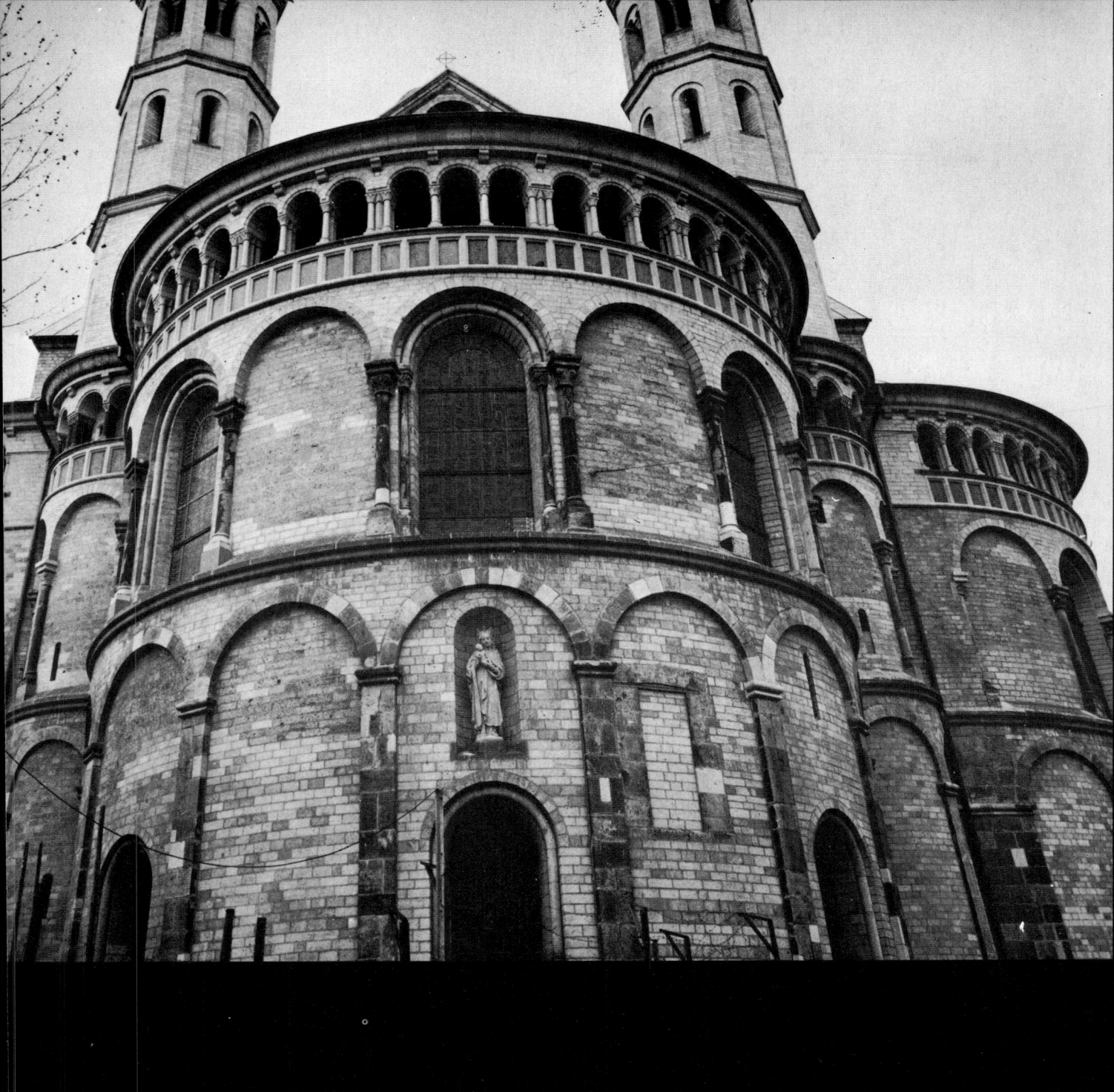

Folgende Doppelseite: Köln, Maria im Kapitol. Details der holzgeschnitzten Türflügel, der sogenannten Kapitolstüren, um 1060

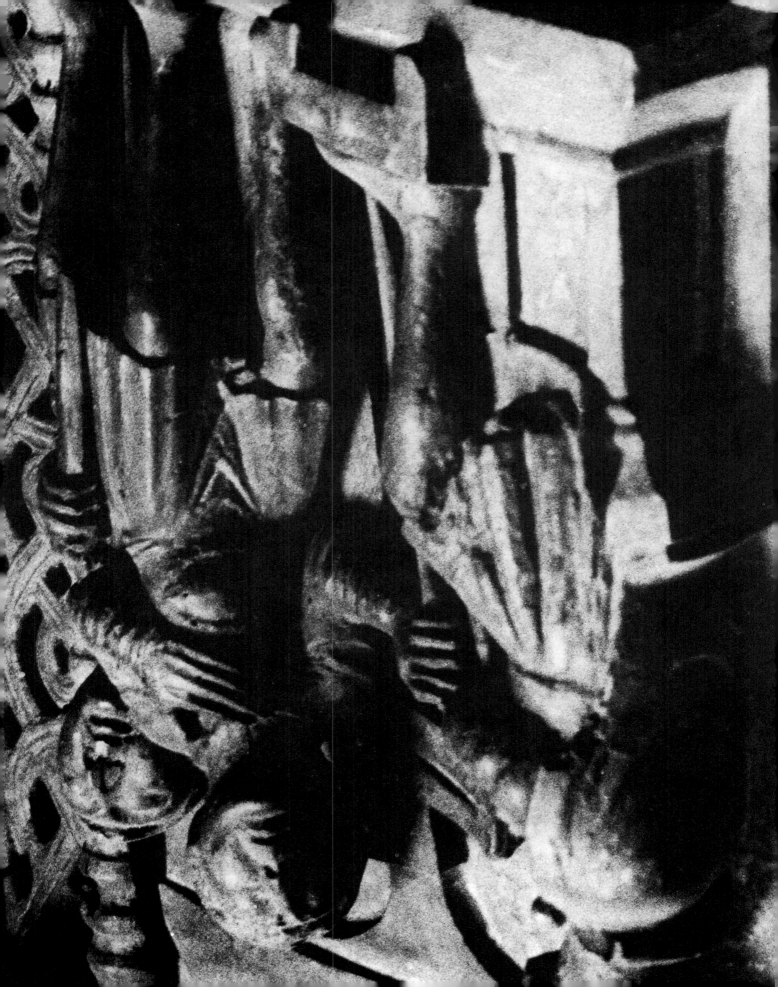

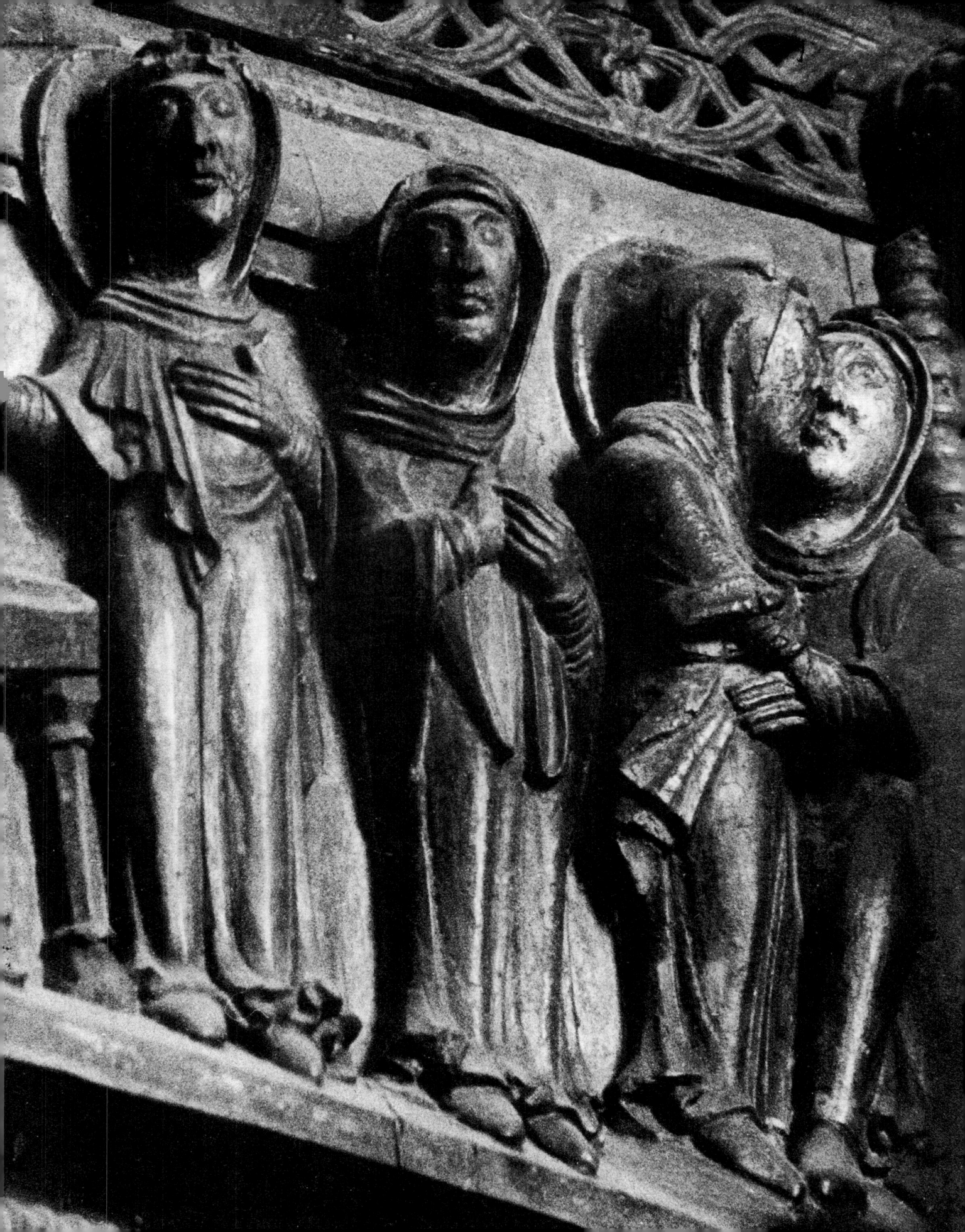

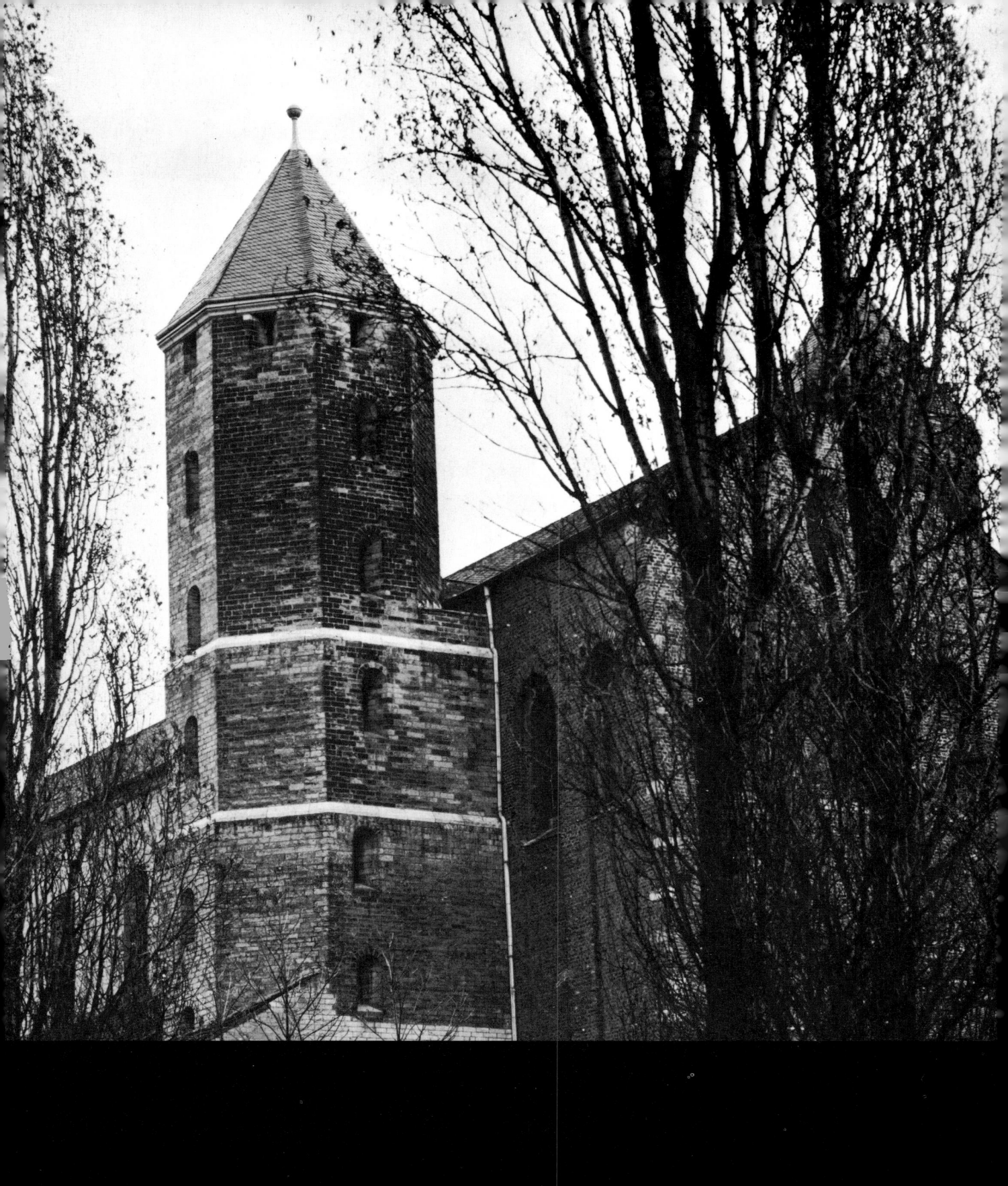

Köln, Maria im Kapitol, Westwerk, 12. Jh.

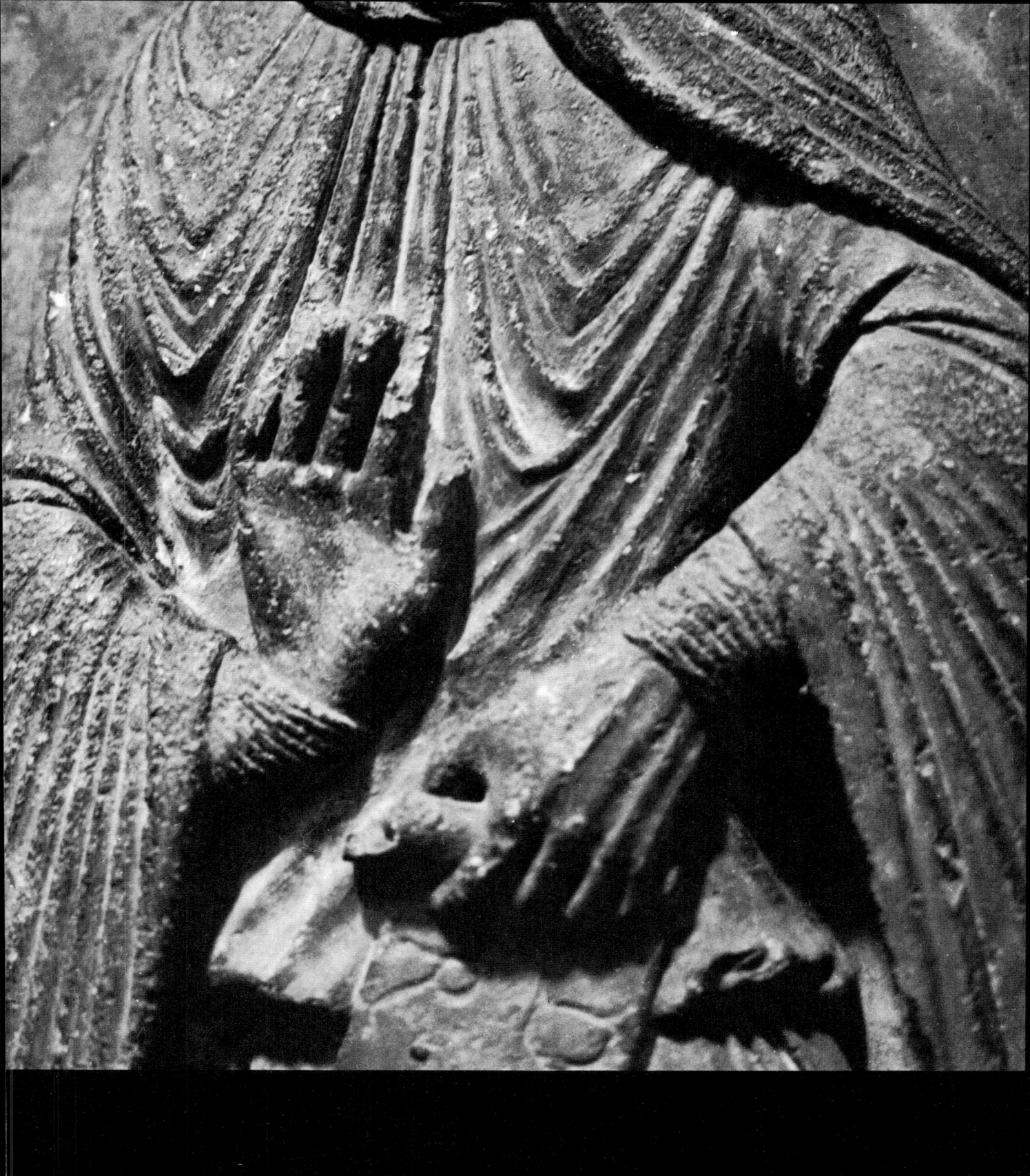

Köln, Maria im Kapitol. Detail der romanischen Grabplatte der Stiftsgründerin Plektrudis, 1070

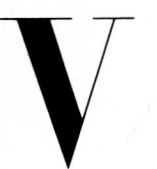

ZWISCHEN LEMGO UND CELLE

Ich stand des Nachts in der Osterstraße in Hameln, und die Geschichte vom Rattenfänger kam mir in den Sinn. Das Helldunkel der Straßenlaternen verhüllte gnädig einige scheußliche Ladeneinbauten, man konnte besser als bei Tageslicht, trotz vieler Veränderungen an der Häuserfront, die einstige Pracht dieser Straße und der Stadt und den Reichtum ihrer Bürger erahnen. Hameln war das Zentrum der sogenannten Weser-Renaissance. An Fachwerkbauten wurde noch in jüngster Zeit viel zerstört, aber das wunderschöne Stiftsherrenhaus von 1558 mit reichen Schnitzereien an den Balkenköpfen, Holzplastiken der Apostel und Planetendarstellungen wäre eine eigene Reise wert. Das dominierende Merkmal an den Fachwerkbauten der Renaissance zwischen 1550 und 1650 ist die Fächerrosette, die typische Schmuckform des Kernlandes des Niedersachsenhauses in Westfalen-Lippe. In den anderen Gebieten des Fachwerkbaues ist sie unbekannt. Sie hat Halbkreisform mit Blattlappen und sitzt in der Brüstungszone. Bei den Fachwerkhäusern von Lemgo — der Name kommt vom alten Limgauwe — Lehmgau — kann man fast von einer eigenen Form der Schnitzkunst sprechen. Sämtliche Hölzer der Fronten der Renaissancehäuser sind mit Fächern, Blattwerk und Schnürrollen beschnitzt. Andere wieder zeigen den sogenannten Beschlagwerkstil. Die Rosette dominiert auch an den Häusern von Goslar — der Stadt, die durch den Silberbergbau reich wurde —, während in Celle vor allem die verschiedenen Farben der Gefache bestechen.

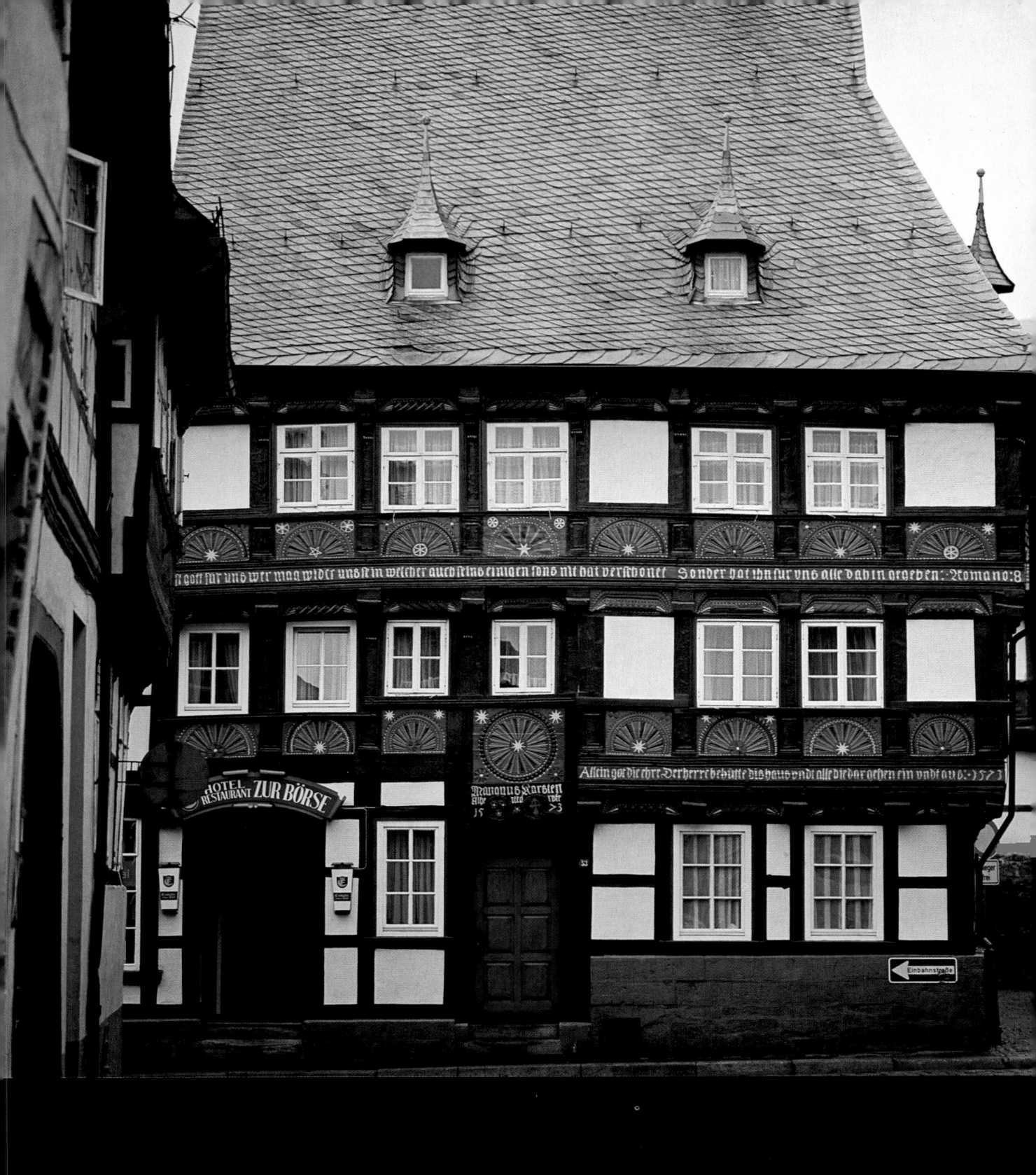

Fachwerkhaus in Goslar, Bergstraße 53,
ehemals dem Gießer Magnus Karsten gehörig, 1573

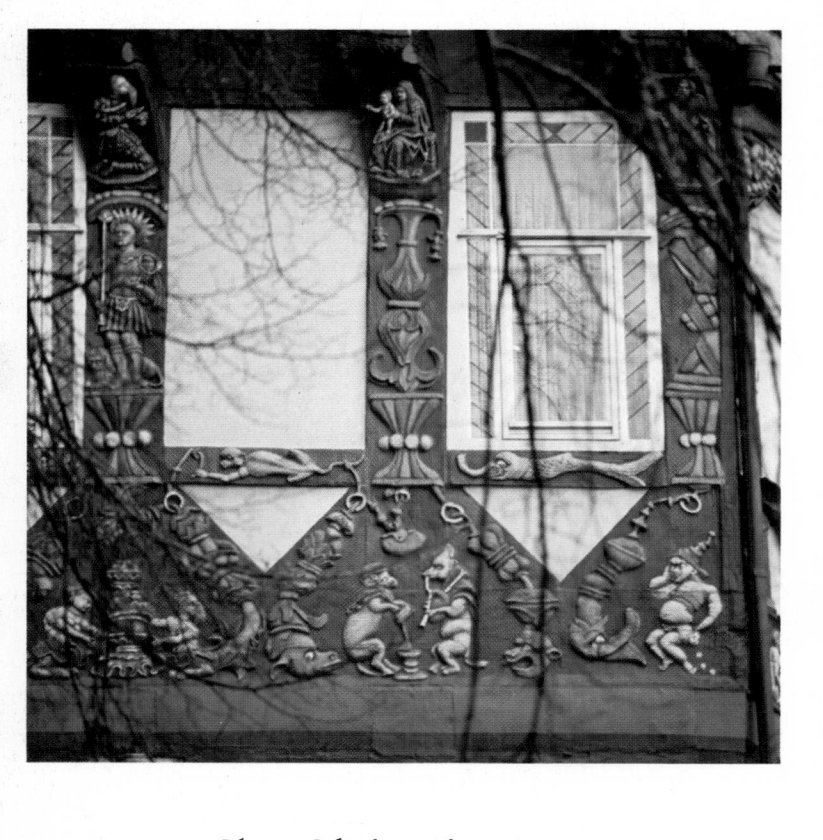

Oben: Schnitzereien
— Fabelwesen und mythologische Szenen —
am Fachwerkhaus „Brusttuch" in Goslar, 1526
Unten: Fachwerkhaus in Goslar
Rechts: Goslar, Schreiberstraße 12.
Fachwerkhaus mit Brauhaus und Speicher,
erbaut 1693 von Hans Siemens,
einem Vorfahren der bekannten Familie

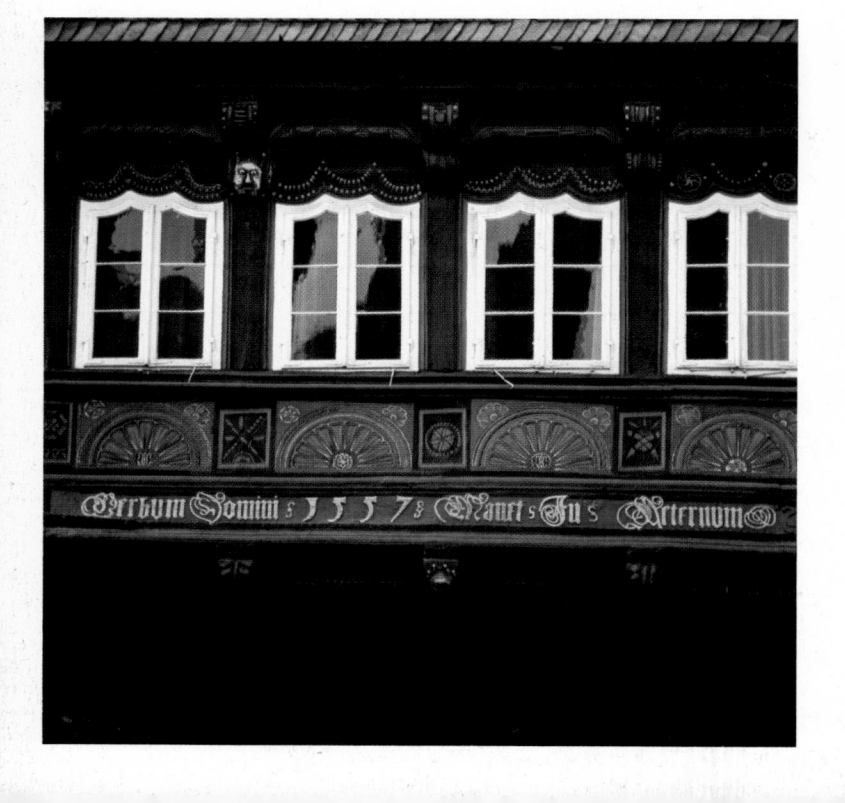

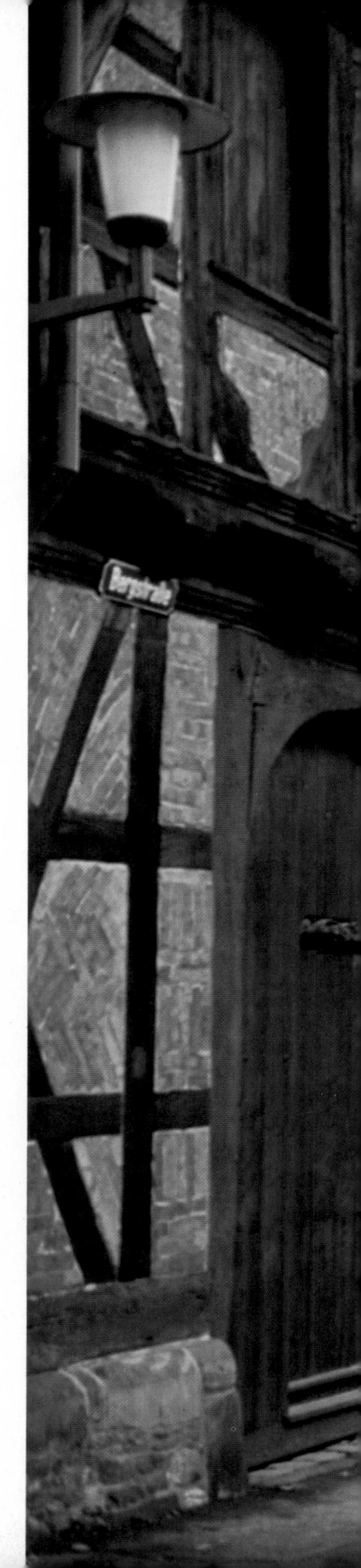

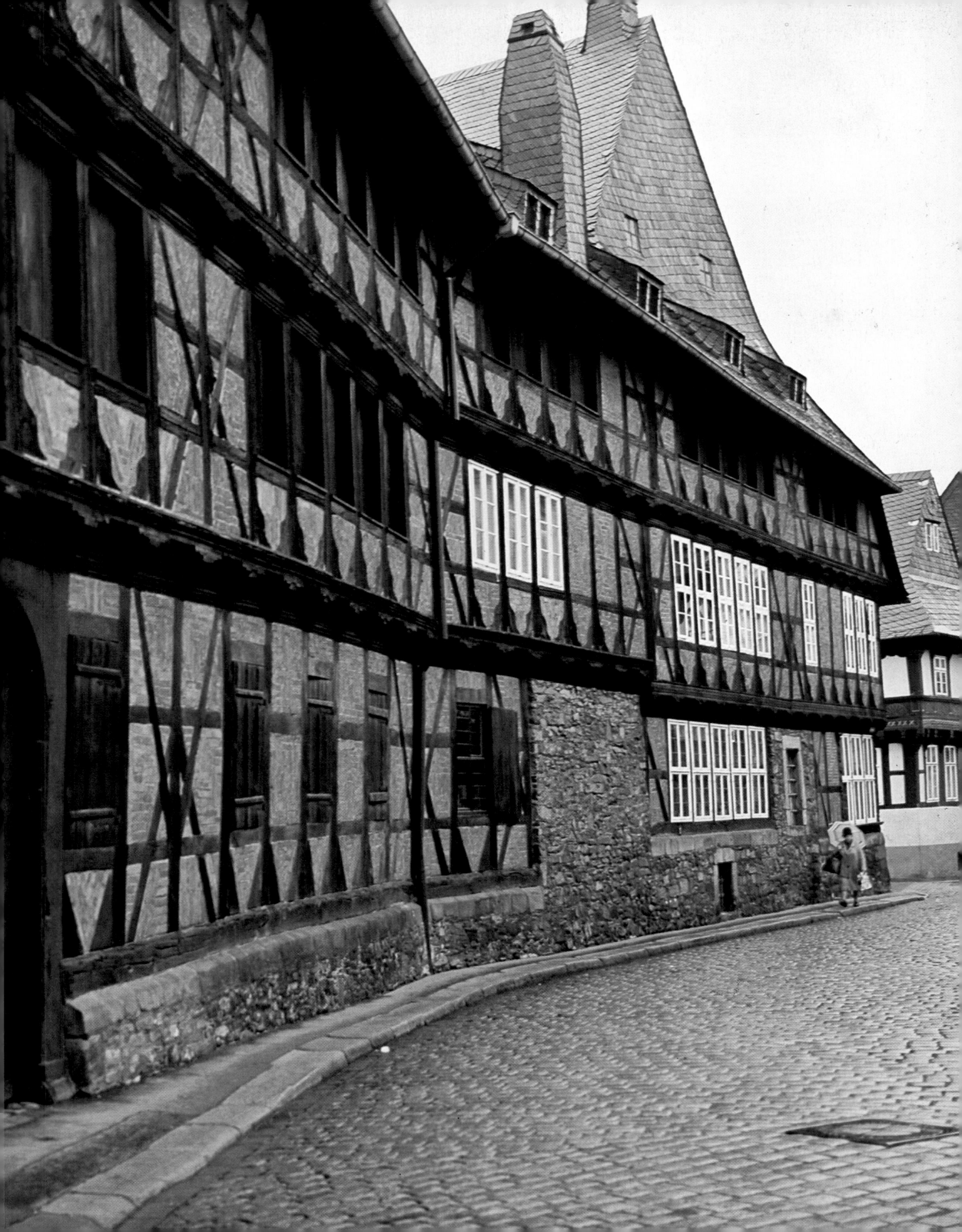

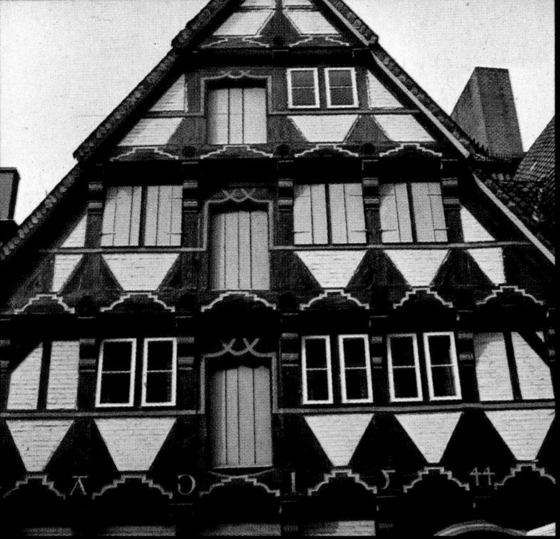
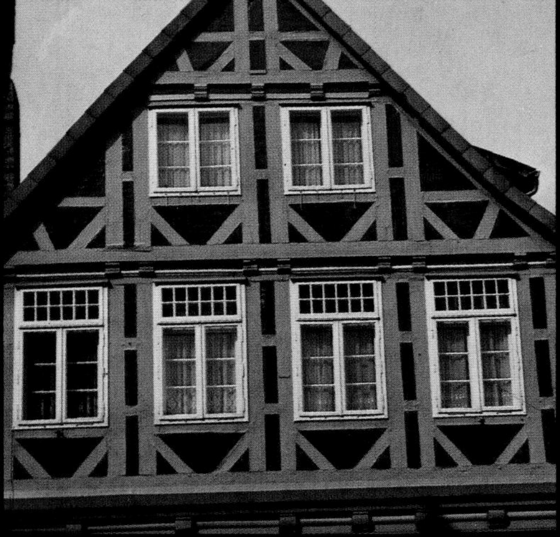
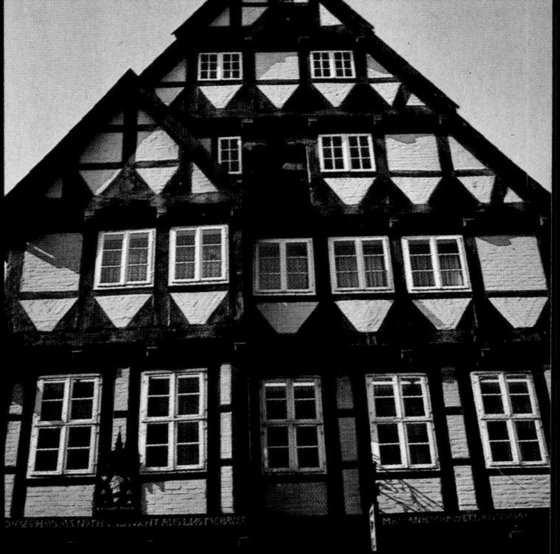
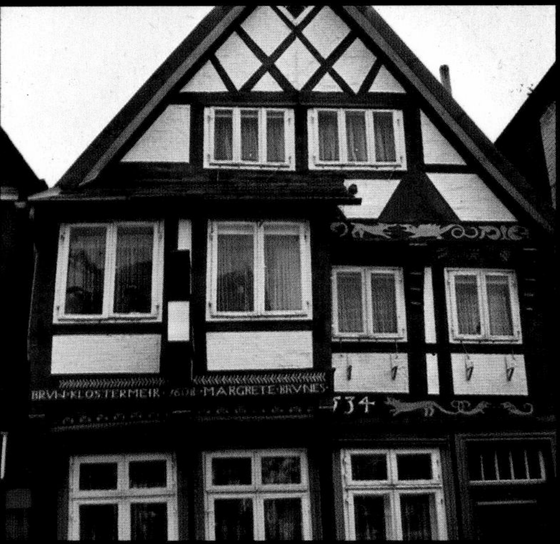
BRVN KLOSTERMEIR · MARGRETE BRVNES
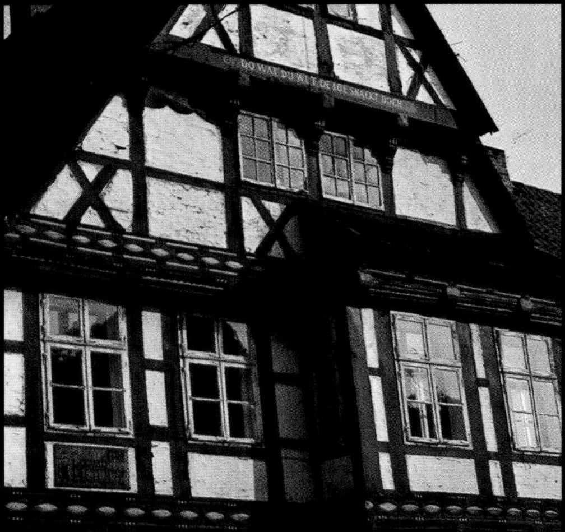
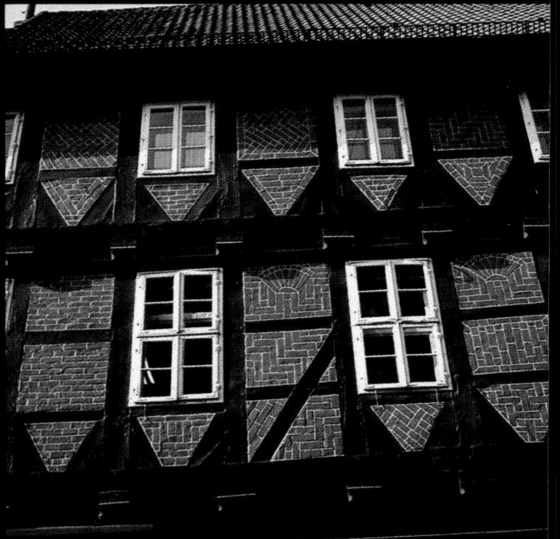

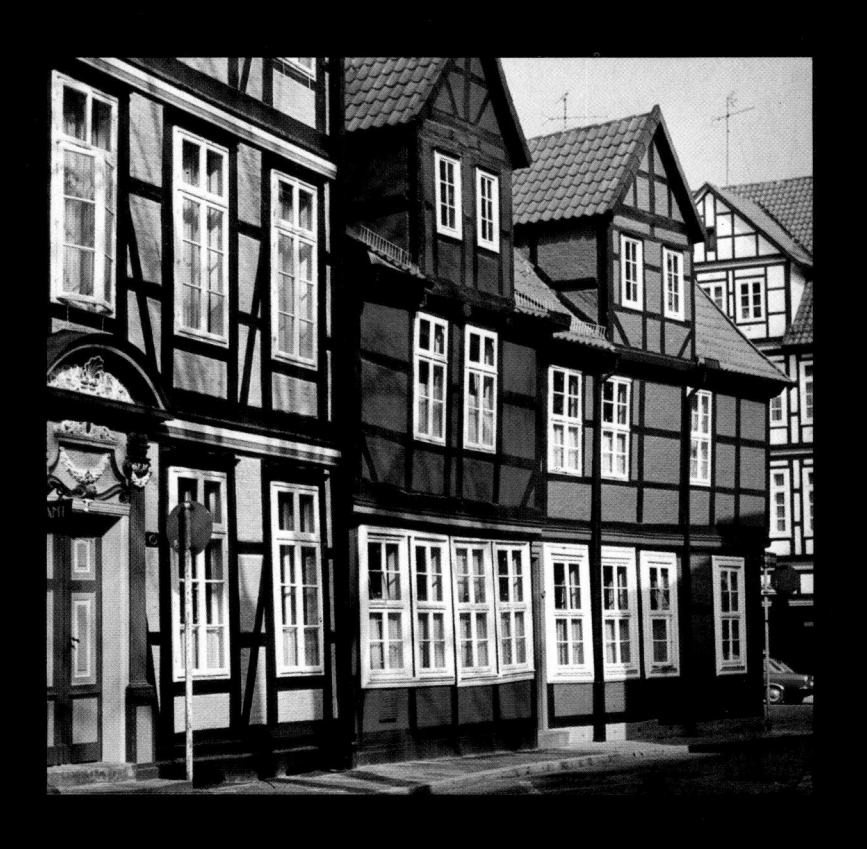

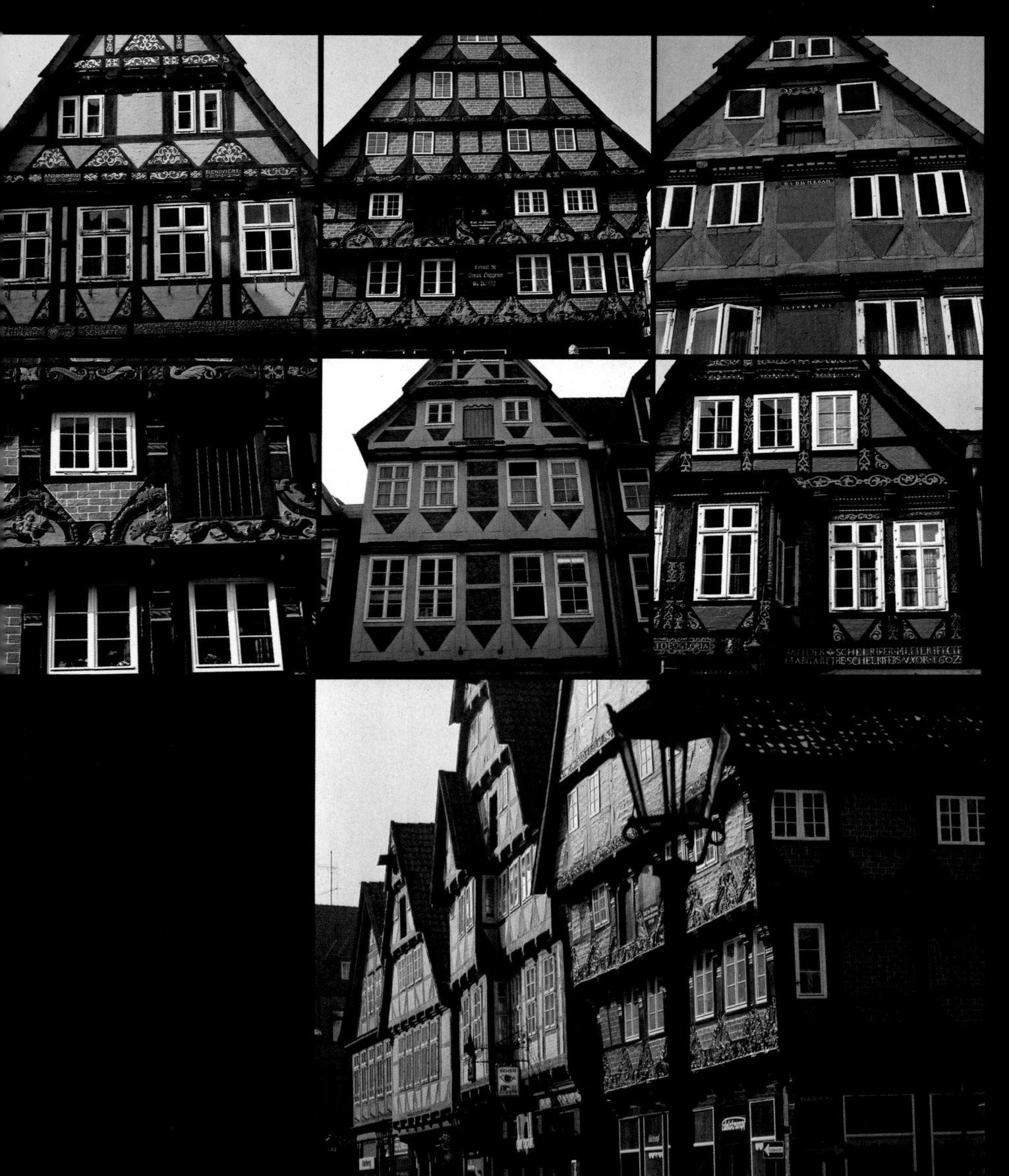

Celle. Giebel in der Altstadt,
teilweise mit verputzten und
farbig gestrichenen Gefachen,
15. bis 17. Jh.

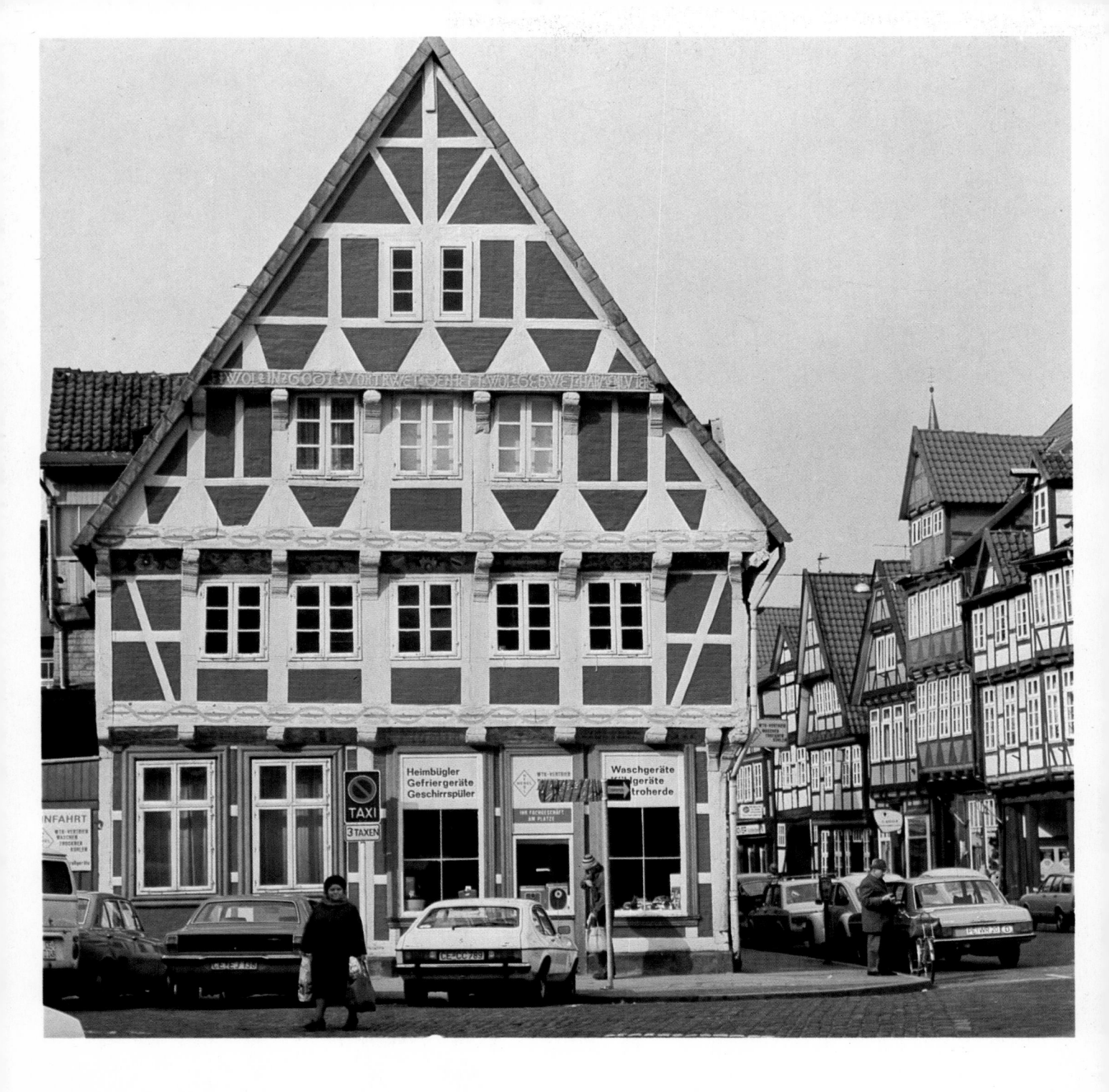

Oben: Fachwerkhaus in Celle
Rechte Seite: Celle. Beispiele verschiedener Zierarten an Fachwerkhäusern:
Laubwerkranke, Schlingenstab, Schwellenfries, Schiffchen, Rundstab usw.

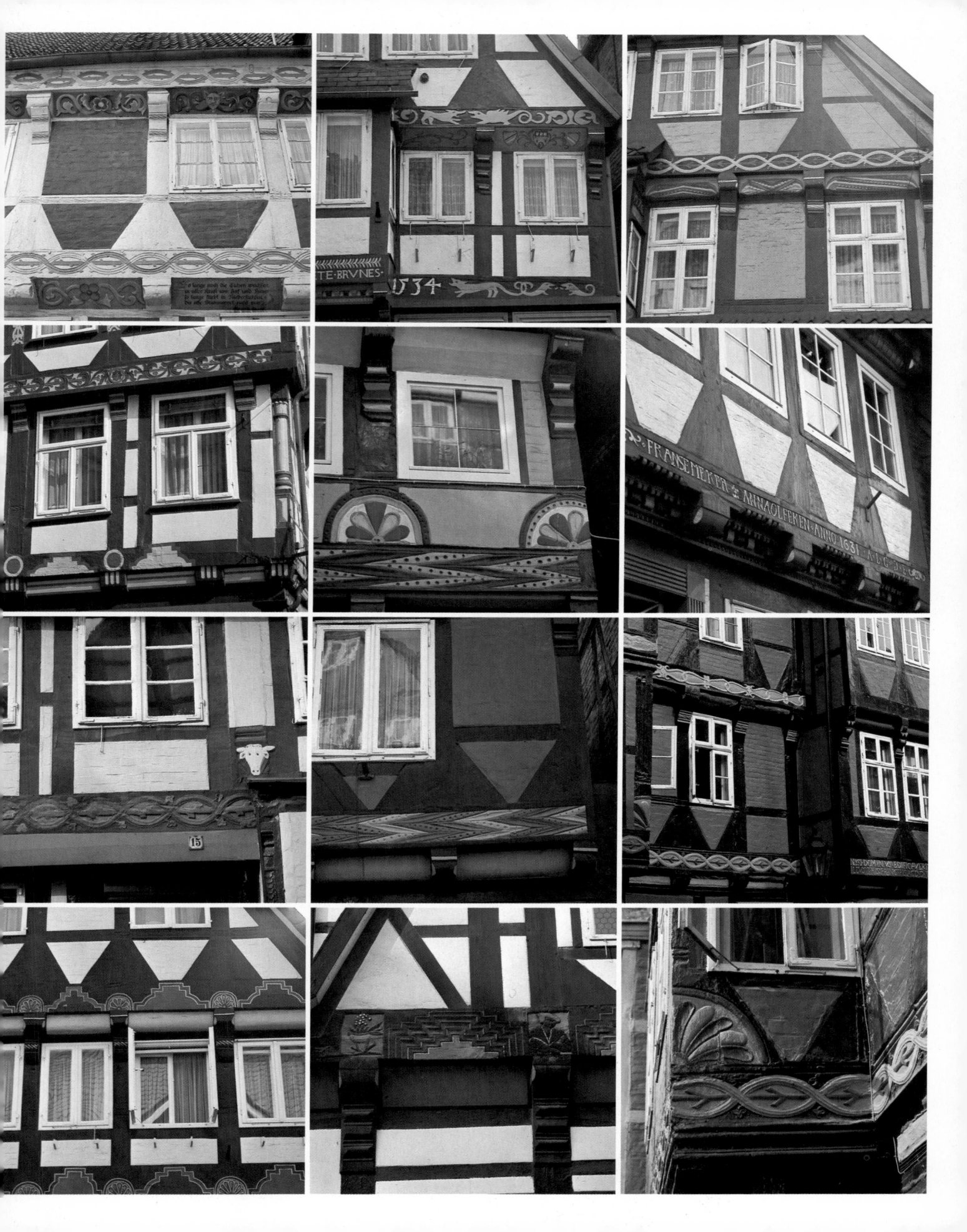

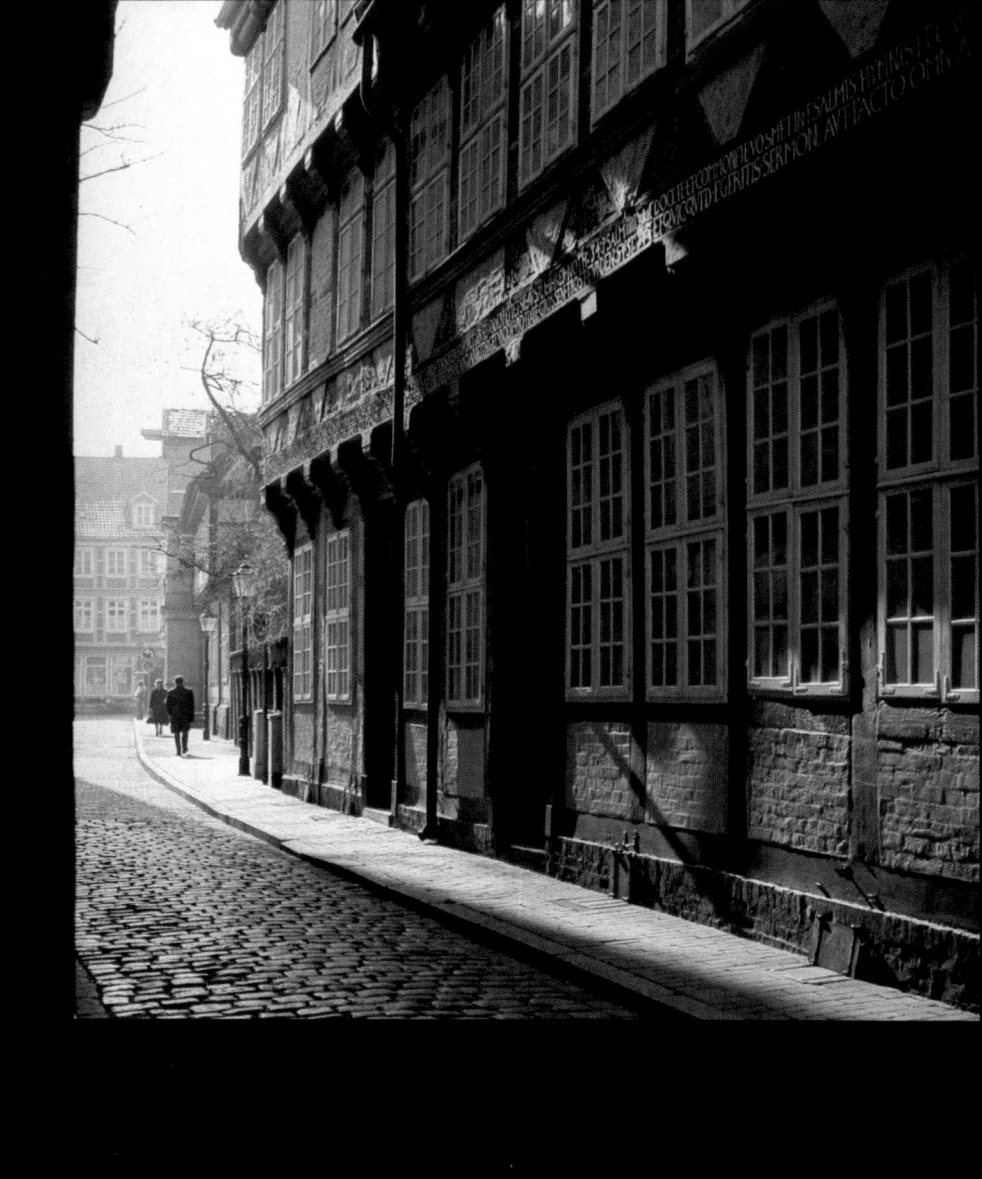

Oben: Celle. Lateinschule aus dem Jahr 1604
Rechte Seite: Goslar, Gasse beim „Brusttuch"

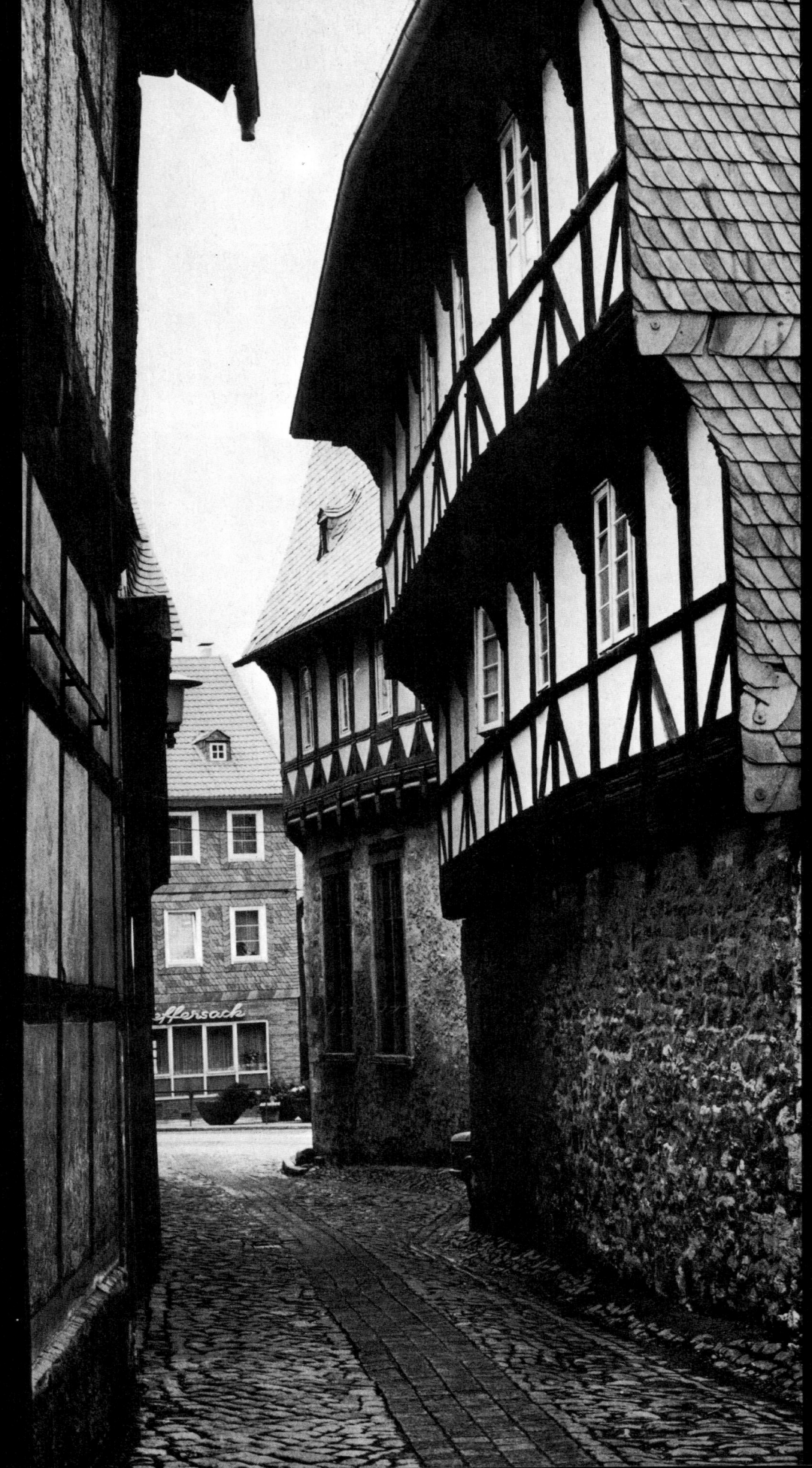

Stiftsherrenhaus in Hameln.
Fachwerkhaus
aus dem Jahr 1558

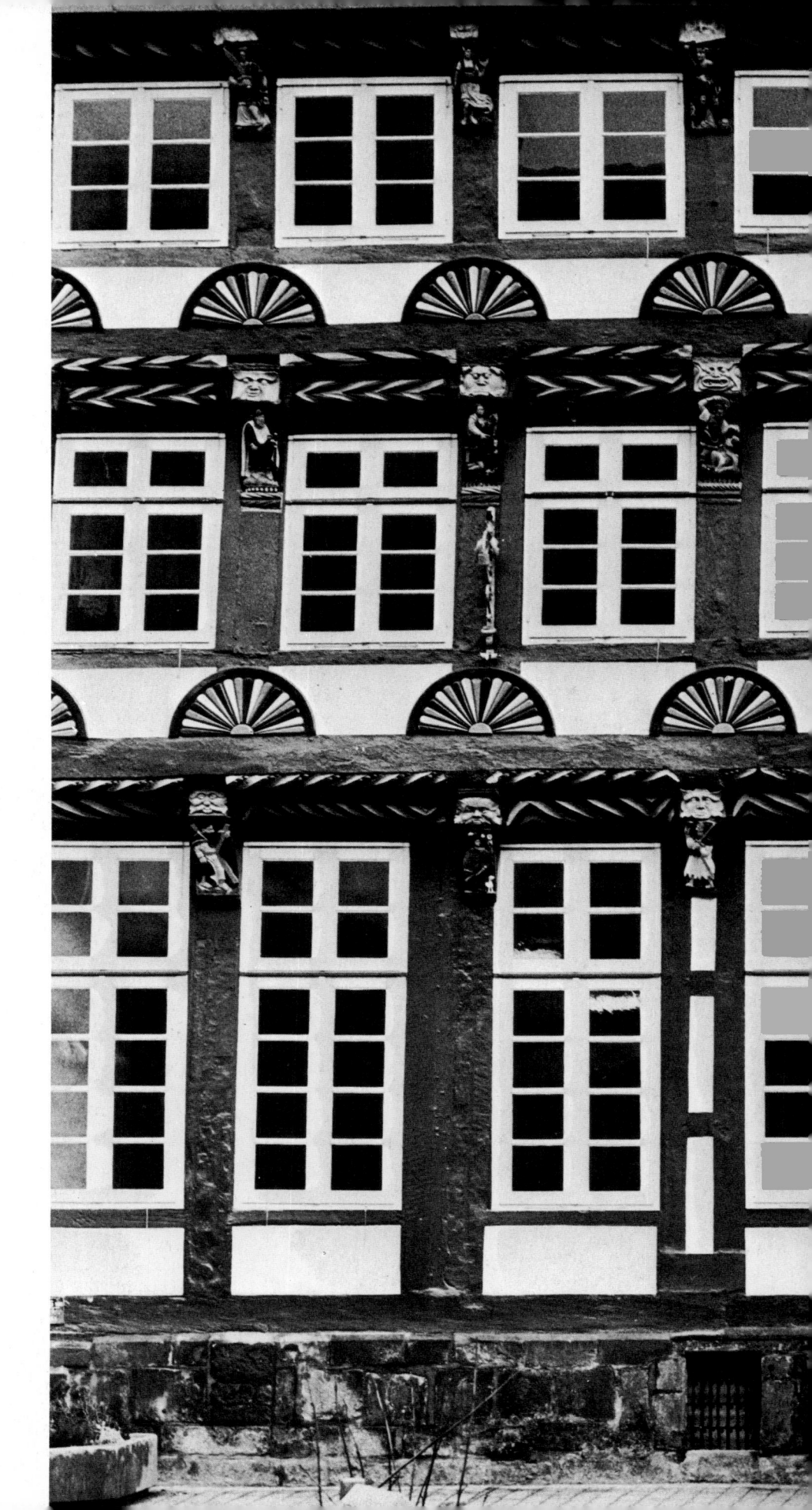

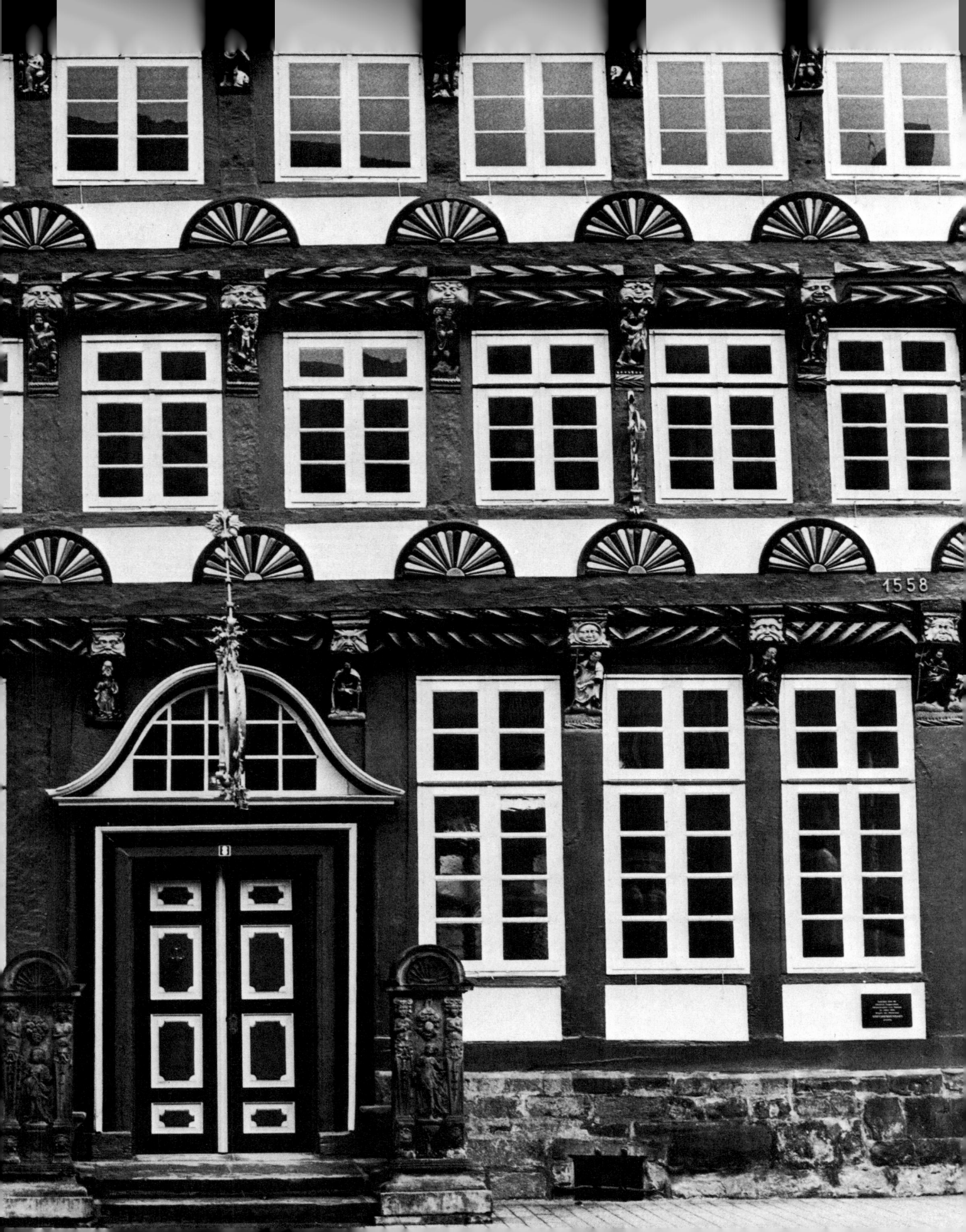

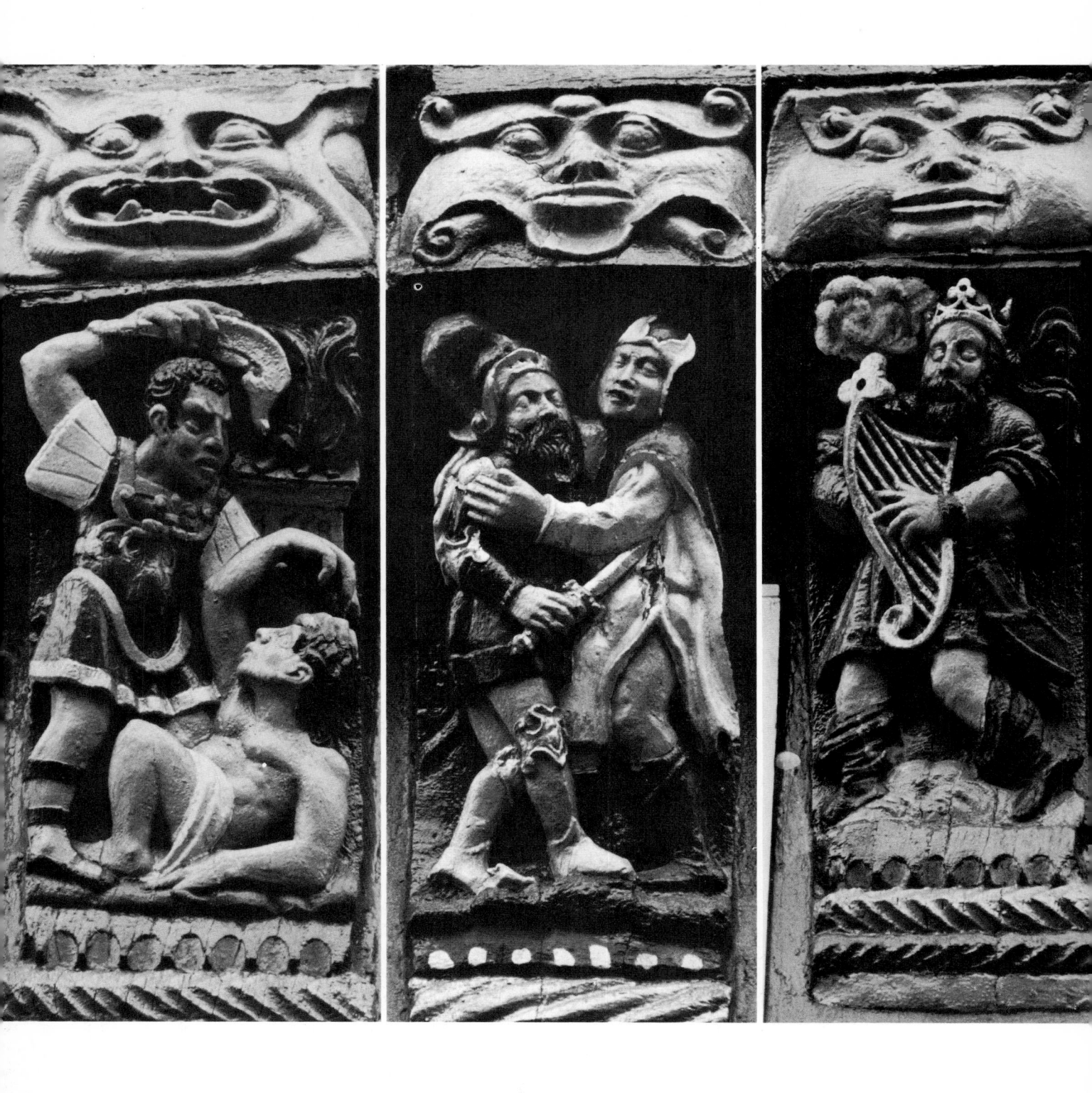

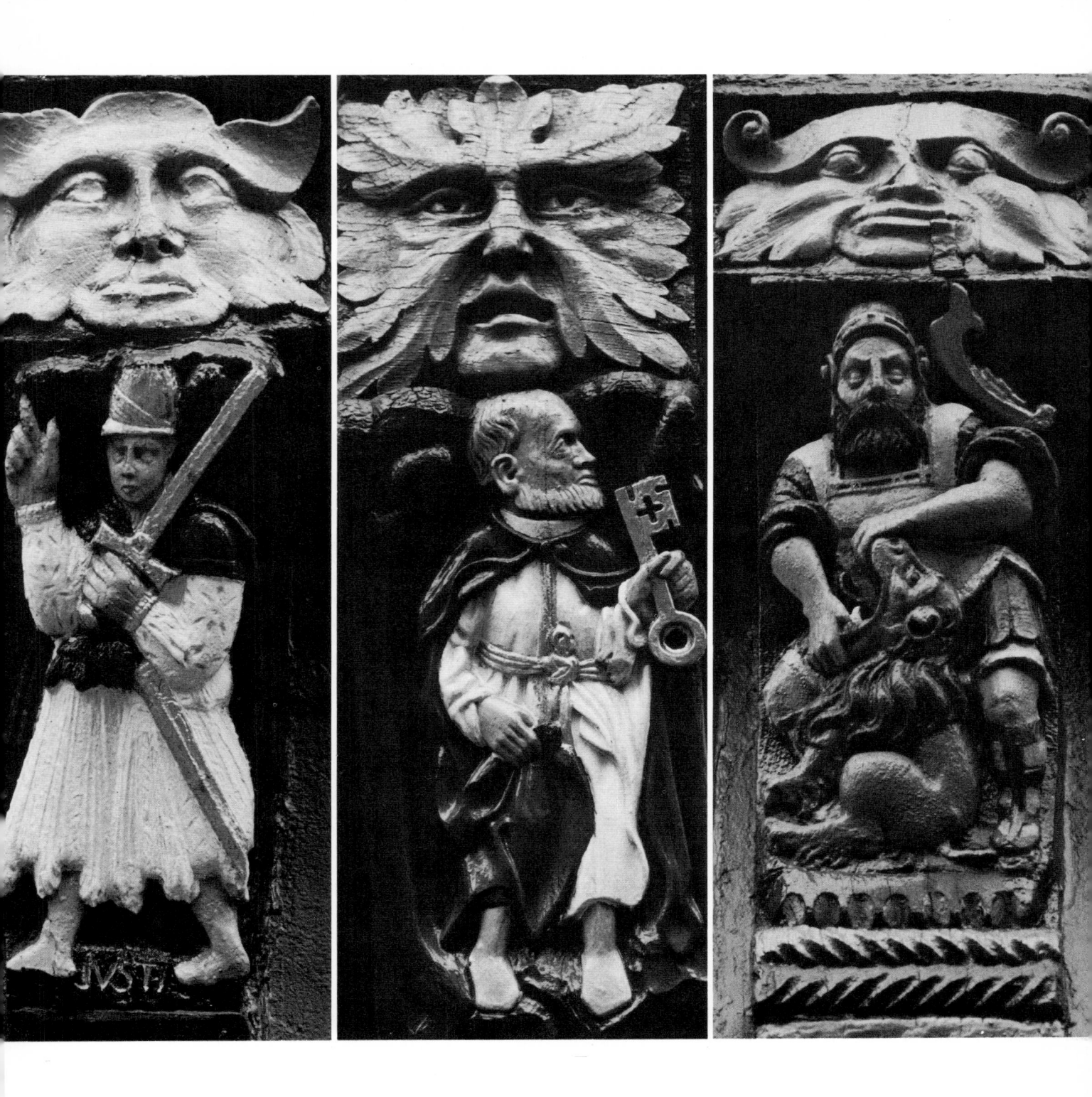

Geschnitzte Balkenköpfe und Knaggen mit Masken und Darstellungen der Apostel und Planeten am Stiftsherrenhaus in Hameln

121

Unten: Türschnalle an einem Haus in Goslar
Rechts: Lemgo, Haus Mittelstraße 27,
aus dem Jahr 1569

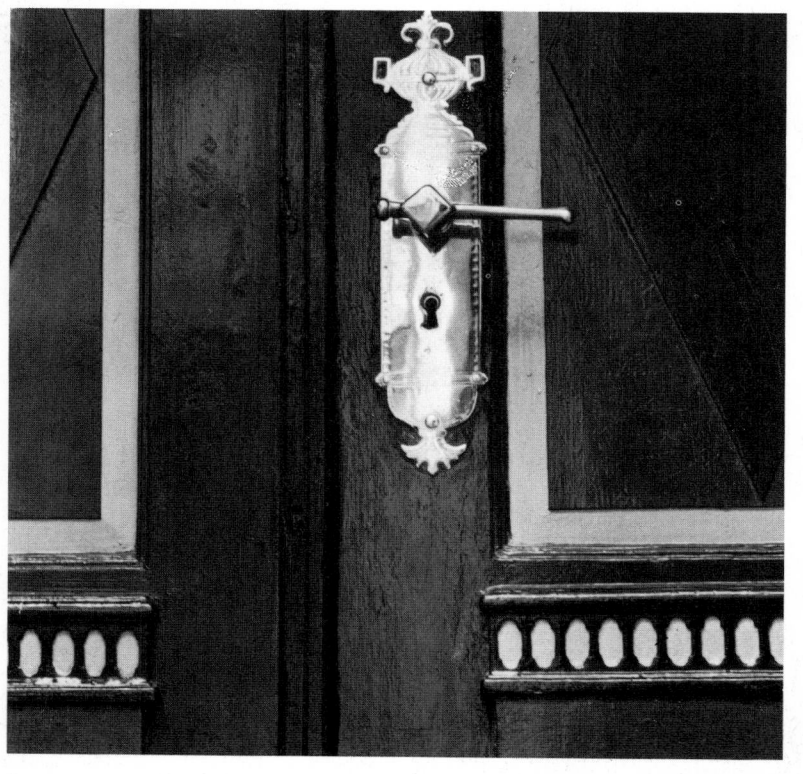

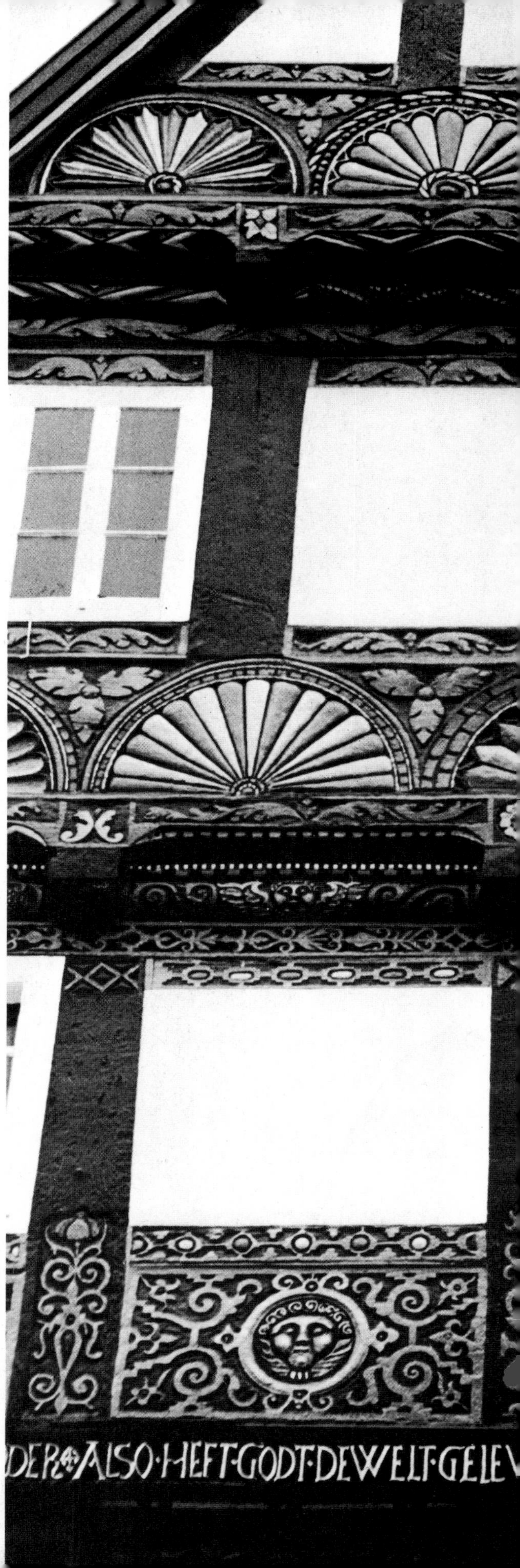

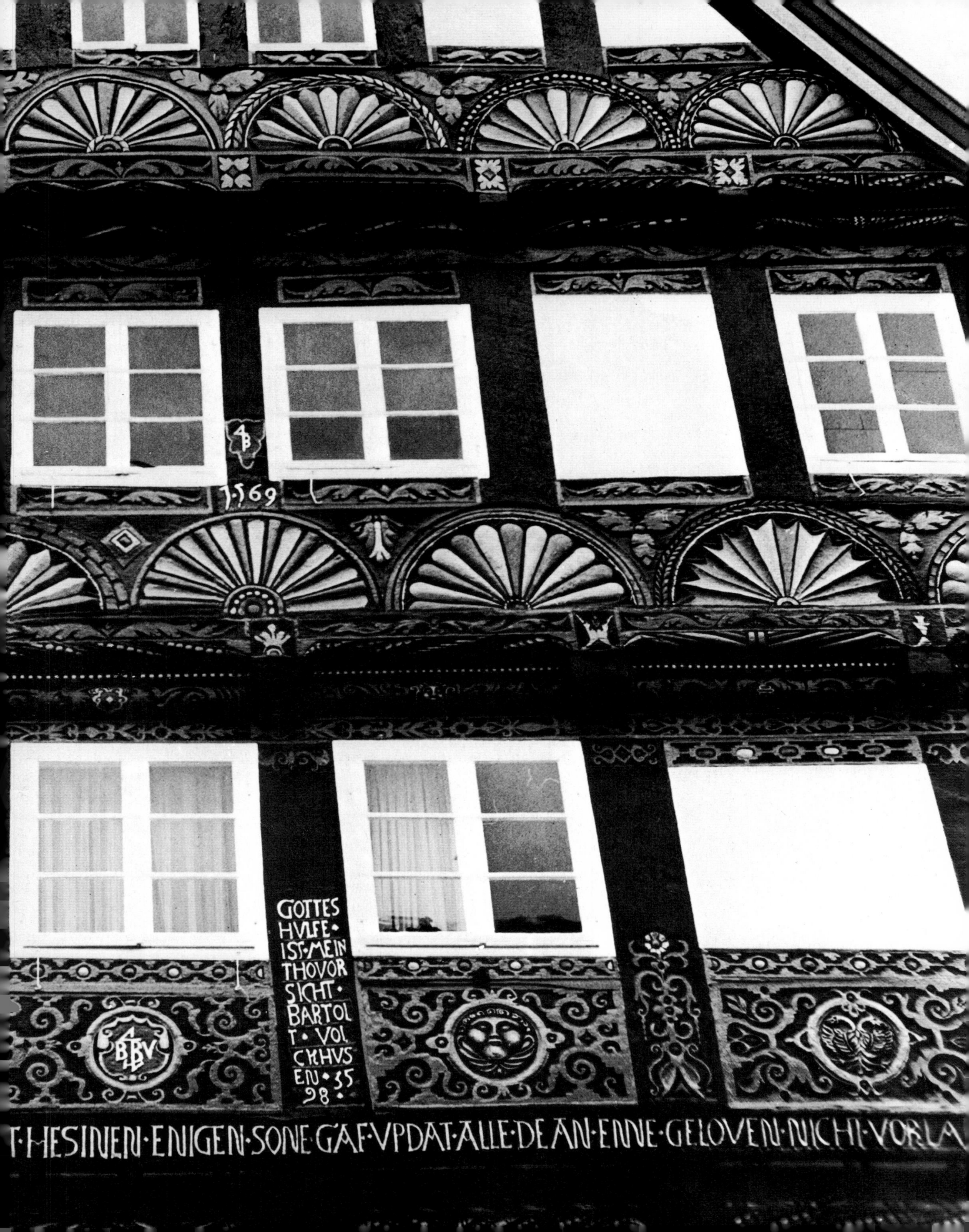

1·5·69

GOTTES
HVLFE·
IST·MEIN
THOVOR
SICHT·
BARTOL
T·VOL
CKHVS
EN·35
98

·T·HESINEN·ENIGEN·SONE·GAF·VPDAT·ALLE·DE·AN·ENNE·GELOVEN·NICHI·VOR·LA

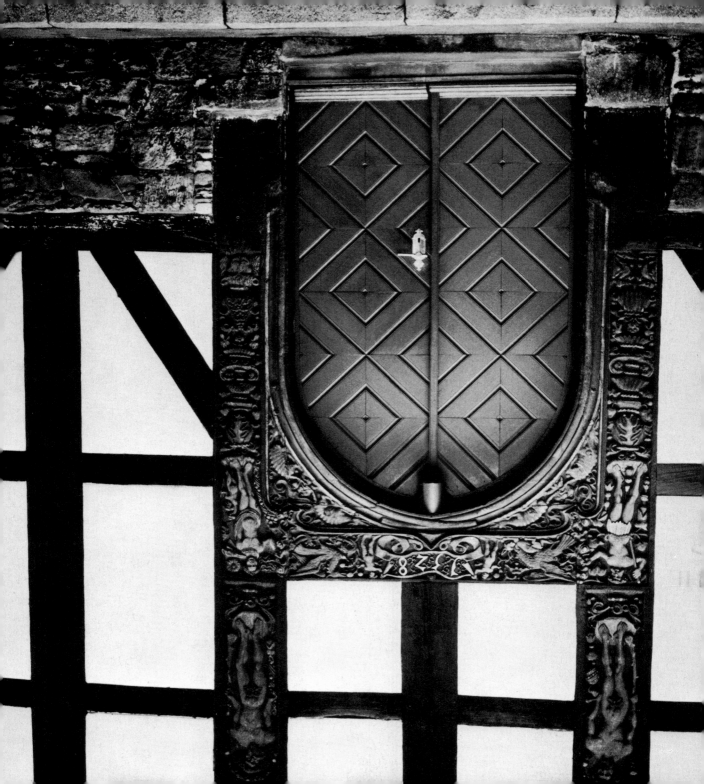

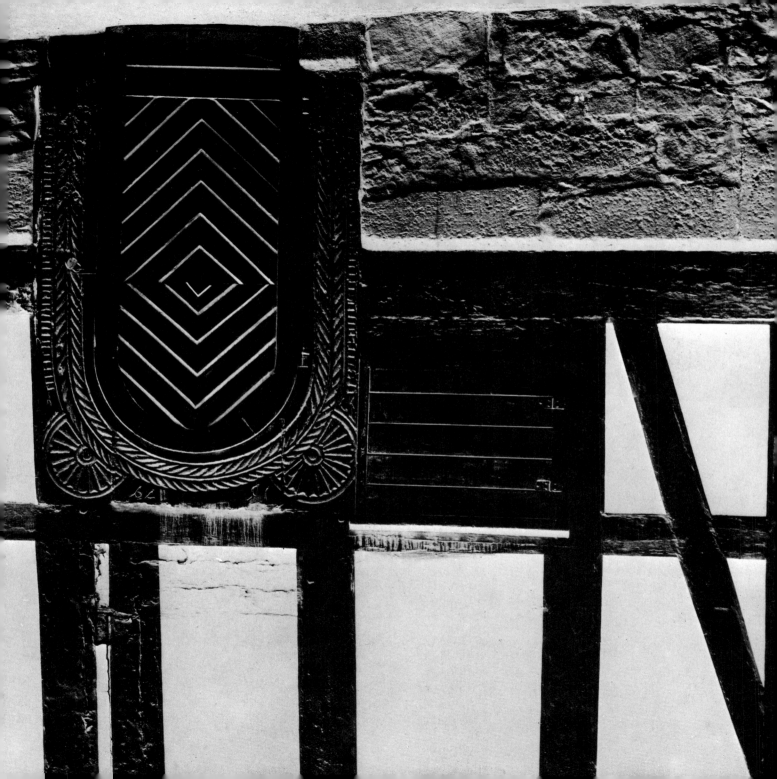

VI MENSCHEN VON DAMALS

Nichts weiß der Mensch von seiner Zukunft, nur eines weiß er sicher: daß er sterben muß. Und gerade diesen Gedanken schiebt er weit von sich; wenn es aber doch sein muß, so möchte er in irgendeiner Form weiterleben, dem Tod sozusagen ein Schnippchen schlagen. Der Nachwelt in Erinnerung bleiben scheint mindestens ebenso wichtig zu sein wie das Leben. Die Tendenz, sich Grabdenkmäler zu bauen, besteht seit ältesten Zeiten. Von Kaiser Maximilian I., dem letzten Ritter, stammt der Ausspruch: „Wer sich im Leben kein Gedächtnis macht, wird mit dem letzten Glockenton vergessen." Dementsprechend hat er sich schon zu Lebzeiten eines der größten Grabdenkmäler gebaut, das in der Innsbrucker Hofkirche steht, ein Trauergeleit seiner Ahnen. So haben es auch viele der Besitzenden dieser Welt gemacht, sie ließen ihre Taten und Vorzüge noch vor ihrem Tode auf Tafeln gravieren oder ihr Abbild in Stein und Erz verewigen. Von den Millionen armer Teufel, dem Volk, kündet allerdings kein Stein, keine Tafel. Nur das Großbürgertum trat immer stärker in die Fußstapfen des Adels. Auf den großen Friedhöfen des 19. Jahrhunderts ist man nicht in einer Welt des Jenseits, hier ist das Diesseits mit Standesdünkel, Rangunterschieden und Protzigkeit gegenwärtig, die Welt der Kaufleute, Metzger, Professoren, Assesoren, die Welt unserer Großväter. Wenn wir aber das Abbild der Menschen von damals sehen wollen, können wir uns nur an die Grabmäler der Herrschenden halten, denn nur sie hatten das Geld für Monumente. Ich bin bei meiner Suche nicht nach dem kunsthistorischen Rang gegangen, sondern habe mein Augenmerk auf die menschliche Aussage gelegt.

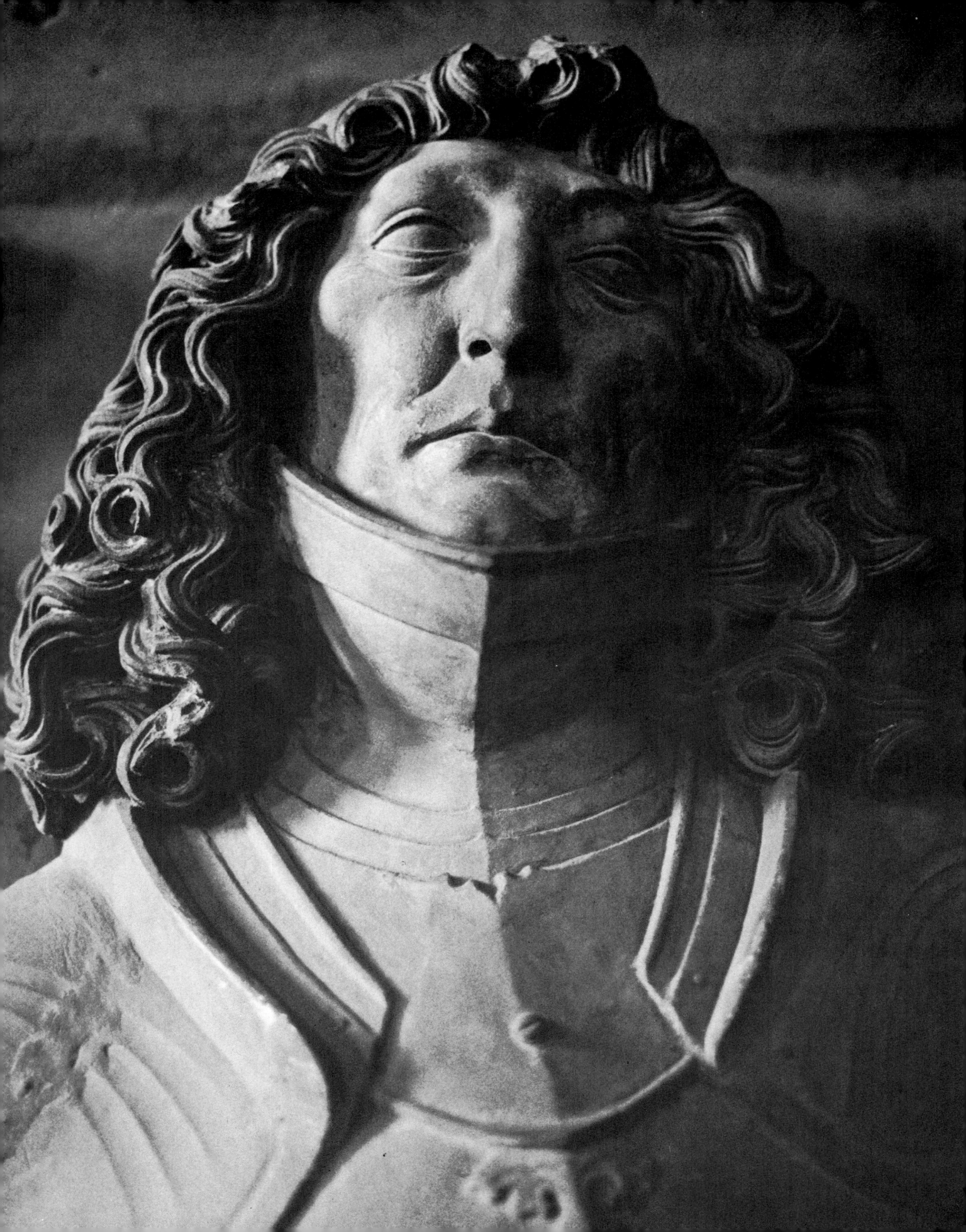

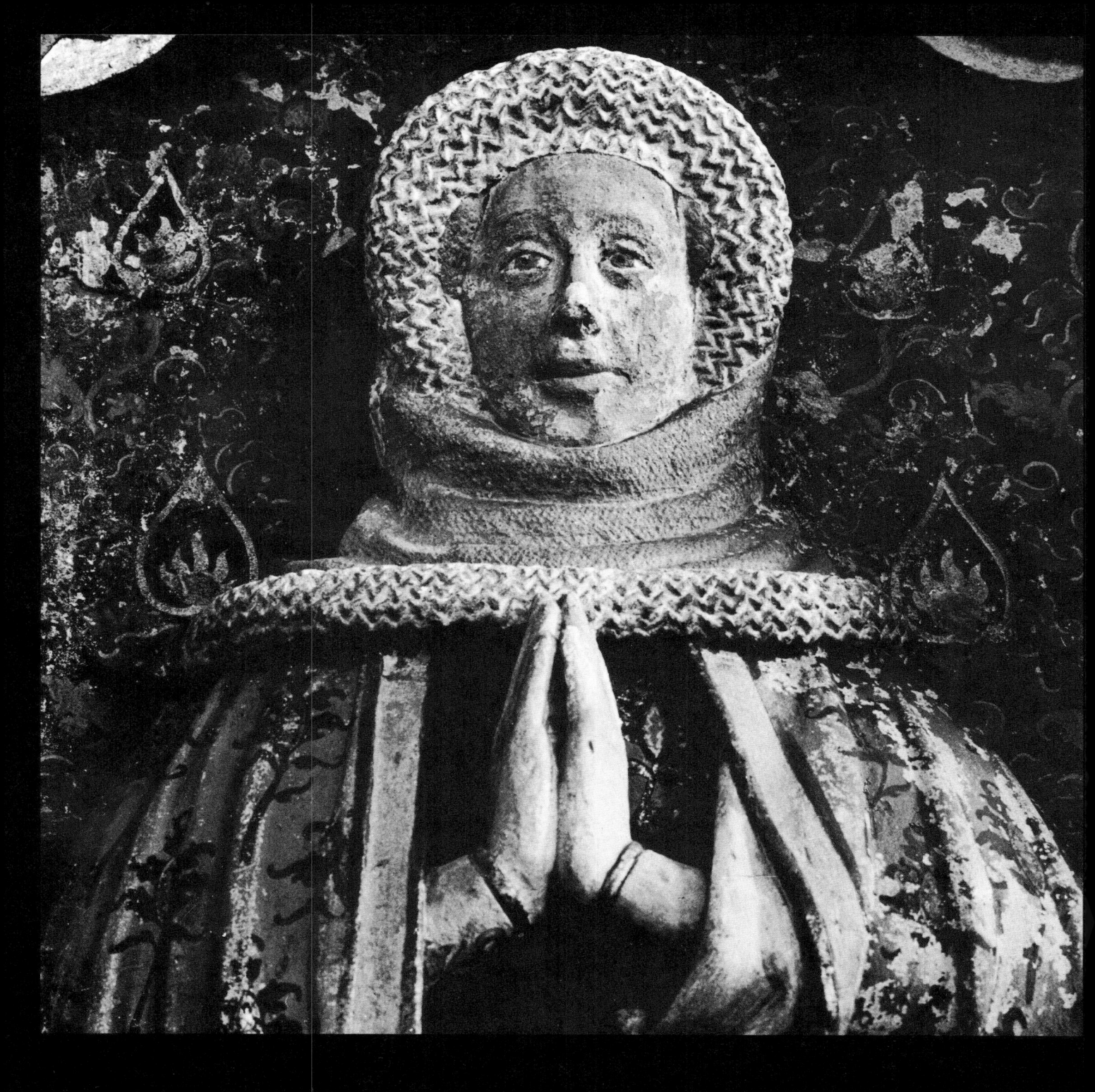

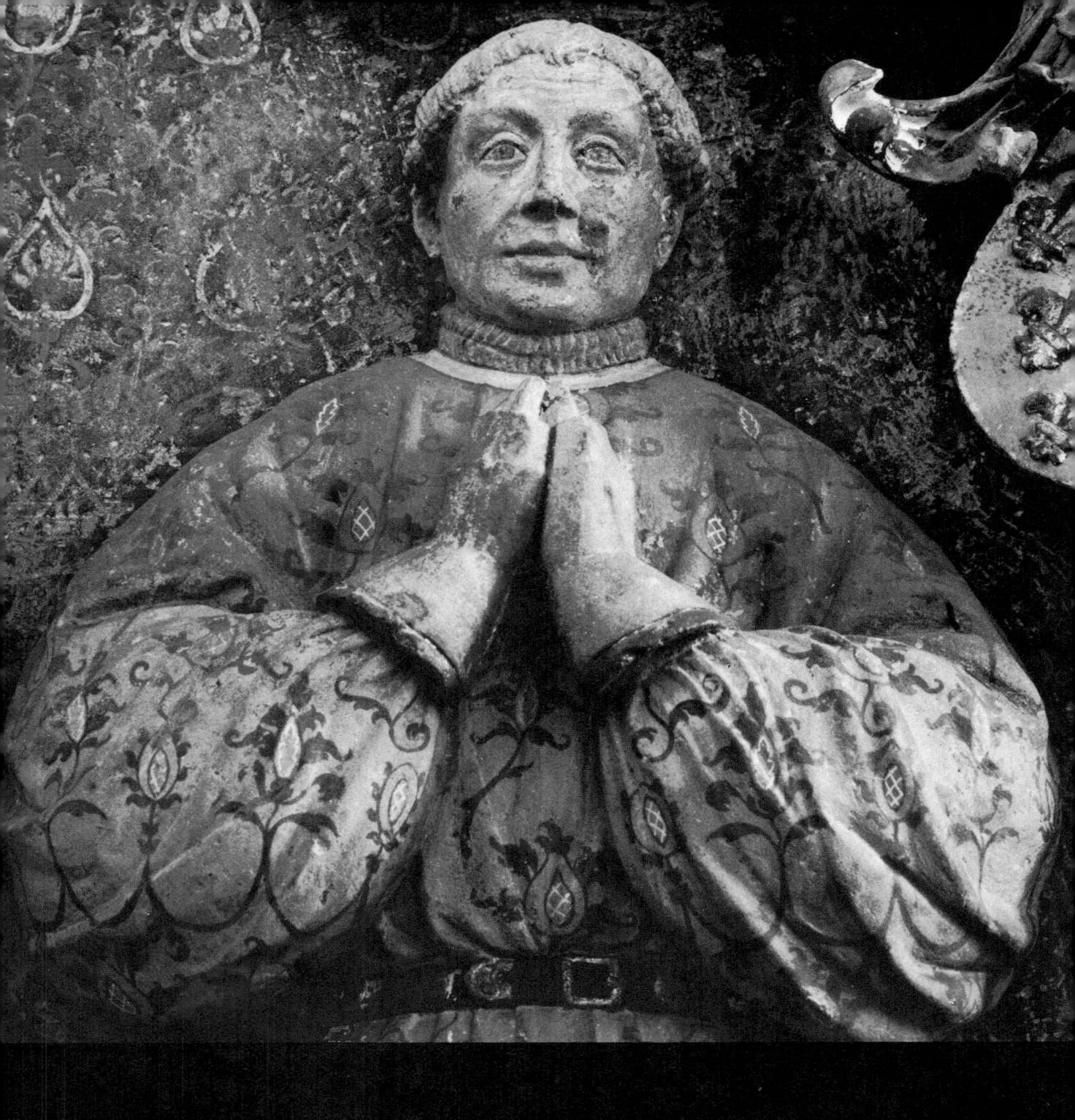

Vorhergehende Seite: Grabmal des Ritters Conrad von Schaumberg († 1499)
von Tilman Riemenschneider, Marienkapelle Würzburg, 1502
Linke Seite und oben: Epitaph des Joh. von Dalberg und seiner Gemahlin Anna von
Bickenbach (beide † 1415) in der Katharinenkirche in Oppenheim

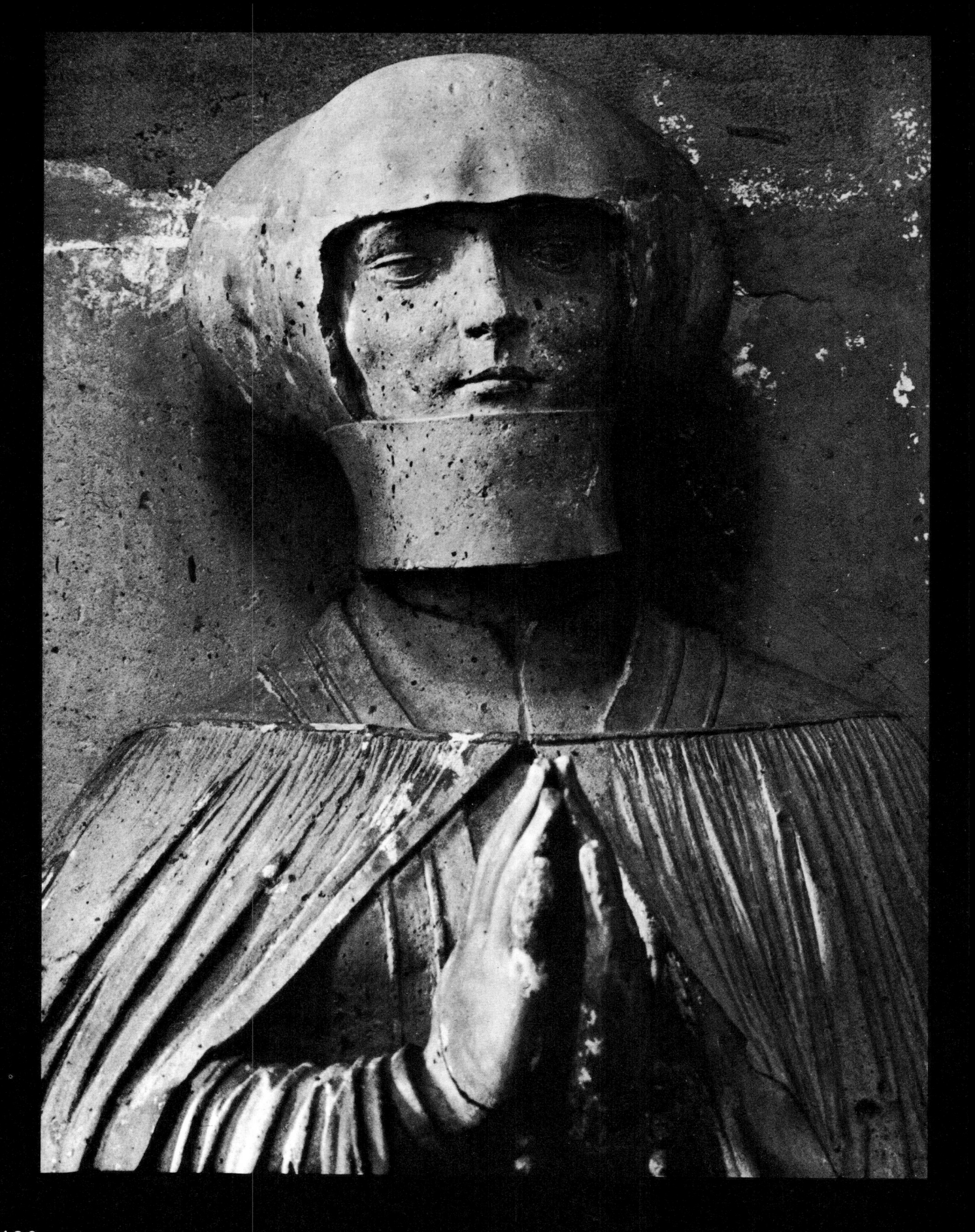

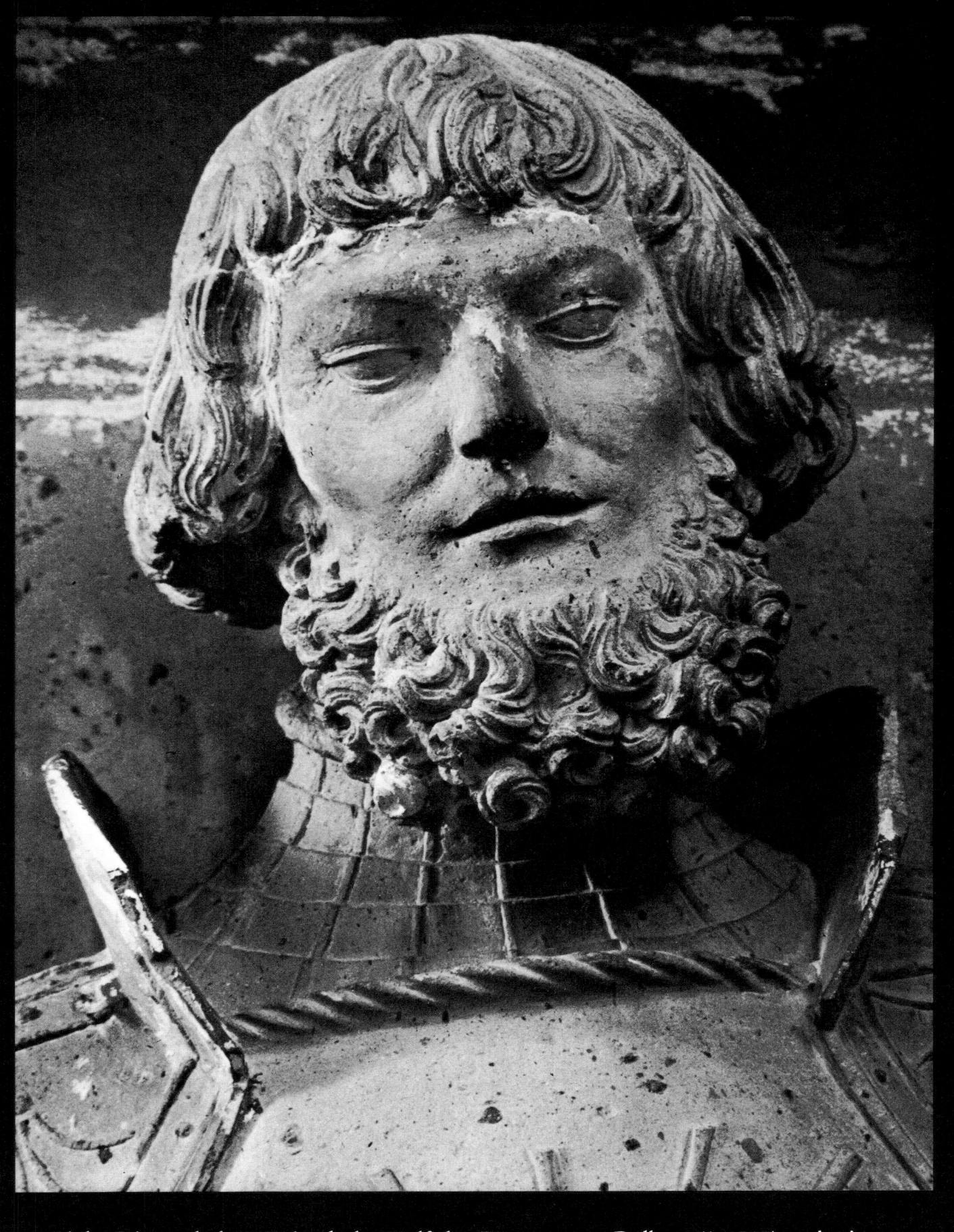

Linke Seite und oben: Epitaph des Wolf des Jüngeren von Dalberg († 1522) und seiner
Gemahlin Anna von Sickingen († 1517) in der Katharinenkirche in Oppenheim

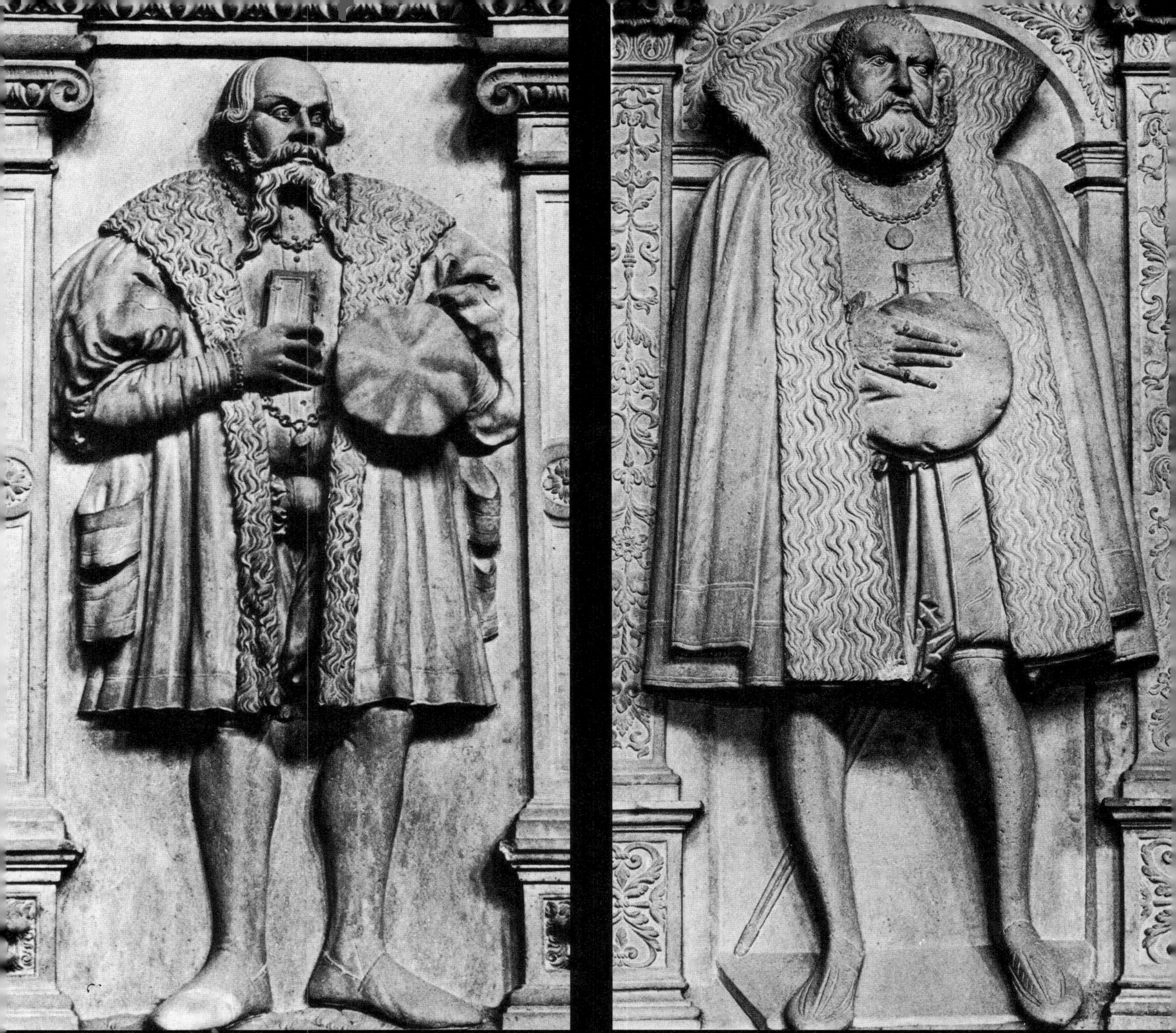

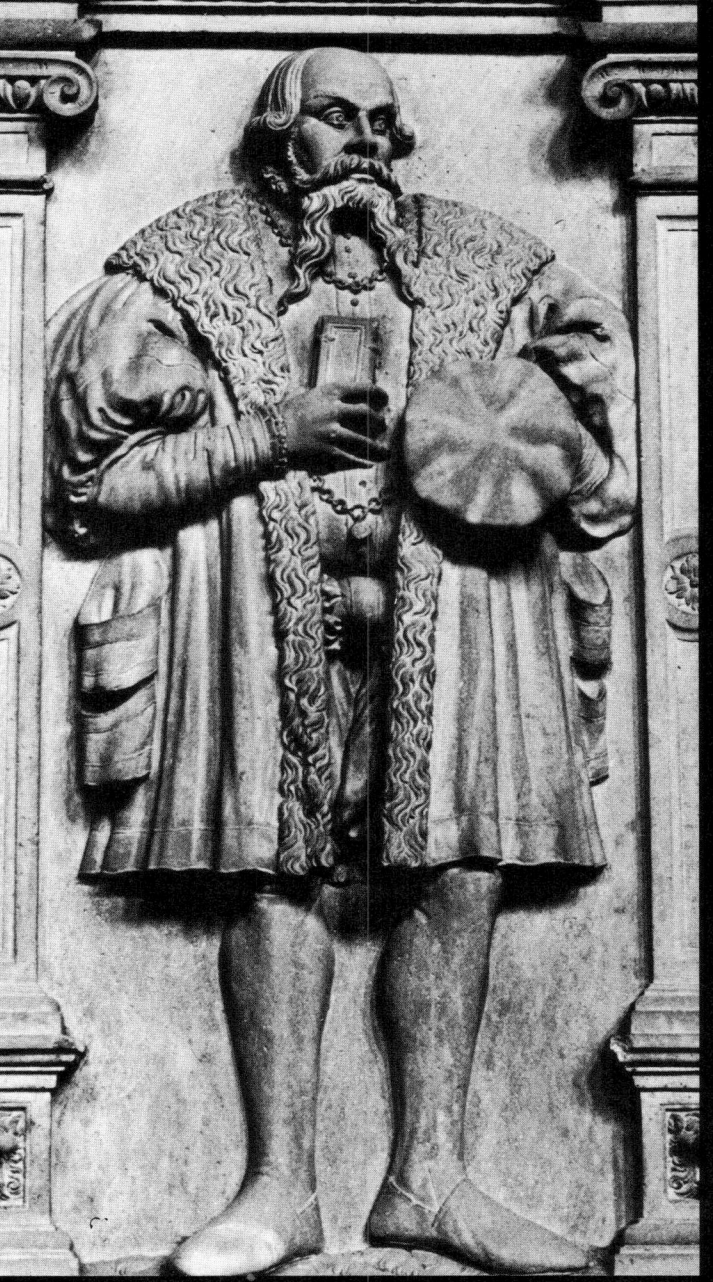

Oben: Grabmäler von Beamten der Mainzer Erzbischöfe, Stiftskirche Aschaffenburg, 17. Jh.
Rechte Seite: Epitaph des Erzbischofs Konrad III. von Dann († 1434) im Dom zu Mainz

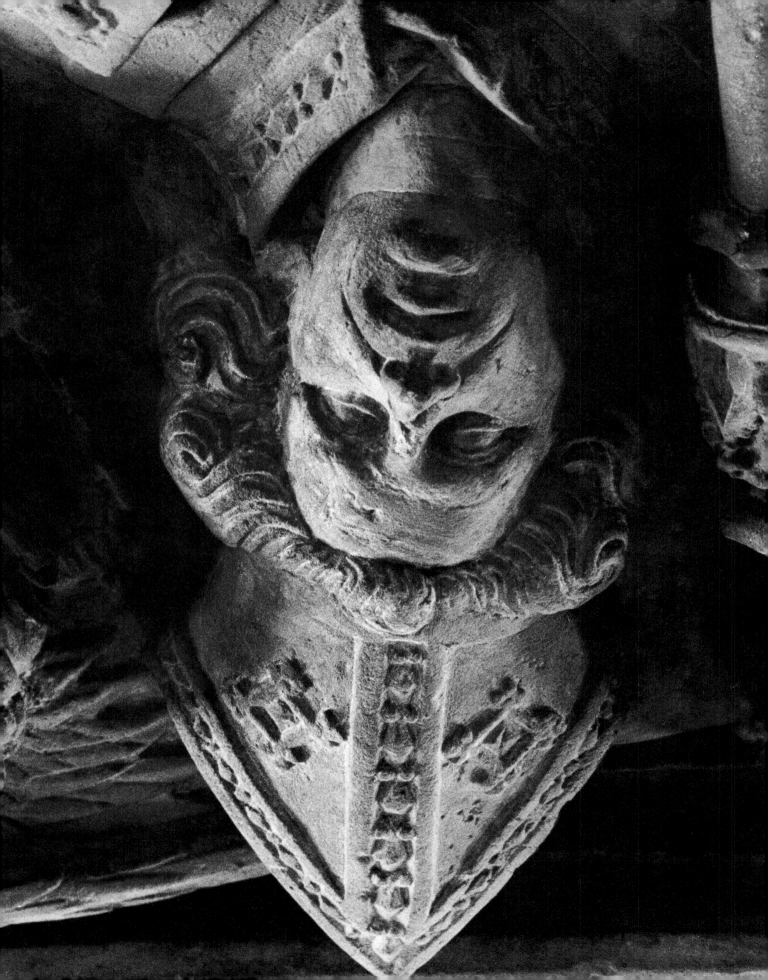

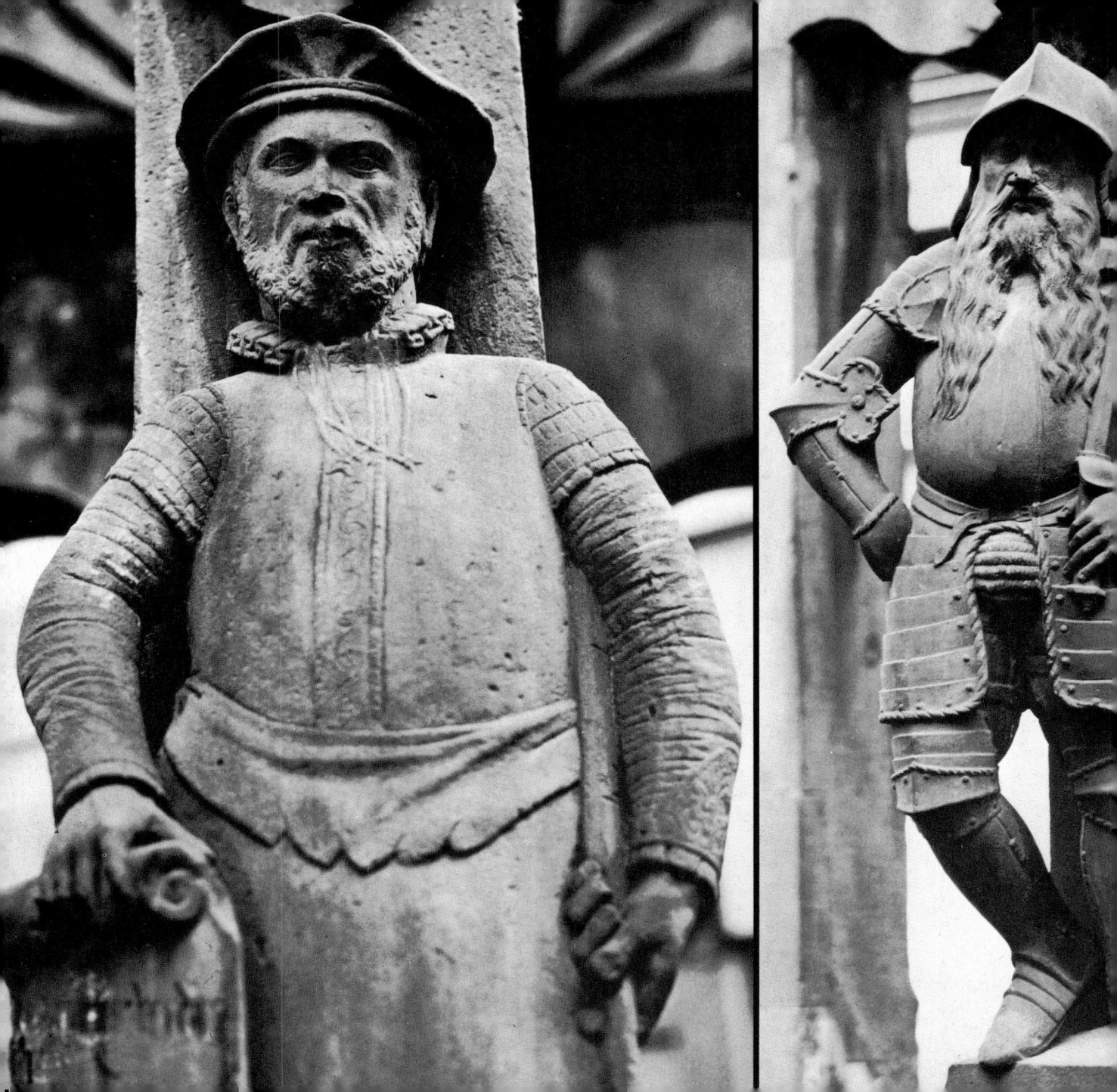

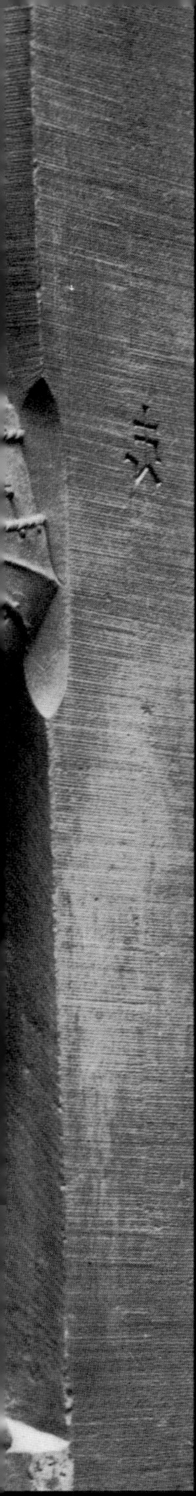

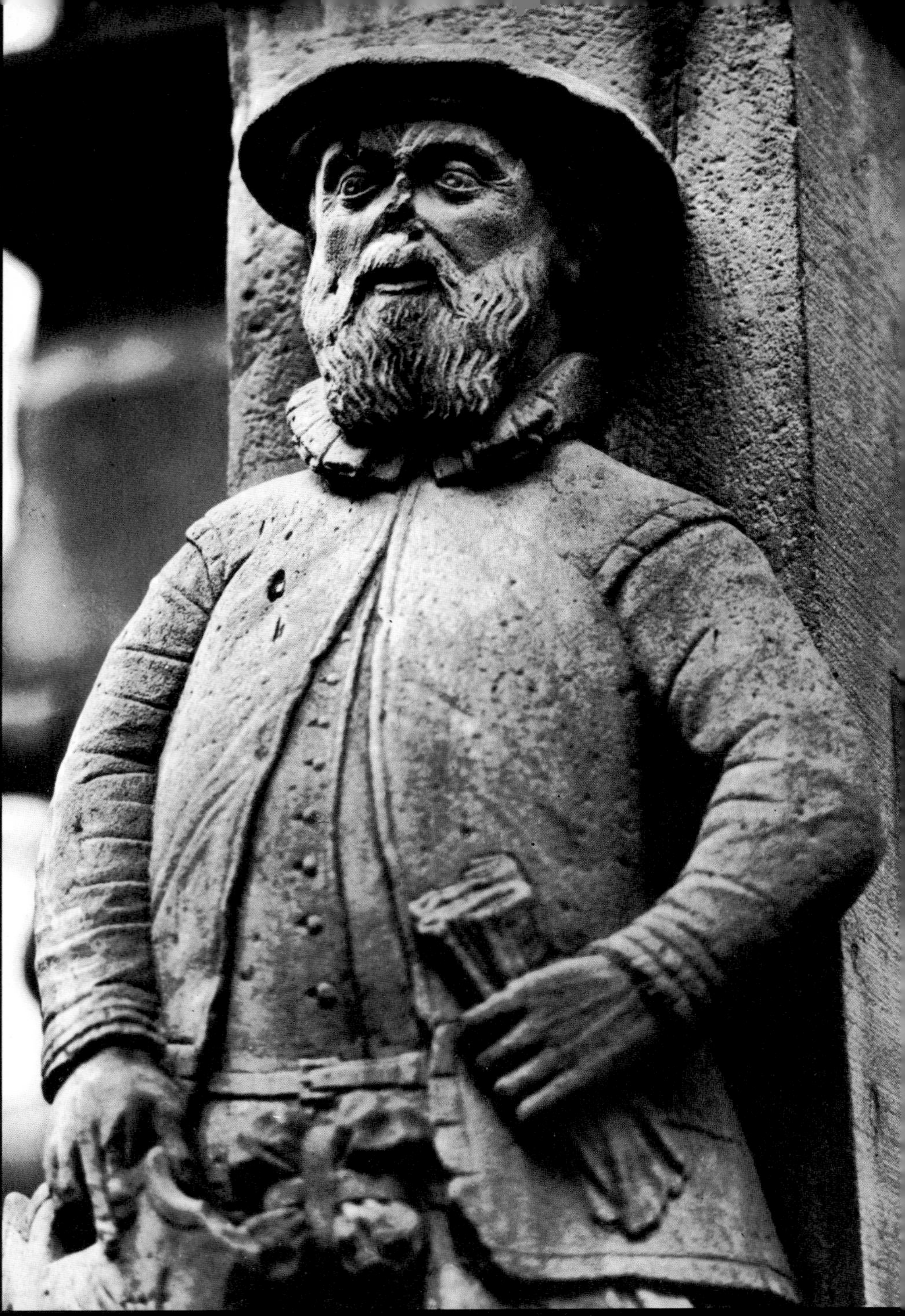

Am Engelsbrunnen in Wertheim am Main sind die an seiner
Errichtung maßgeblich Beteiligten verewigt. Der Steinmetz Mathes
Vogel als ausführender Künstler (links), der Schultheiß Hans Schaff, der
als Vorsitzender des Stadtgerichts den Gerichtshammer hält (Mitte),
und das Rathausmitglied Michael Matzer, der Verantwortliche für das

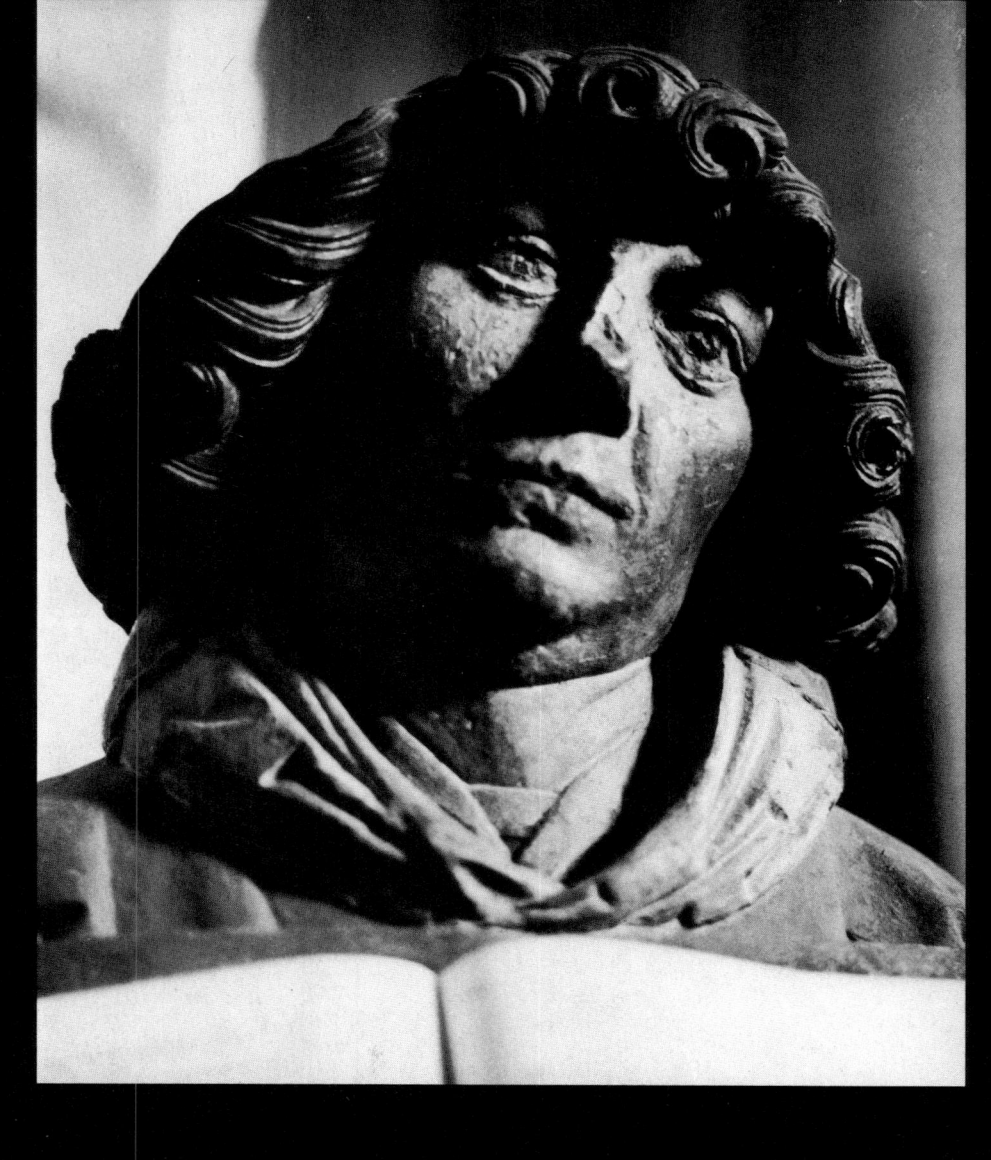

Oben: Diakon im Dom zu Würzburg. Riemenschneider-Werkstatt, 1500
Rechte Seite: Grabmal des Bischofs Rudolf von Scherenberg,
der im Alter von 94 Jahren starb, im Dom zu Würzburg, geschaffen
von Tilman Riemenschneider, 1497

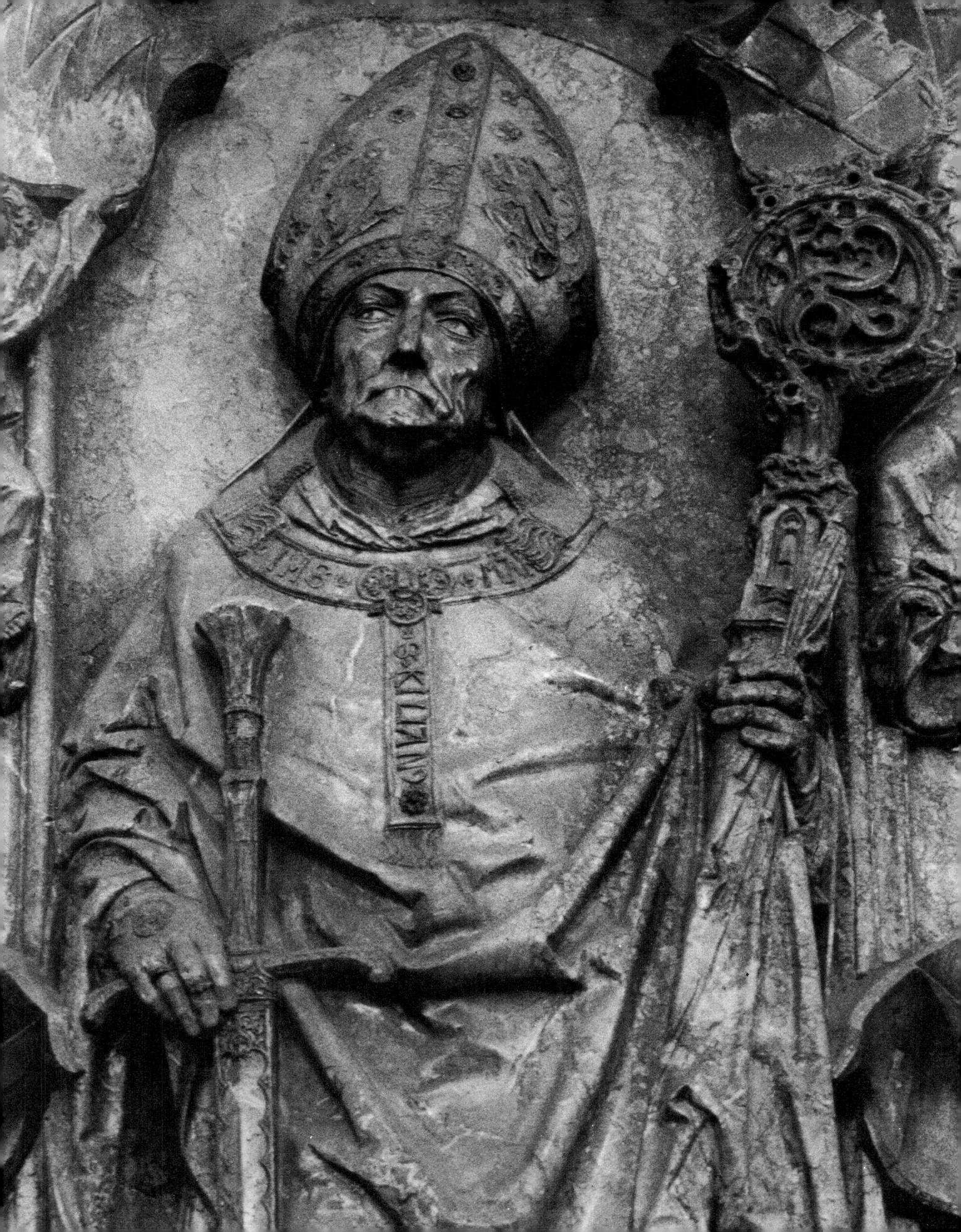

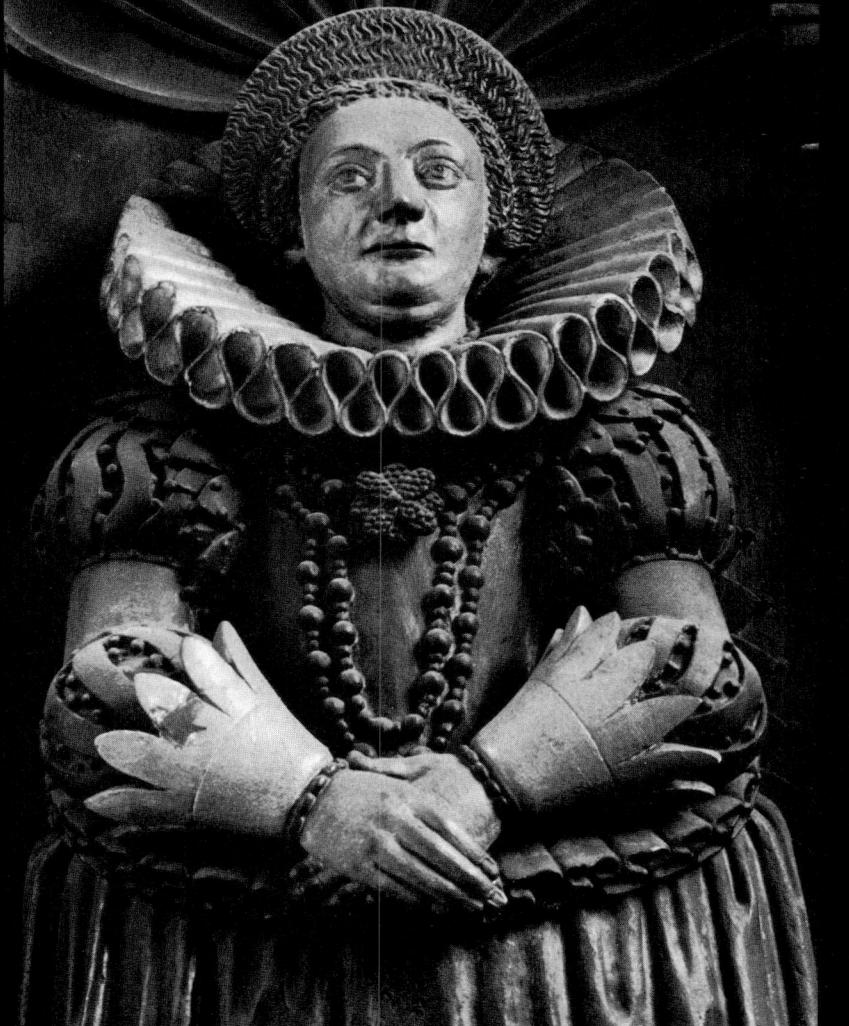
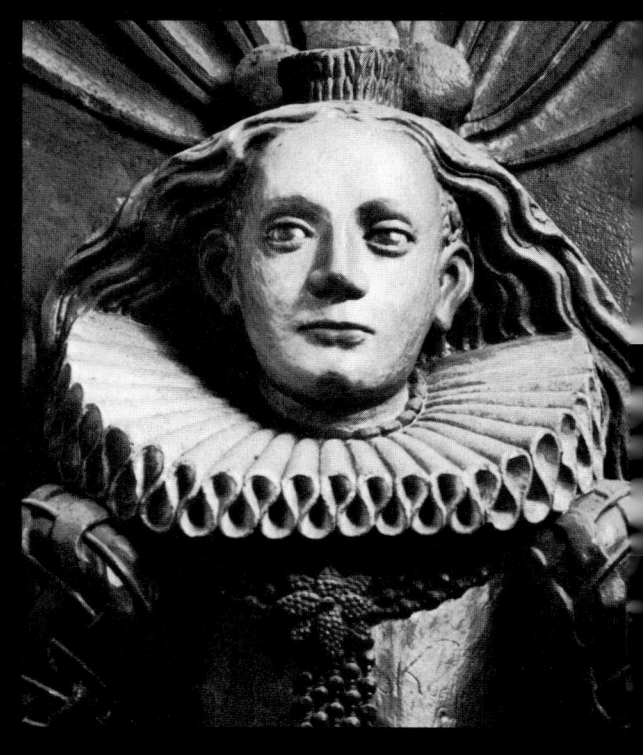

Gräfin Anna Maria aus dem Hause
Nassau-Saarbrücken († 1626)
und ihre beiden Töchter.
Stiftskirche St. Arnual in Saarbrücken

138

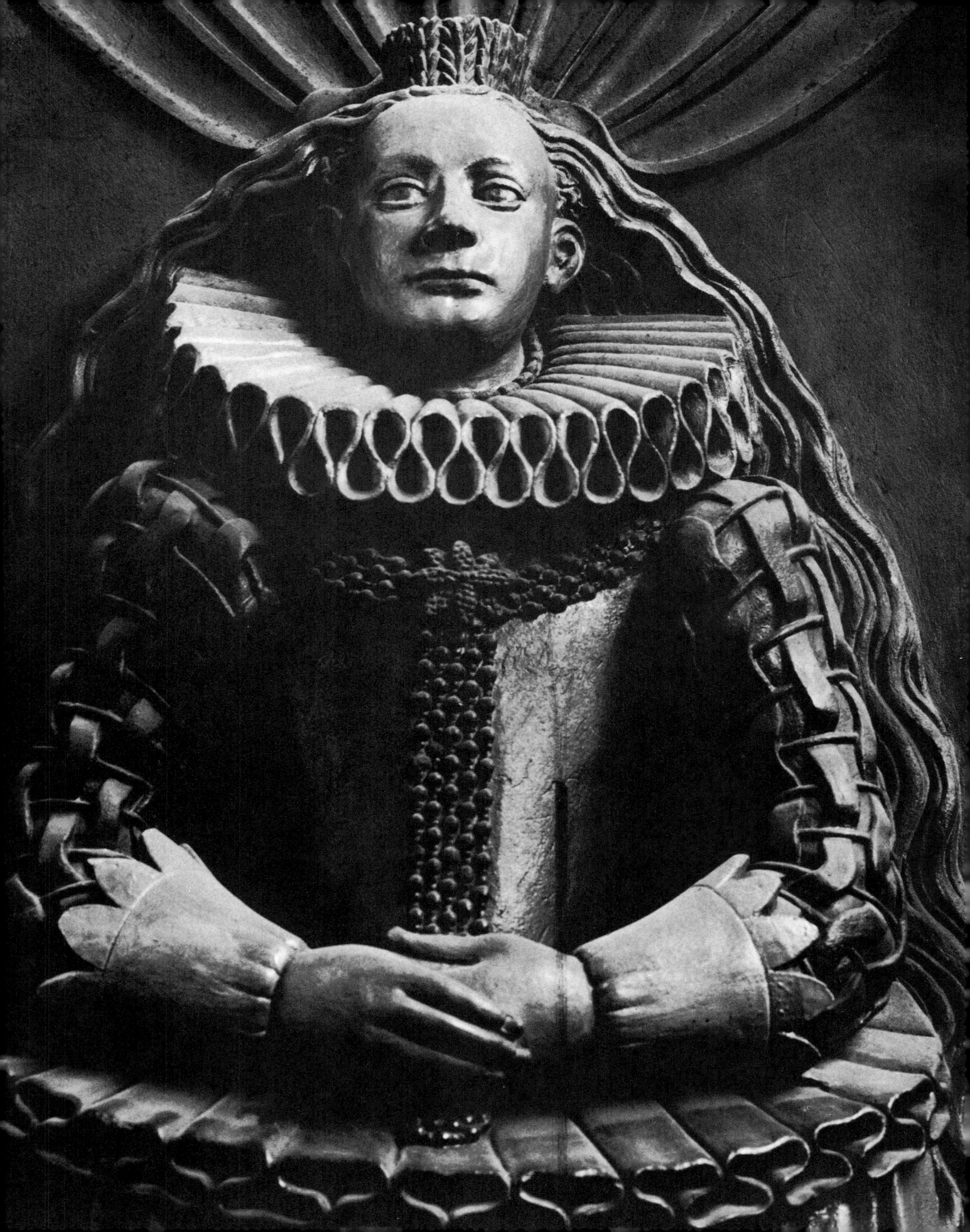

Unten: Figuren vom großen Welfen-Mausoleum im Chor der Stadtkirche in Celle,
16. und 17. Jahrhundert
Rechte Seite: Herzog Georg († 1641) und seine Gemahlin Eleonore († 1659)

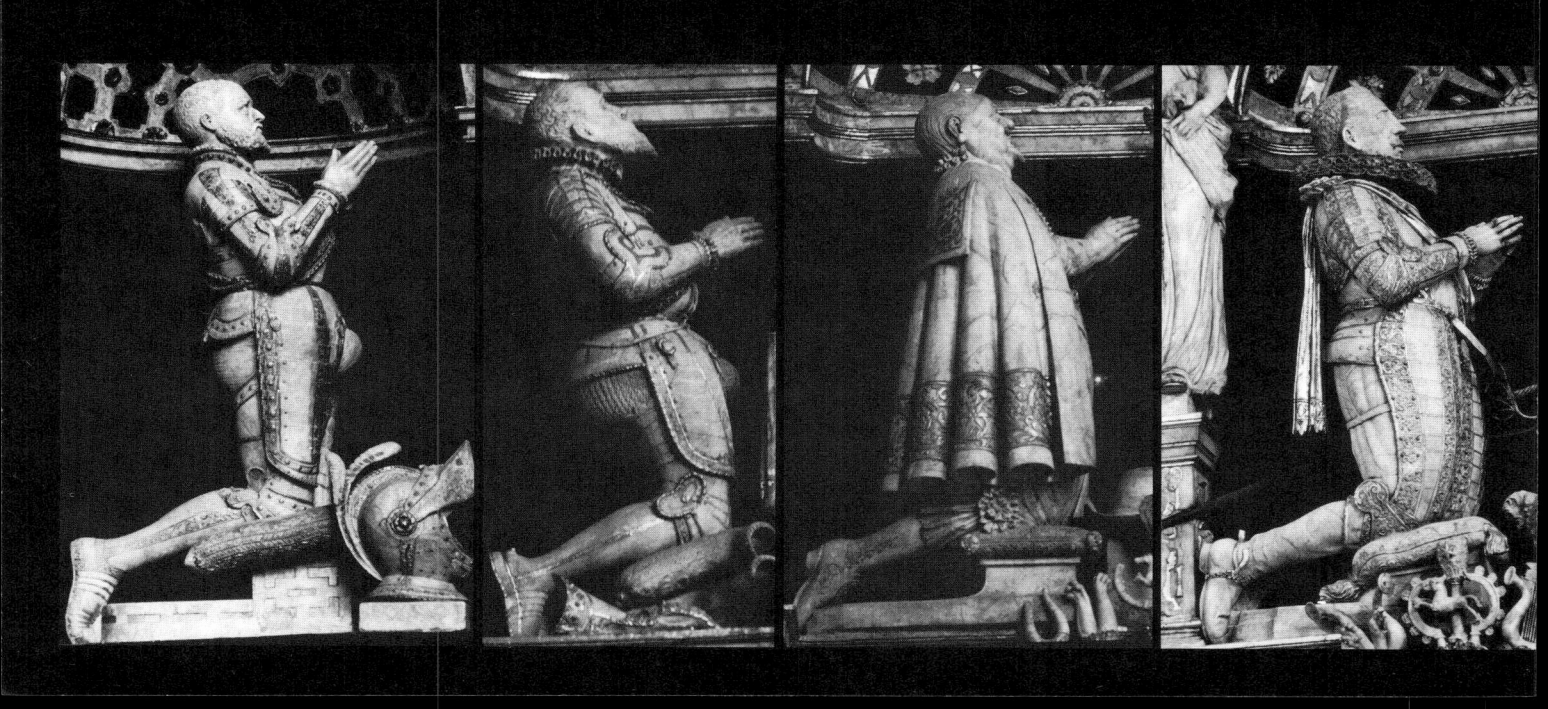

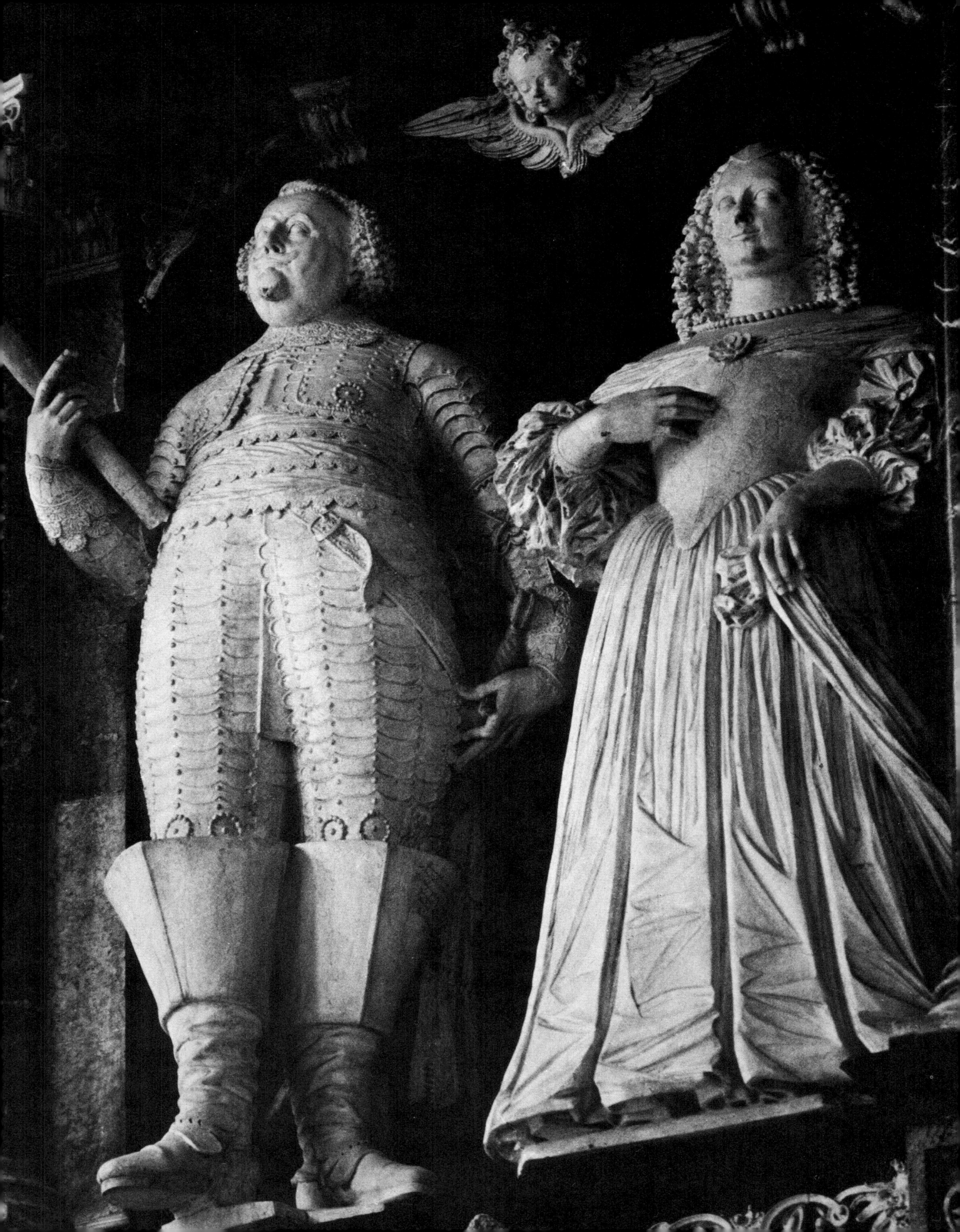

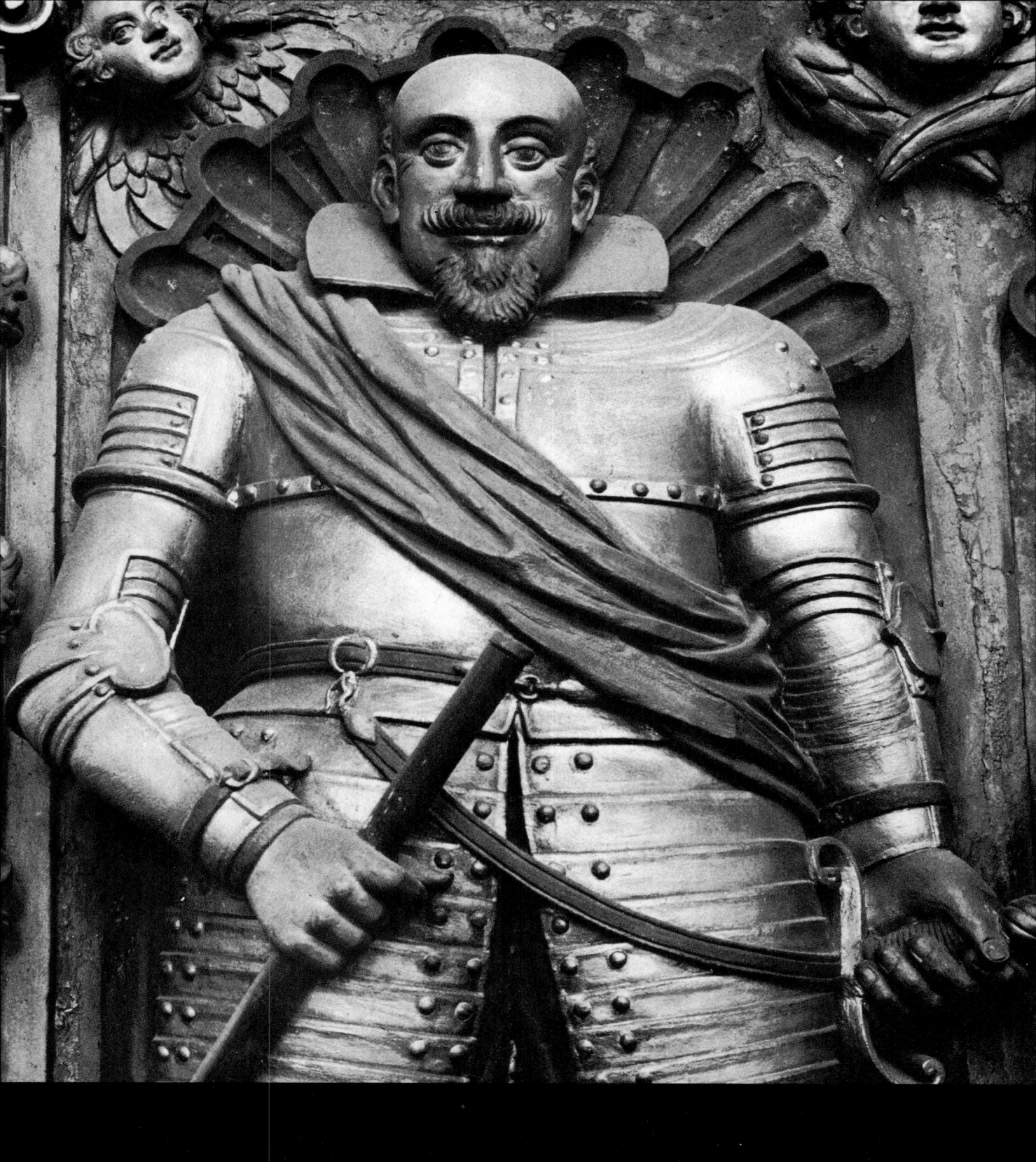

Oben und rechte Seite: Gräflicher Beamter des Hauses Nassau-Saarbrücken und seine Frau.
Stiftskirche St. Arnual. Saarbrücken

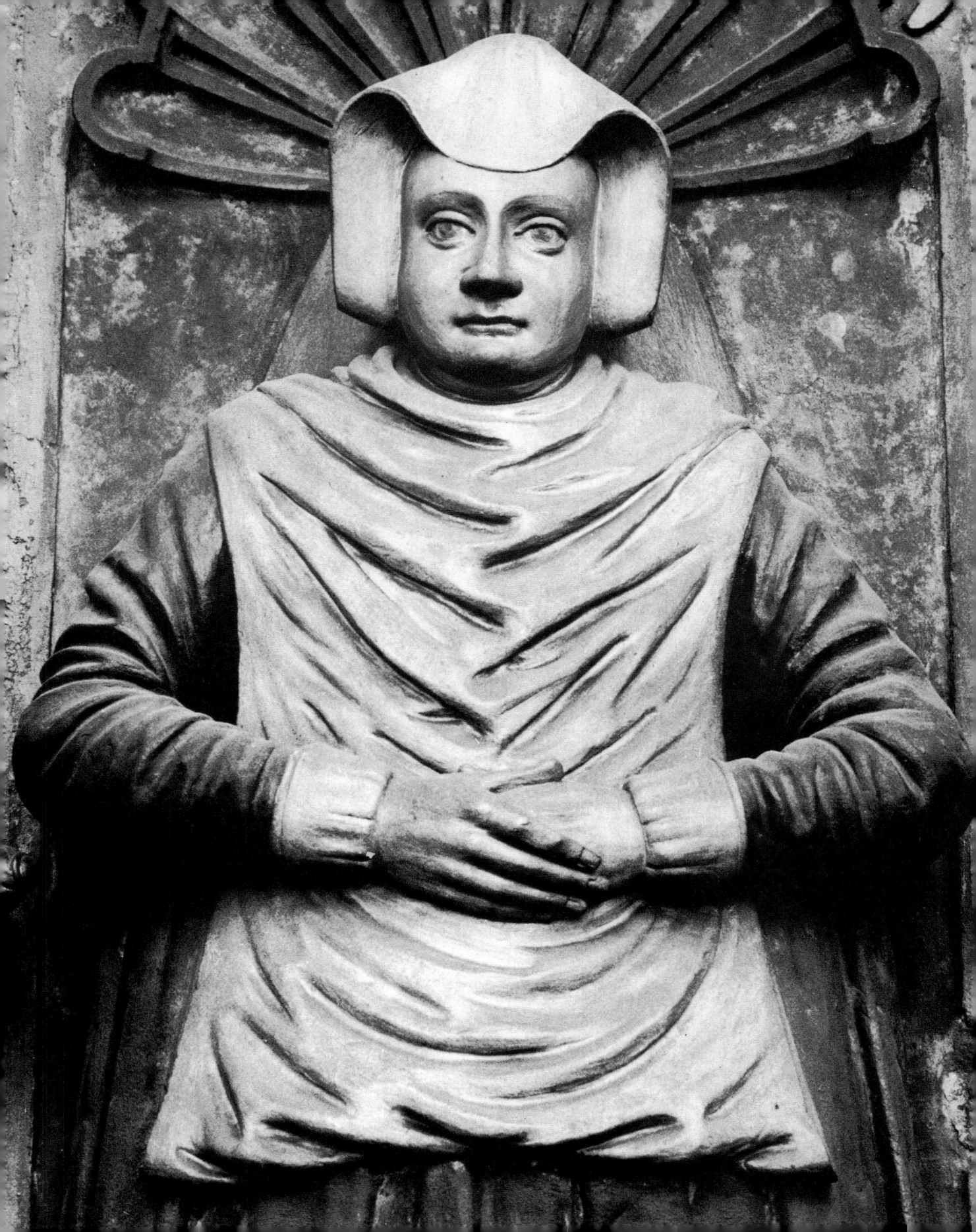

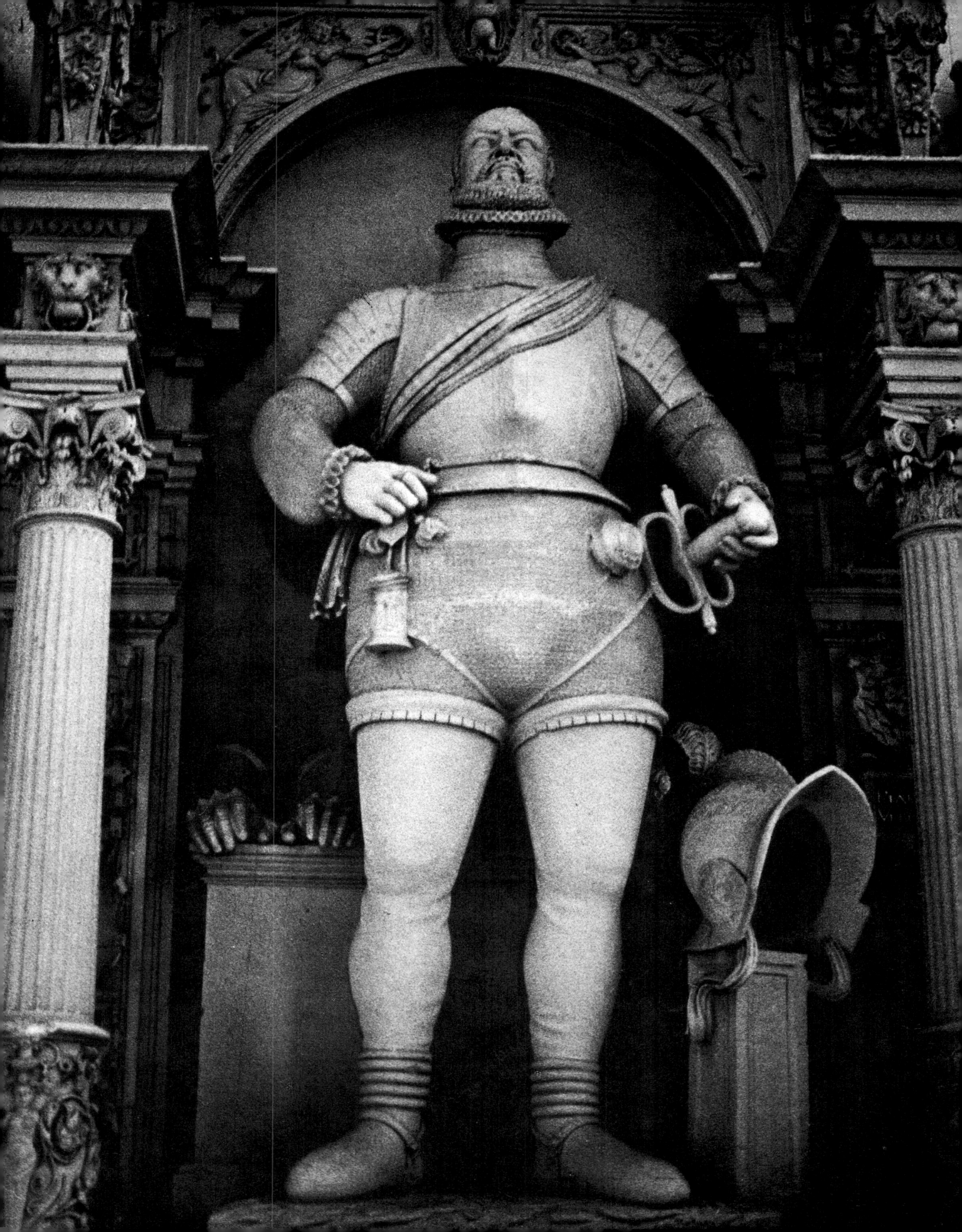

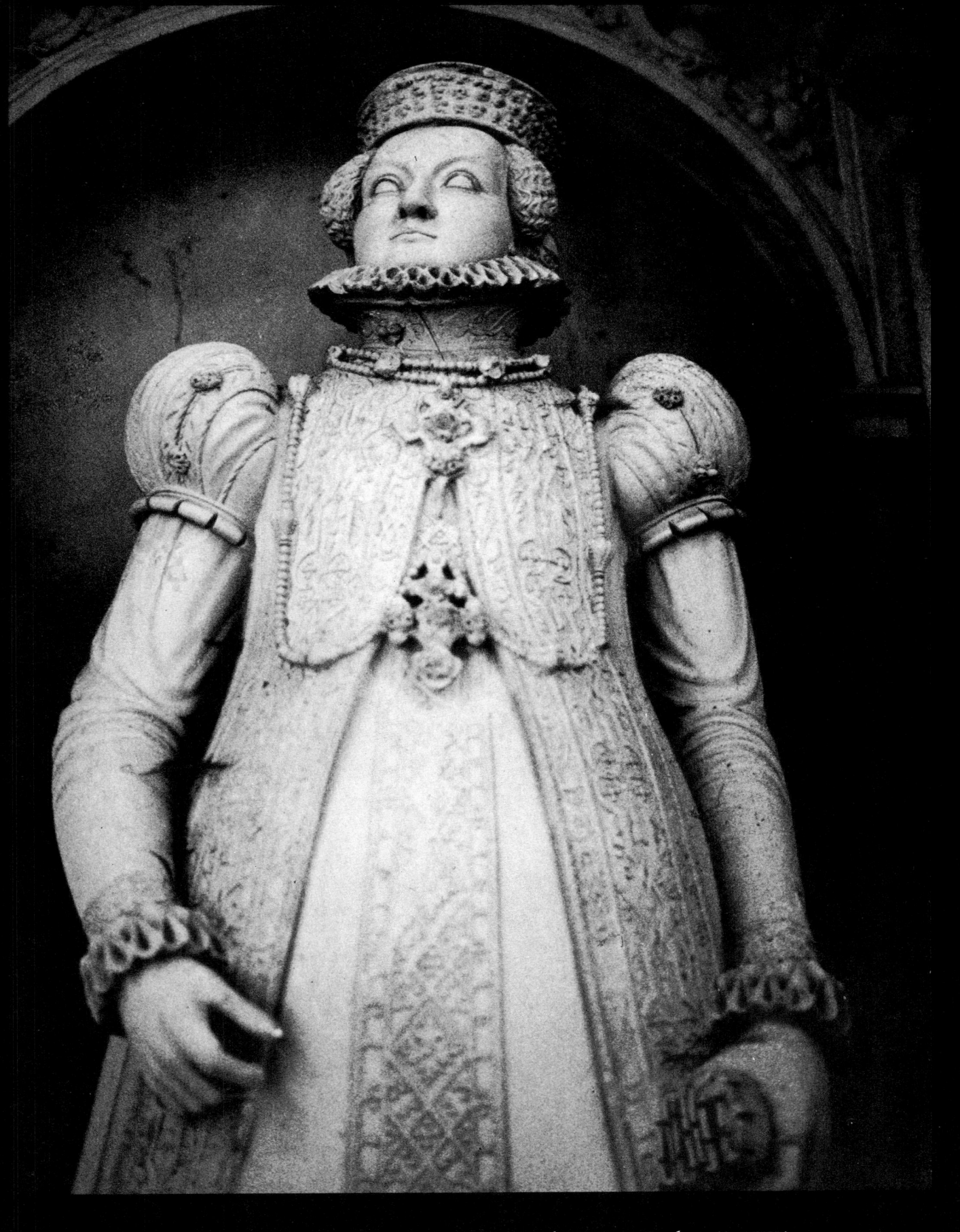

Linke Seite: Epitaph des Markgrafen Karl II. von Baden († 1577)
Oben: Anna von Beldenz, eine seiner beiden Frauen. Schloß- und Stiftskirche Pforzheim

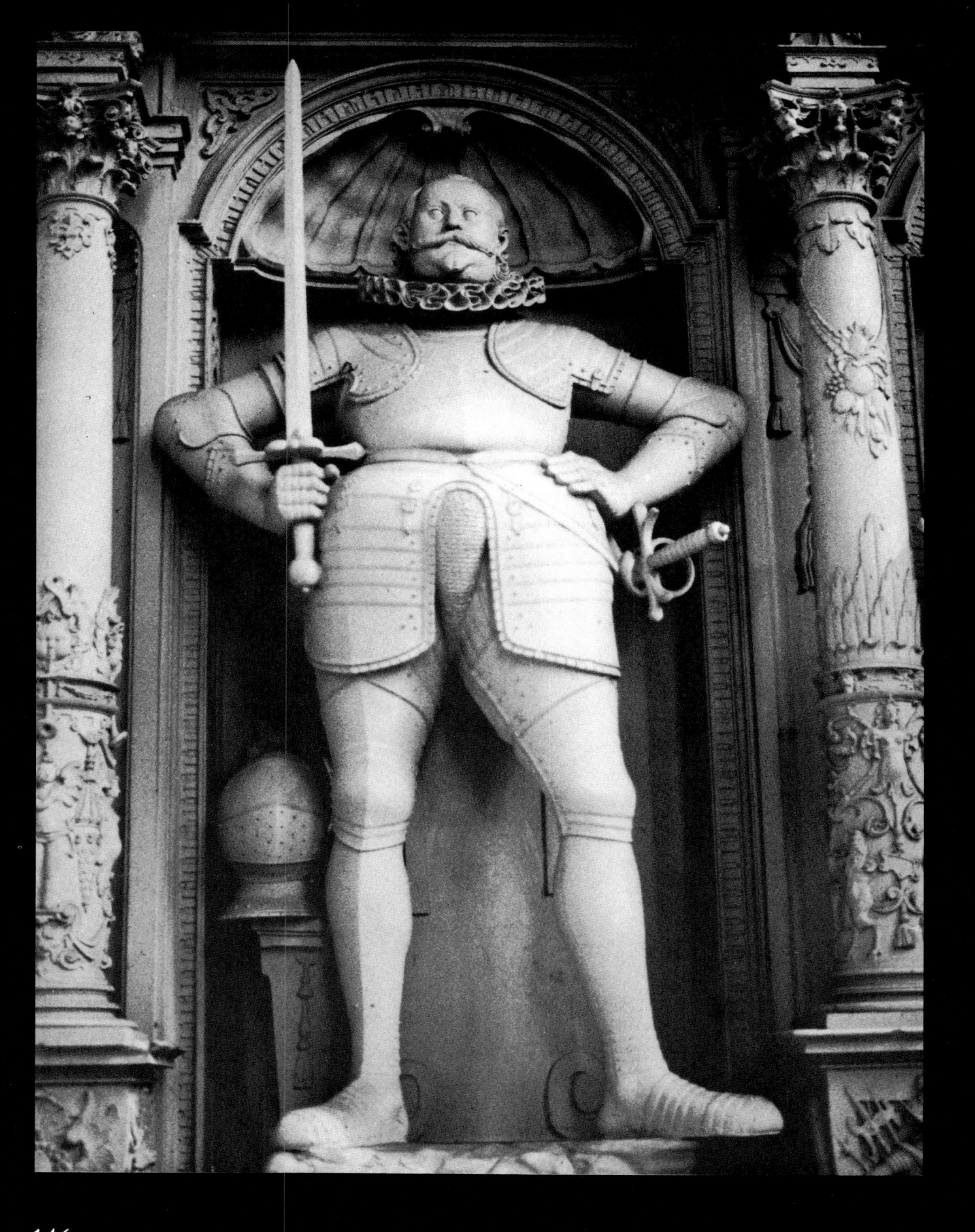

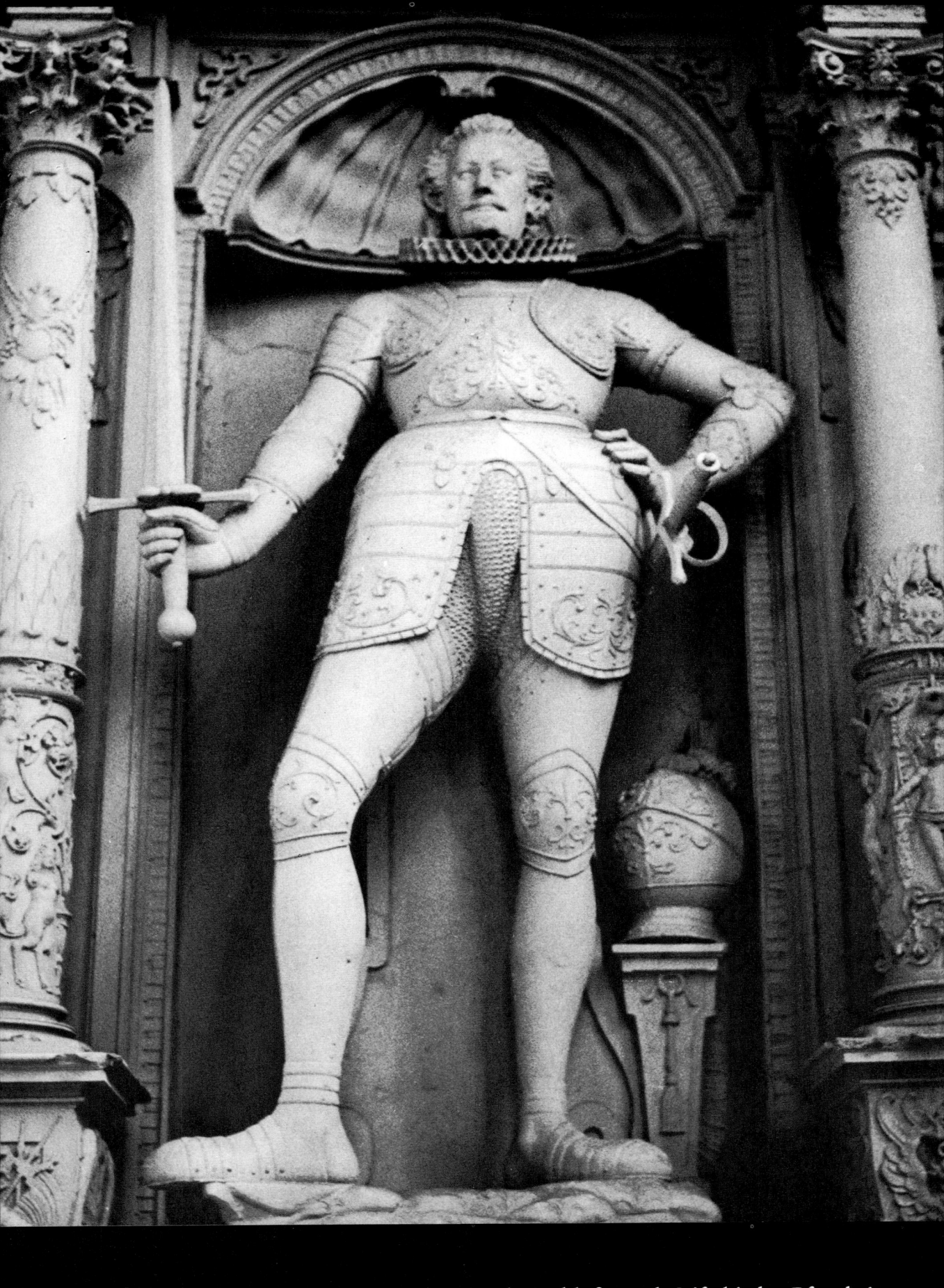

Epitaphe zweier Markgrafen von Baden in der Schloß- und Stiftskirche Pforzheim

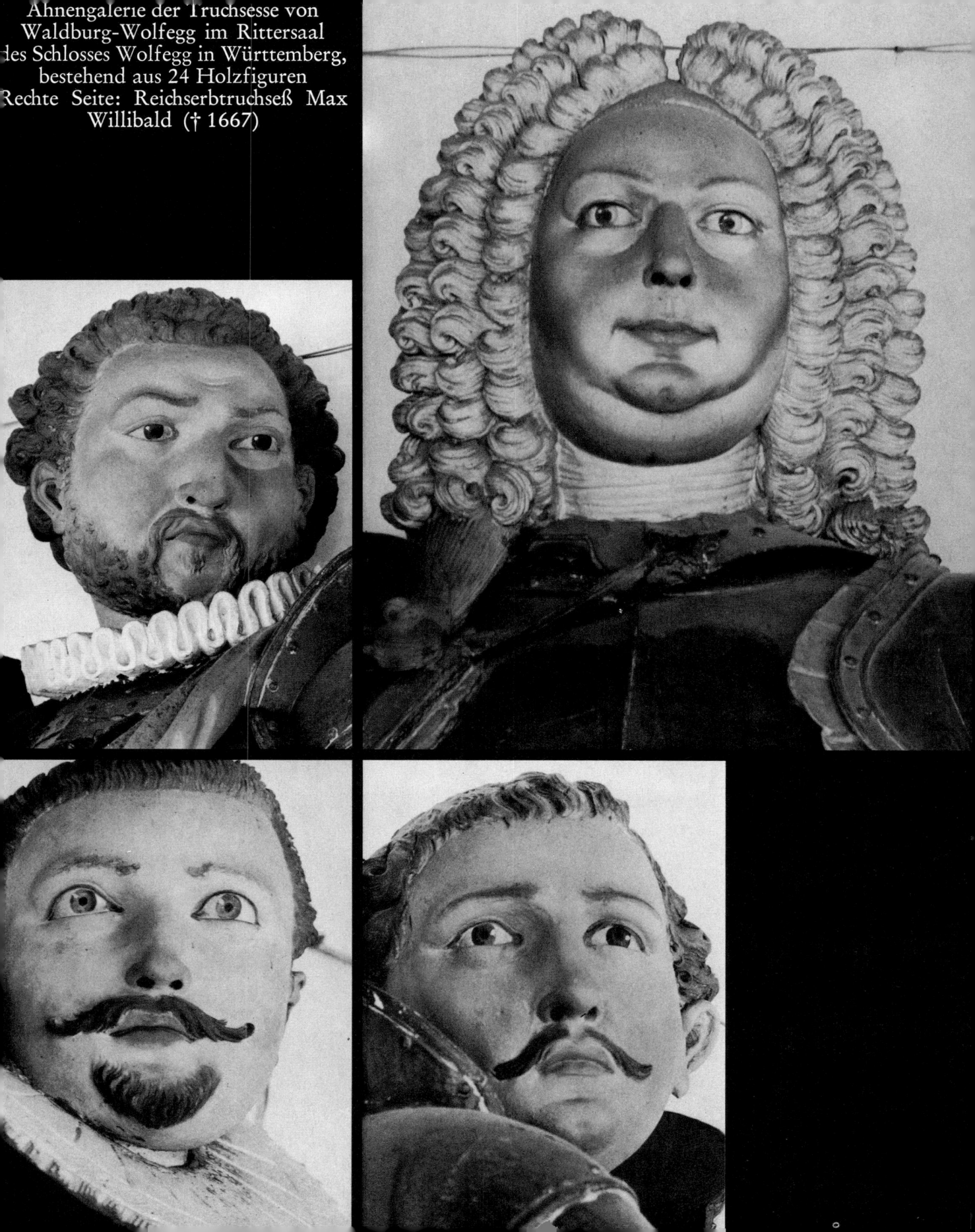

Ahnengalerie der Truchsesse von
Waldburg-Wolfegg im Rittersaal
des Schlosses Wolfegg in Württemberg,
bestehend aus 24 Holzfiguren
Rechte Seite: Reichserbtruchseß Max
Willibald († 1667)

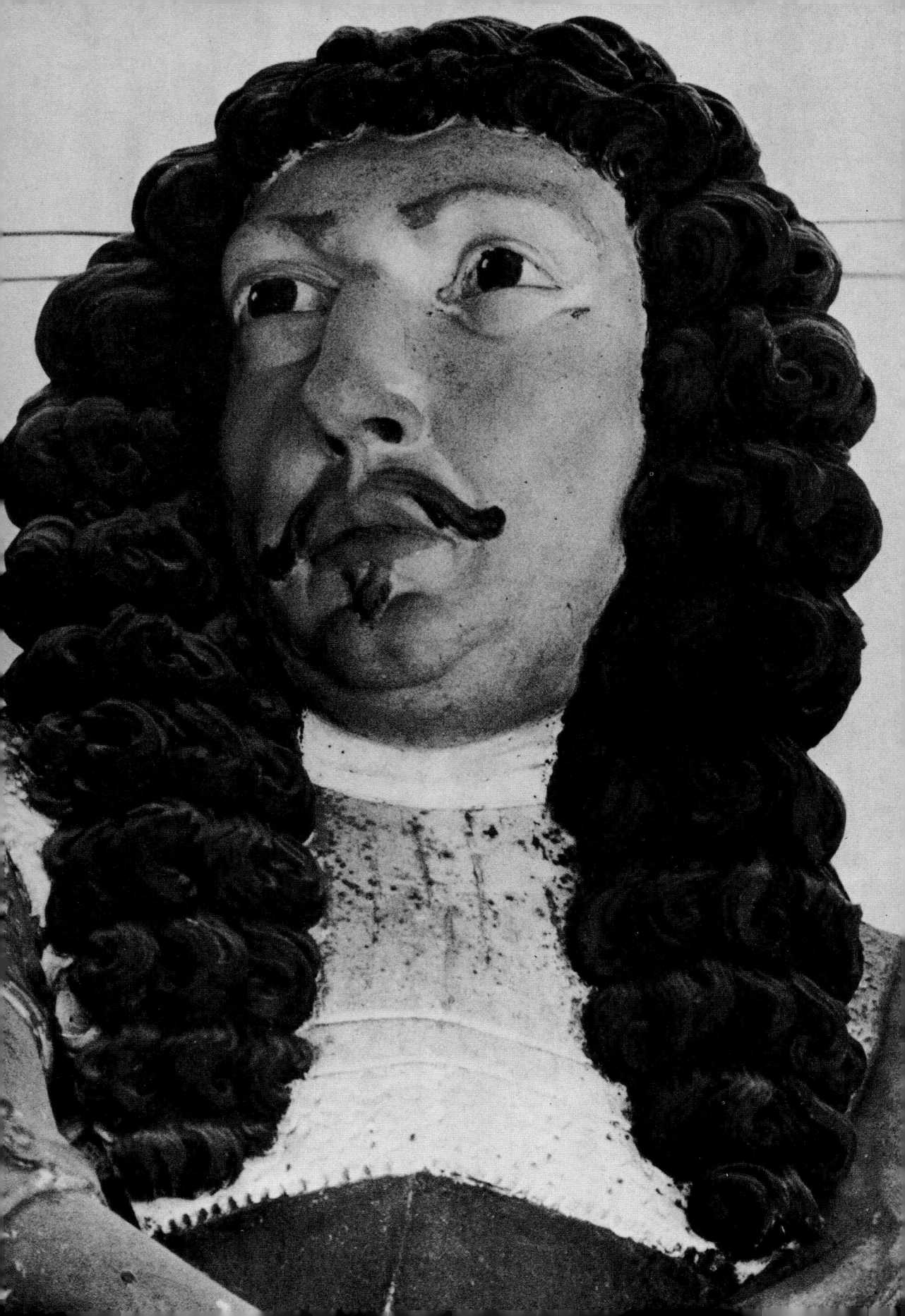

VII DER WEIN

Wenn auch nicht bekannt ist, ob die Pfahlbauern Wein tranken: erwiesen ist, daß sie Trauben aßen; es gab wild wachsende Reben genug in dieser Zeit. So müssen wir uns schon an die Überlieferung halten, nach der Kaiser Probus den Weinbau nördlich der Alpen heimisch machte. Jedenfalls hat er das Verbot, außerhalb des Mutterlandes Reben zu pflanzen, aufgehoben. Die Rolle der Römer zeigt sich auch an den vielen Funden und an der Weinsprache, die von lateinischen Lehnwörtern strotzt. Wein kommt von *vinum*, Torkel (Weinpresse) von *torculum*, Keller — *cellaria*, Most — *mustum*. Wir können uns heute schlecht vorstellen, daß im Heiligen Römischen Reich bis Bremen, Mecklenburg und Pommern Wein gebaut wurde. Es muß ein rechter Sauerampfer gewesen sein, aber man trank ihn damals mit Honig gesüßt — nur viel mußte es sein. Heute reicht der Weinbau vom Bodensee bis zum Siebengebirge und vom Steigerwald im Osten bis zum oberen Moseltal. Dazwischen liegen die großen Weinbaugebiete mit klingenden Namen. Franken mit bekannten Lagen zwischen Würzburg und Steigerwald und mit Heidelberg. Am Neckar wächst der schwäbische Wein, es gibt Wein an der Nahe, und im Ahrtal prächtigen Burgunder. Von Worms über Oppenheim, Nierstein bis Mainz, das ist Rheinhessen. Parallel zum Rhein an den Hängen der Haardt „des Reiches Weinkammer", die Pfalz mit Deidesheim, Forst, Wachenheim und, und, und . . . Das Moseltal mit Bernkasteler Doctor, Uerziger Ley, Zeller Katz! — Der Mittelrhein von Bingerbrück bis zum Siebengebirge, und als Krone der Rheingau an den Südhängen des Taunus von Rüdesheim, Geisenheim, Johannisberg bis Hochheim mit dem berühmten Dom Dechaney.

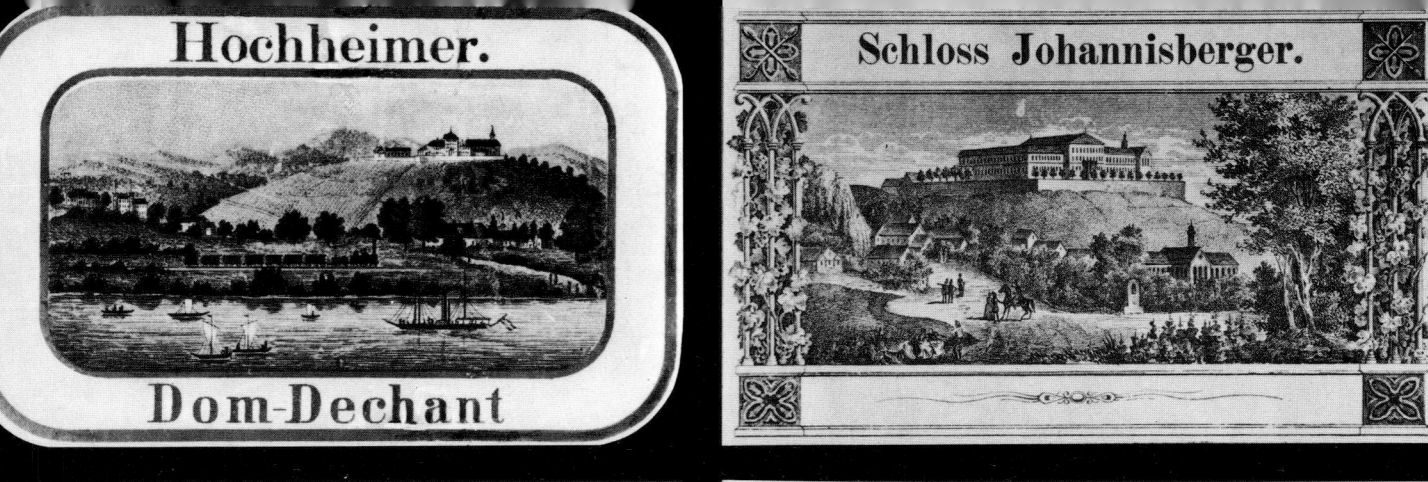

Hochheimer.

Dom-Dechant

Schloss Johannisberger.

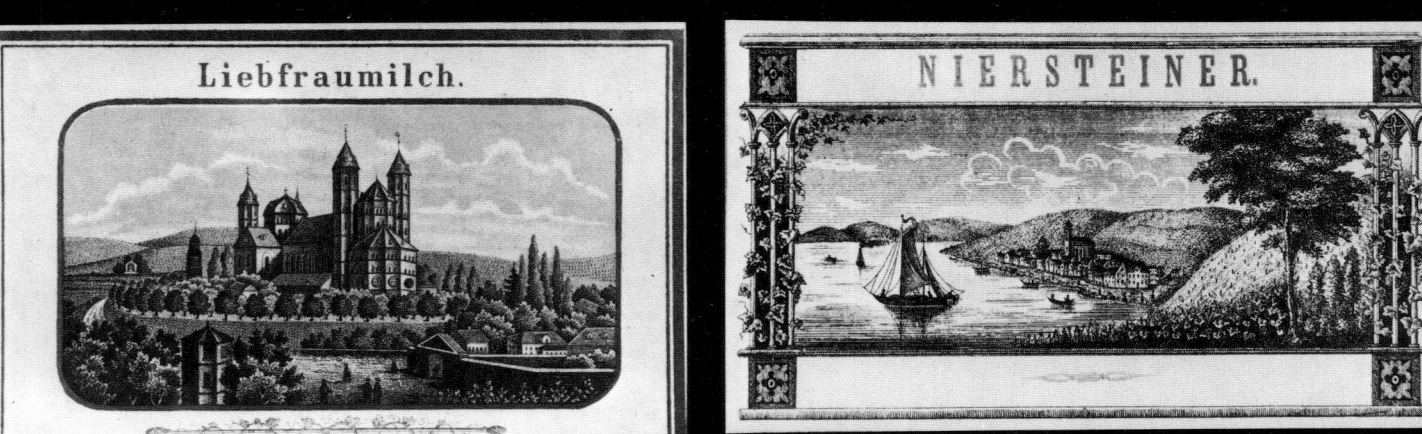

Liebfraumilch.

NIERSTEINER.

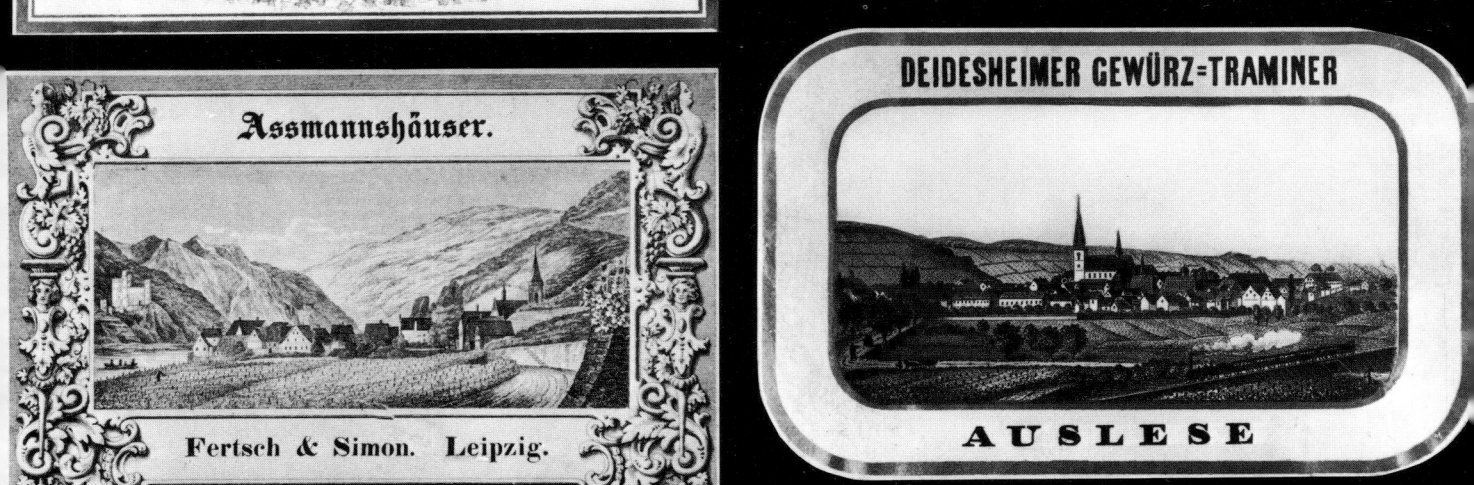

Assmannshäuser.

Fertsch & Simon. Leipzig.

DEIDESHEIMER GEWÜRZ=TRAMINER

AUSLESE

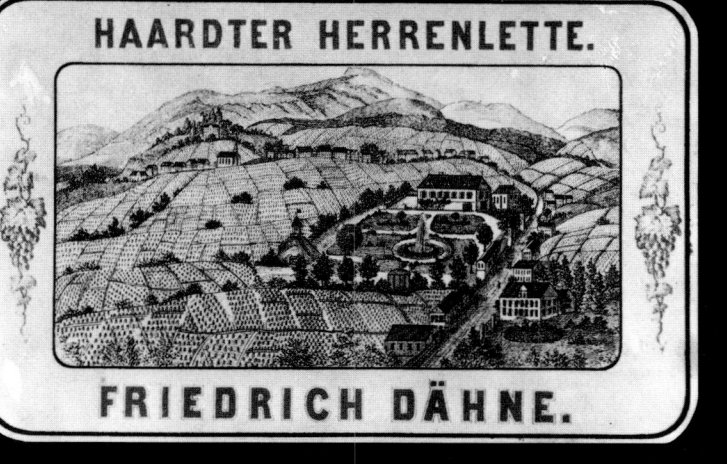

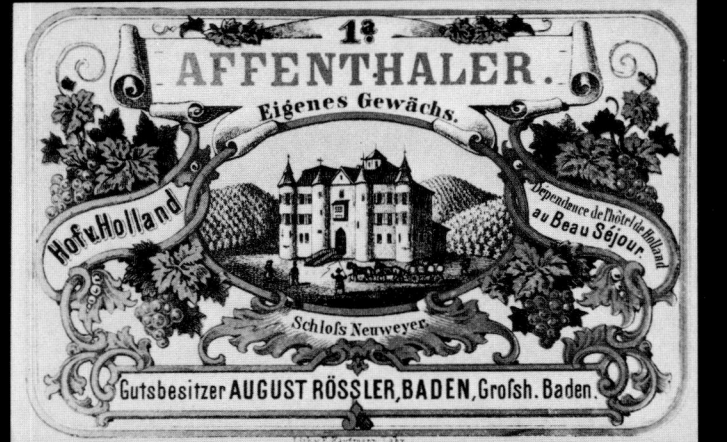

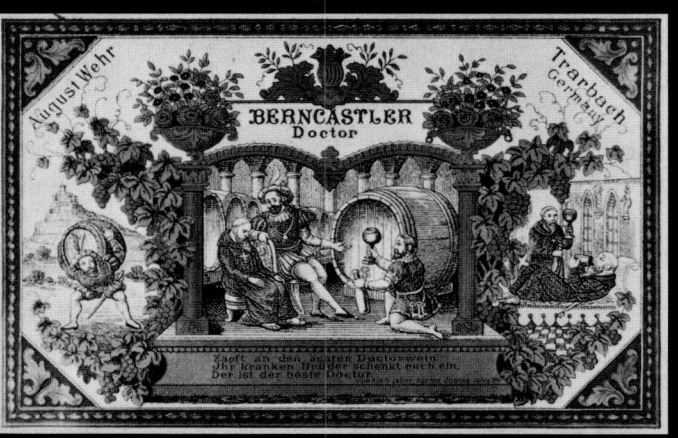

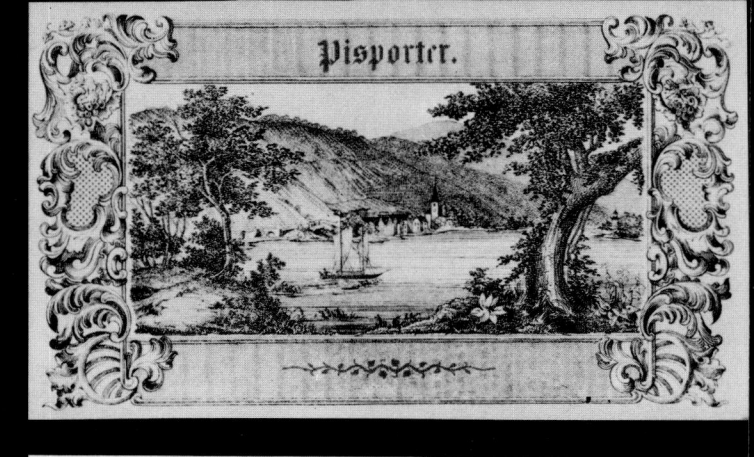

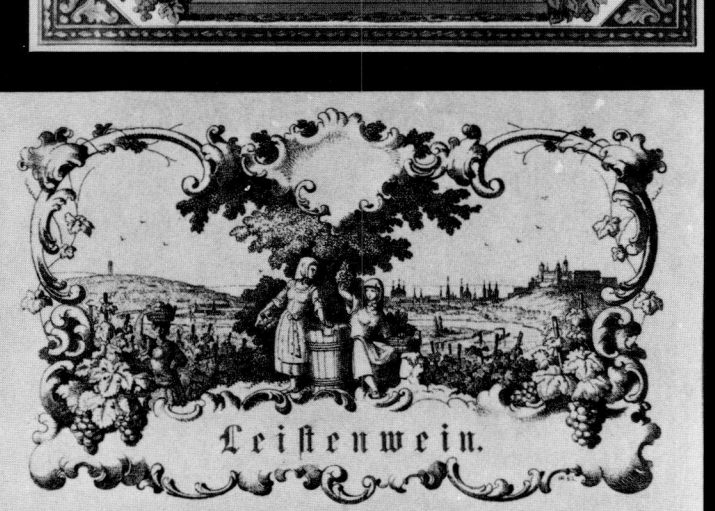

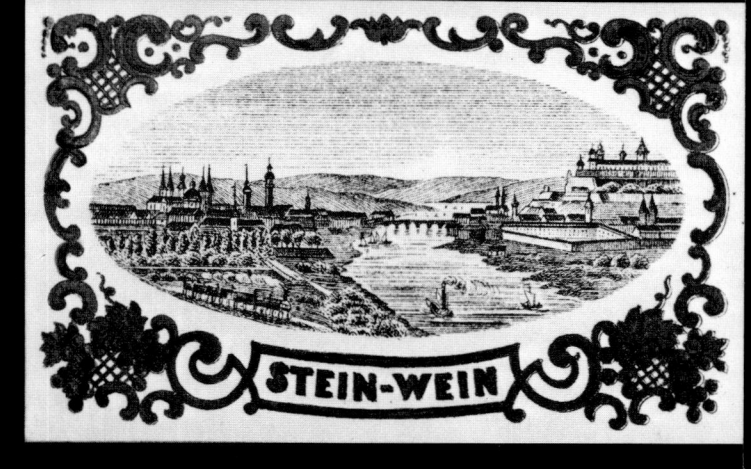

Oben: Weinetiketten aus der ersten Hälfte des 19. Jahrhunderts
Rechte Seite: Weingärten im Ahrtal
Folgende Doppelseite: Weingärten bei Nierstein am Rhein

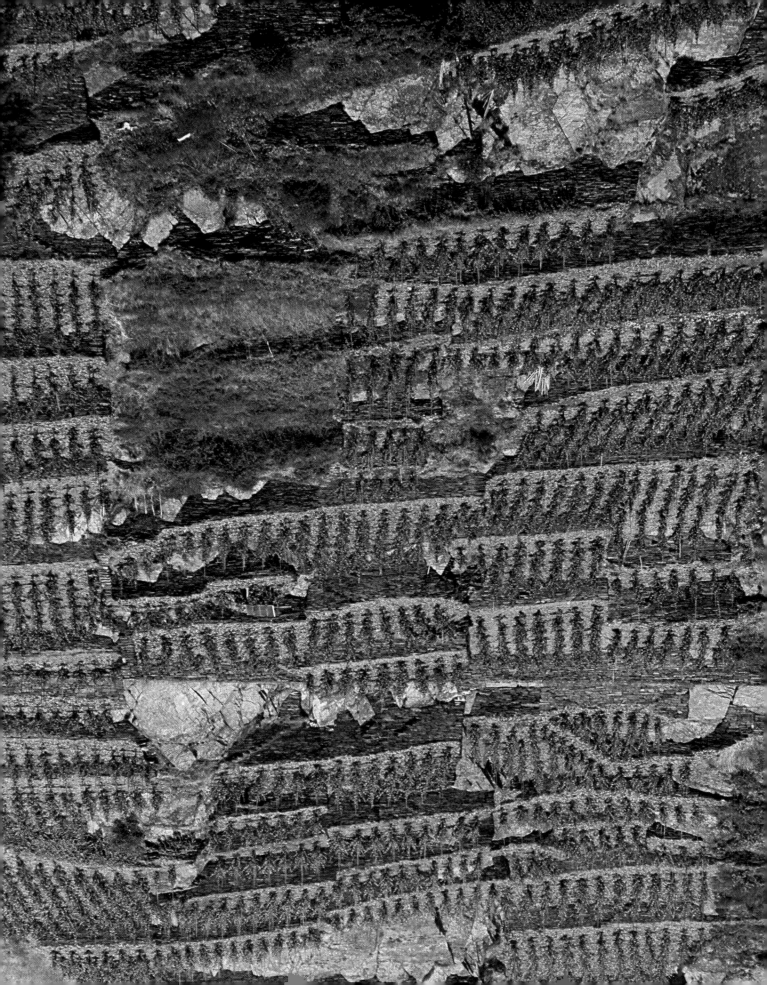

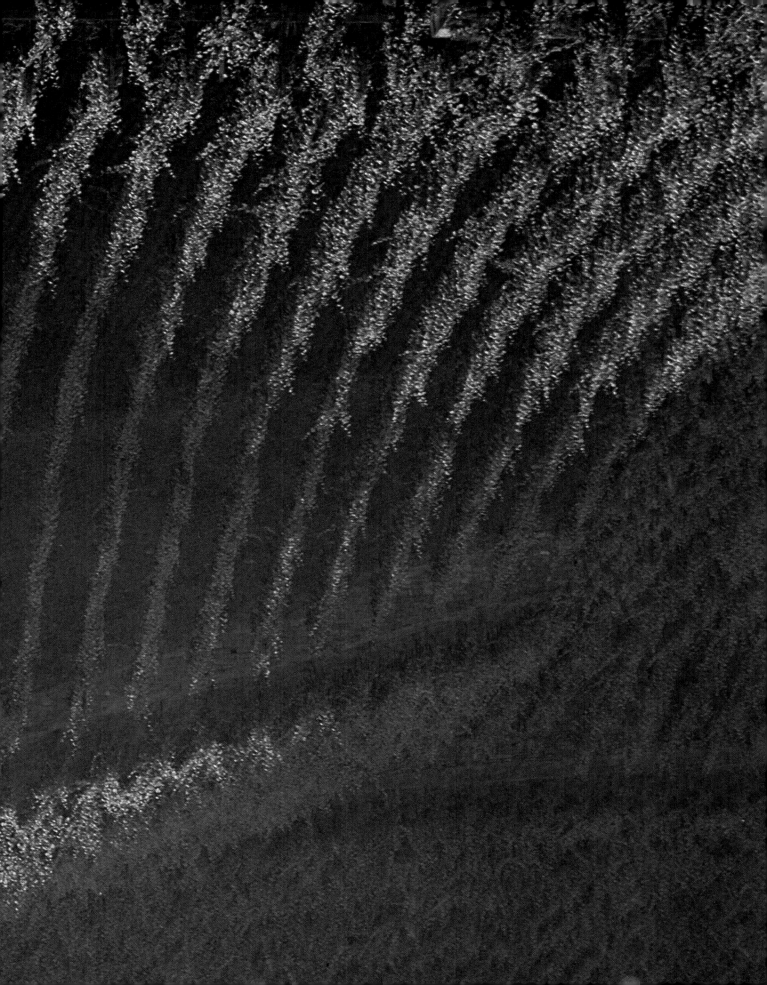

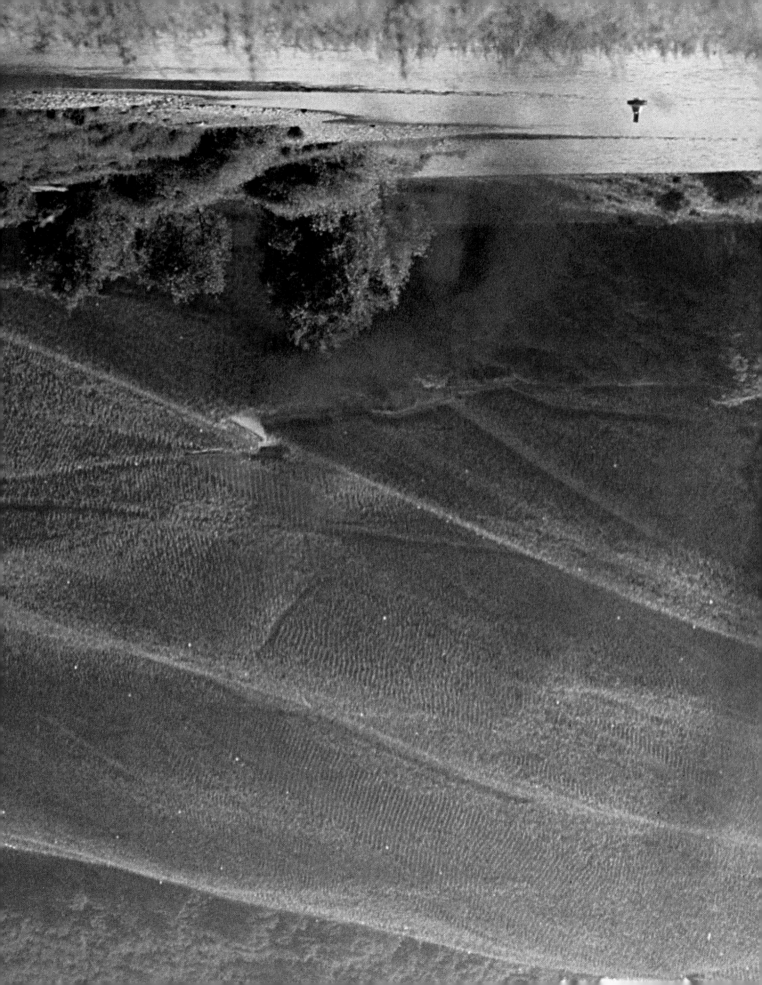

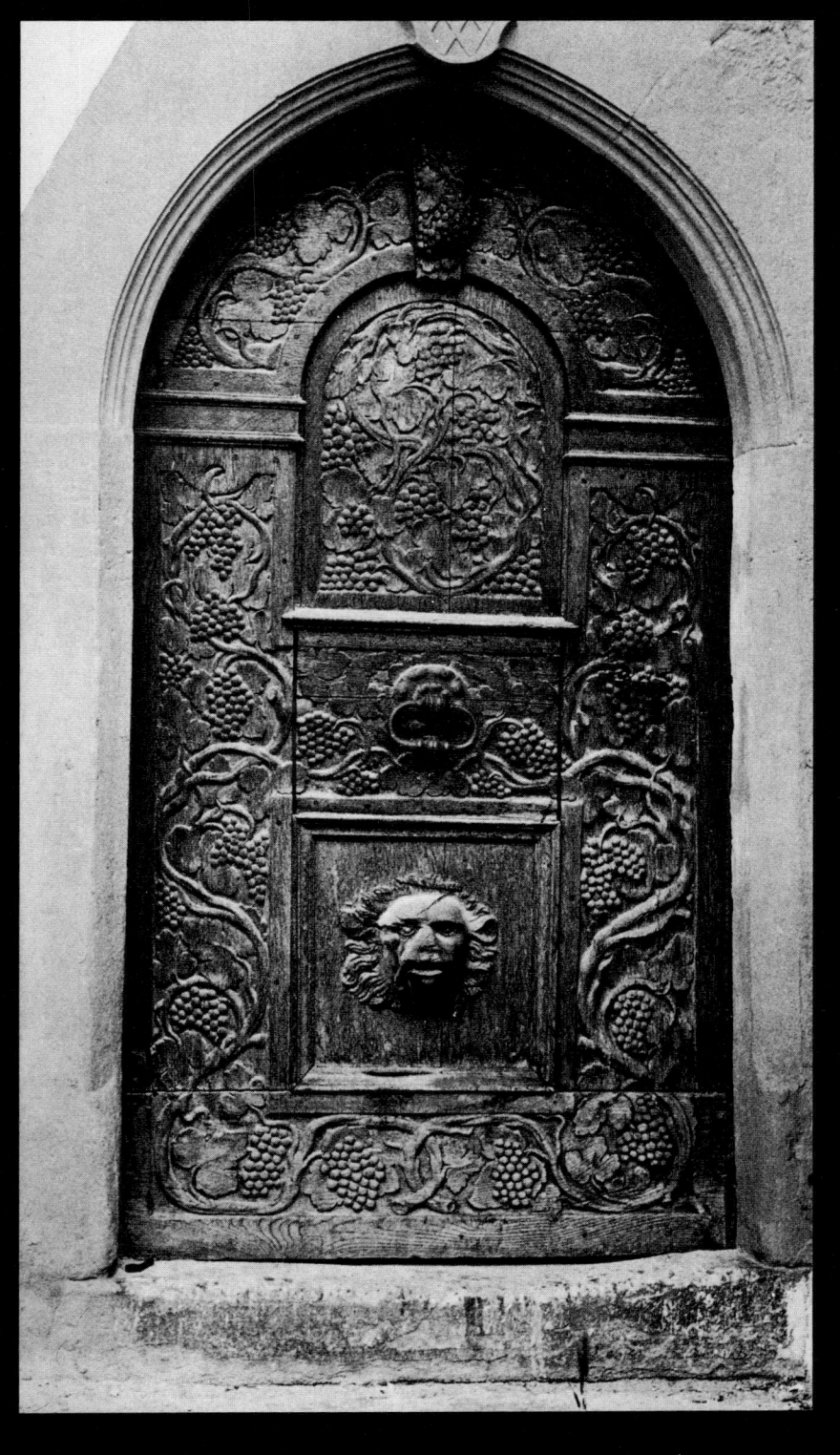

Linke Seite: Weingärten an der Mosel
Oben: Türe am Stockheimer Hof in Geisenheim am Rhein.
Der Weinbau wird hier schon im Jahr 817 erwähnt

Folgende Doppelseite: Weinbergtreppchen bei Deidesheim/Pfalz

157

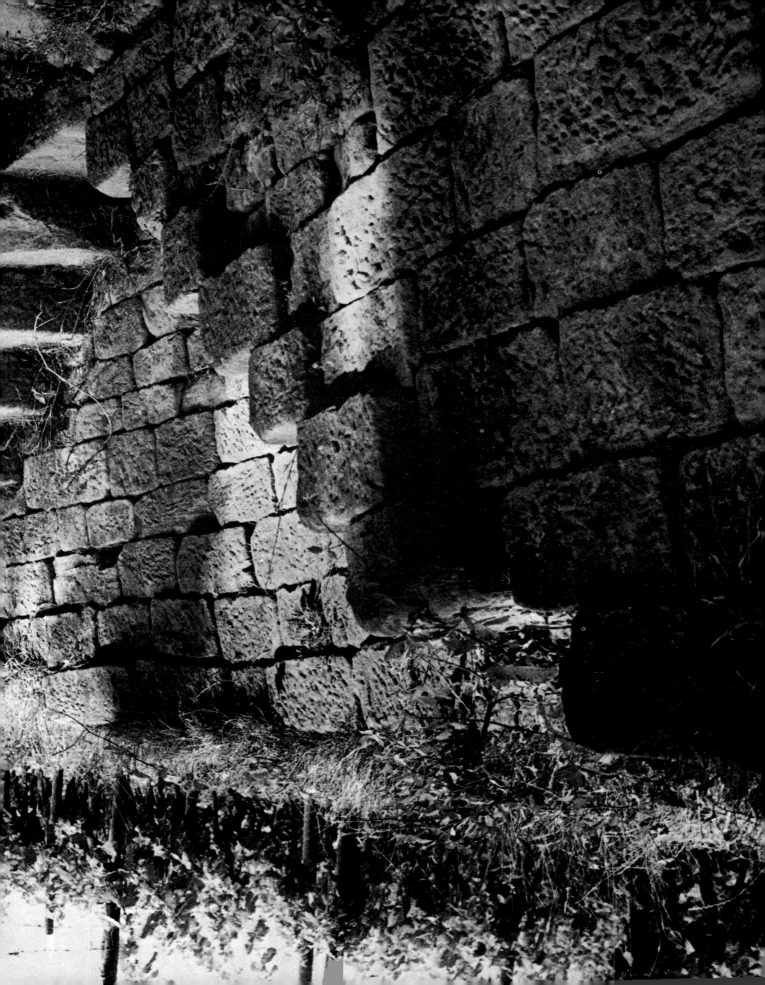

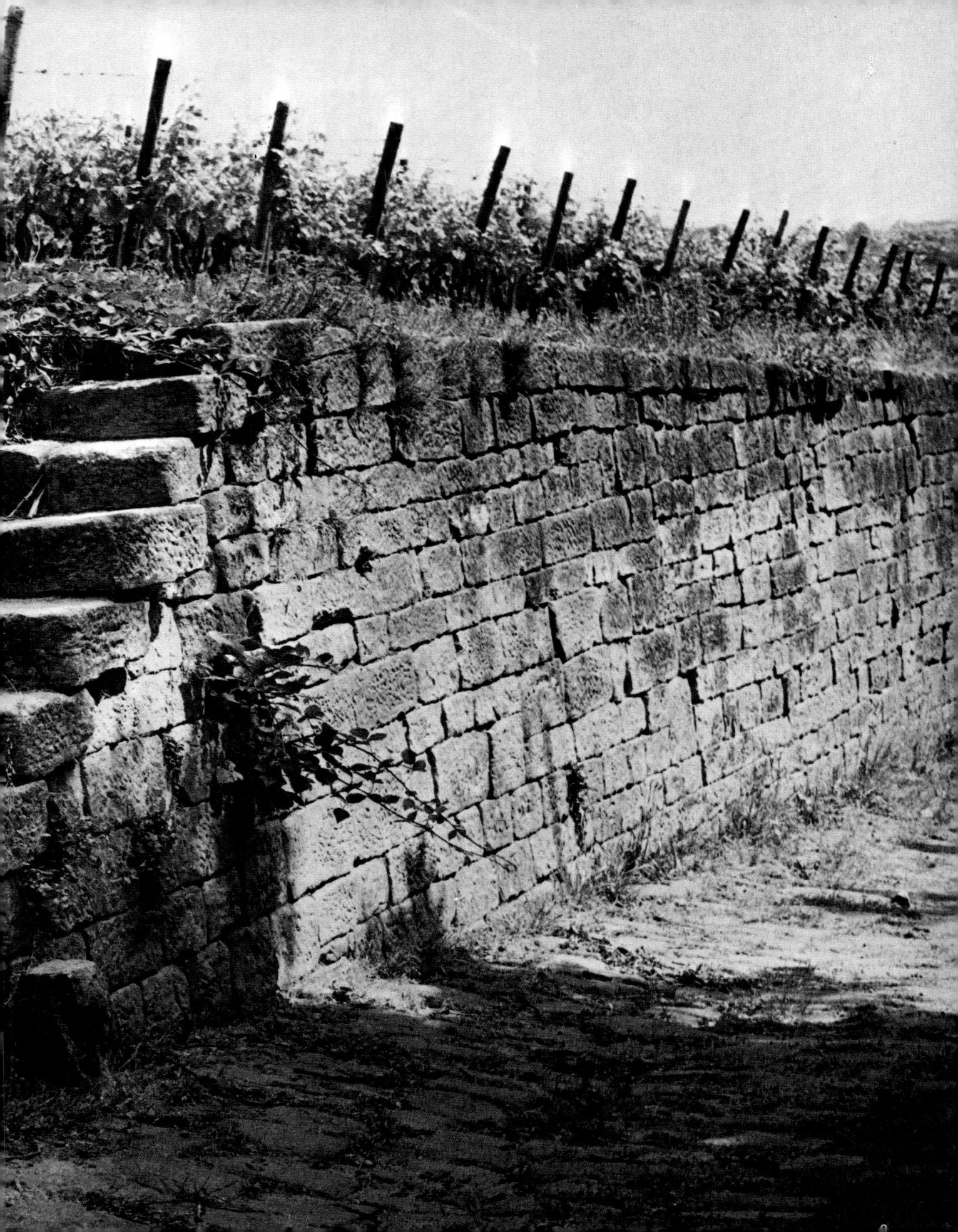

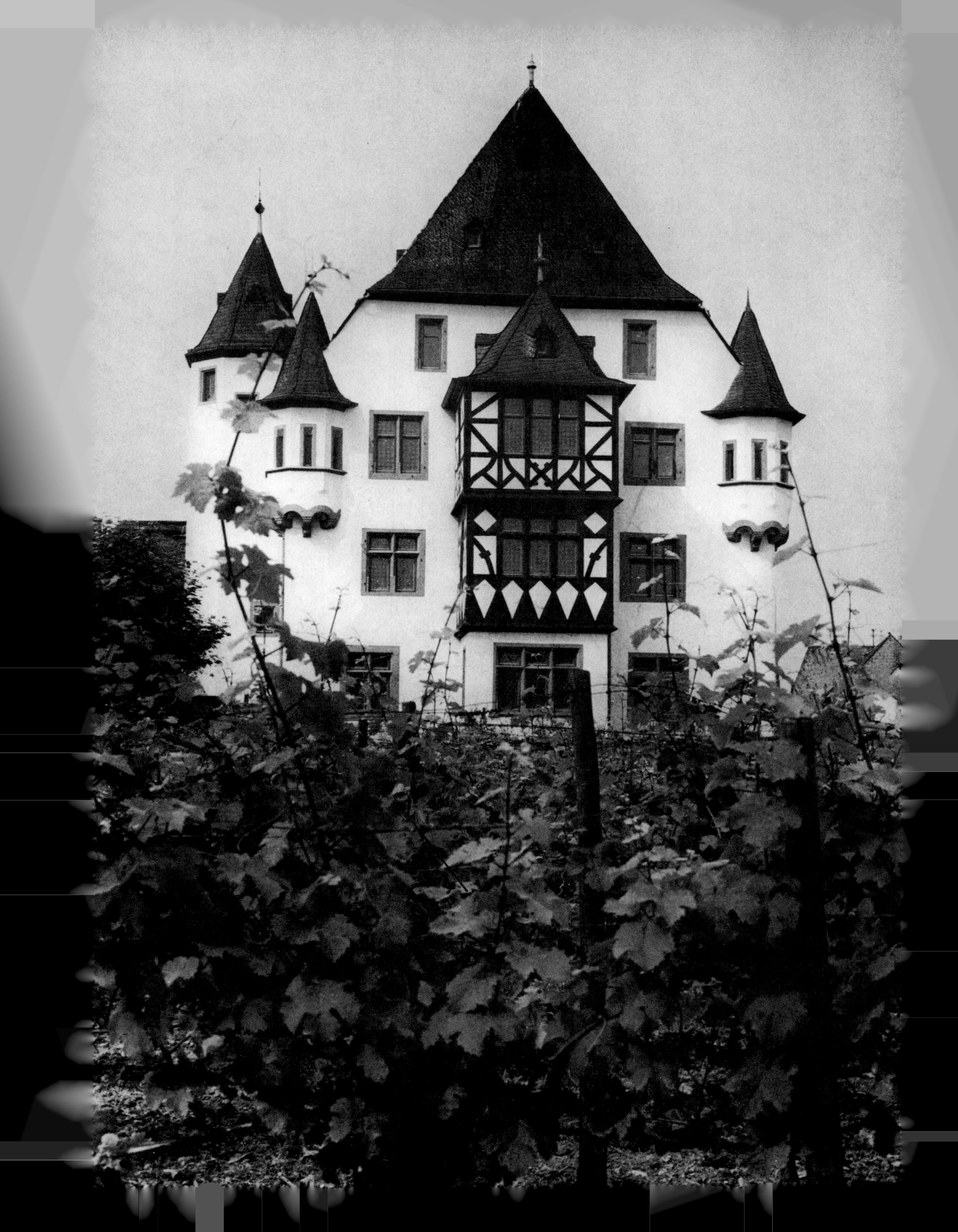

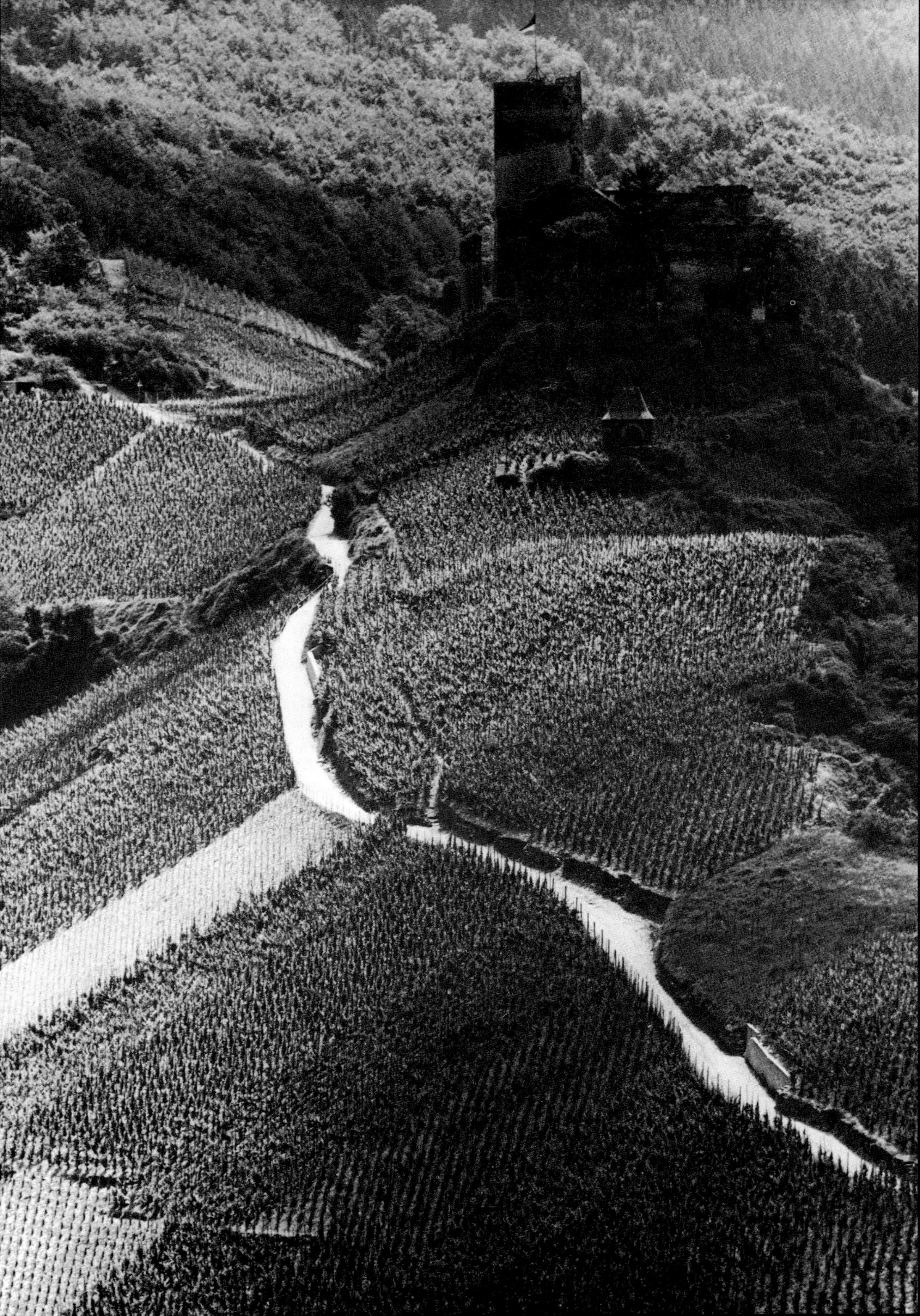

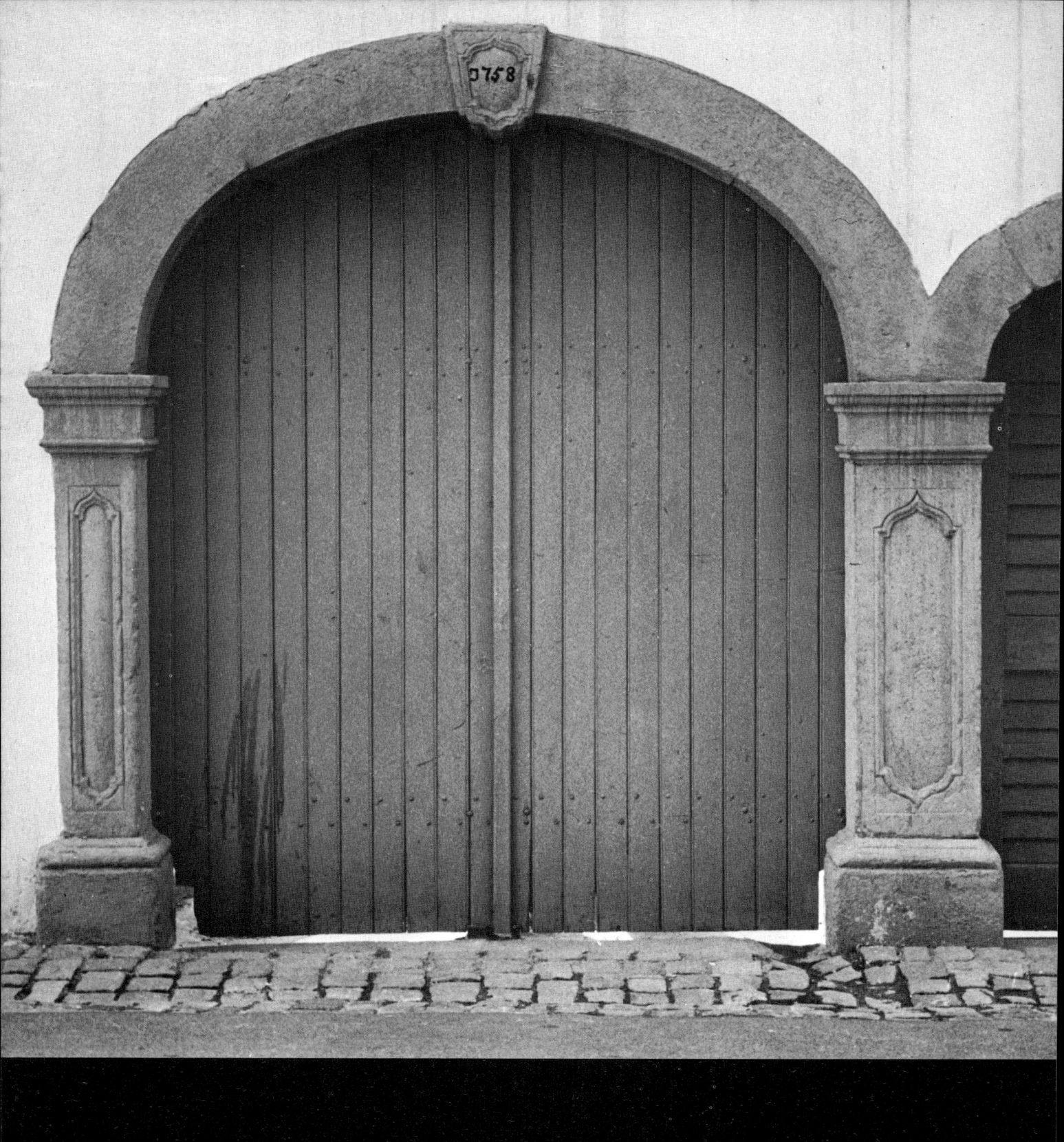

Vorhergehende Seite, links: Der ehemalige Stockheimer Hof,
ein Adelshof in Geisenheim/Rheingau, 1550
Vorhergehende Seite, rechts: Weinberge um die Ruine Landshut an der Mosel
Oben: Winzerhaus in Deidesheim/Pfalz
Rechte Seite: Walporzheim im Ahrtal

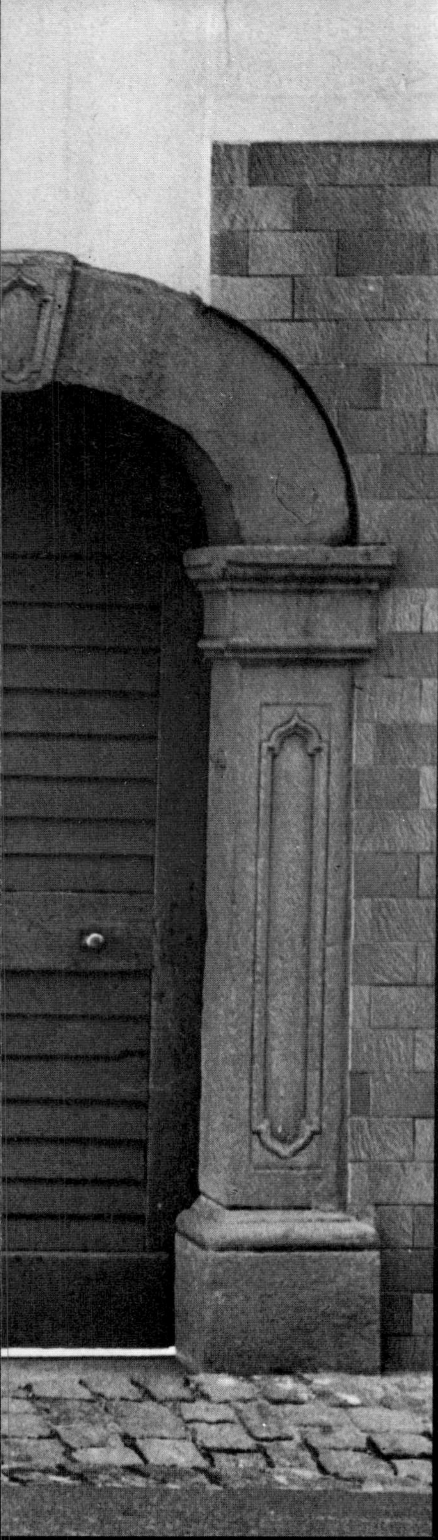

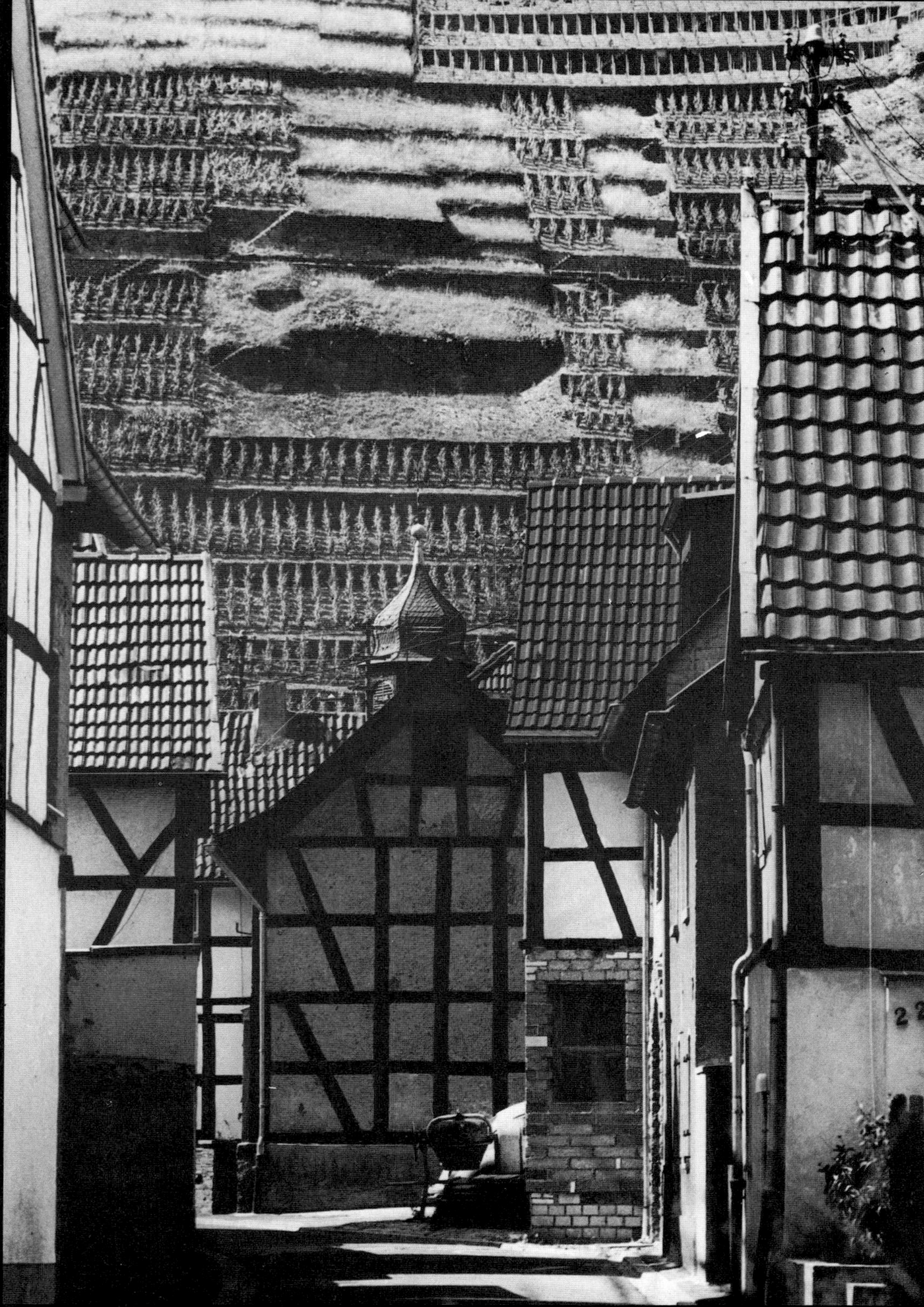

VIII DIE KAISERDOME SPEYER, MAINZ, WORMS

Der deutsche König war Schirmvogt der Kirche Christi und als Nachfolger Karls des Großen Römischer Kaiser; die Staatsidee basierte auf den tragenden Mächten Sacerdotium und Imperium — geistliche und weltliche Gewalt. Im Grundriß der Bauwerke ist dieser Gedanke verkörpert: der Ostchor Sitz des Bischofs, der Priester, der „Priesterchor", im Westchor Sitz des Kaisers, der weltlichen Gewalt, der „Kaiserchor", verbunden durch das große Langhaus, in dem sich das Volk befand. Die Kaiserdome sind die größten Bauwerke der Romanik in Deutschland. Der Dom von Speyer hat eine Länge von fast 134 m und wurde von dem Salier Konrad II. und seiner „Gisle" 1030 in dieser Größe begonnen. Der Dom in Mainz ist 113 m lang, der von Worms mit 110 m der kleinste, er macht aber im Stil den geschlossensten Eindruck. Vollendet wurde er 1230, als im Westen bereits die gotische Architektur entstand. Beim Franzoseneinfall wurden alle drei schwer zerstört, Mainz und Speyer in den Napoleonischen Kriegen nochmals so stark, daß der Korse ihren Abbruch befahl. Das konnte in letzter Minute verhindert werden.
Wir müssen bedenken, daß diese Dome entsprechend der Grundidee nicht nur Gottesdiensten, sondern auch Staatsakten dienten. In Mainz fanden 7 Königskrönungen statt, Speyer sah mehr als 50 Reichstage, es galt als Symbol des Reiches und war als Grablege begehrt: Salier, Staufen und Habsburger ruhen hier.
Und in Worms fanden über 100 Reichstage statt, der berühmteste ist der von 1521, wo Luther die Worte sprach: „Hier stehe ich, ich kann nicht anders . . ." Hier saßen schon weit früher König Gunther und die Burgunder, die 410 ein Reich gründeten, das nach 26 Jahren von den Hunnen zerstört wurde. In der Nibelungensage lebt es weiter: „zu Wormze bei dem Rine . . ."

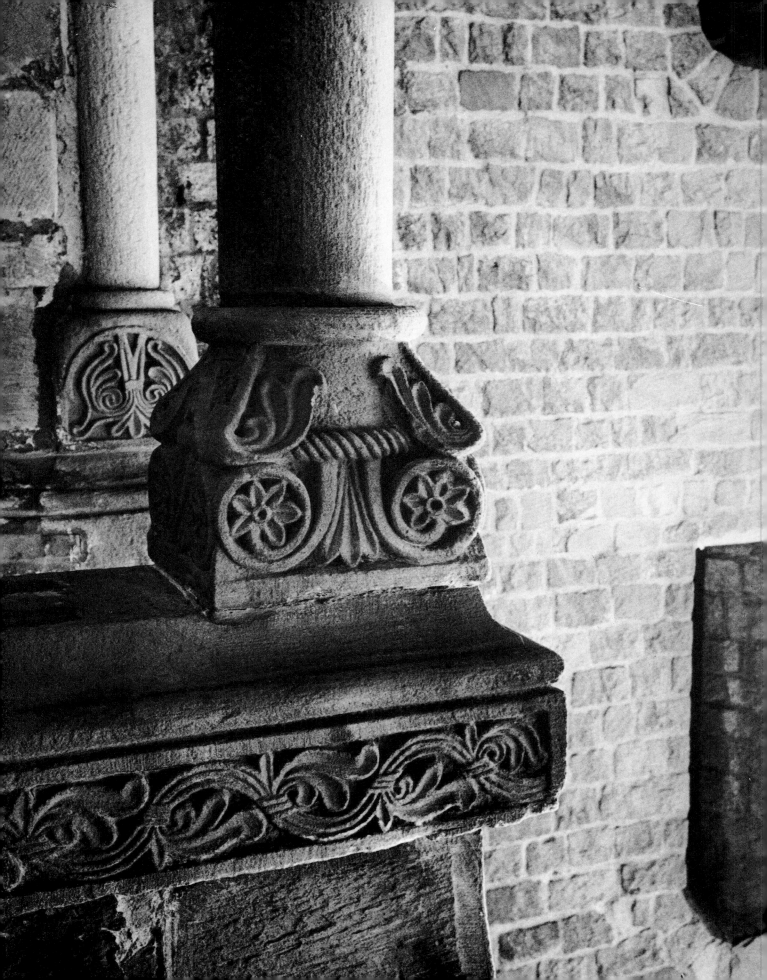

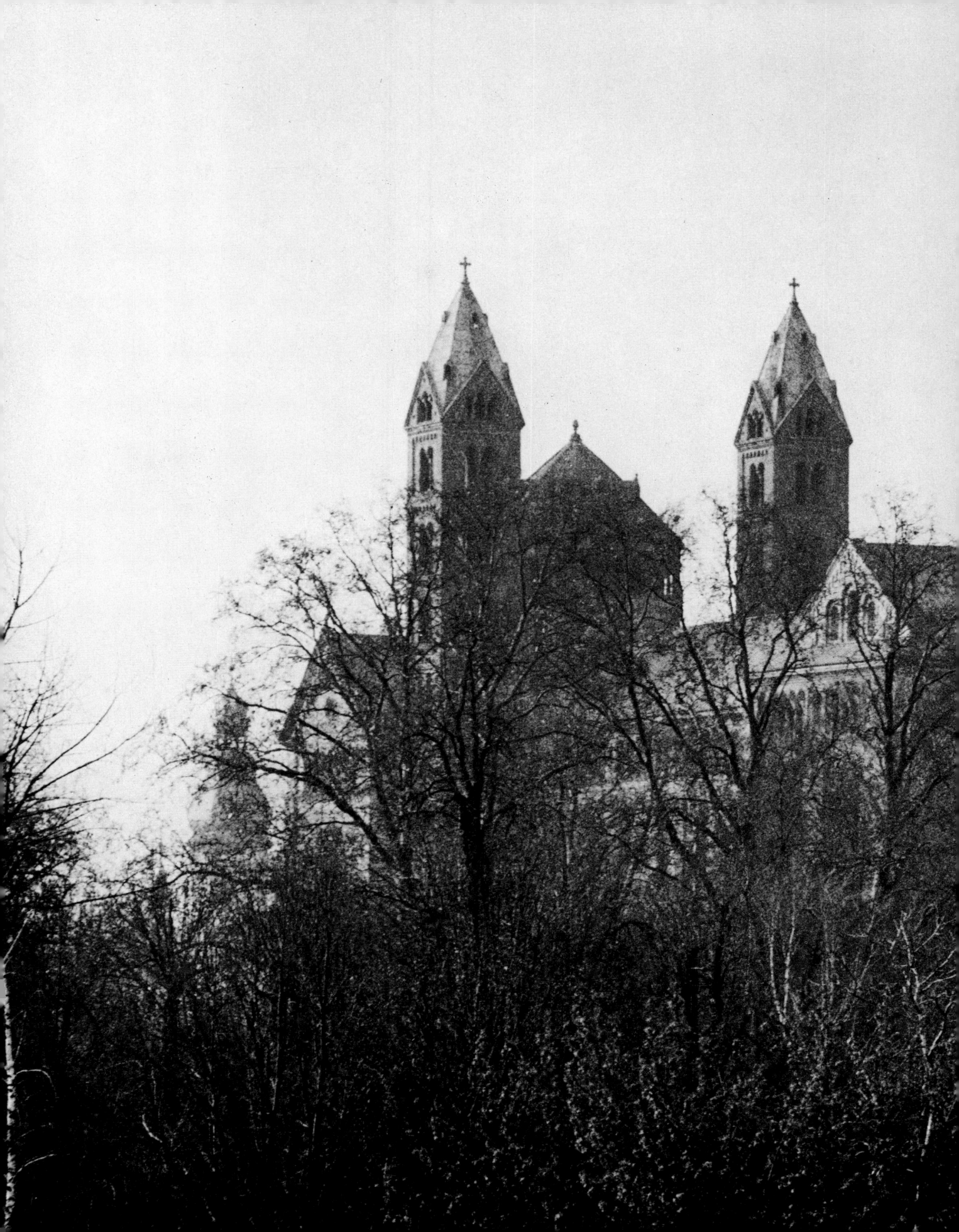

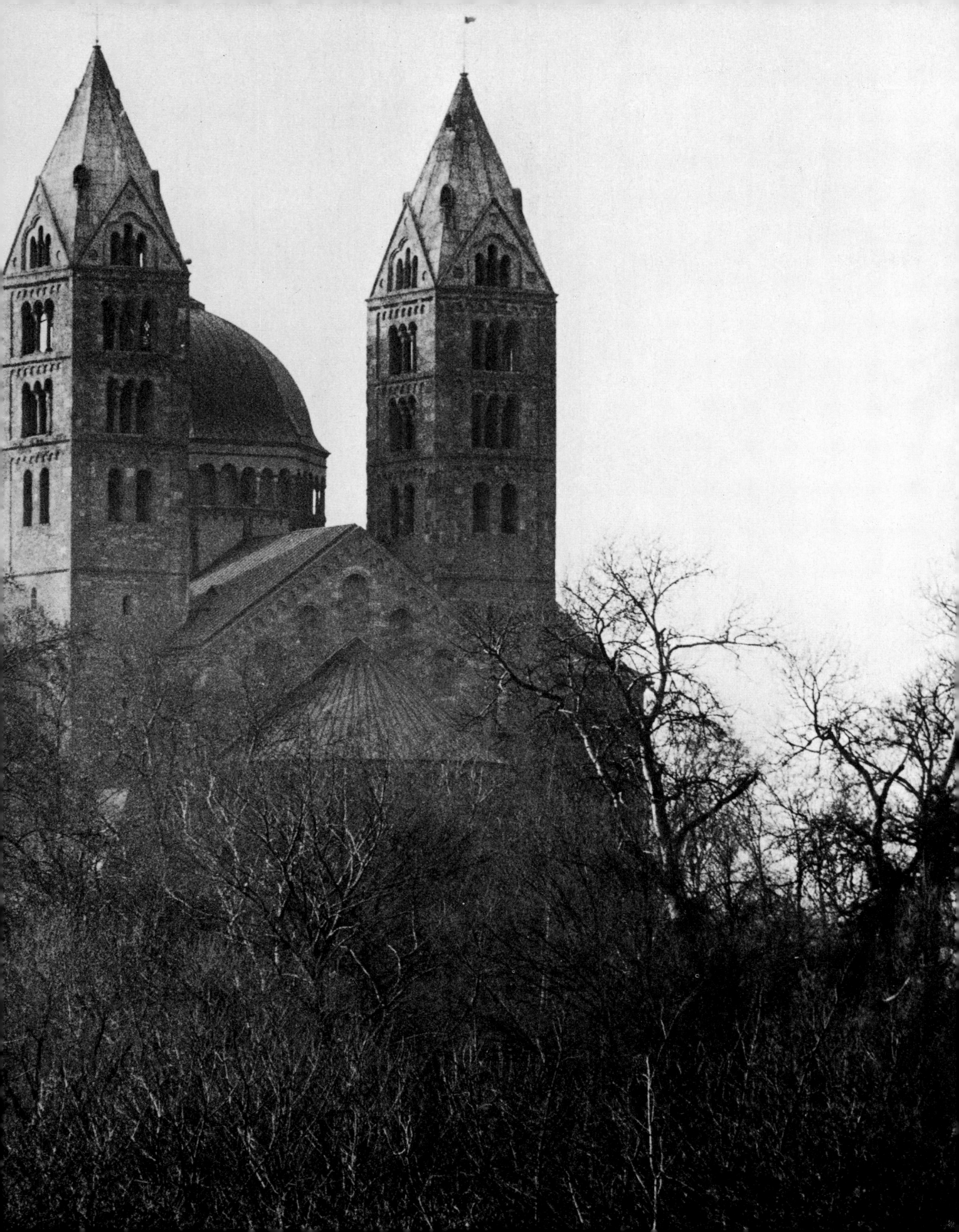

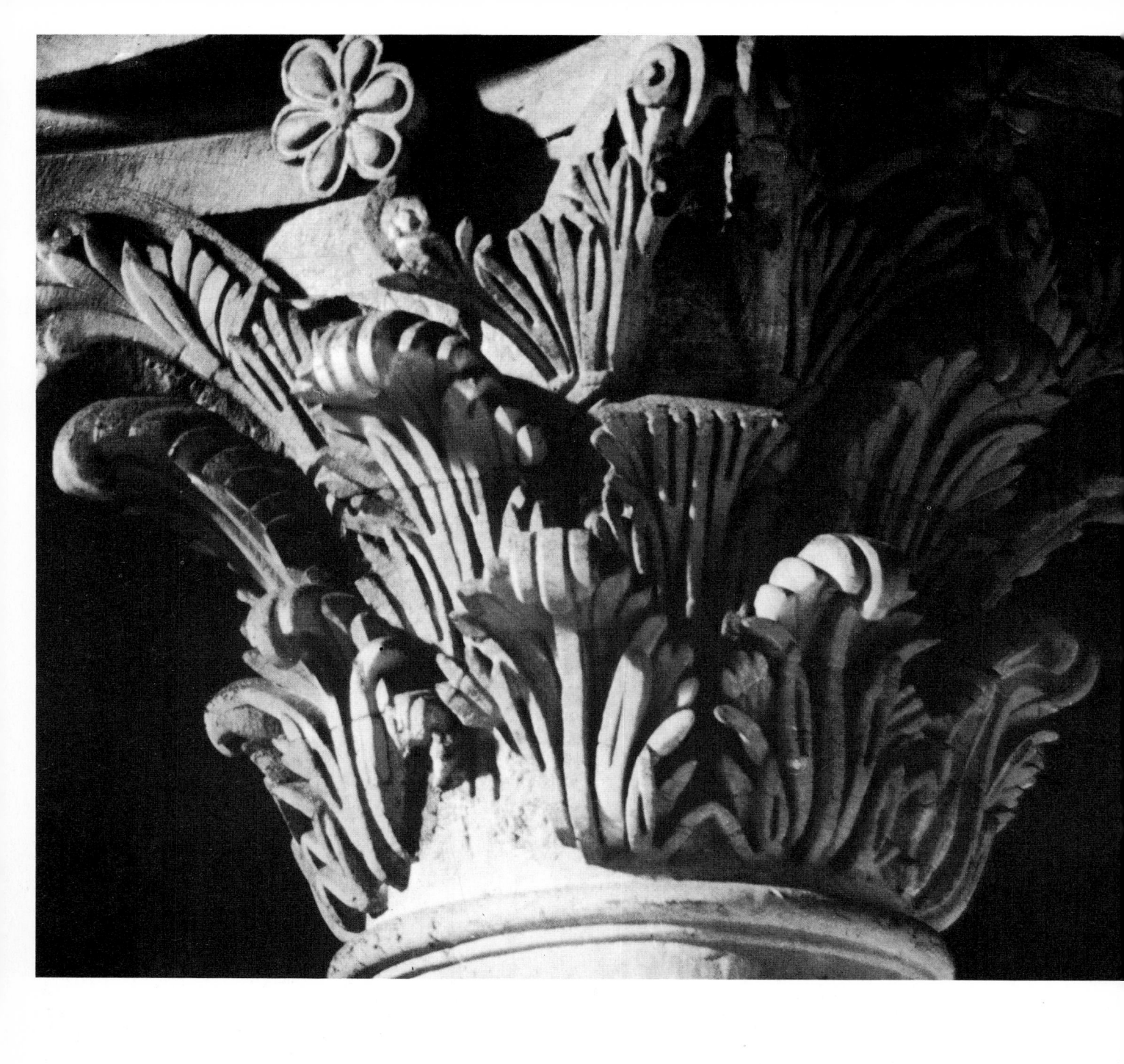

Seite 165: Zwerggalerie am Dom zu Speyer, 11./12. Jahrhundert
Vorhergehende Doppelseite: Dom zu Speyer
Oben: Korinthisches Kapitäl im Dom zu Speyer
Rechte Seite: Pfeiler im Langhaus des Domes zu Speyer. Fenster am südlichen Querschiff
Folgende Doppelseite: Blatt- und Rankenwerk mit Tieren, lombardische Steinmetzarbeit

168

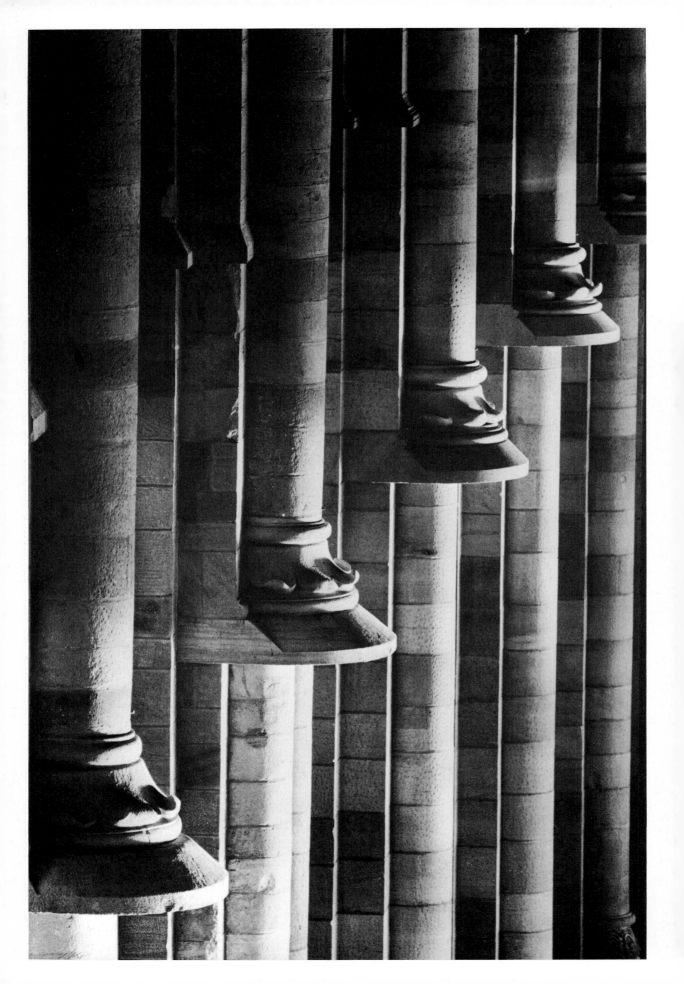

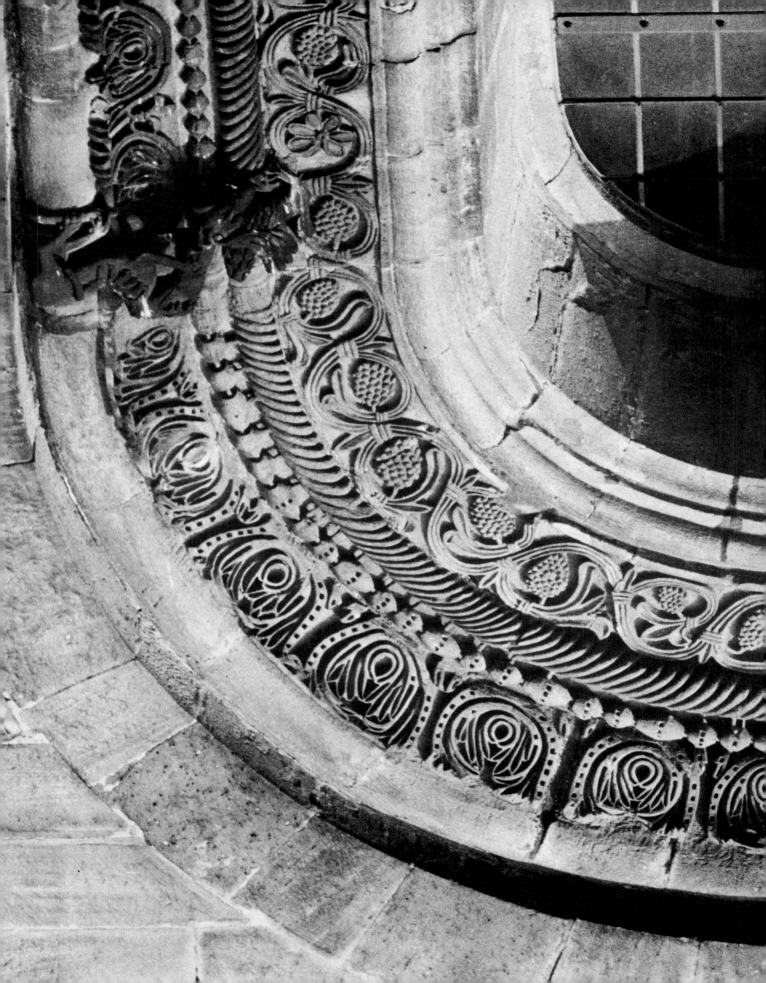

Unten: Speyer, Westportal Innenseite
Rechts: Speyer, Apsis mit Zwerggalerie
Folgende Doppelseite: Speyer,
Kapitäle der Zwerggalerie

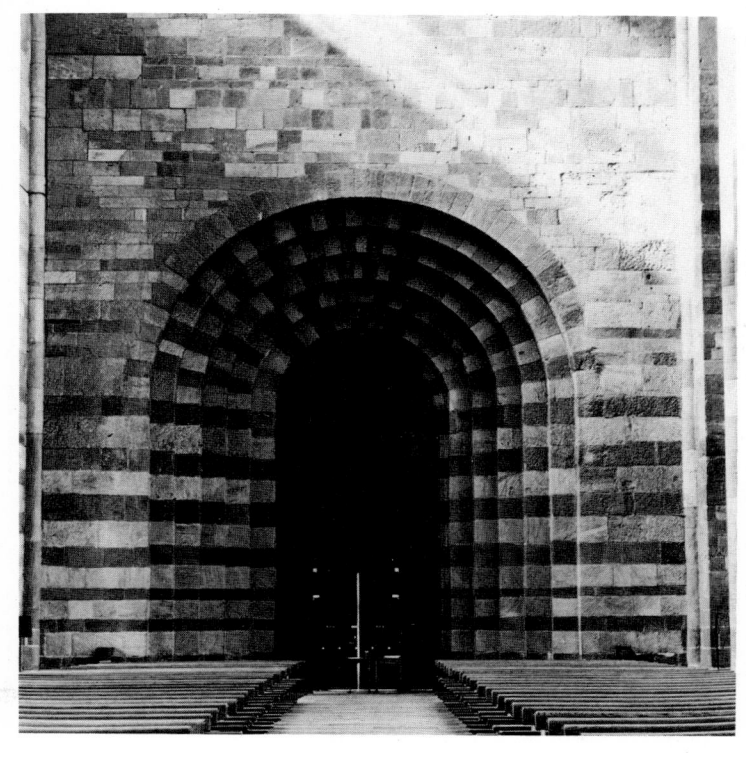

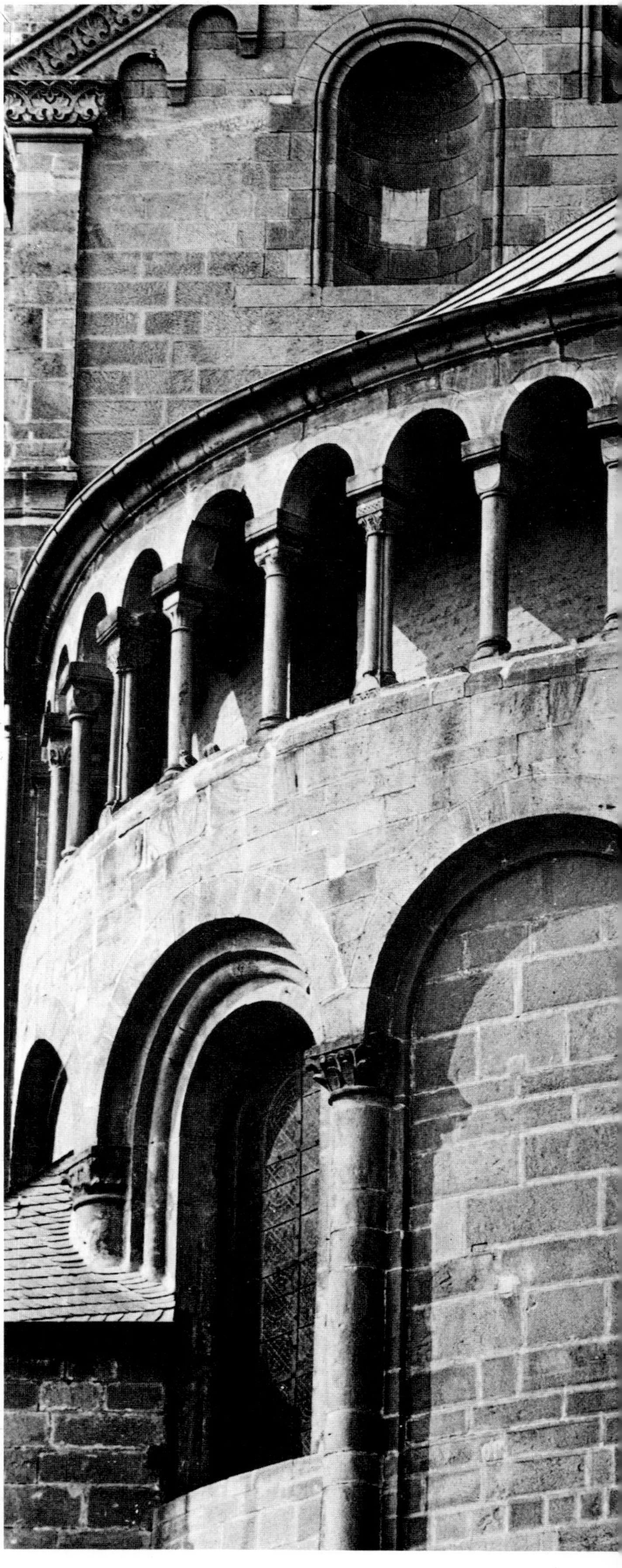

172

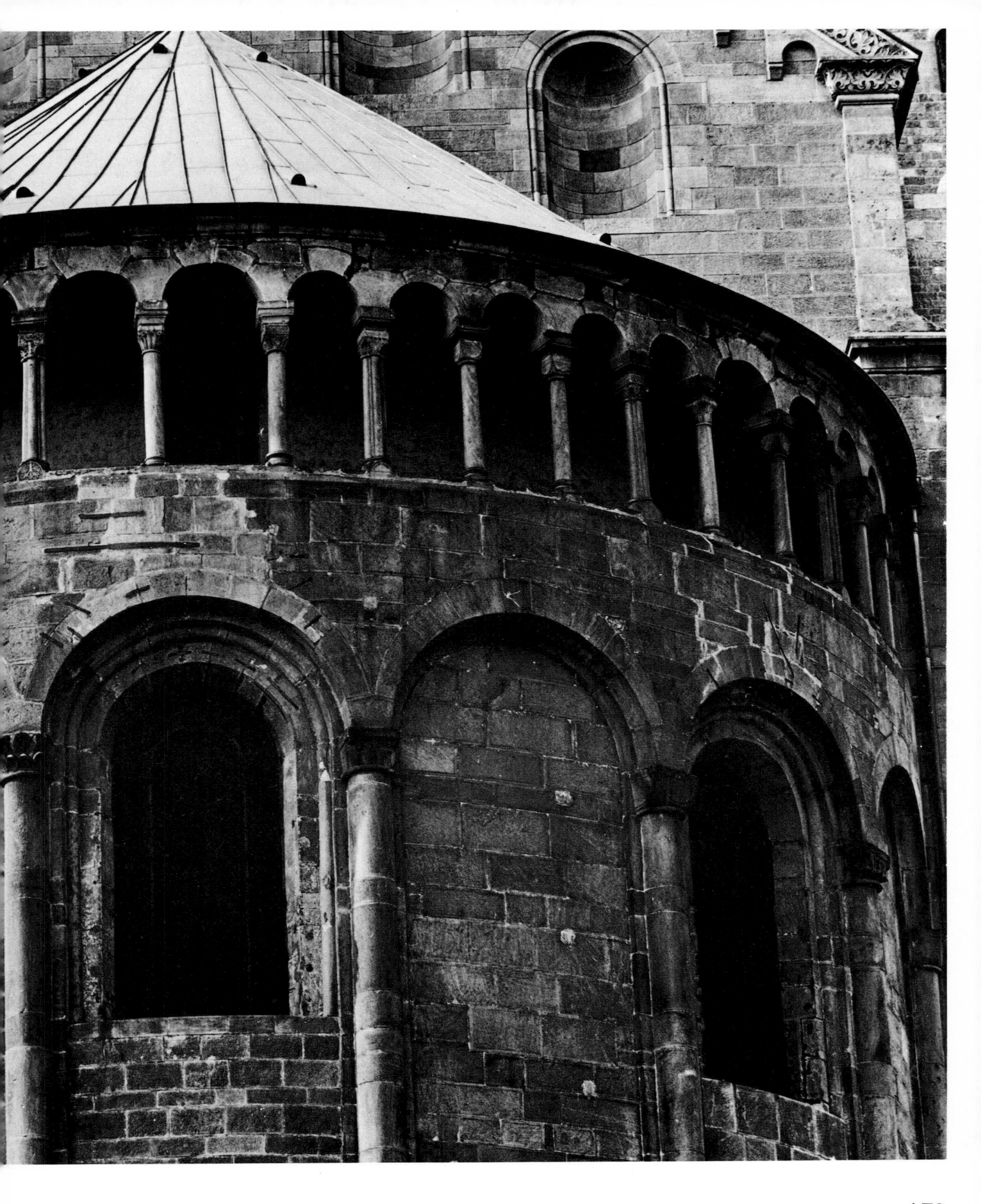

173

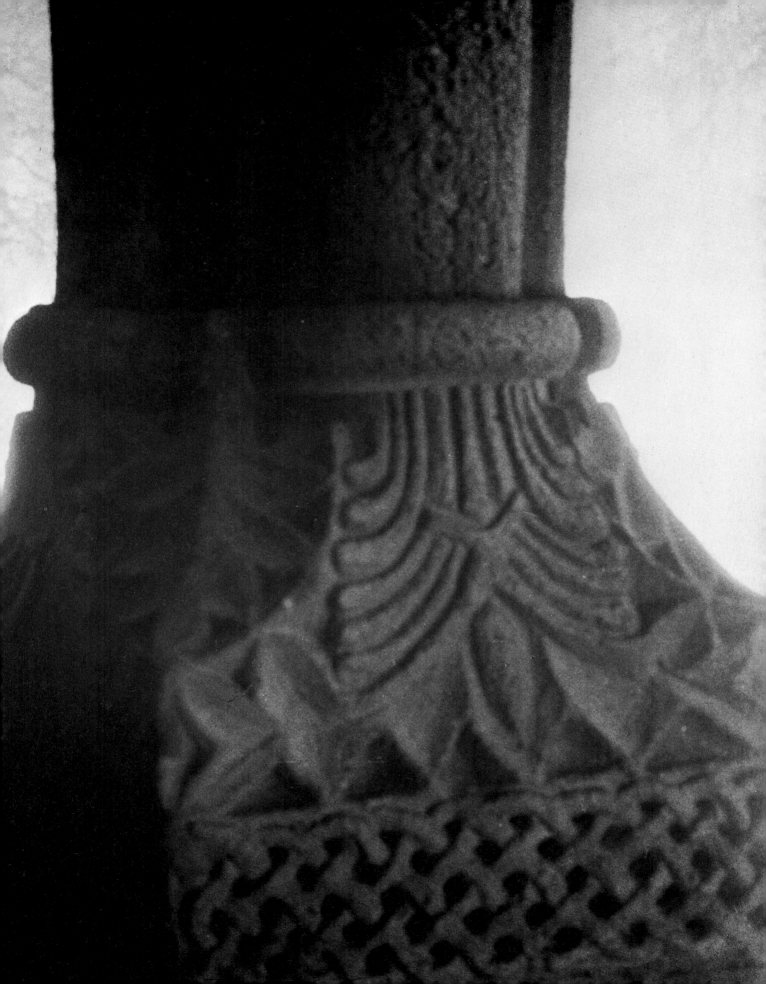

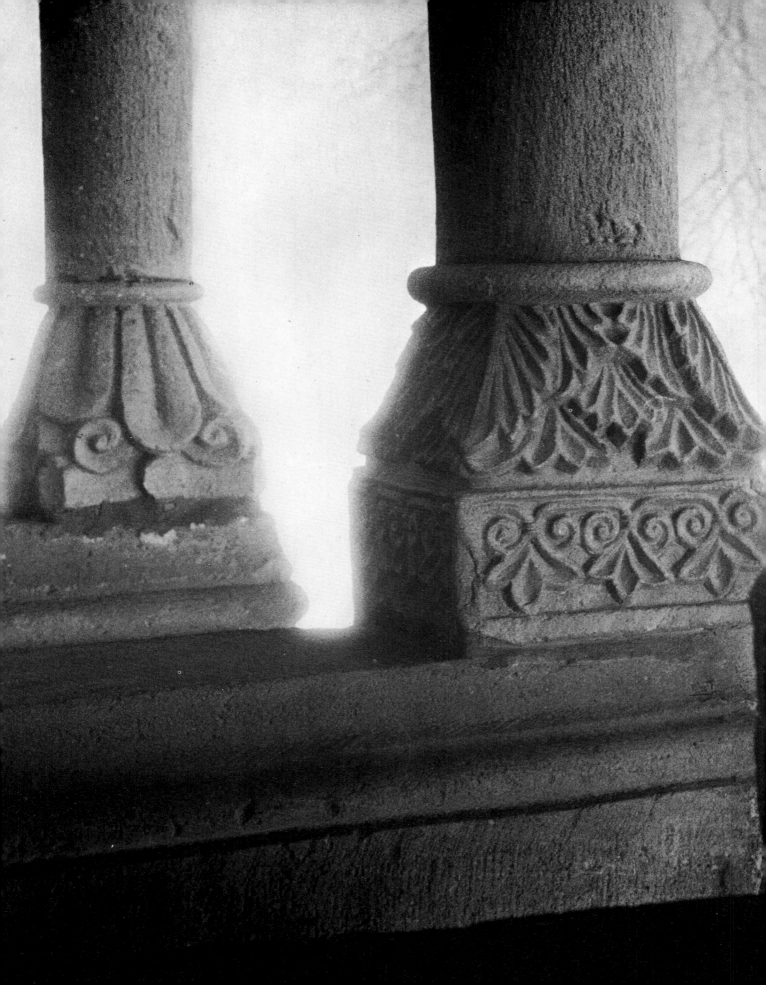

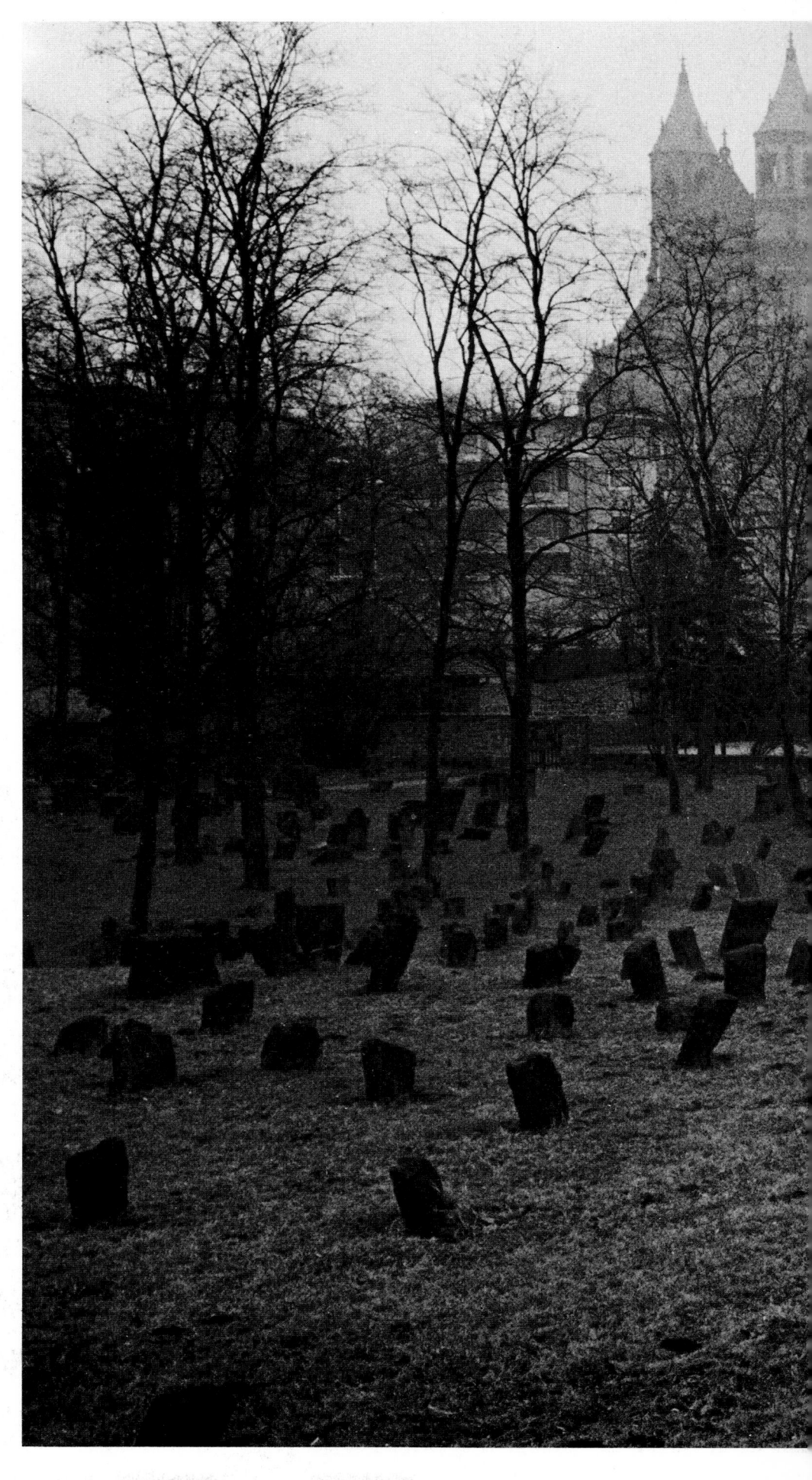

Der Dom von Worms vom
alten Judenfriedhof (11. Jh.)
aus gesehen

176

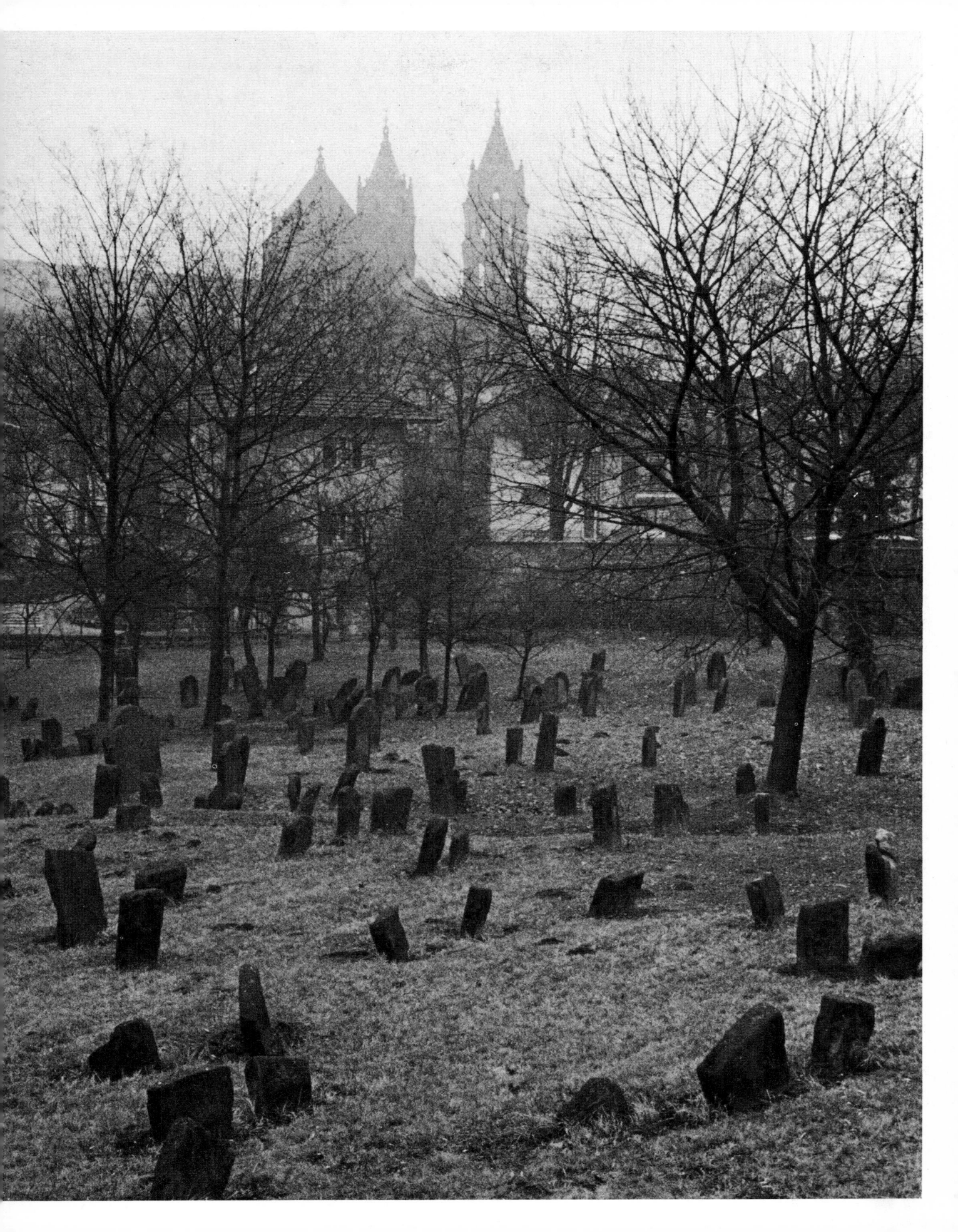

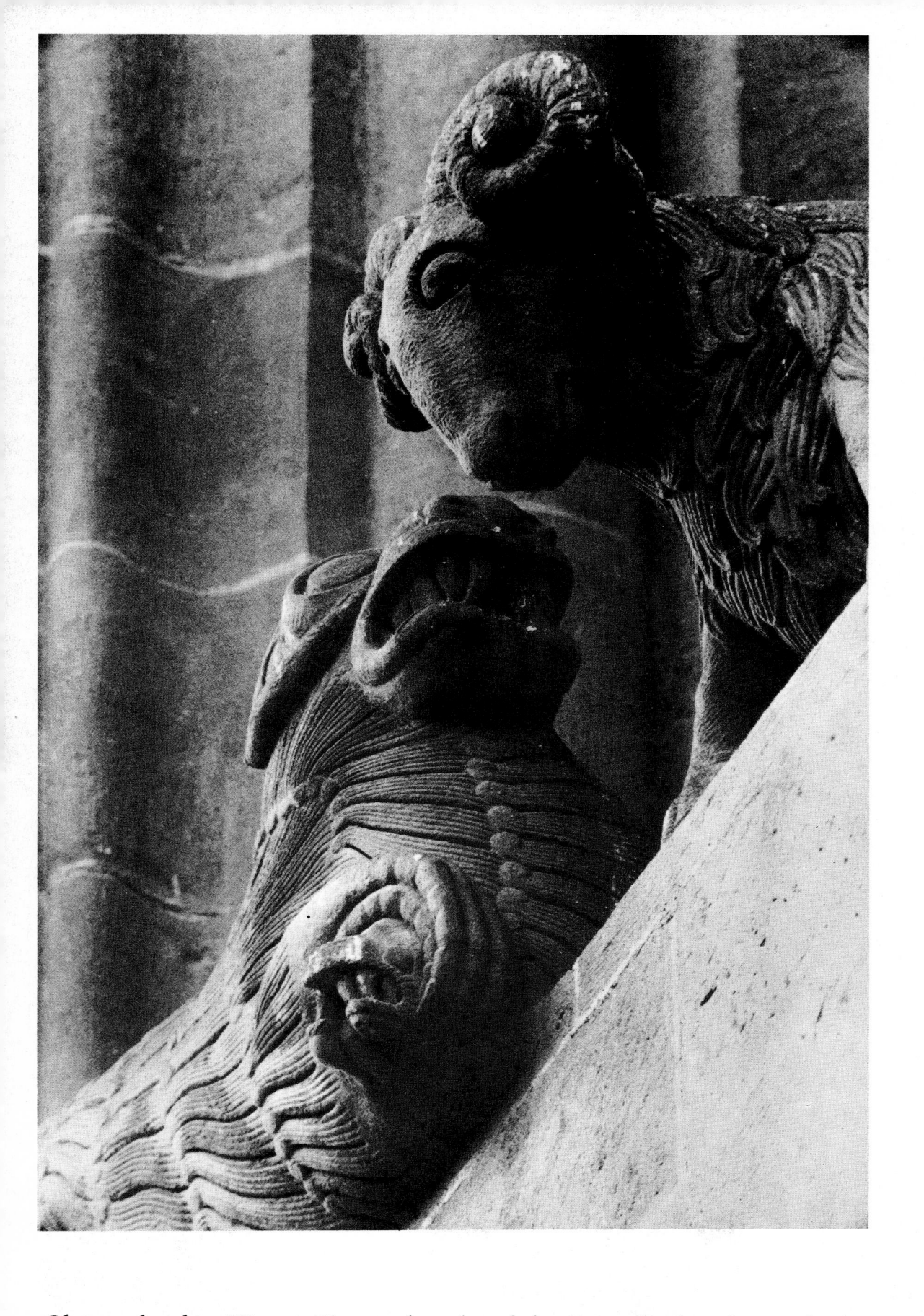

Oben und rechts: Worms. Figurenschmuck auf den Fensterbänken des Ostchores
Folgende Seite, links: Worms. Kuppel im Ostchor
Folgende Seite, rechts: Worms. Westchor mit Zwerggalerien

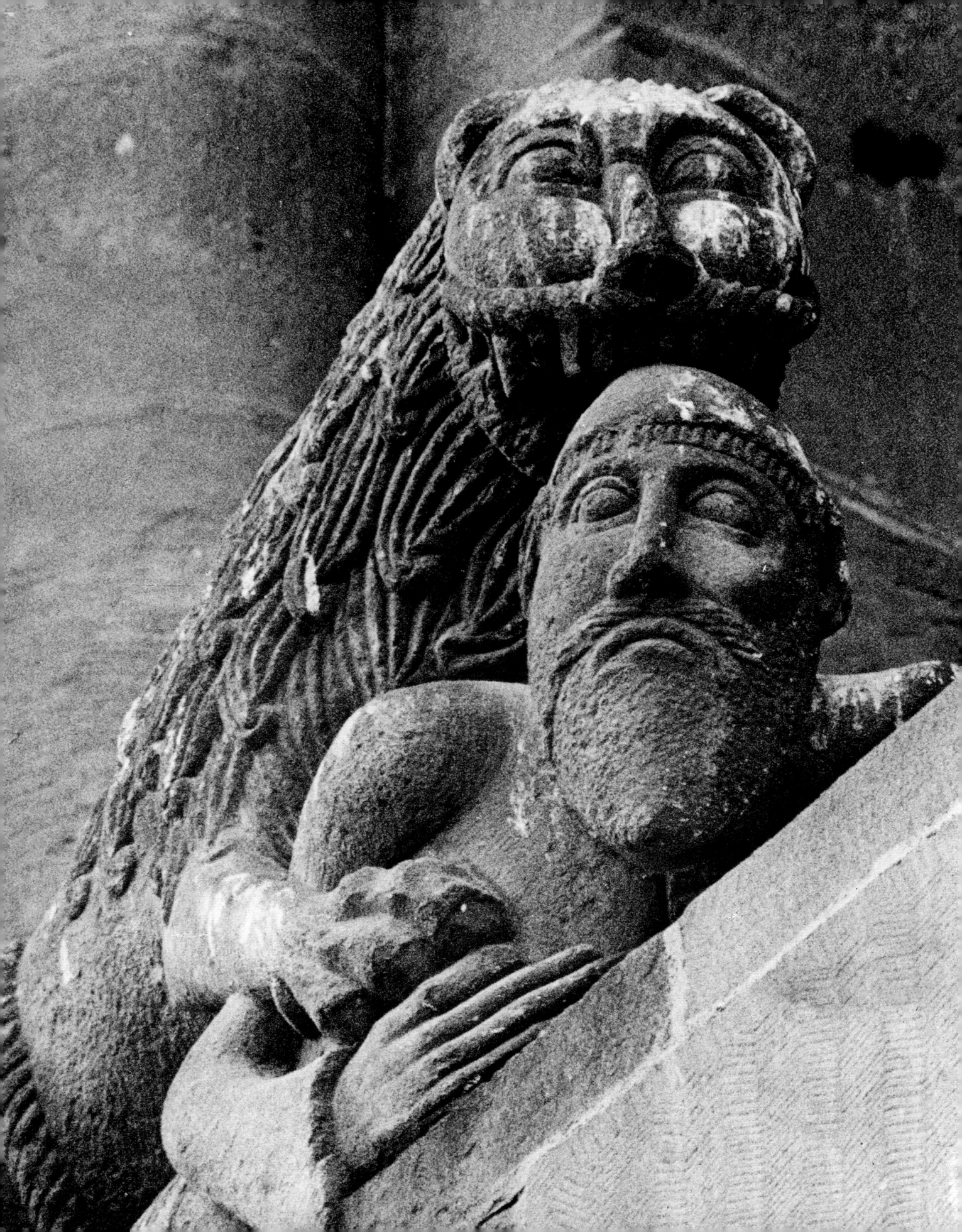

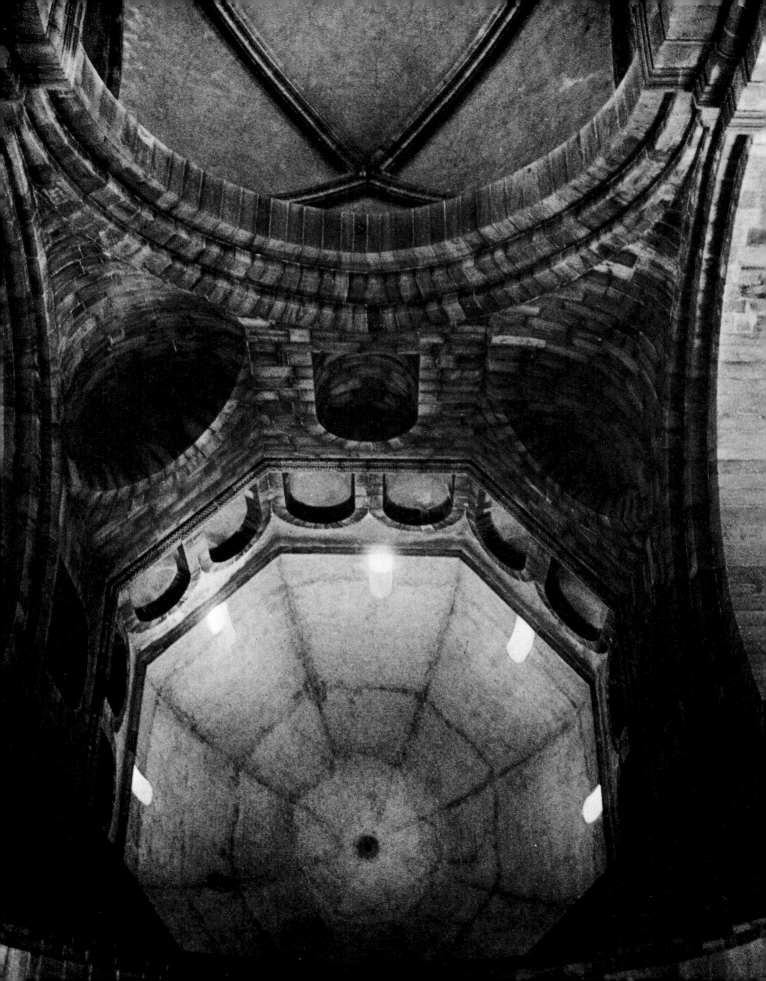

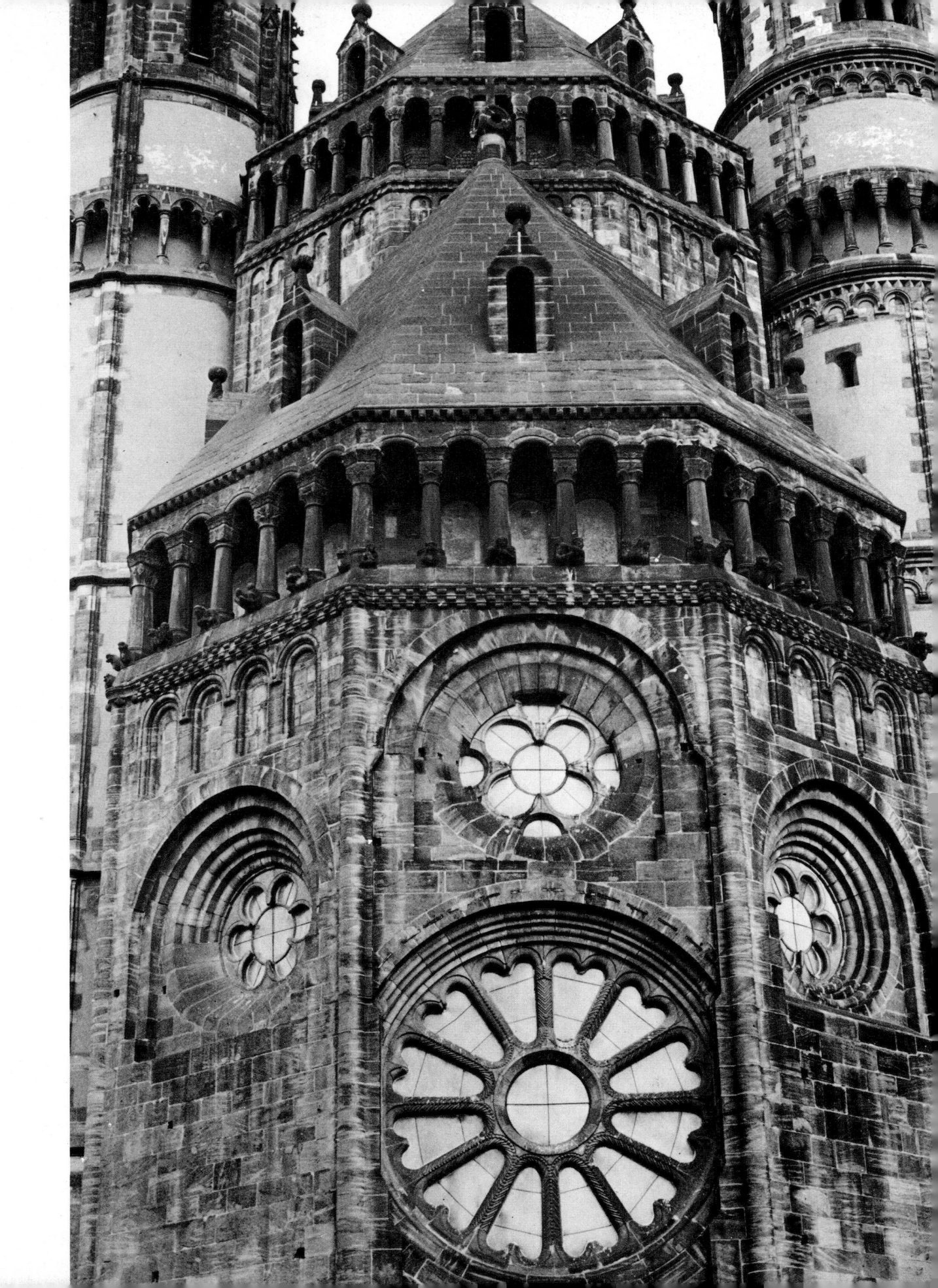

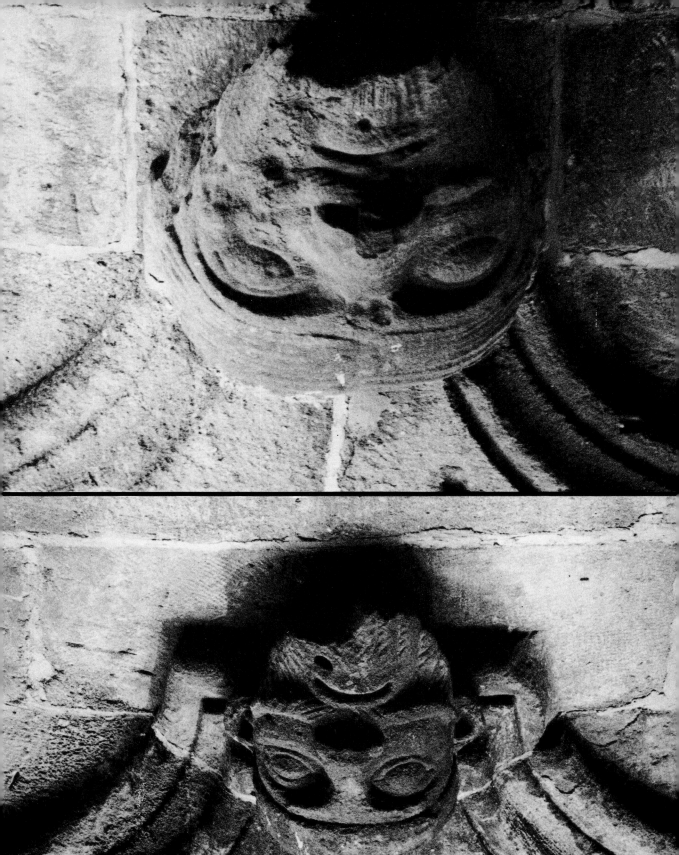

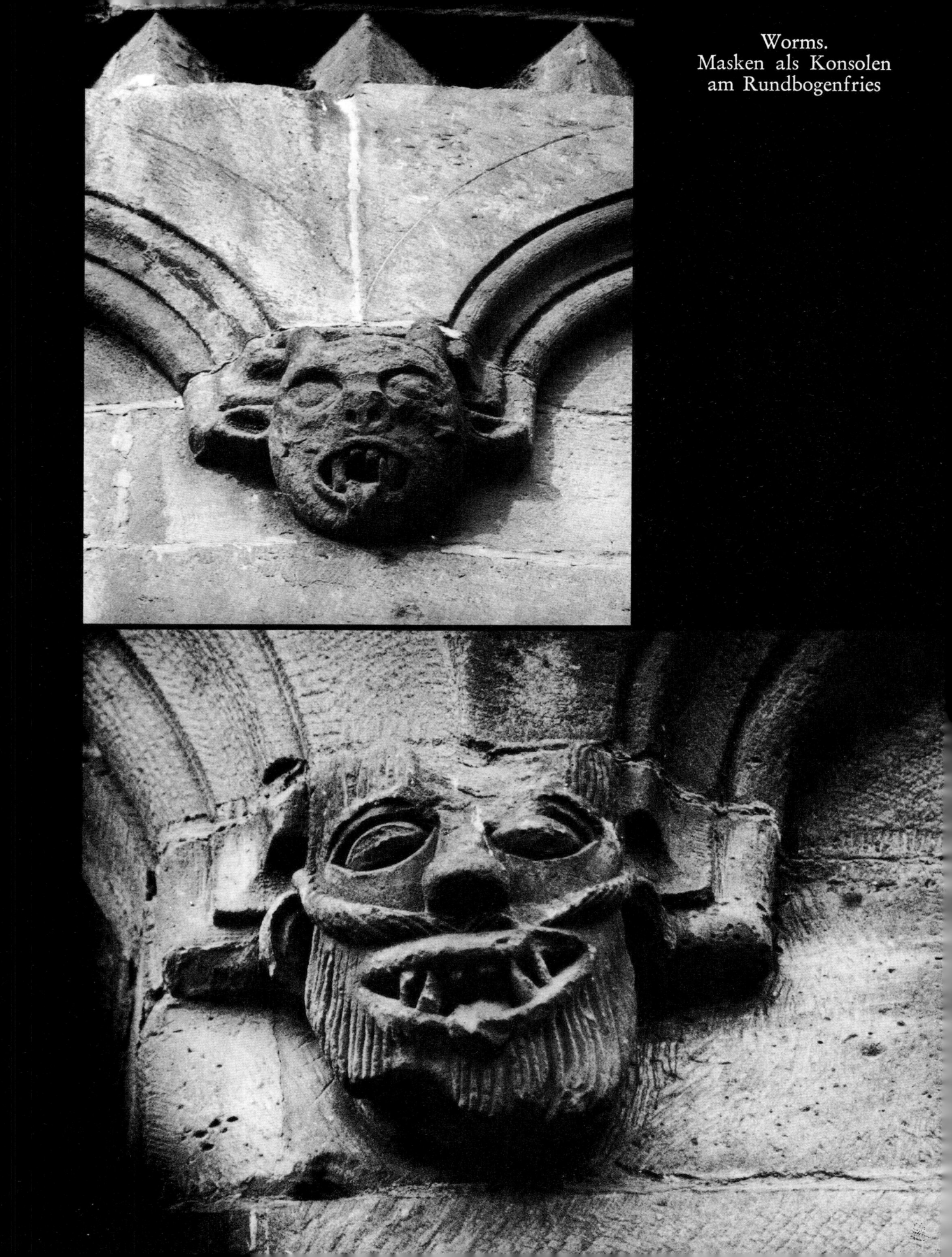

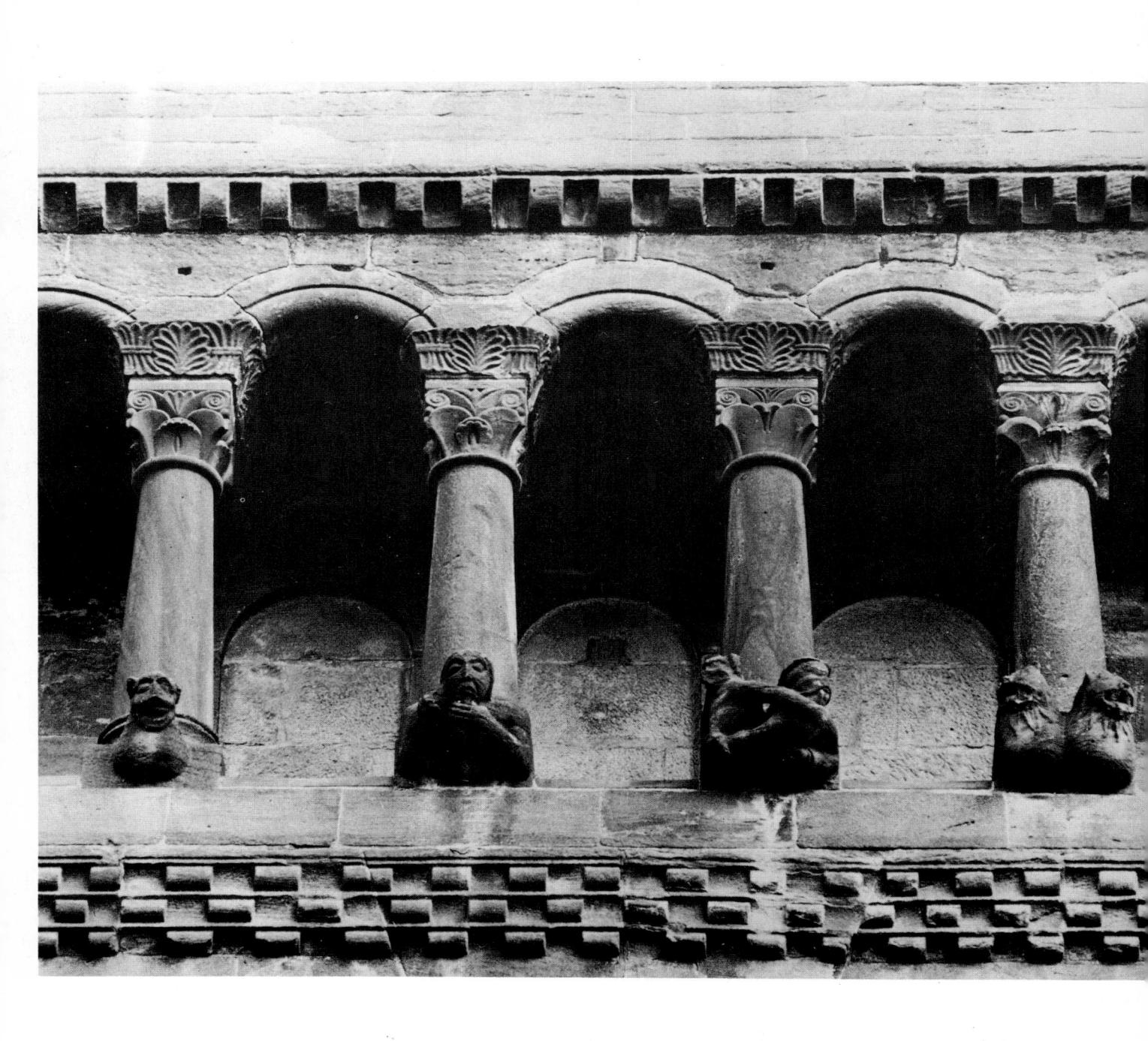

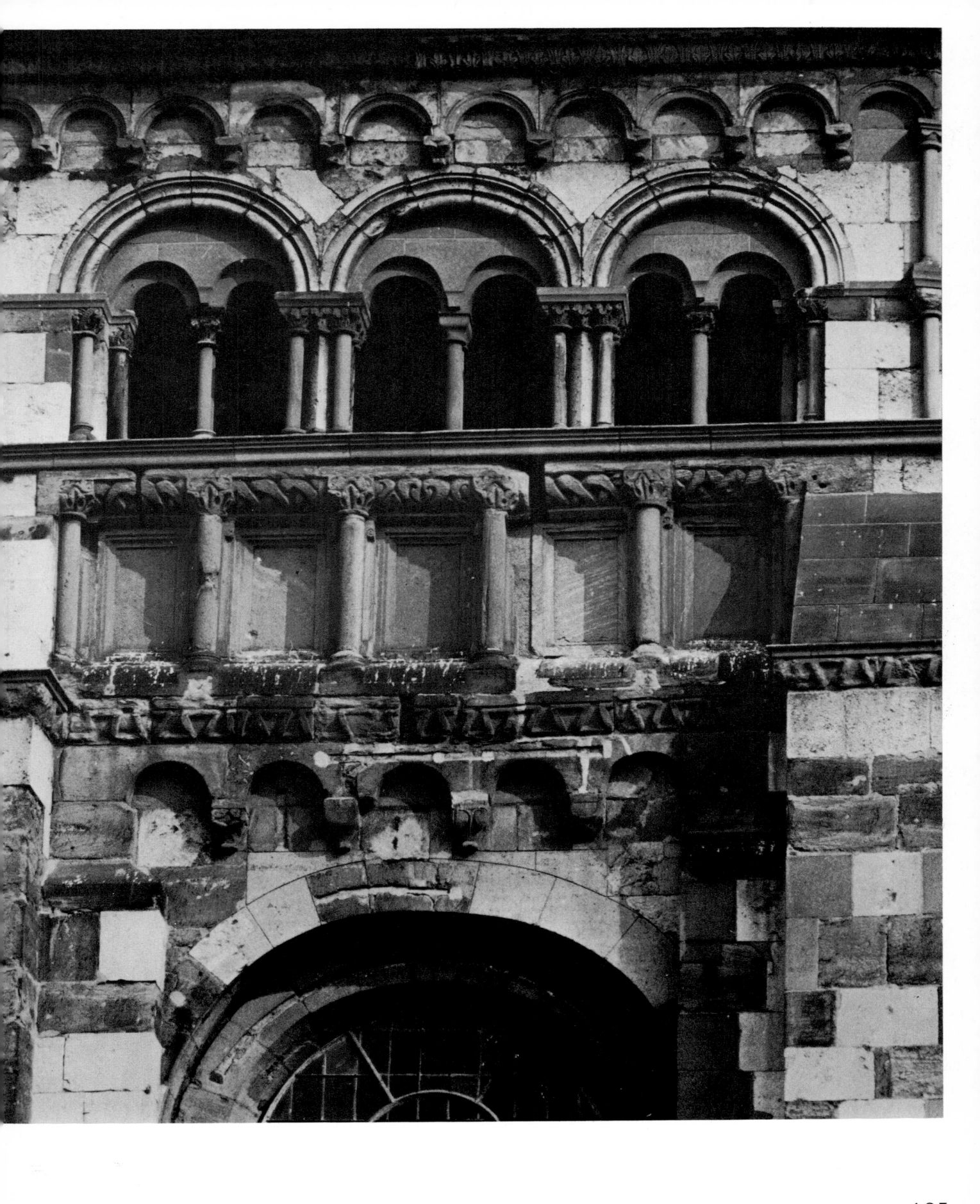

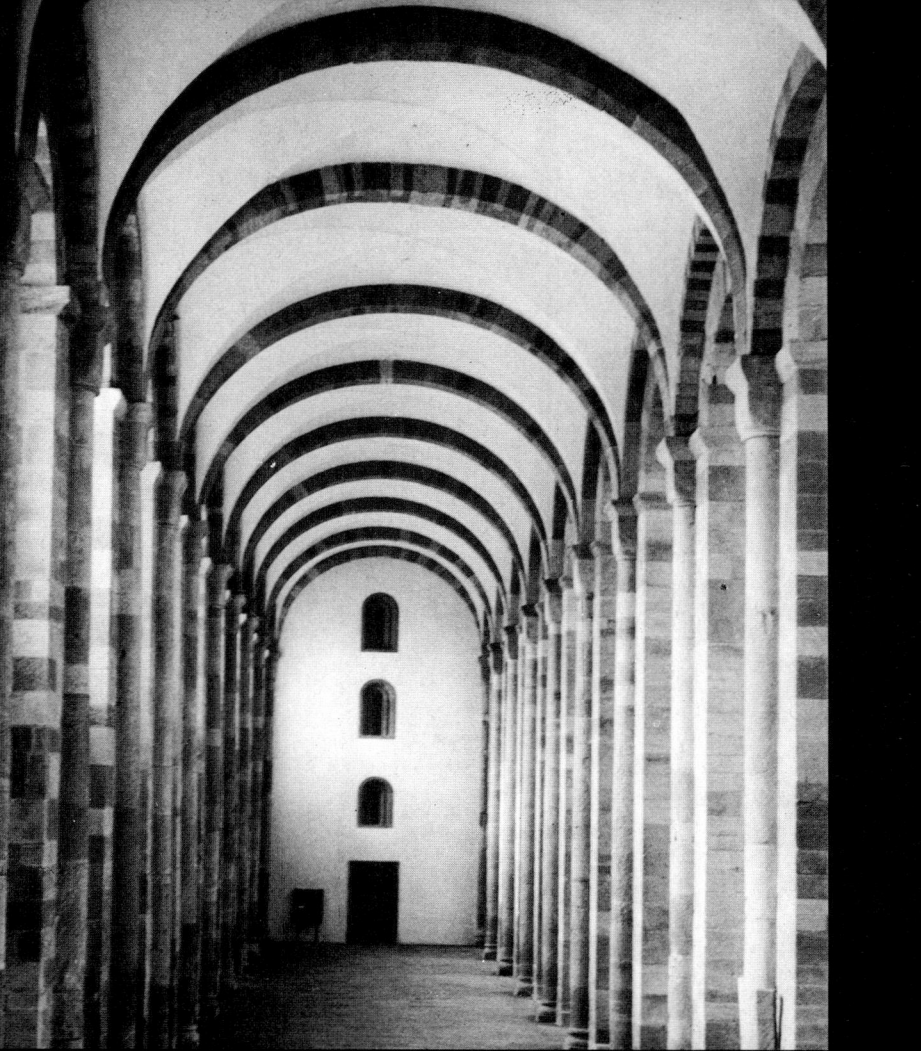

Links: Seitenschiff in Speyer
Rechte Seite: Mainz. Löwenjagd am
südlichen Steinportal. Lombardische
Steinmetzarbeit

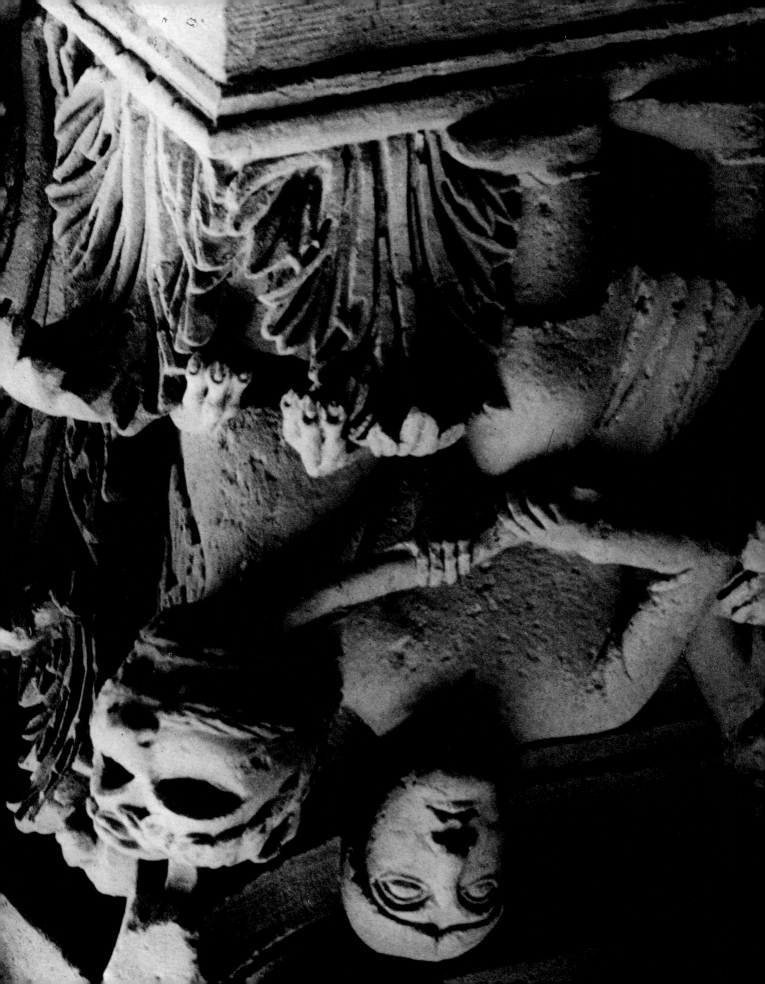

Unten: Zickzackstäbe im Westchor des Wormser Domes
Rechte Seite: Mainz. Vierungsturm, Giebel des Nordwestbaues und Zwerggalerie
der Gothardkapelle

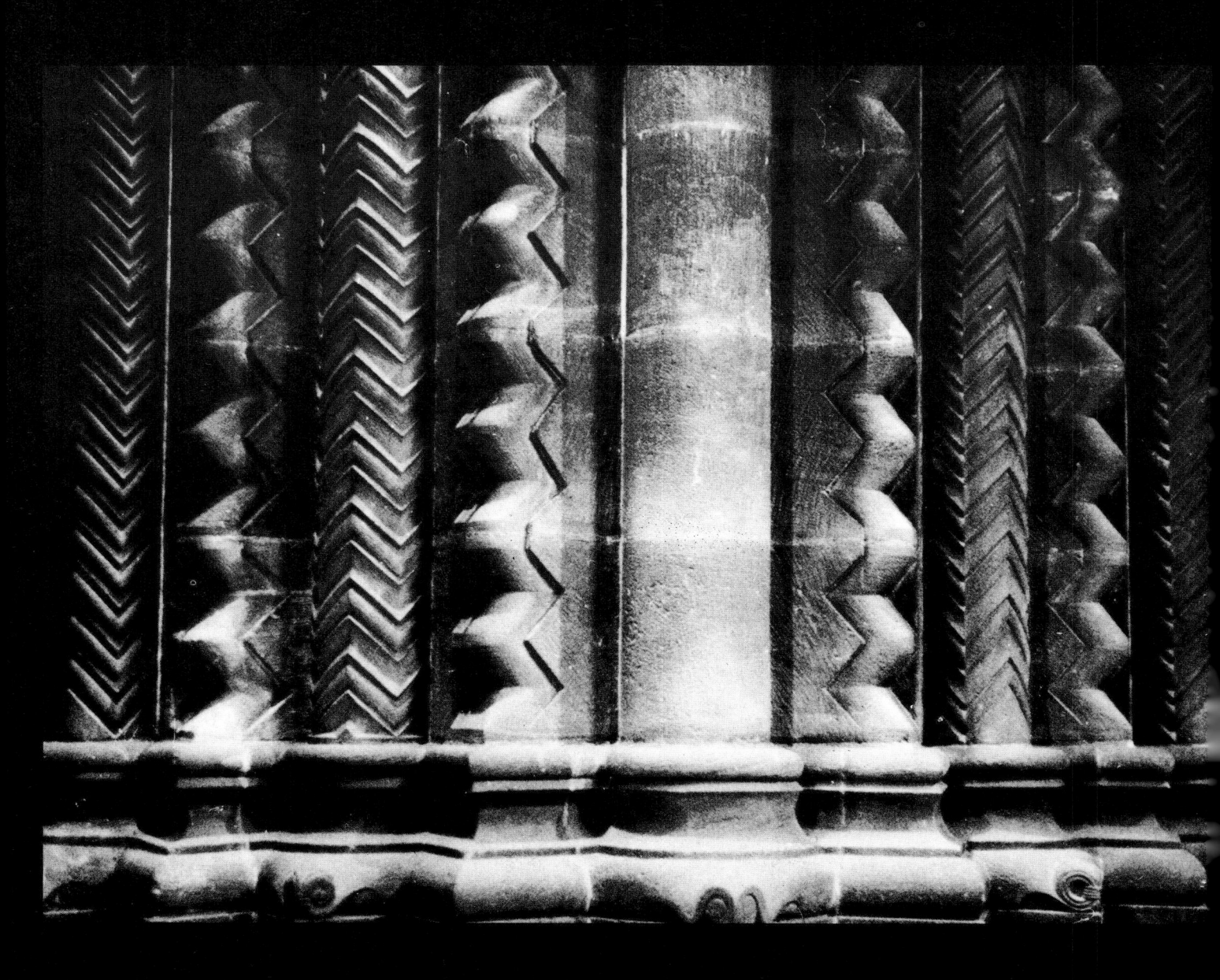

188

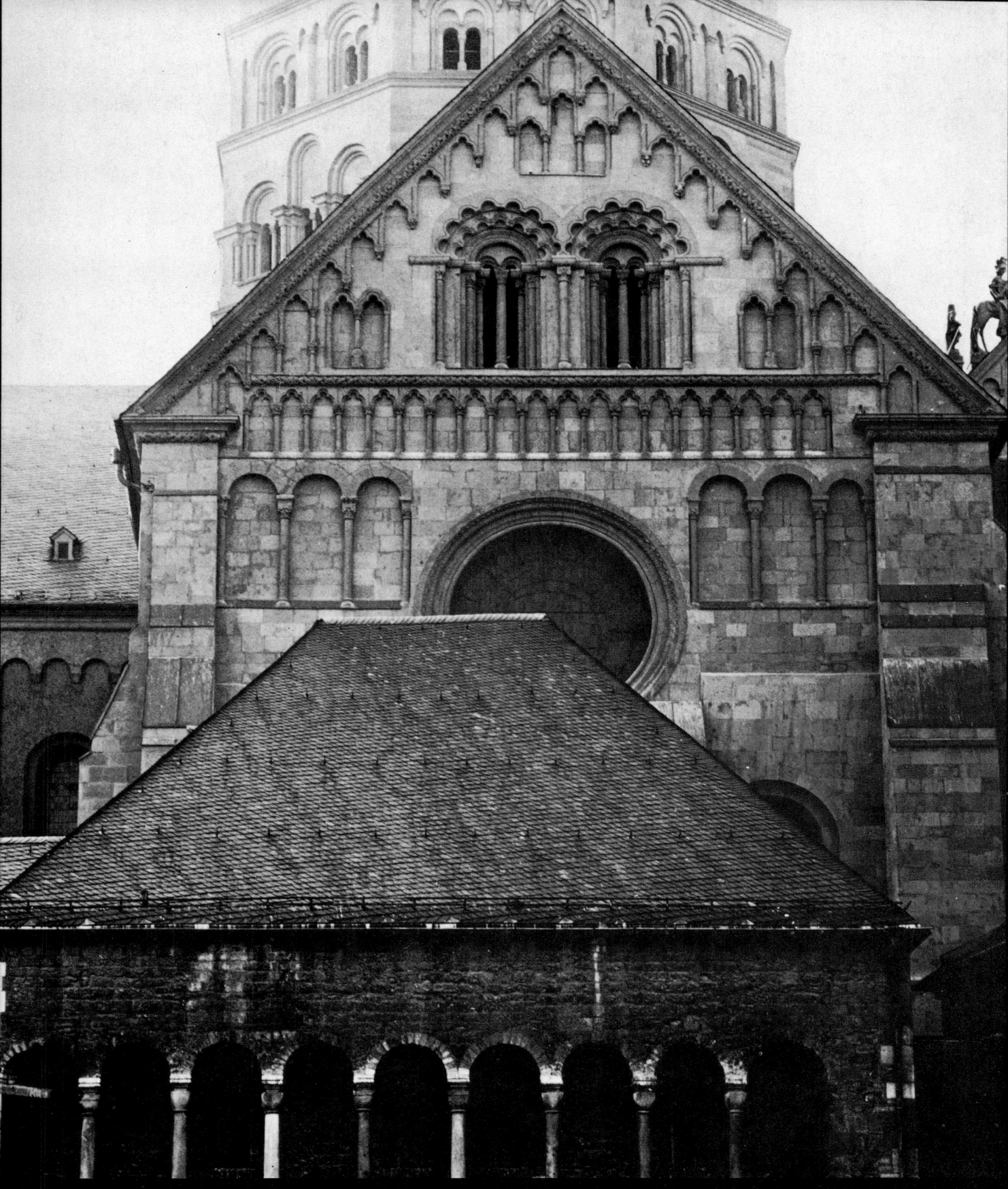

IX HESSISCHES FACHWERK

Das deutsche Wörterbuch nennt Fachwerk „durch Balken eingeschlossene Abteilung einer Mauer". Es ist zum Unterschied vom Massivbau, wie er in den Alpenländern üblich ist, ein Holzskelettbau, ein tragendes Gerüst aus miteinander verbundenen Balken, waagrecht, senkrecht und schräg stehend. Der dazwischenliegende Raum, „Gefach", ist mit lehmbeworfenem Flechtwerk, Ziegelsteinen oder Holz ausgefüllt. Der Konstruktion nach gibt es alemannischen, fränkischen und niedersächsischen Fachwerkbau.

In Oberhessen herrscht die fränkische Bauart, die Gefache sind weiß getüncht, das Holzskelett kommt klar zur Geltung. Man sieht verschiedene Formen von schrägen Verstrebungen, die auch beim alemannischen Haus gebräuchlich sind und besondere Namen tragen wie „Andreaskreuz", „Schwäbisches Weible" und „Wilder Mann". Letzterer sehr gut am Rathaus von Melsungen (1555) zu sehen, frühestes Beispiel in Hessen. Eckpfeiler tragen oft Rankenwerk oder merkwürdige Figuren als Schnitzerei, waagrechte Balken Sinnsprüche. „Gott Git und Drei ist allen Morgen neiw" steht am Hause des Zimmermannes Sondermann in Alsfeld, 1660. Oder in Allendorf, 1639: „Mit Gottes Hilf fang alles an, so wirds nen guten Fortgang han". Der Bürgermeister Jost Stumpf in Alsfeld ließ sich gar selbst in gelben Pluderhosen und mit Handschuhen und mit einem Spruch 1609 an seinem Haus verewigen:
„Wo nicht das Haus bauet der Herr
sondern ist mit seim Segen fern
so arbeit umbsonst jedermann
der sich des bauens nimet an
der Herr behüt stets immer fein
den Eingang und den Ausgang
den der Herr behüt dich allzeit
von nun an bis in Ewigkeit."

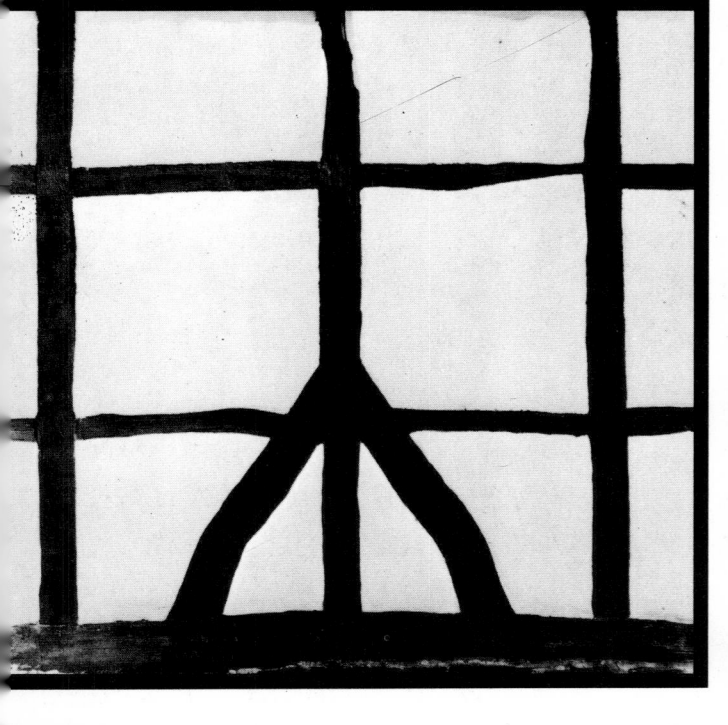

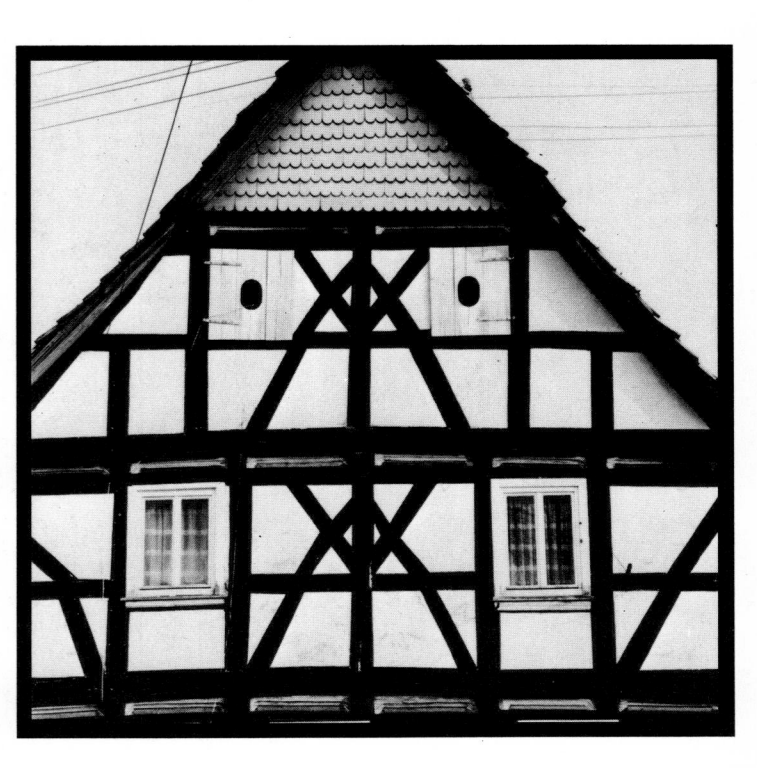

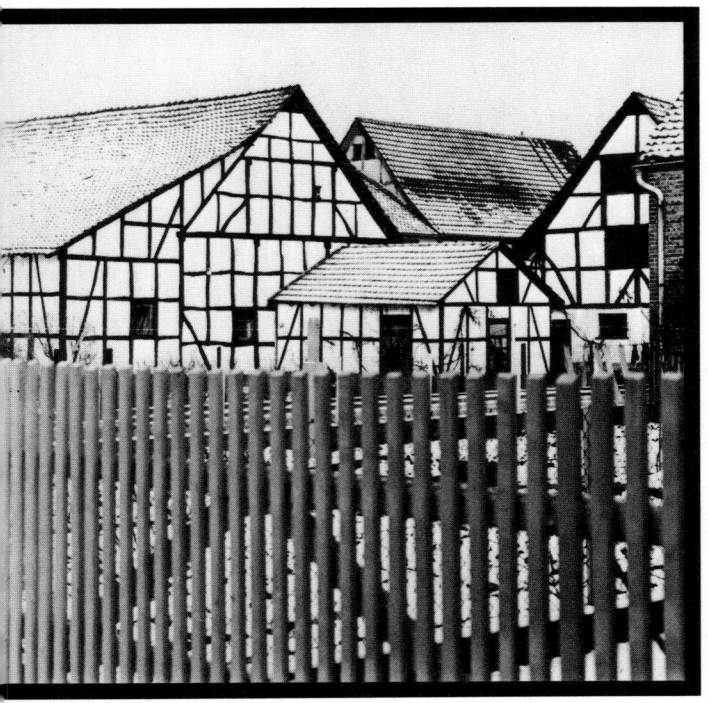

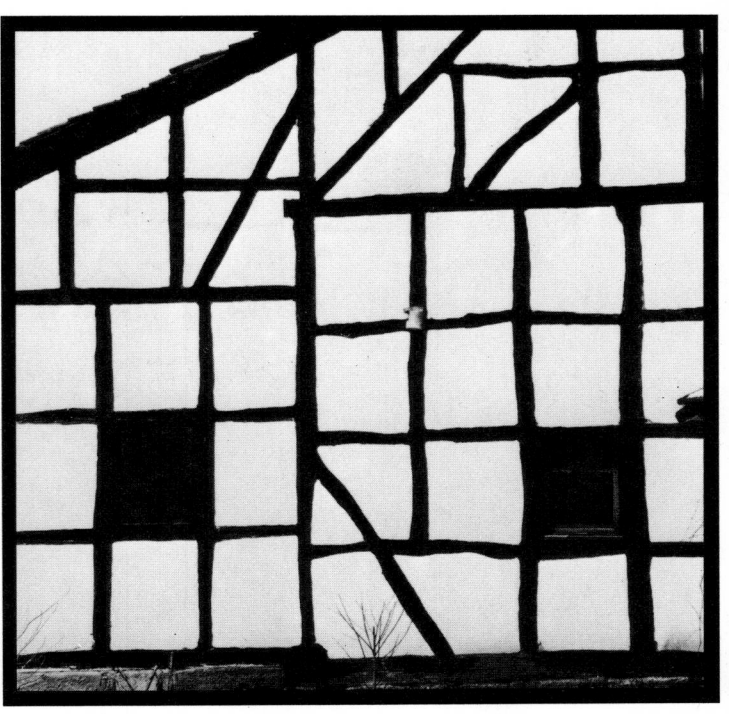

Dörfliches Fachwerk in Altenburschla

191

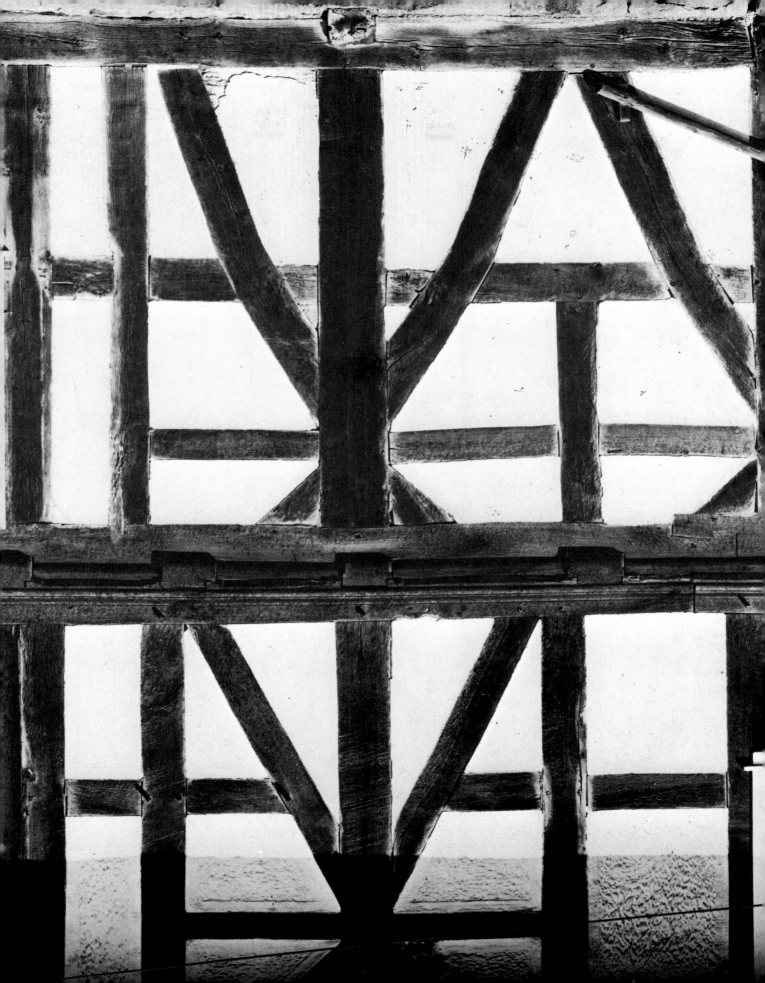

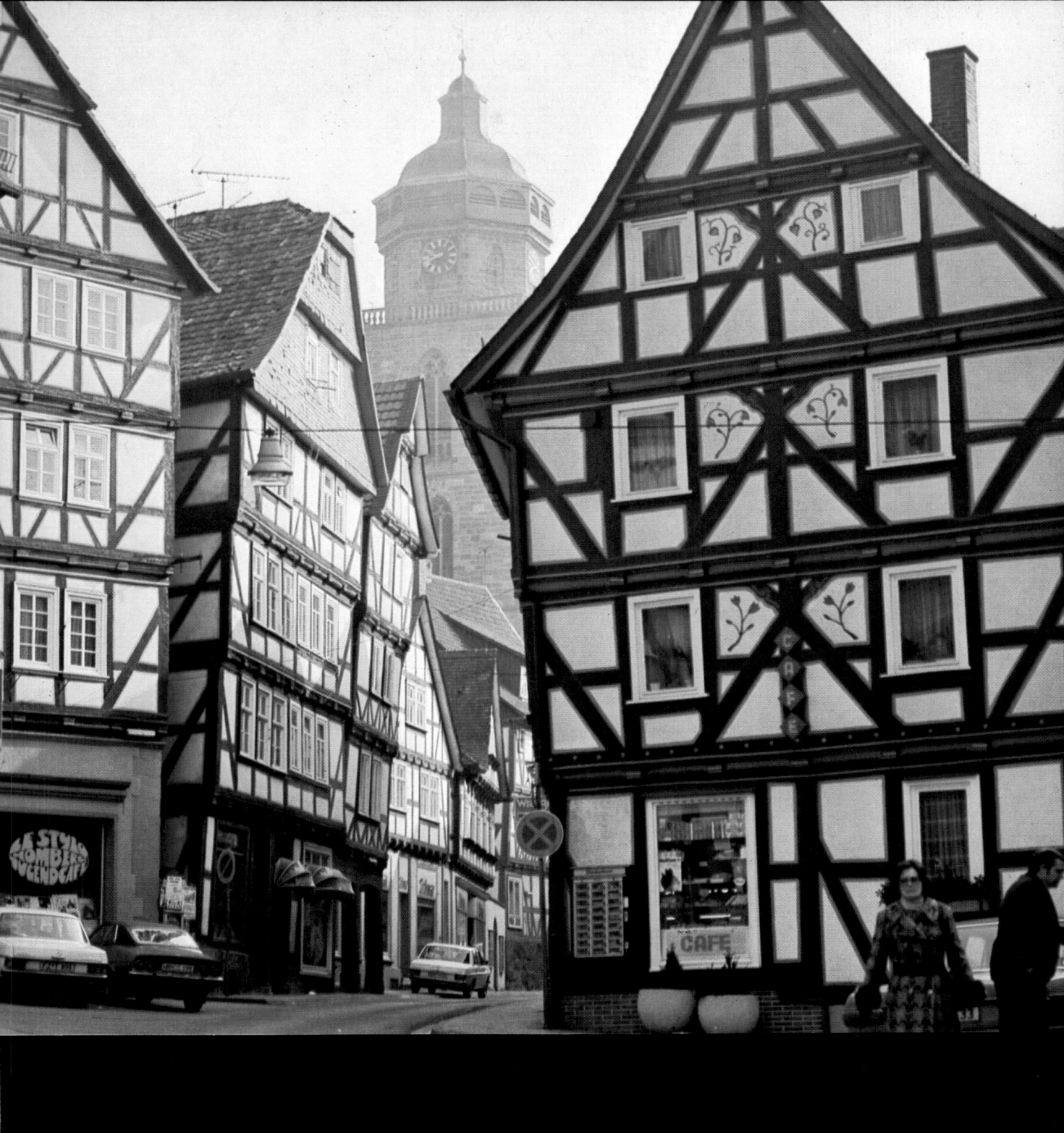

Linke Seite: Dörfliches Fachwerk in Odensachsen
Oben: Homberg an der Efze

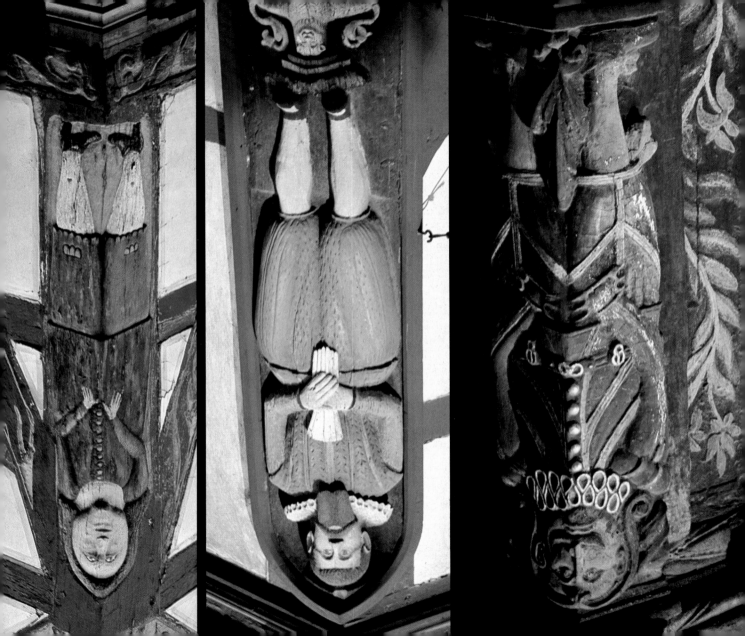

Figuren und Schnitzereien in Melsungen, Alsfeld,
Eschwege, Allendorf und Wanfried

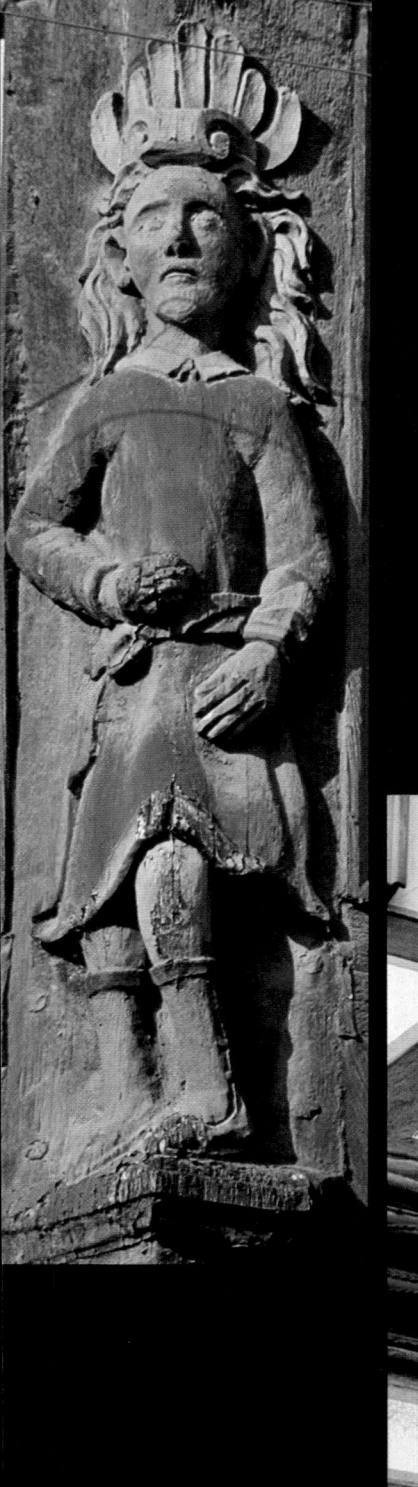

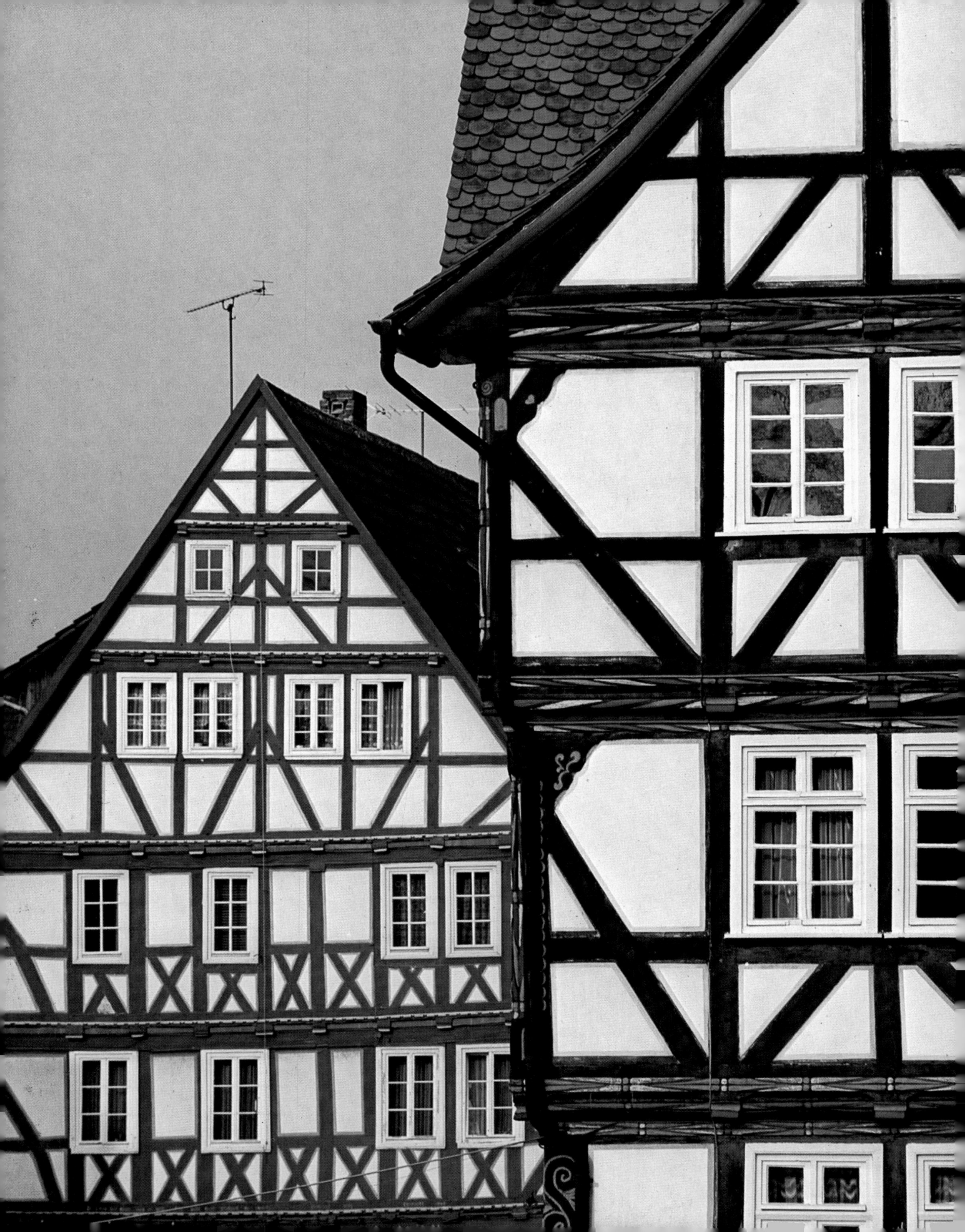

Links: Homberg an der Efze
Unten: Fritzlar

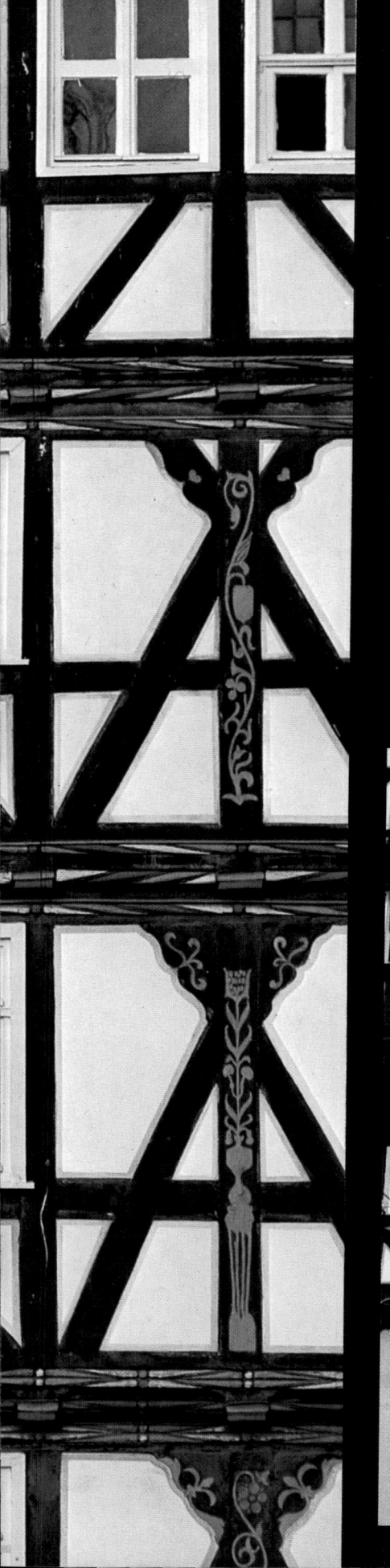

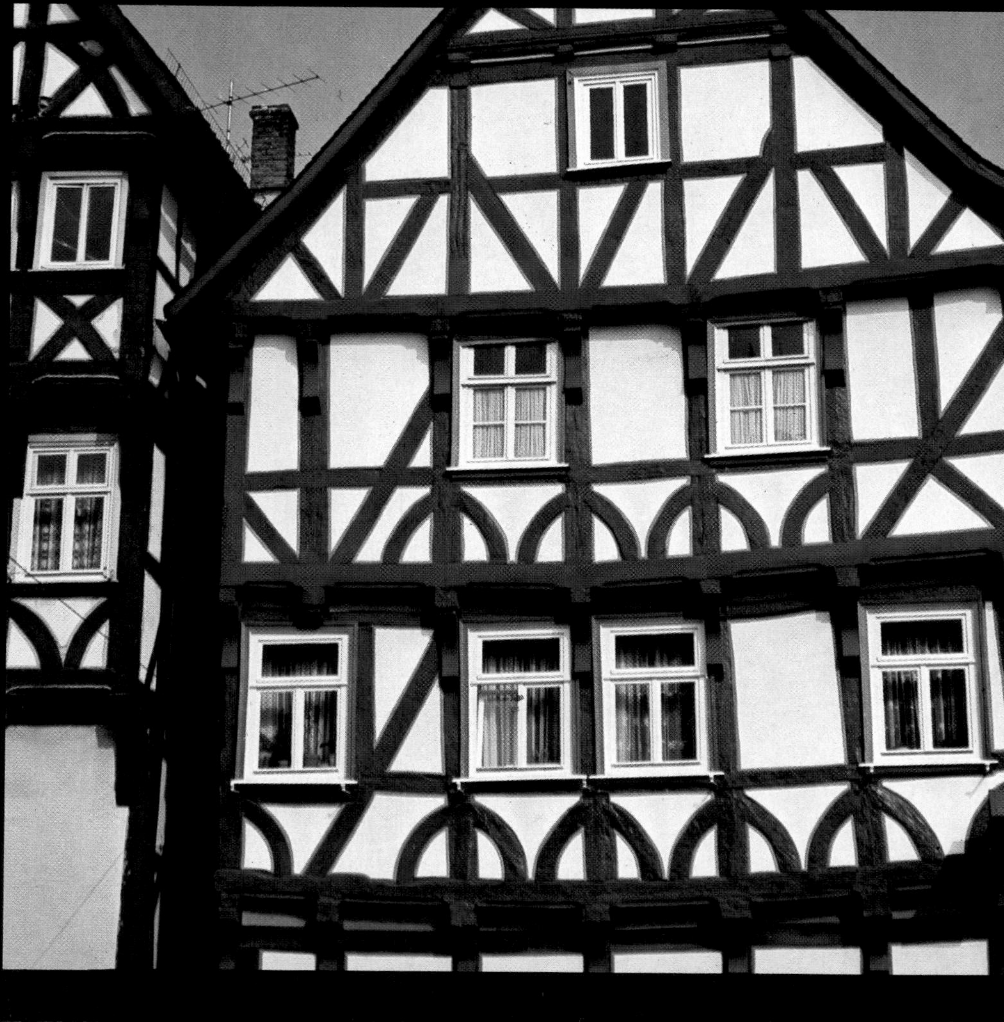

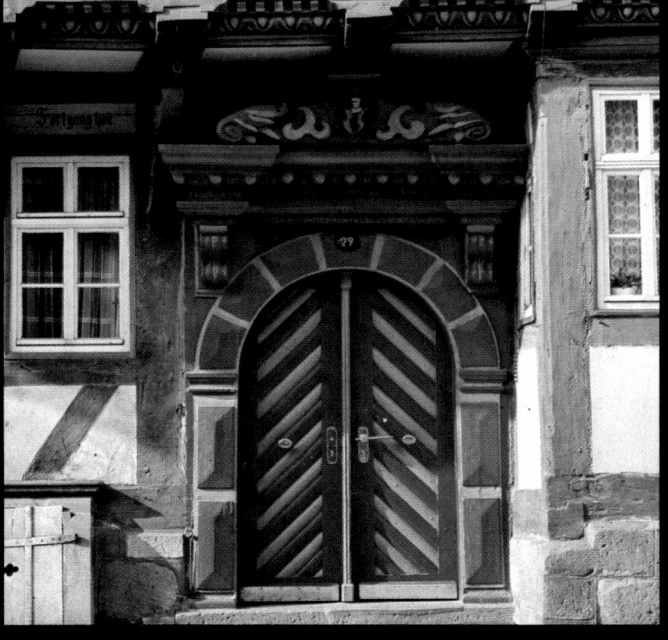

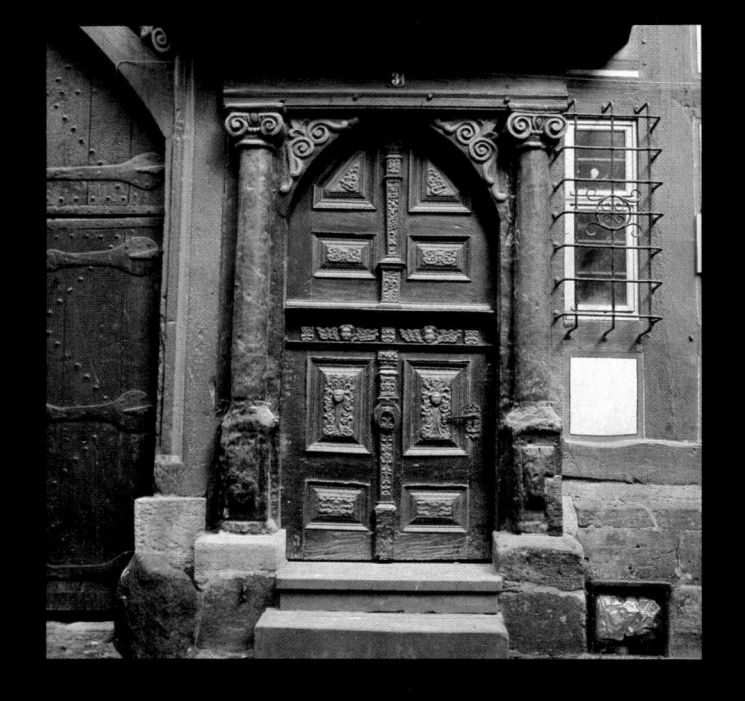

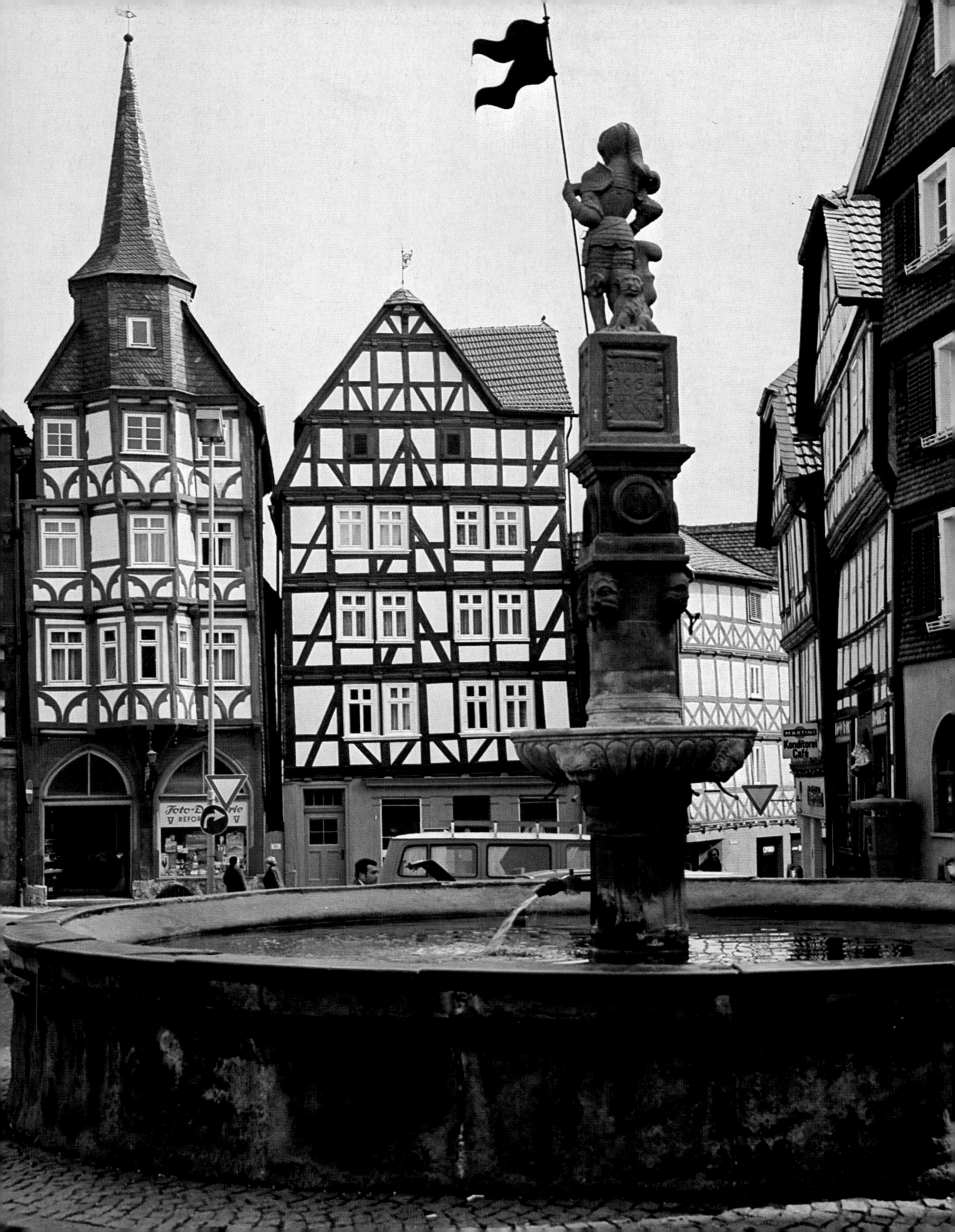

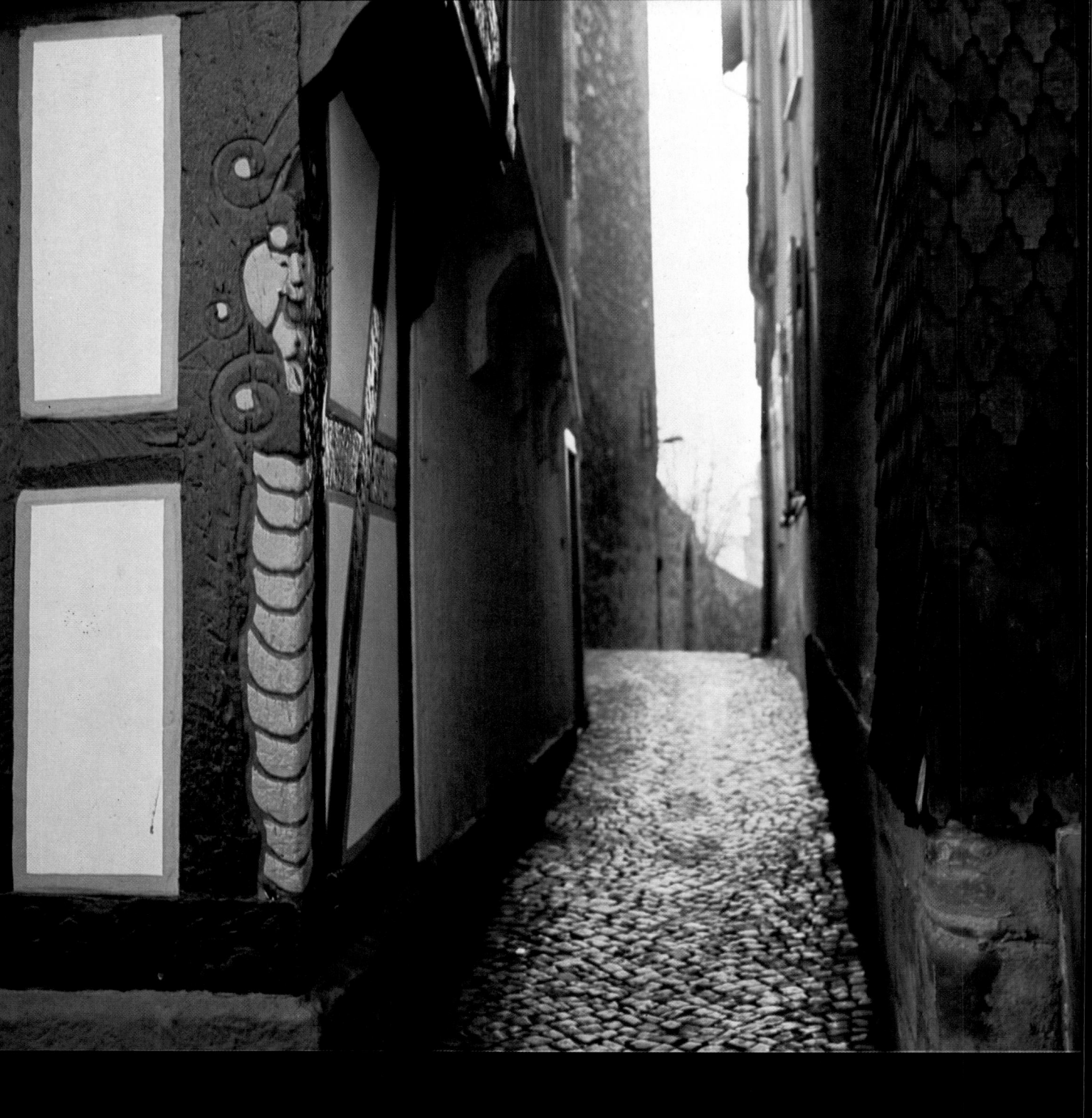

Oben: Am Marktplatz in Fritzlar
Rechte Seite: Fachwerkhaus in Eschwege, 1679
Folgende Doppelseite: Haus Bürger in Allendorf, 1639

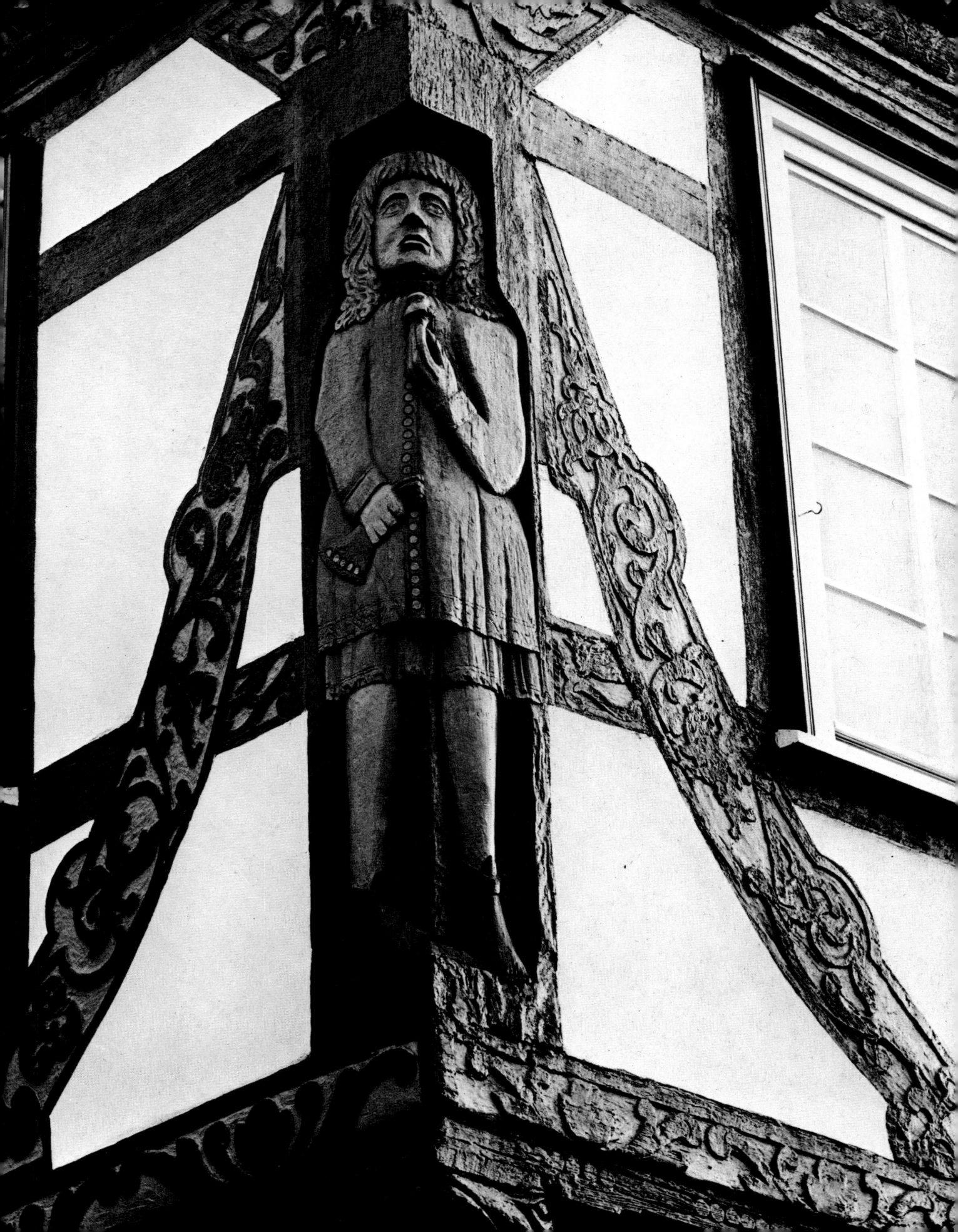

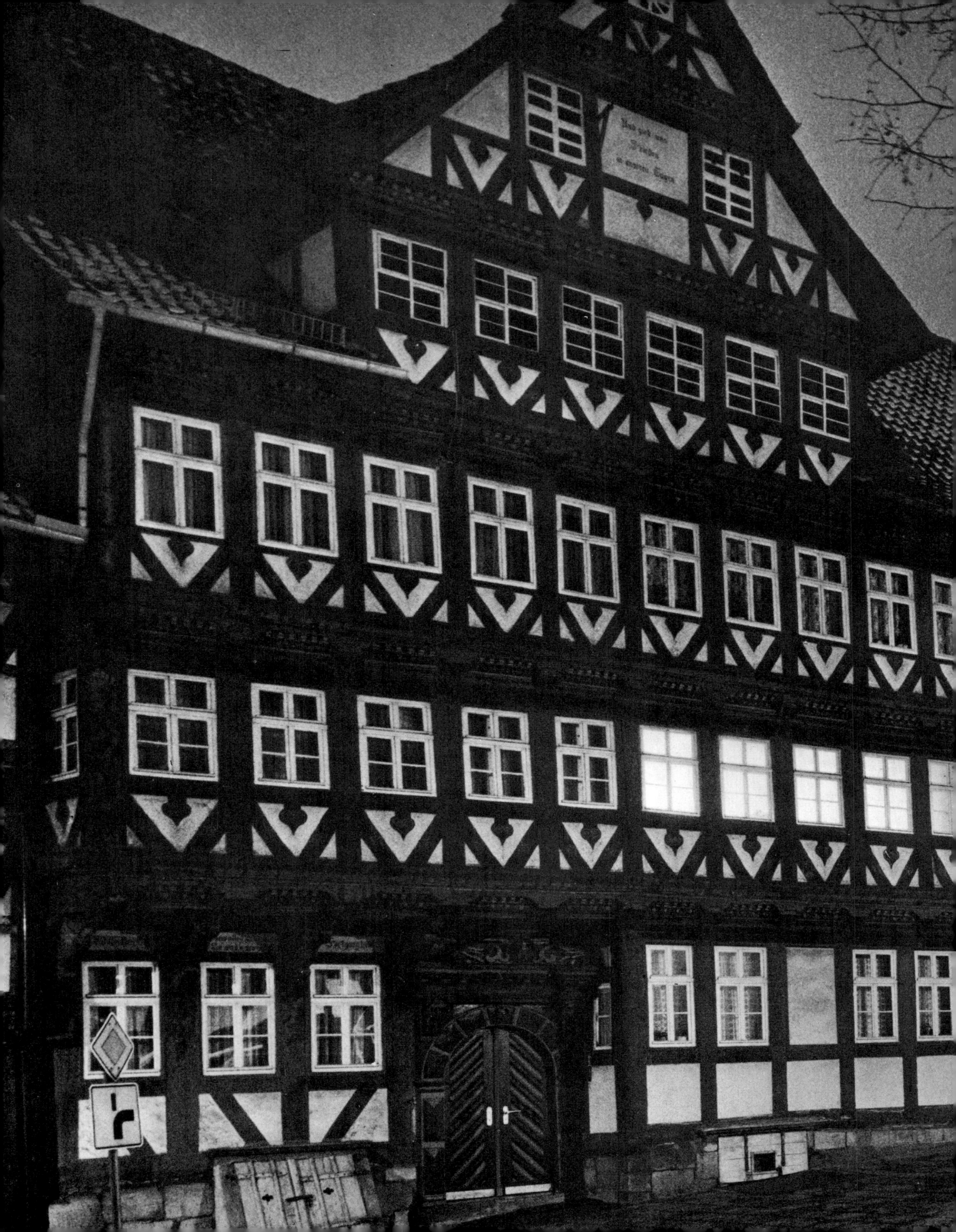

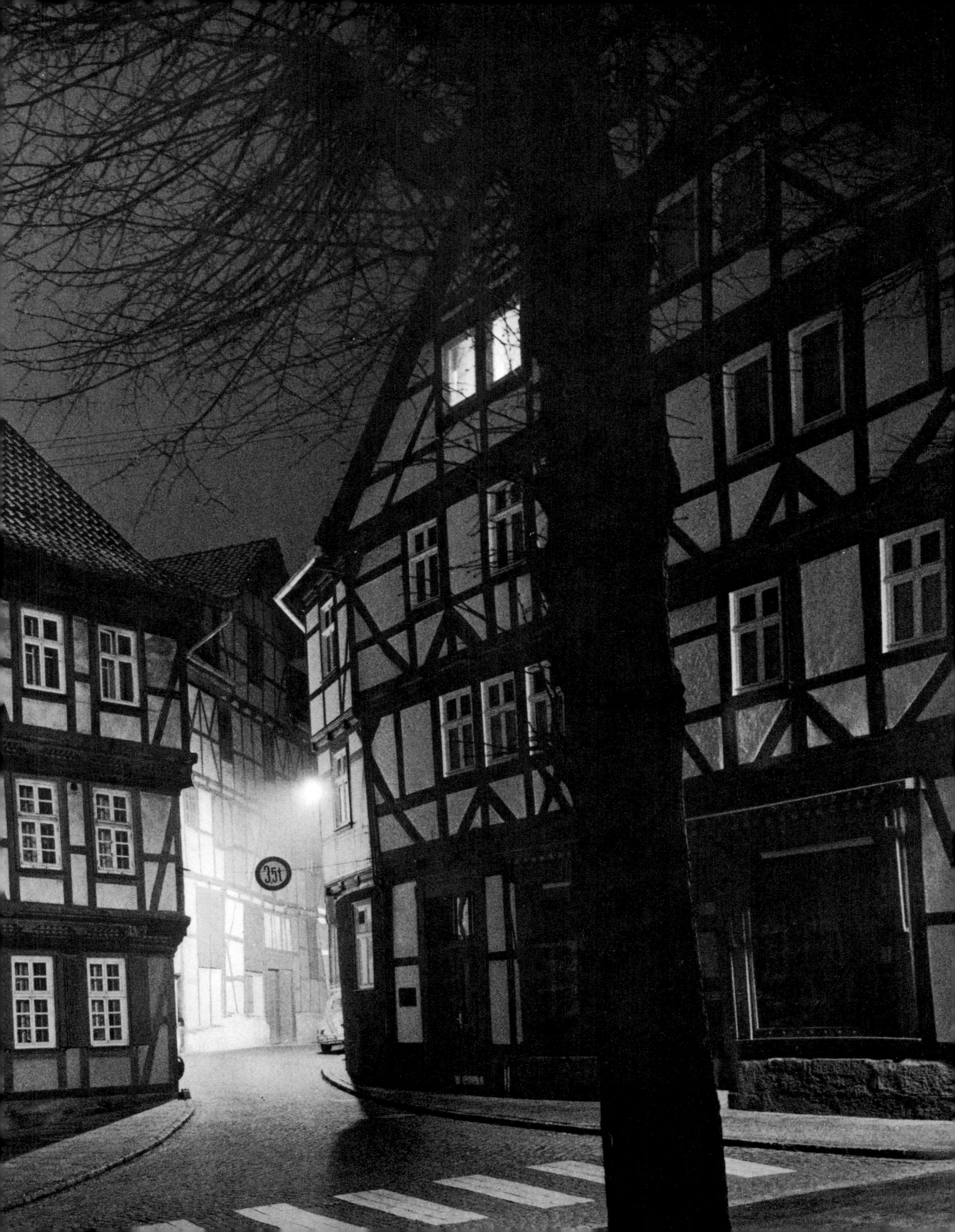

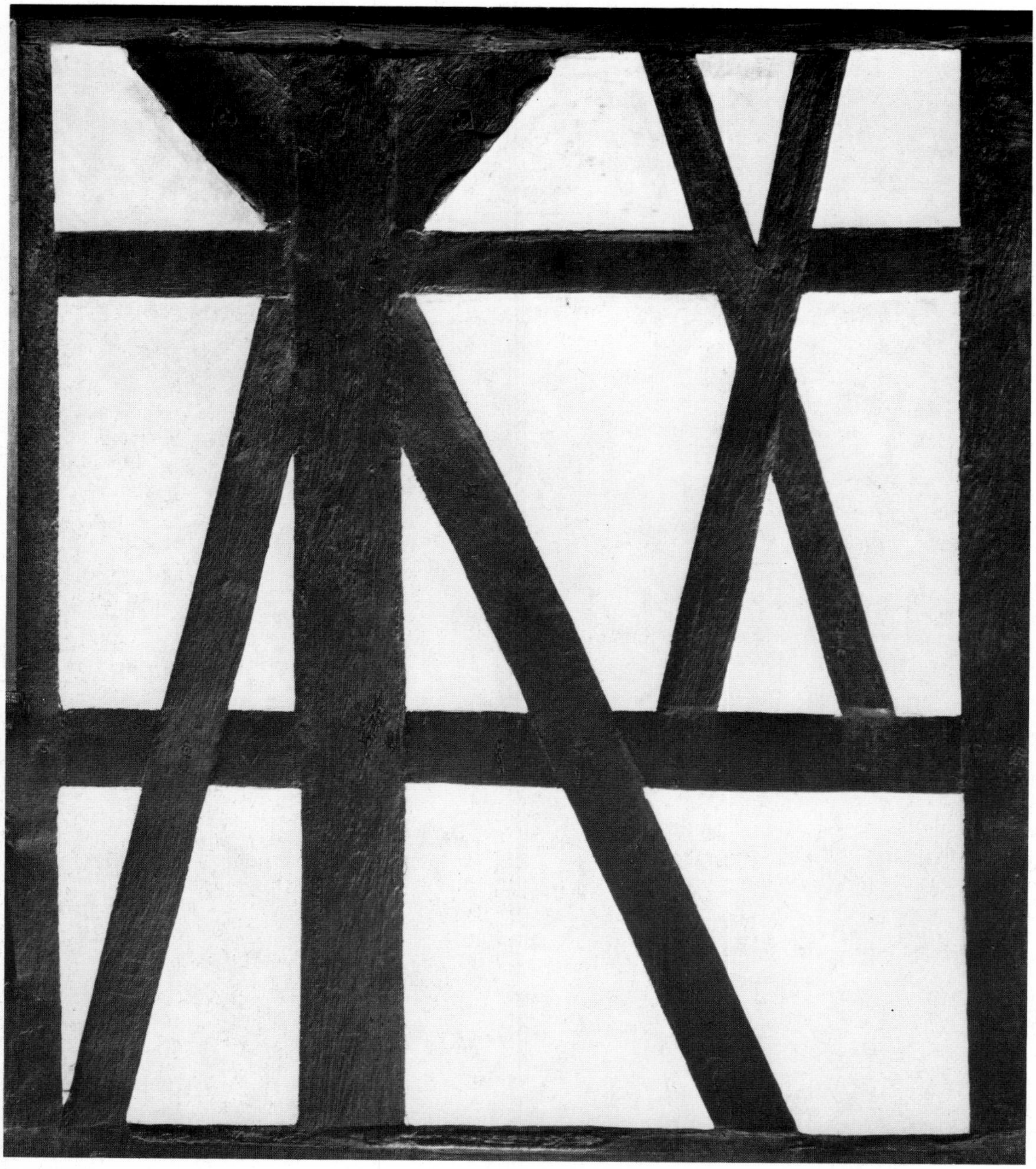

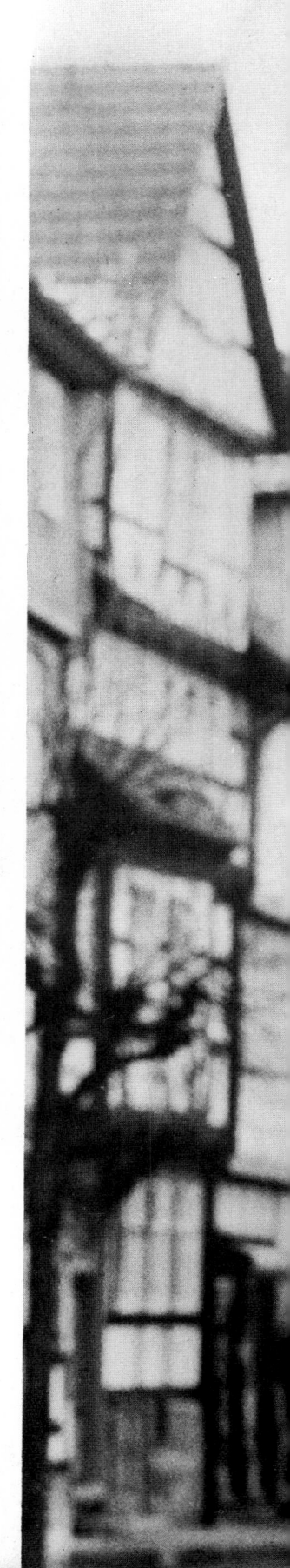

Oben und rechts: Allendorfer Fachwerk
Folgende Doppelseite: Melsungen. Marktplatz und Rathaus, 1555/56

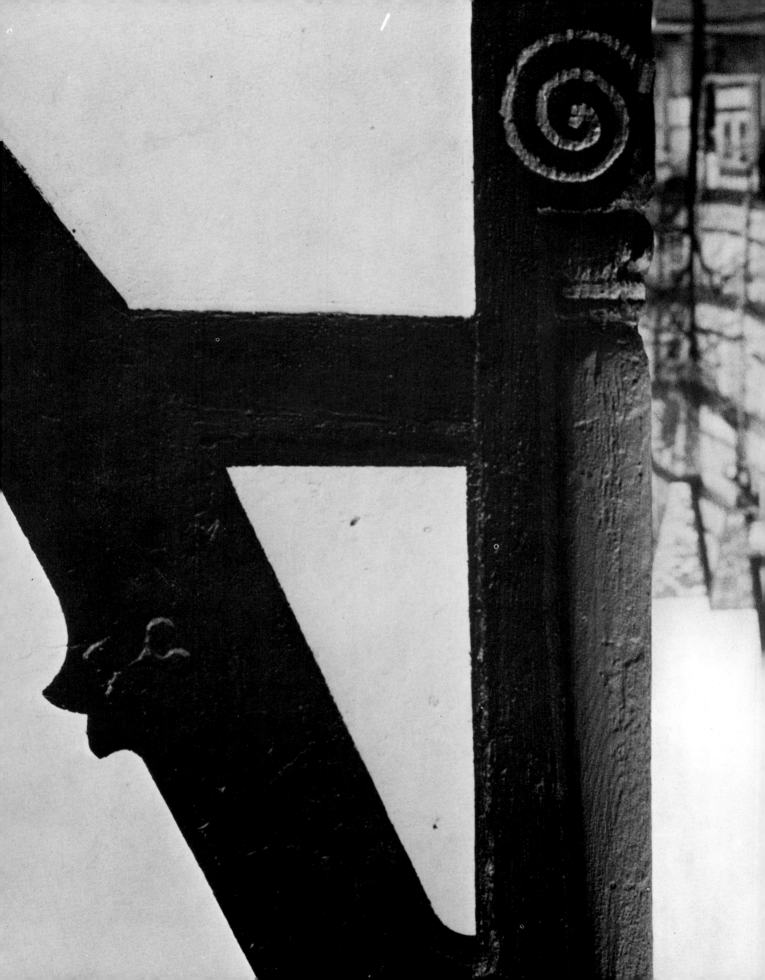

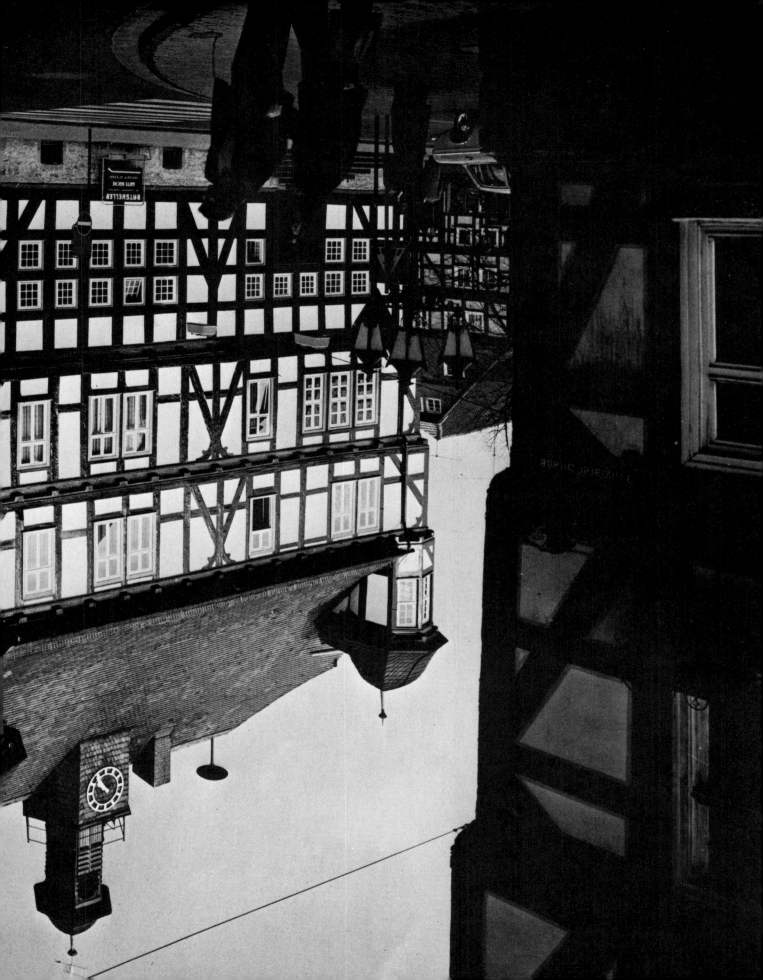

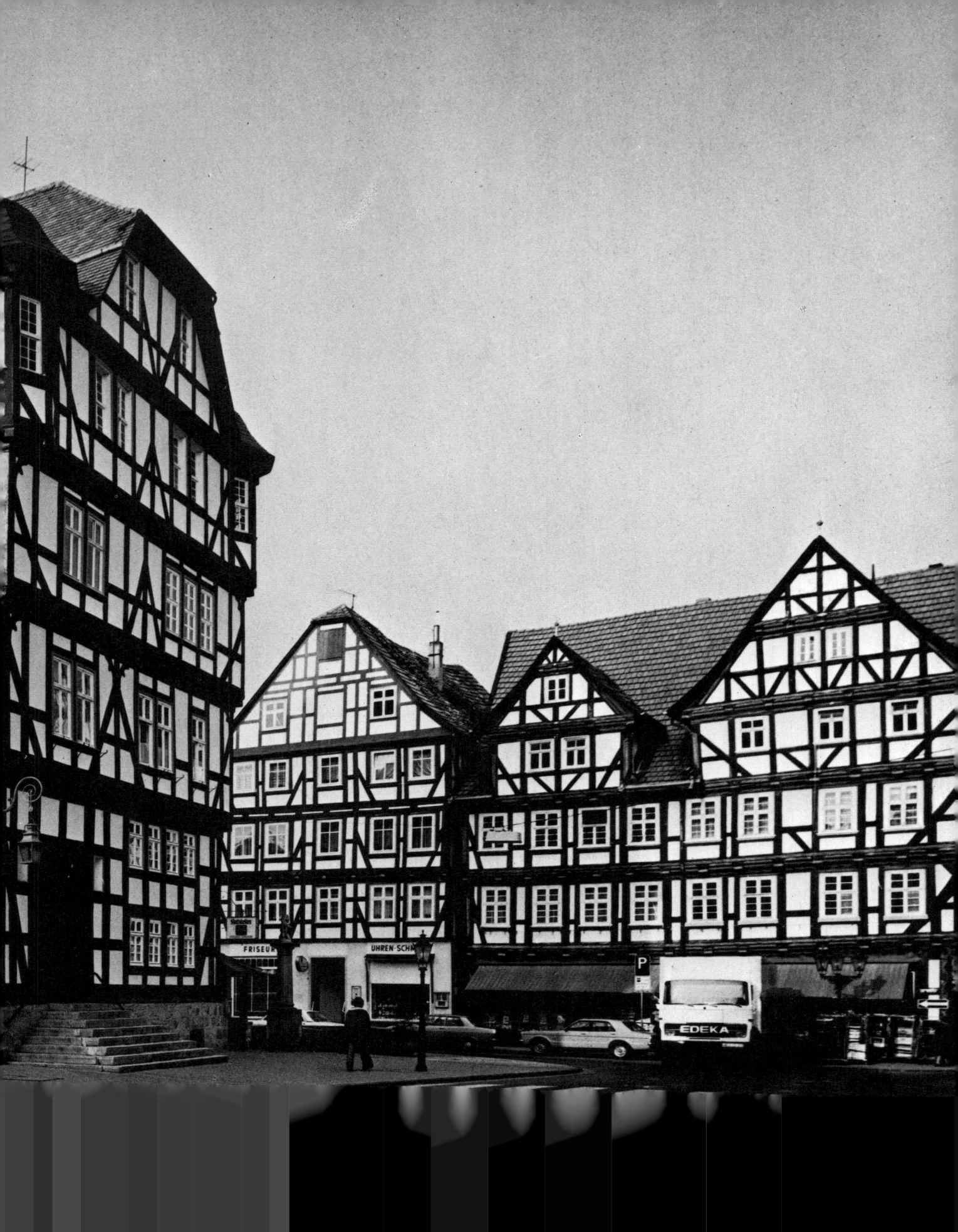

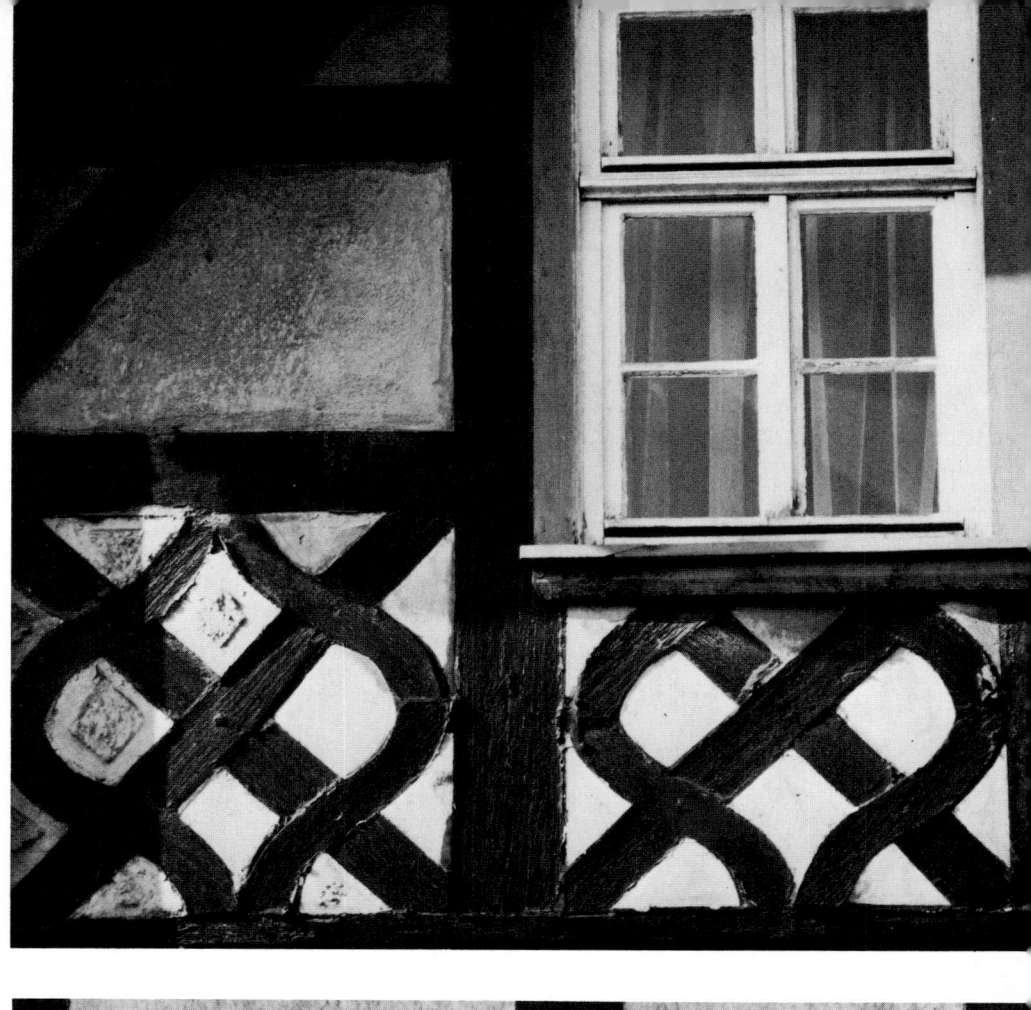

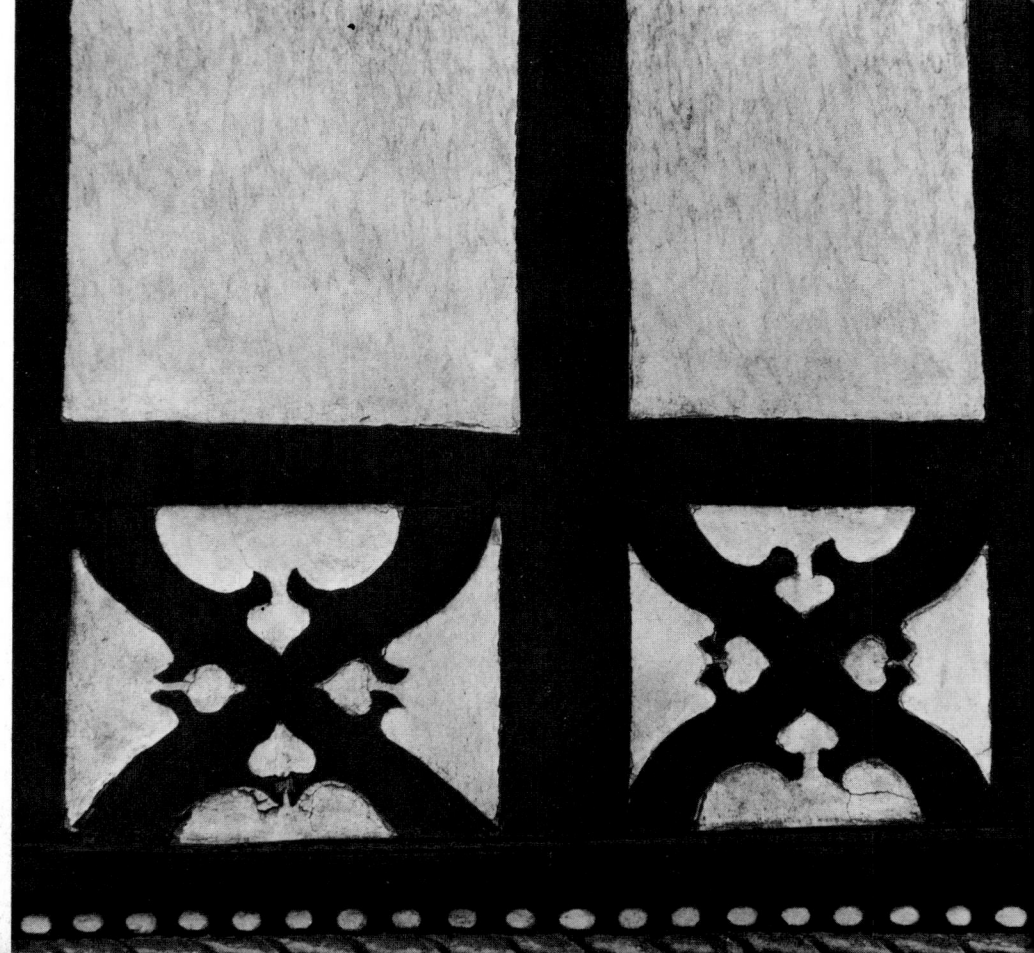

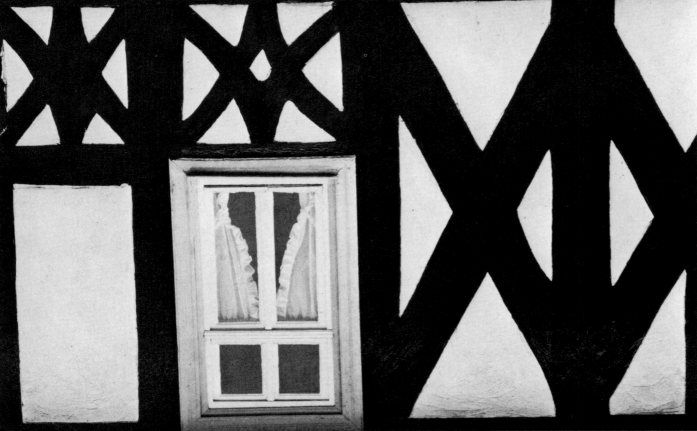

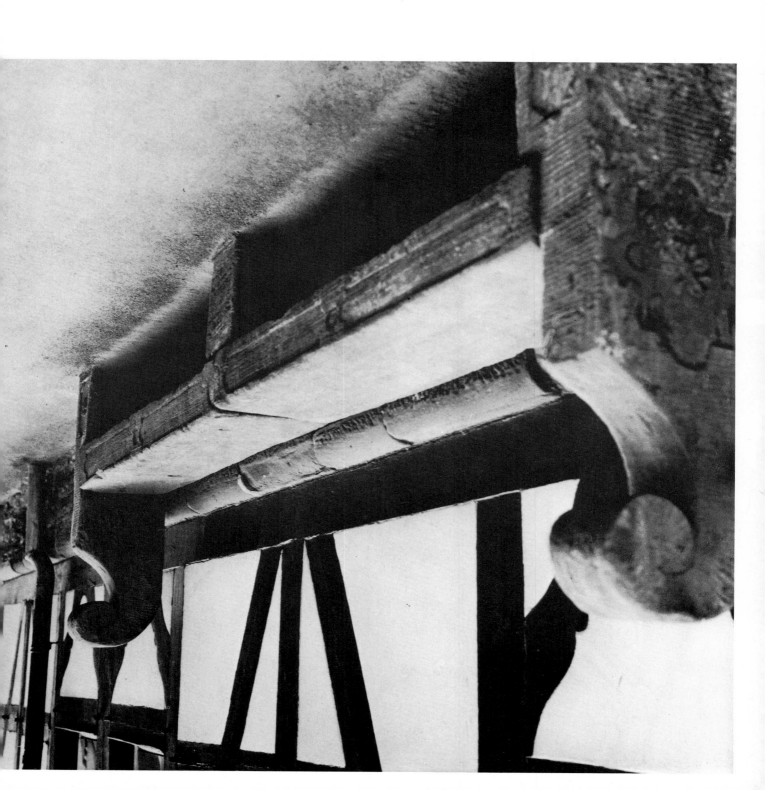

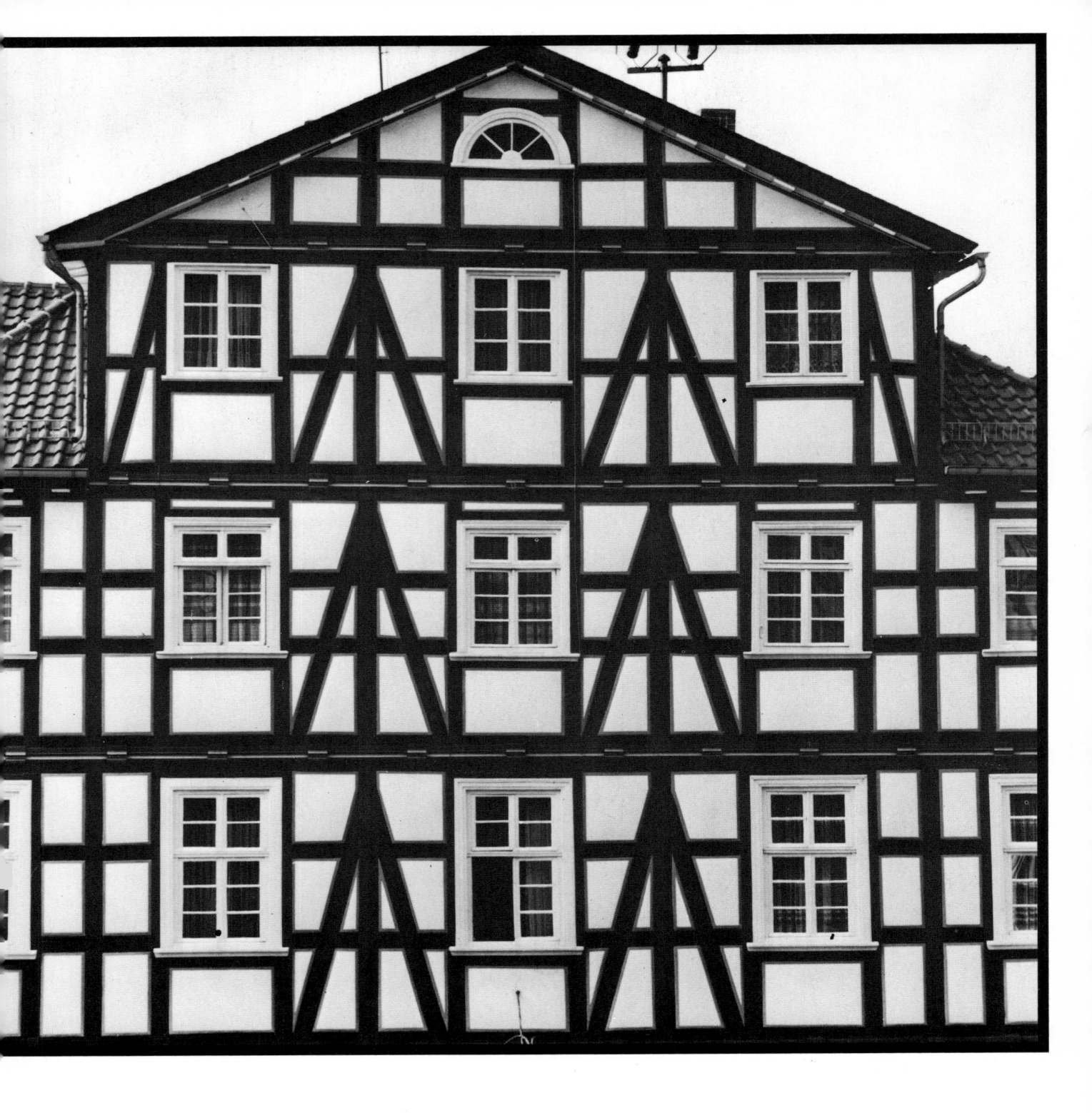

Homburg an der Efze

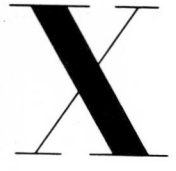

OBERBAYERISCHE LÜFTLMALEREI

Die Bemalung von Wänden ist uns schon von den alten Kulturen in Mesopotamien, Ägypten und Griechenland bekannt. Bei der Malerei al fresco wird die Farbe auf den nassen Kalkverputz aufgetragen, es entsteht dabei eine chemische Verbindung, die eine Schutzschicht bildet. Voraussetzung für Wandmalerei sind also Steinbau bzw. Ziegelbau. Es konnte auch nur so viel verputzt werden, als der Maler an einem Tag bearbeiten konnte, weil die Nässe notwendig war. Mit der Ausbreitung des Steinbaues gab es nördlich der Alpen vom Zeitalter der Gotik bis ans Ende des 18. Jahrhunderts Freskomalerei. Ihre Blütezeit war in der Renaissance vor allem in Oberitalien. Die berühmtesten Maler haben Fassaden bemalt: Andrea Mantegna in Verona, Caravaggio in Rom, Holbein in der Schweiz, Tizian und Giorgione in Venedig. Ganze Plätze waren dort mit Historienbildern und Zyklen geschmückt. Zweifelsohne kamen die Einflüsse aus Italien nach Deutschland, die Fugger holten auch Maler von dort, vor allem Augsburg muß damals einen prächtigen Eindruck gemacht haben. Daneben waren vor allem Nürnberg und München reich an Wandmalereien. Davon hat sich nichts bis in unsere Tage erhalten. Aber die Anregungen hierfür gingen bis in die Alpentäler, und in Tirol und Oberbayern ist die Fassadenmalerei bis in unsere Tage erhalten geblieben. Den in Bayern gebräuchlichen Namen „Lüftlmalerei" hat sie von ihrem hervorragendsten Vertreter Franz Seraph Zwinck, 1748—1792, aus Oberammergau, dessen Hausname Lüftl nachgewiesen ist. Es ist keine Volkskunst; selbst berühmte Freskanten haben Bauernhäuser bemalt. In den Motiven herrschen Gestalten aus der Bibel, Bauernheilige, St. Christoph, der Sündenfall vor. Sehr beliebt ist das Judith-und-Holofernes-Motiv.

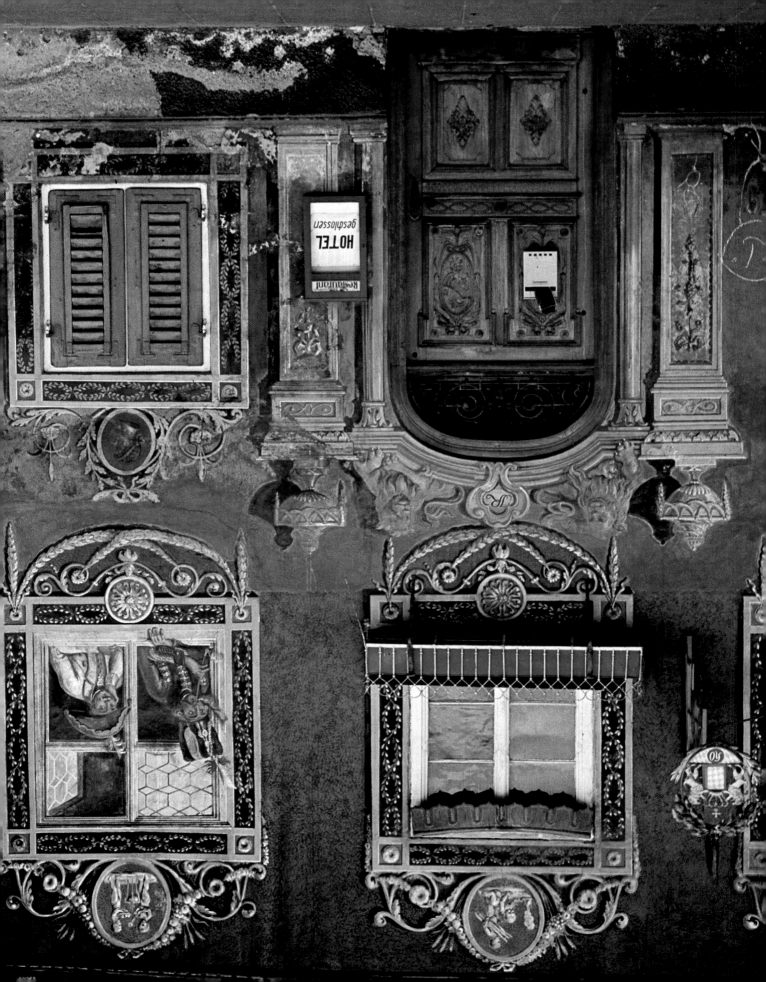

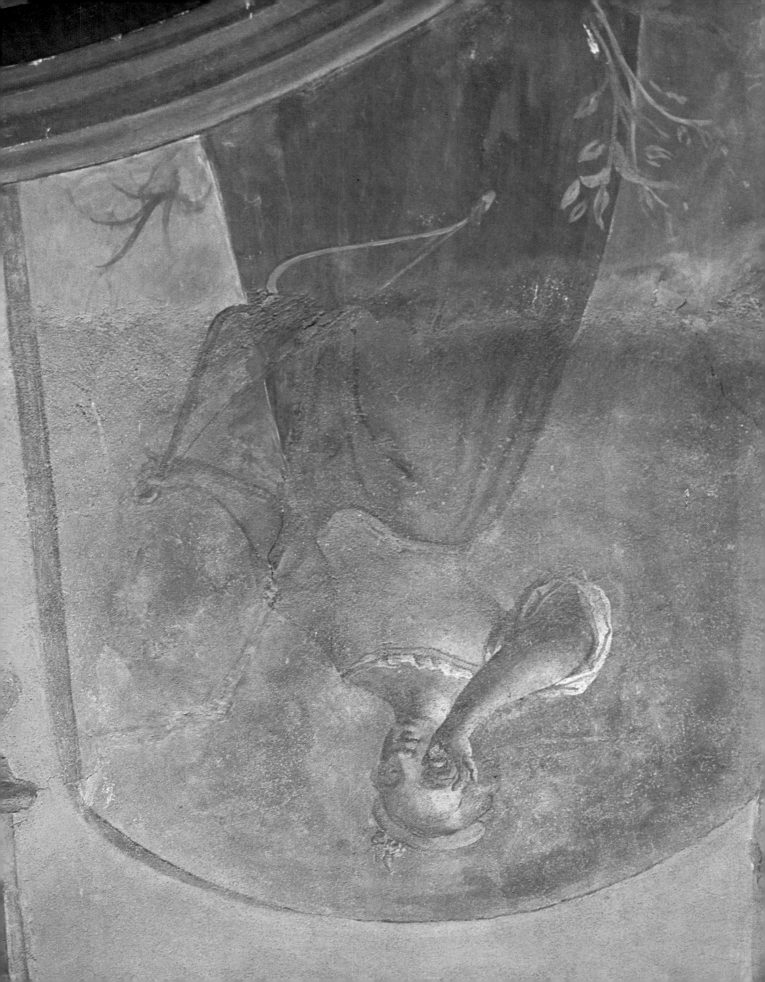

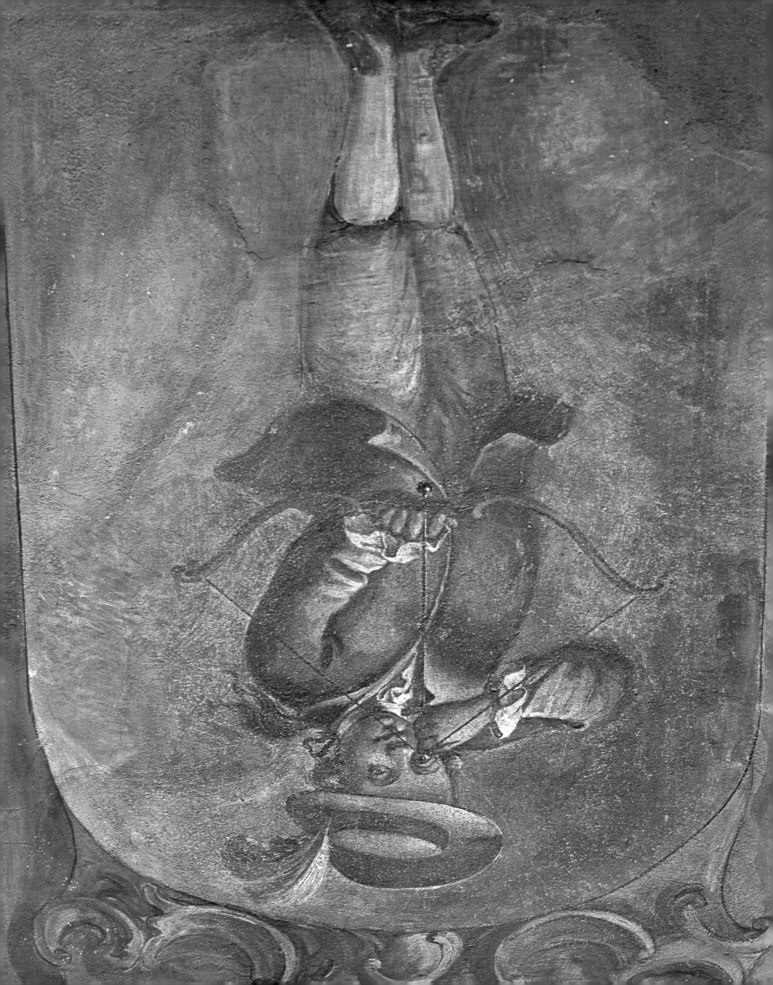

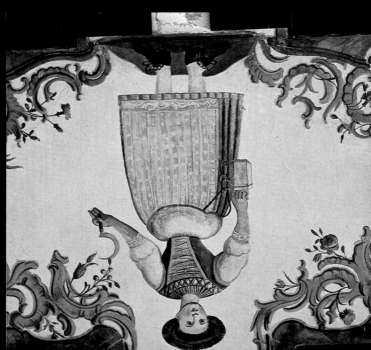

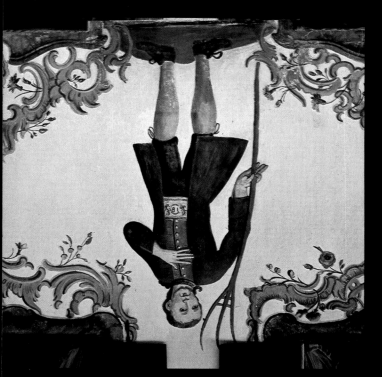

Oben, rechte Seite und unten: Der Jodlbauernhof in Hagnberg bei Geitau,
bemalt von Johann Póham aus Aibling, 1786
Seite 213: Garmisch. Gasthaus zum Husaren, um 1800
Vorhergehende Doppelseite: Fresken am Hornsteinerhaus in Mittenwald,
1775 von Franz Zwink gemalt

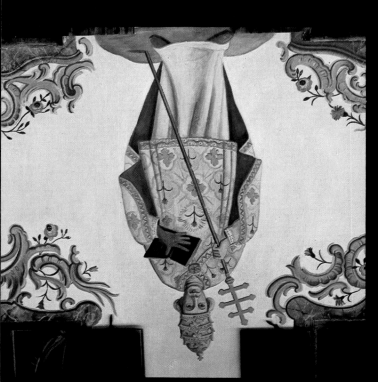

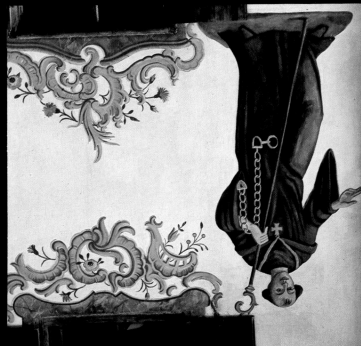

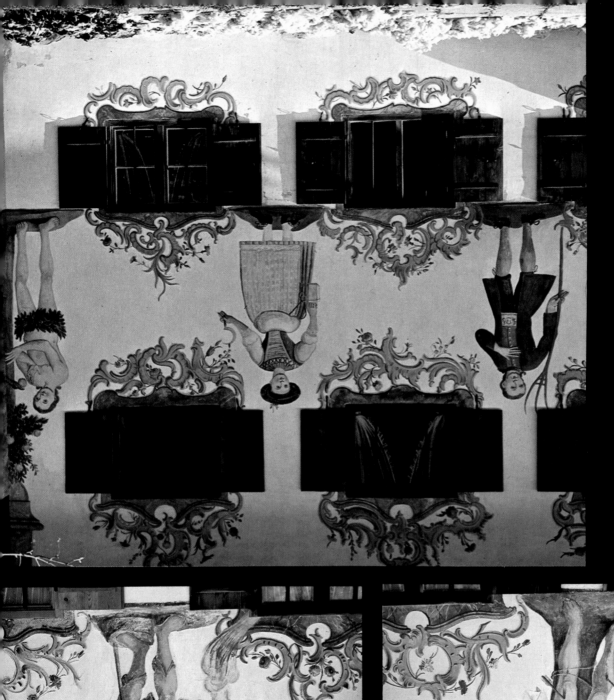

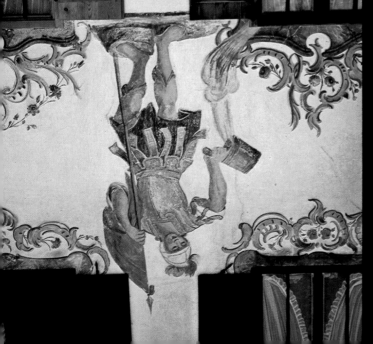

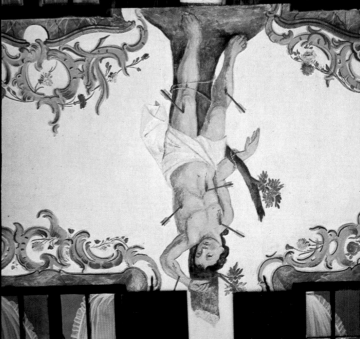

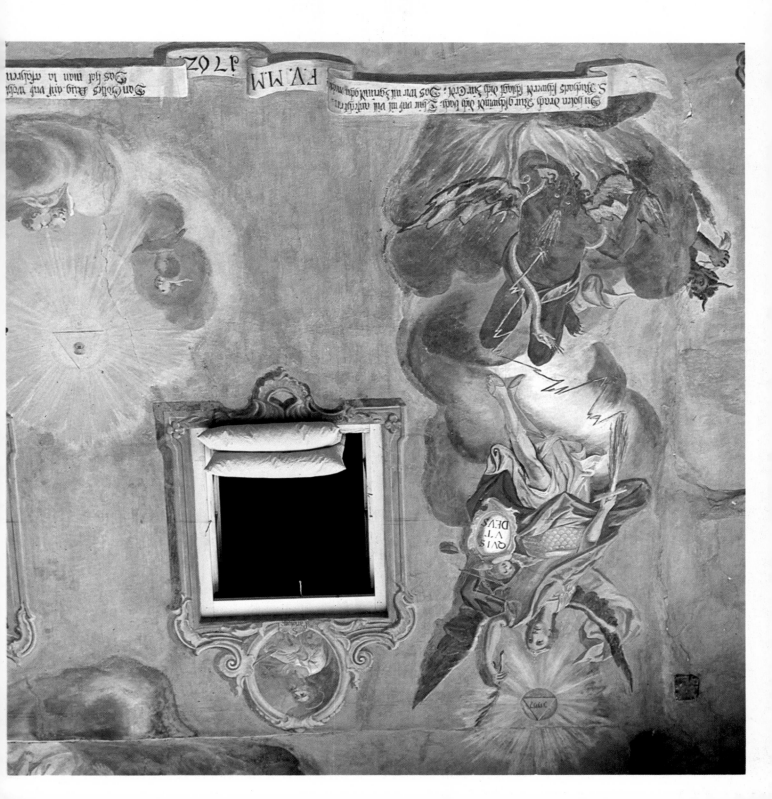

218

Das Schlipferhaus in Mittenwald.
Die Fresken aus den Jahren 1762 und 1767 stammen von Franz Karner

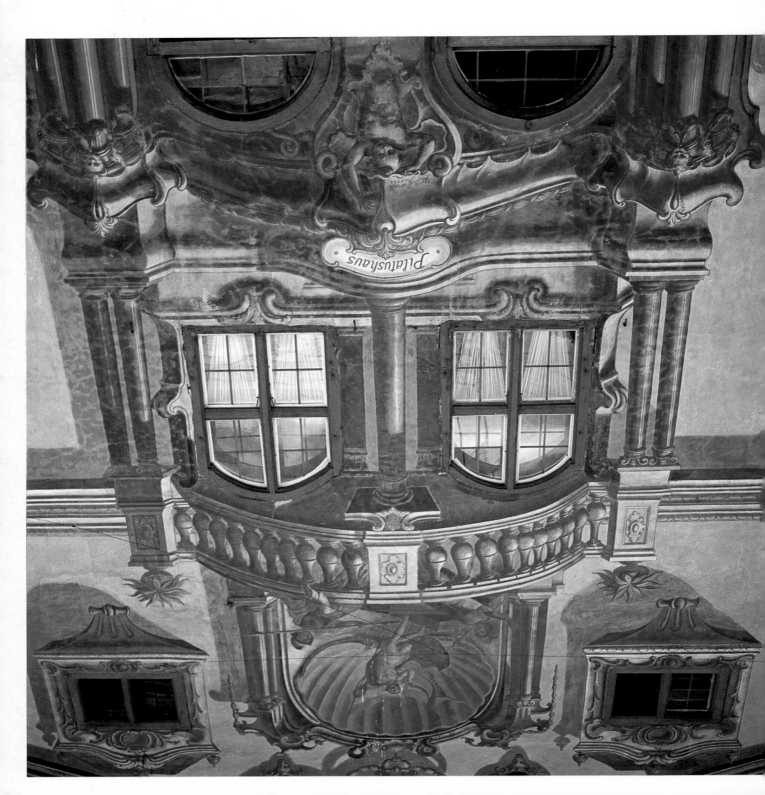

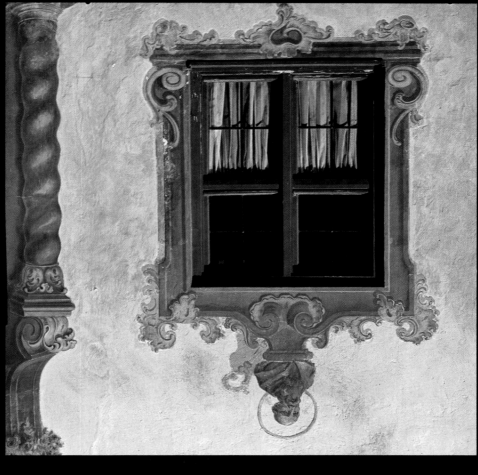

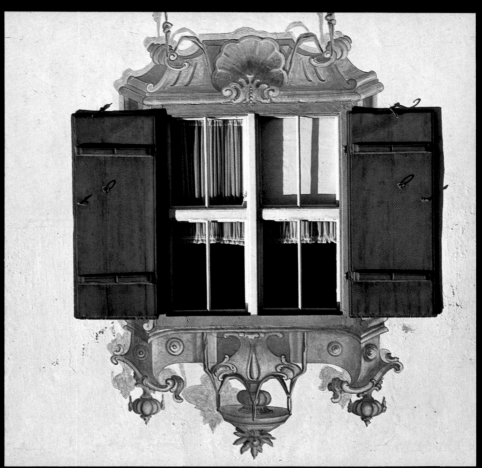

Das Köblhaus in Oberammergau 1770 von Franz Zwinck bemalt
Rechte Seite: Fresko am
Hornsteinhaus in Mittenwald
aus dem Jahr 1775

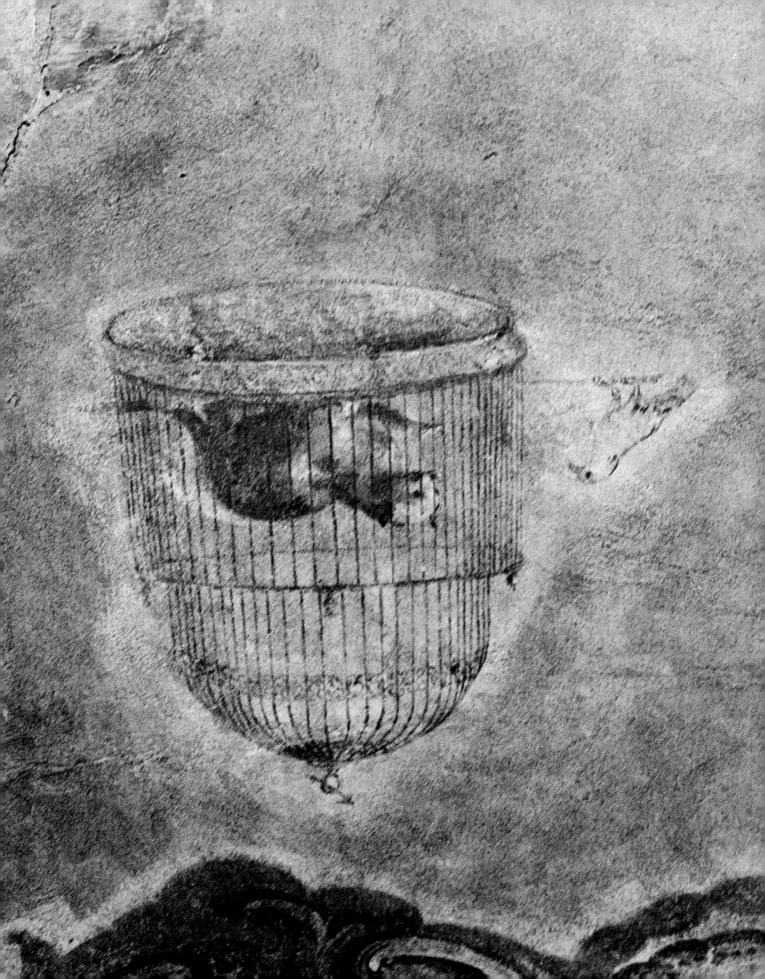

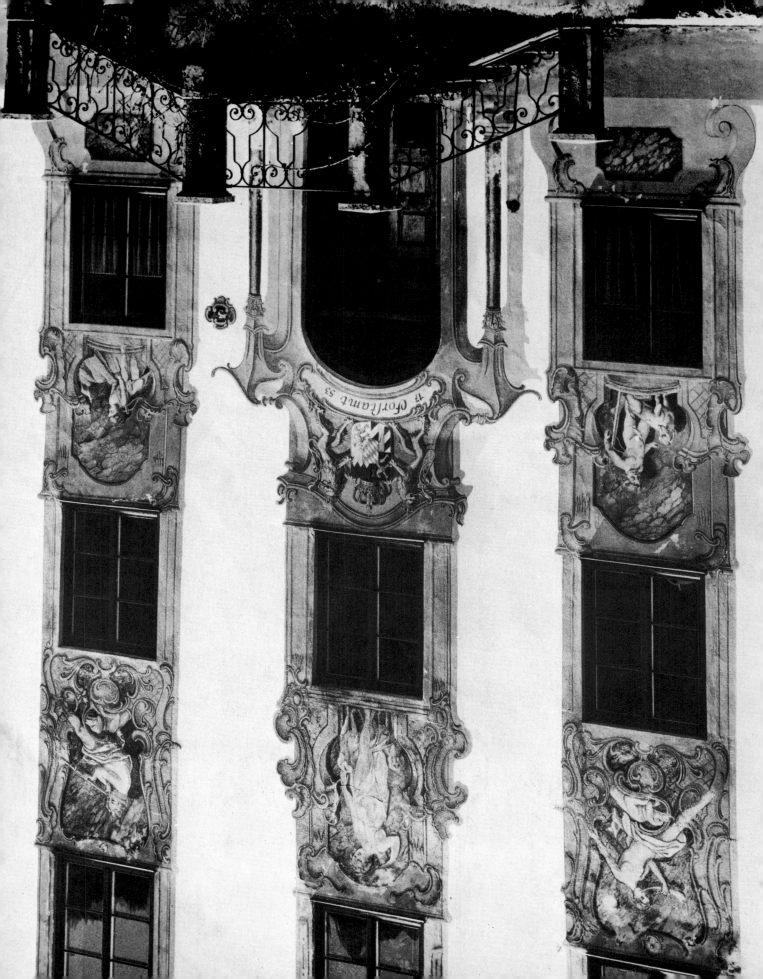

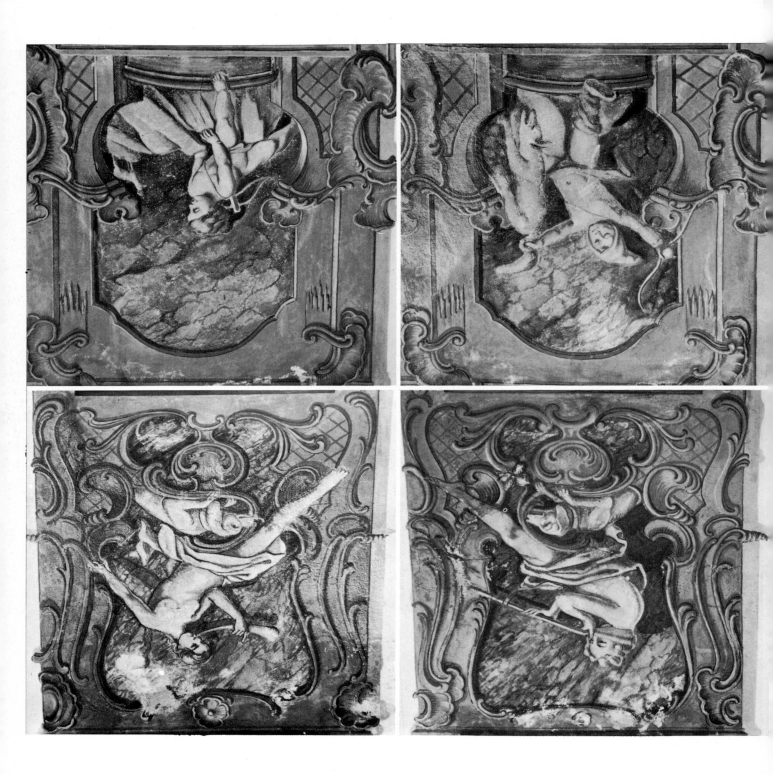

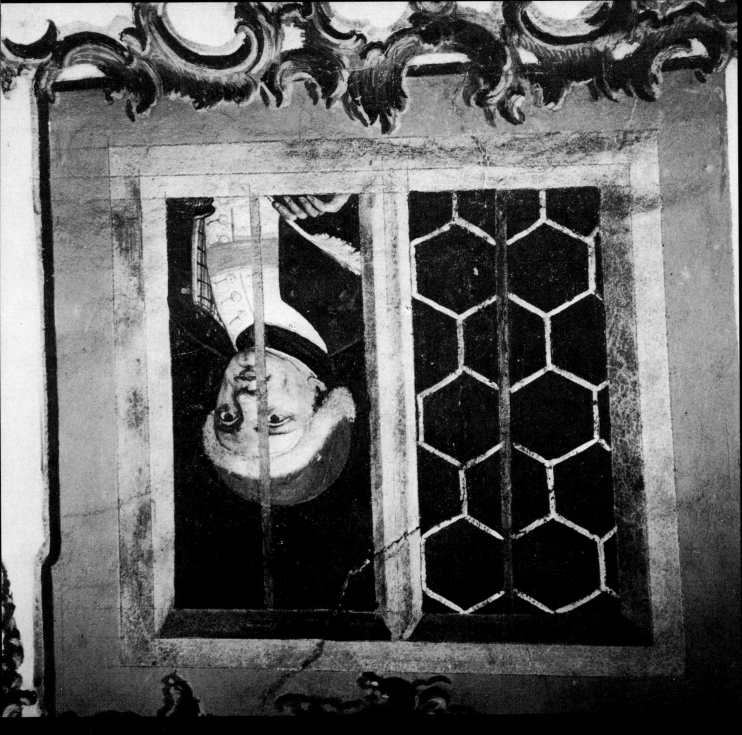

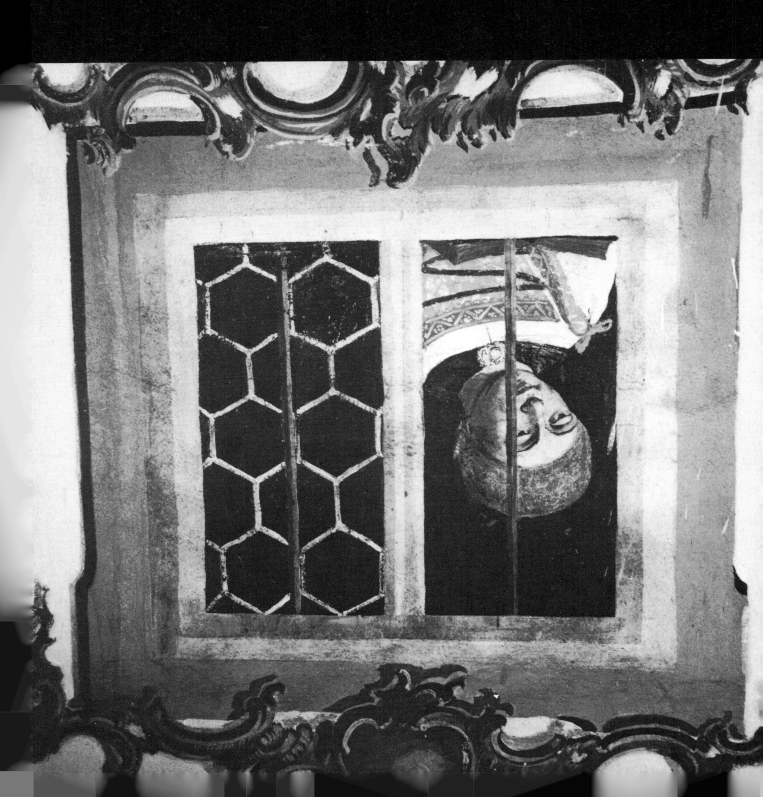

Linke Seite und oben: Wiedenbauerhof in Wörnsmühl.
Der Hausherr mit Schreibfeder, die Hausfrau mit Buch, etwa 1775

Folgende Doppelseite, links: Der Kirchturm in Mittenwald, bemalt 1746
Folgende Doppelseite rechts: Girmisch. Malerei von Hans Jobst

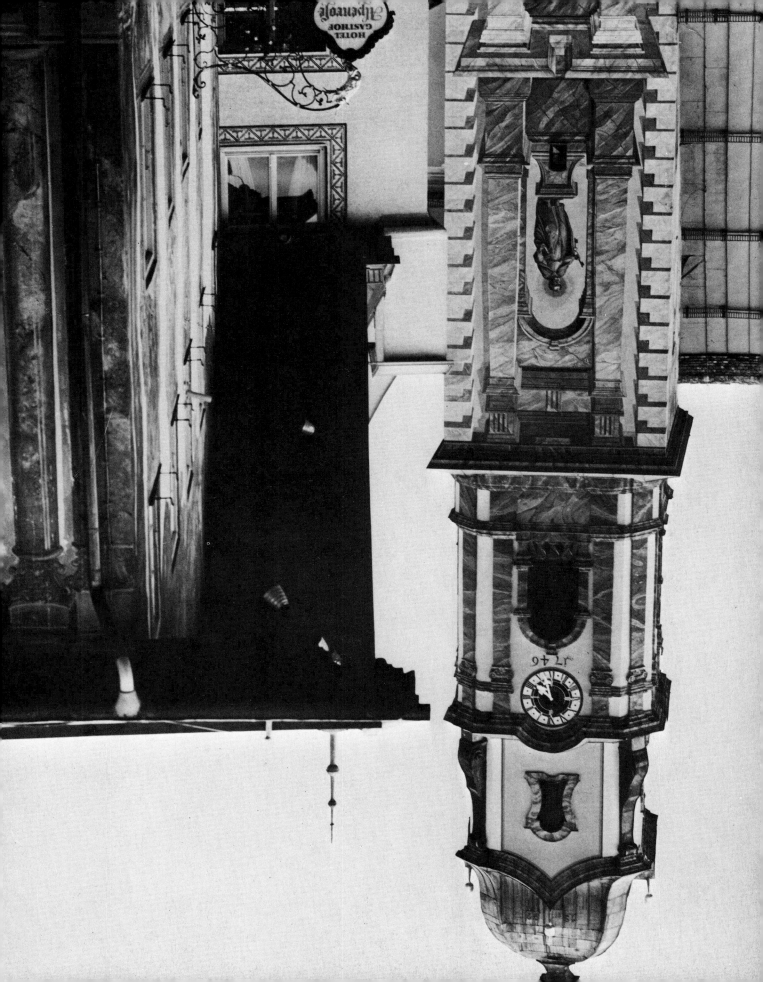

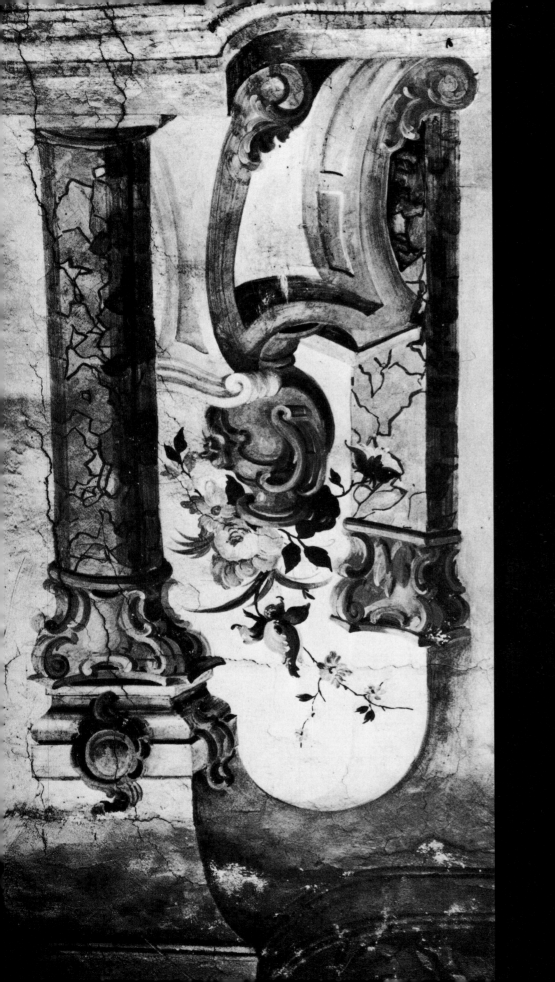
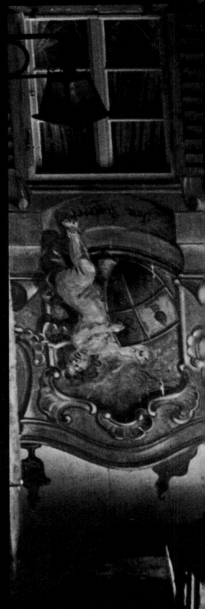

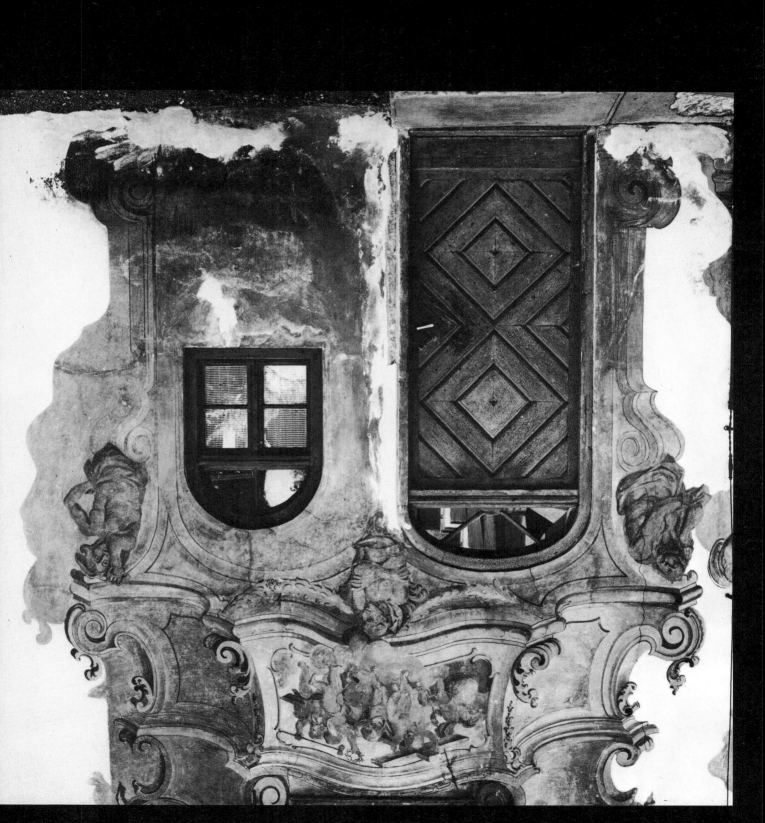

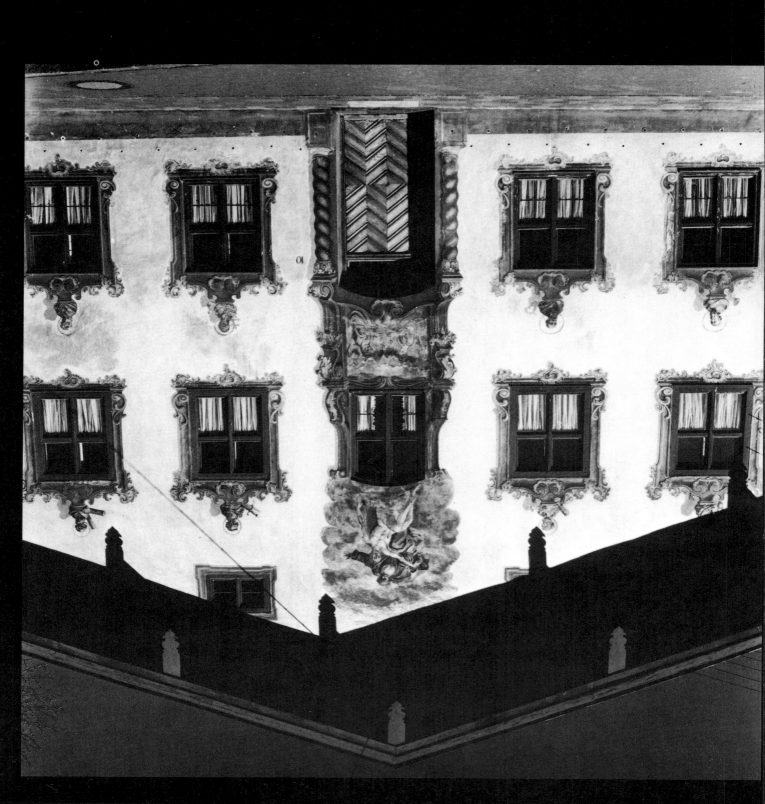

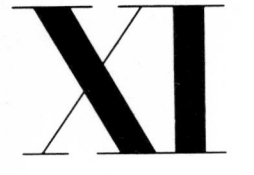

DER GARTEN VON VEITSHÖCHHEIM

Kaum einer der Reisenden blickt auf, wenn der Schnellzug auf der großen Nord-Süd-Linie am Main entlangdonnert, knapp vor Würzburg eine kleine Station durcheilt und für einen Augenblick das Dach eines eher bescheidenen Schlosses und gleich darauf, am Ende einer Gartenmauer, ein barockes Lusthaus, mit Muscheln und Steinen besetzt, zu sehen ist. Hinter dieser Mauer verbirgt sich einer der schönsten Rokokogärten.

Die Anlage, wie sie sich uns präsentiert, geht auf Fürstbischof von Seinsheim 1763 zurück. Gelehrte Traktate wurden seither über den philosophischen Grundgedanken verfaßt. Tatsächlich ist der Garten nicht zentral angelegt, sondern in drei Teile gegliedert: in einen mit waldähnlichem Baumbestand und Quellen, einen mit Laubengängen, Heckensälen, -kabinetten und -rondells, und einen dritten mit zwei Seen, im größeren der beiden die Parnaßgruppe mit dem Pegasus. Natur, Kultur und geistiges Streben nach Höherem bilden wohl die Grundgedanken der Anlage. Was aber daran so eigenartig ist, das sind die über 200 heiter-beschwingten Rokokofiguren aus Sandstein, die den Garten bevölkern, mit Ausnahme von zwölfen, die von J. P. Wagner stammen, alle von dem aus Böhmen gebürtigen Bildhauer Ferdinand Tietz geschaffen: Gestalten aus der Antike, aus der Fabelwelt La Fontaines, Allegorien der Jahreszeiten, der Malerei, Bildhauerei, Baukunst, der Erdteile, Tänzer und Tänzerinnen, die höfische Welt des Rokoko, graziös und elegant — man ist entzückt. Die Figuren waren ursprünglich mit Steinfarbe in Weiß und Gold bemalt, manche farbig, sie müssen wie Porzellan ausgesehen haben. Als man die schützende Schicht nicht erneuerte, verwitterten sie. Nun, nachdem man vor 50 Jahren Kopien gemacht hat, sind diese schon wieder so verwittert wie die Originale.

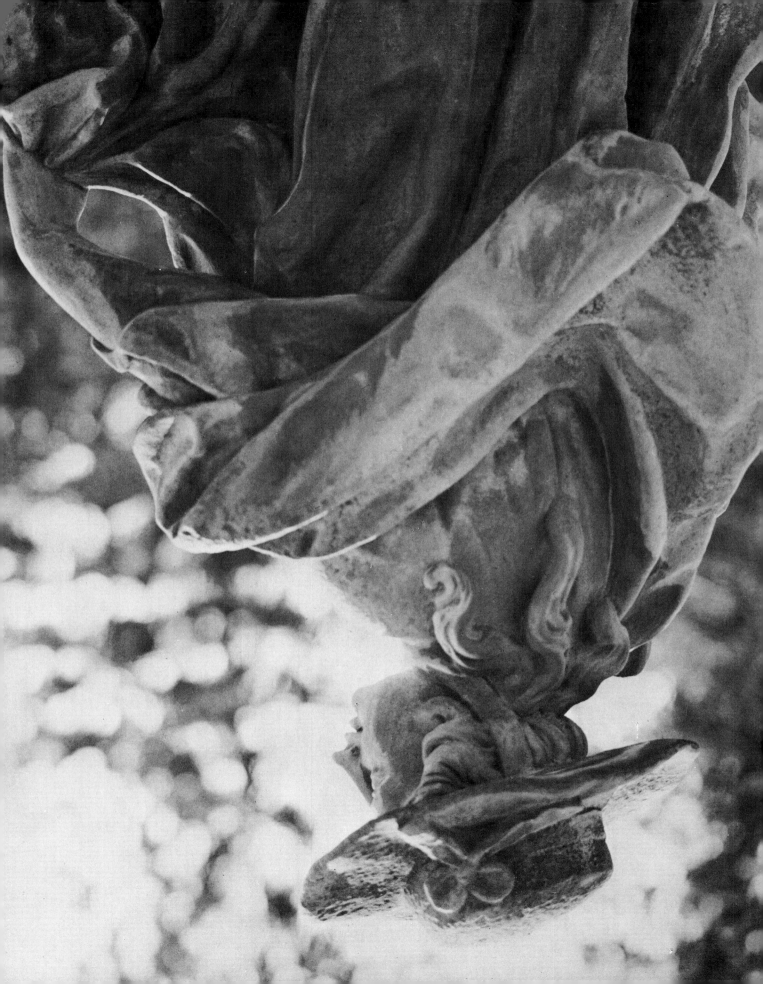

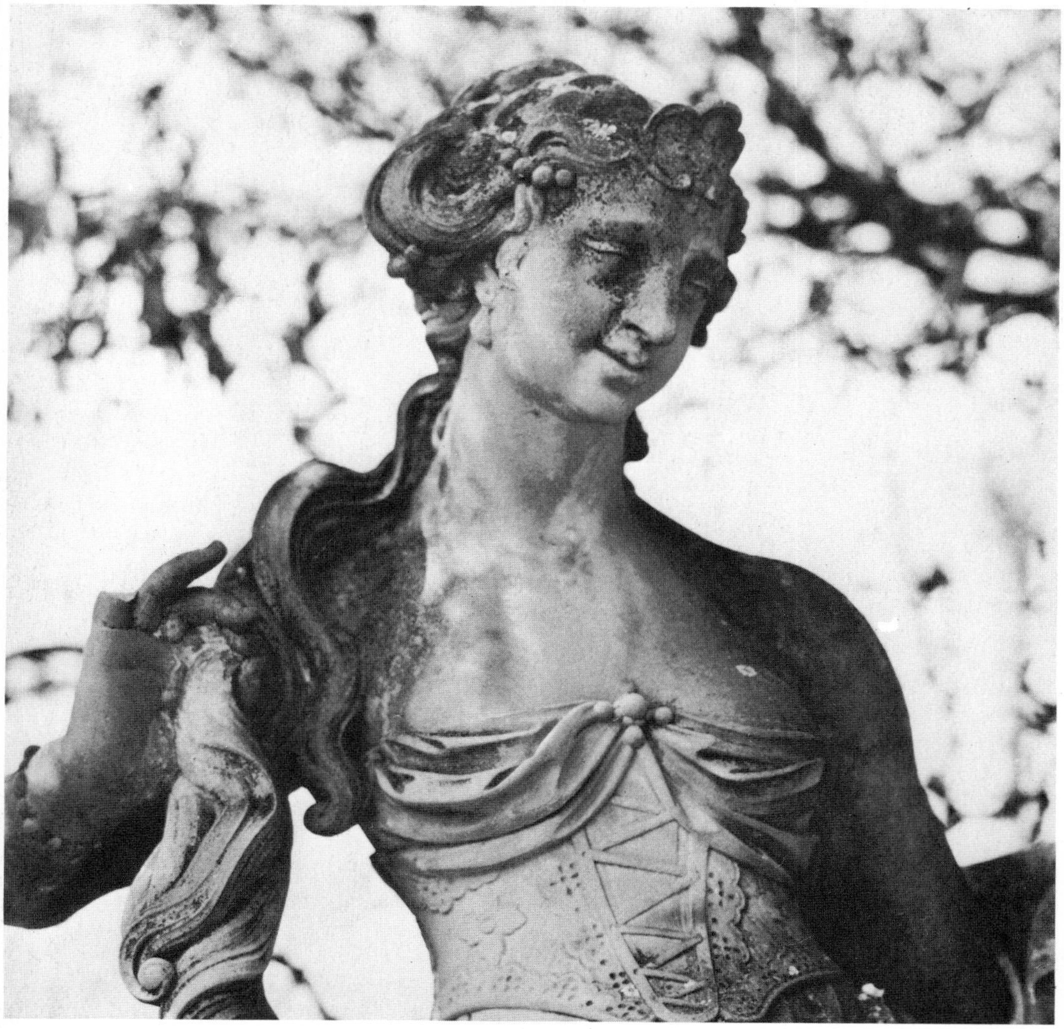

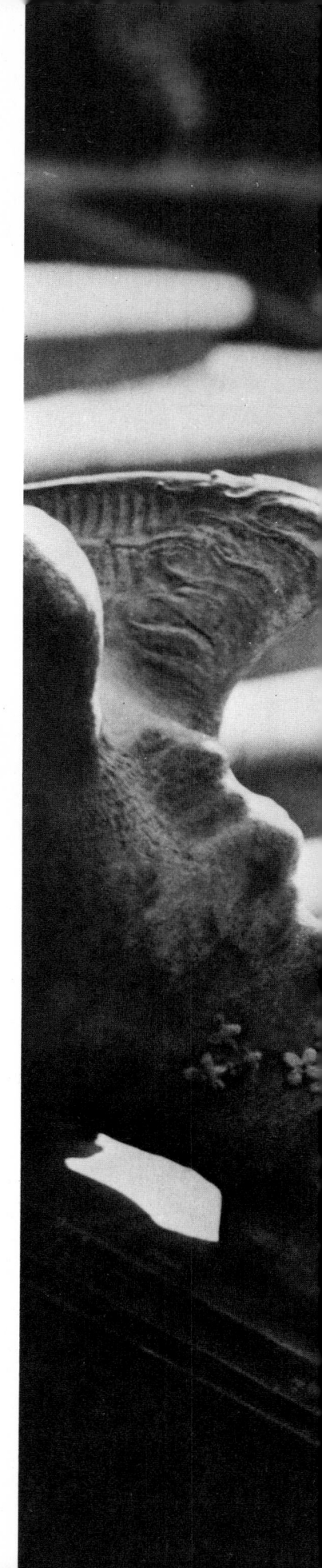

Fränkisches Rokoko:
Die Steinplastiken aus dem Garten von Veitshöchheim, einem Lustschloß
der Fürstbischöfe von Würzburg. Die 200 Figuren des Gartens stammen
von J. P. Wagner und Ferdinand Tietz (1763)

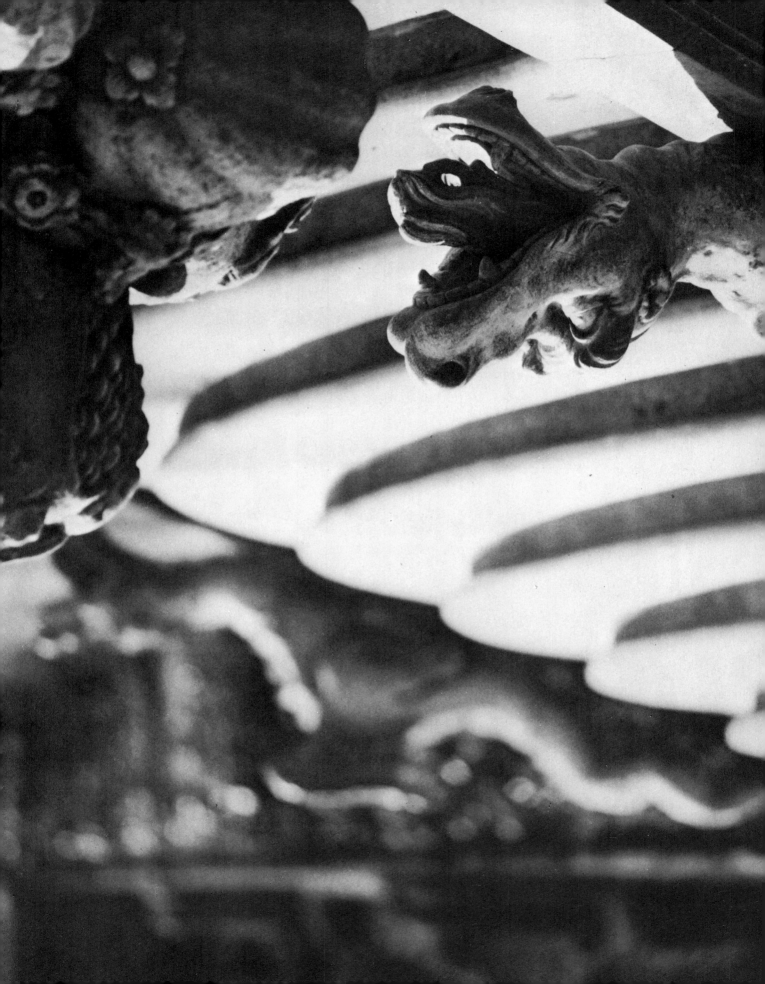

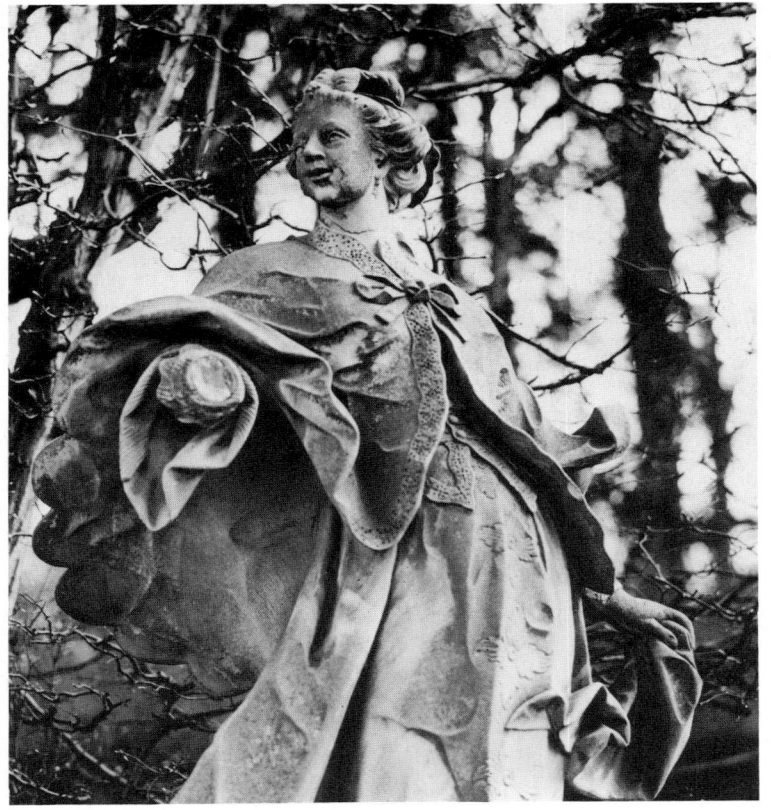

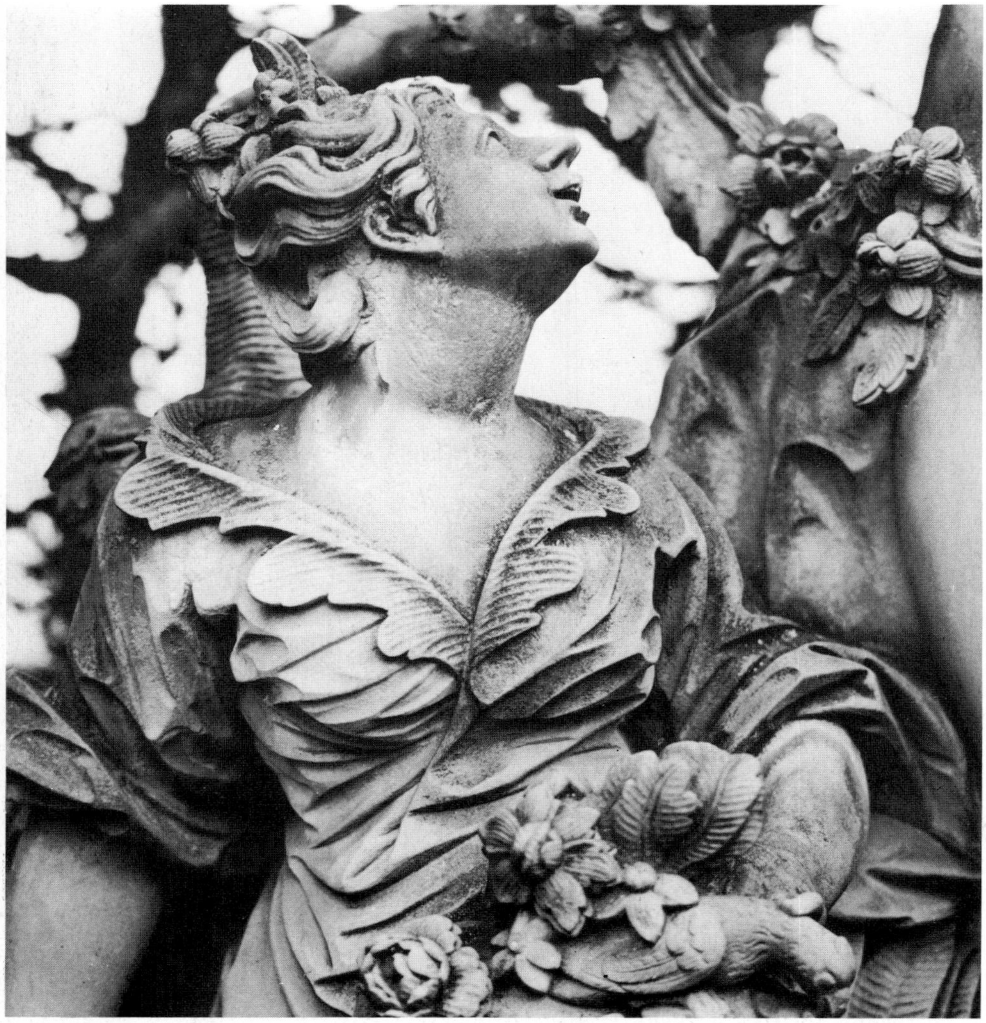

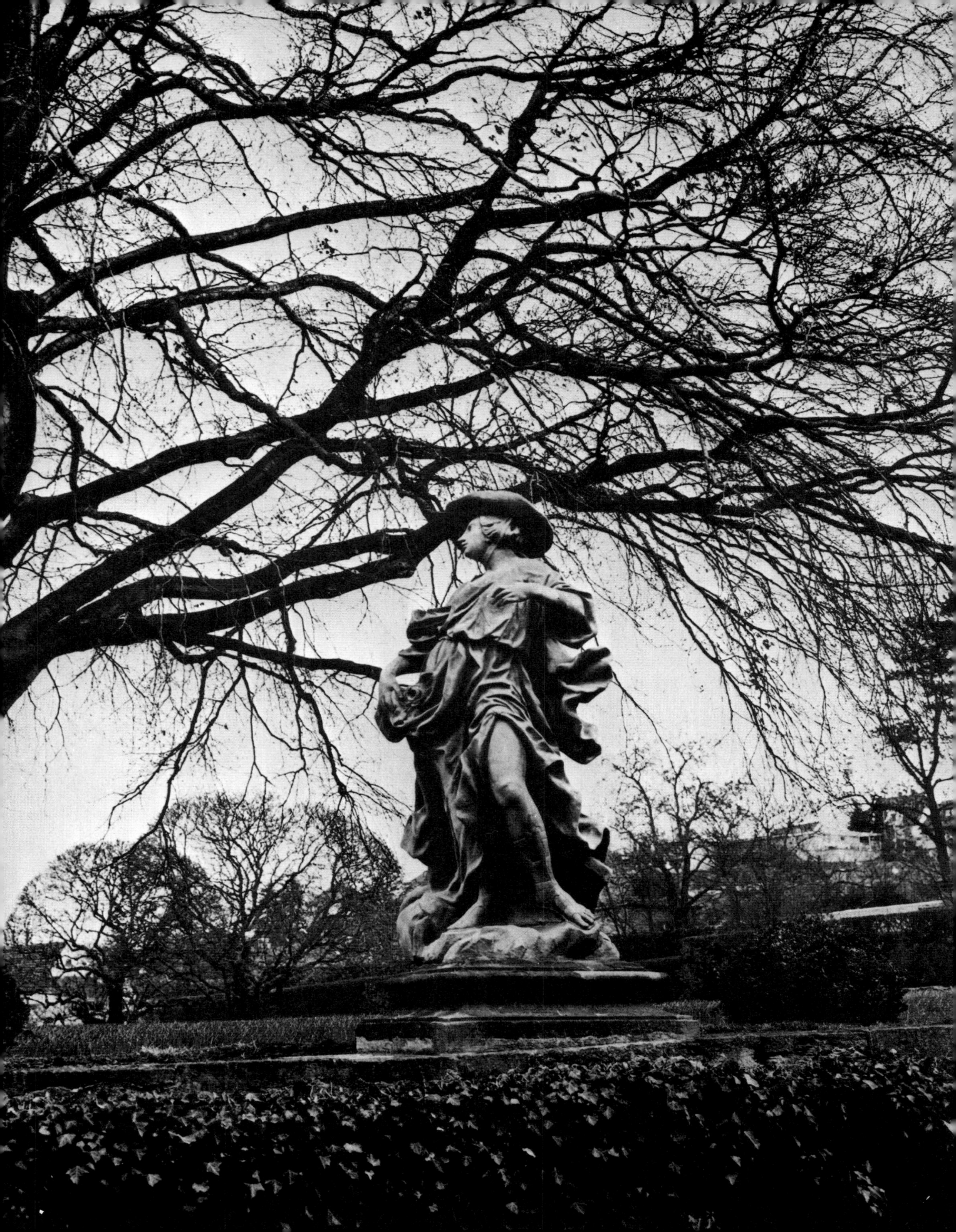

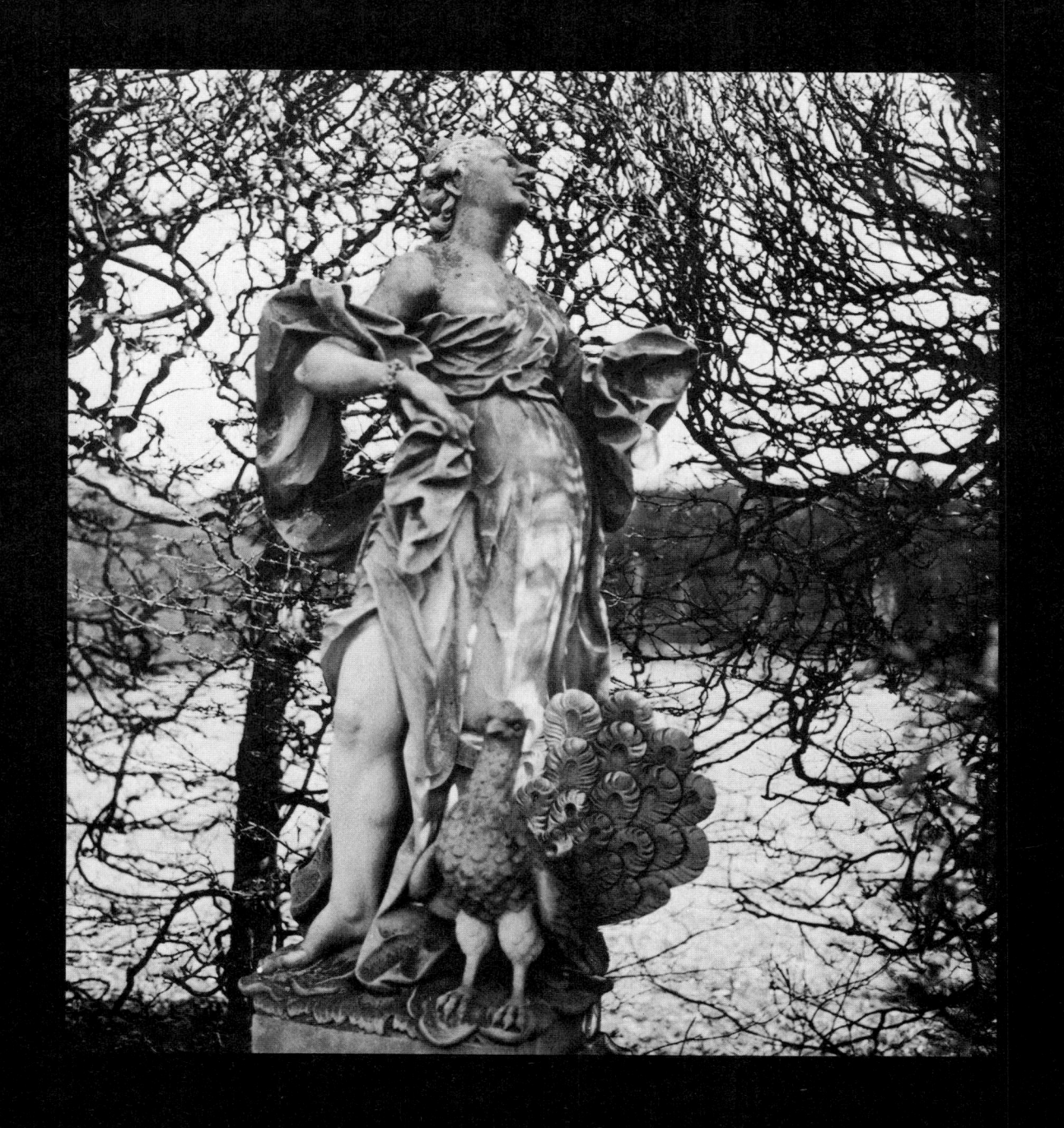

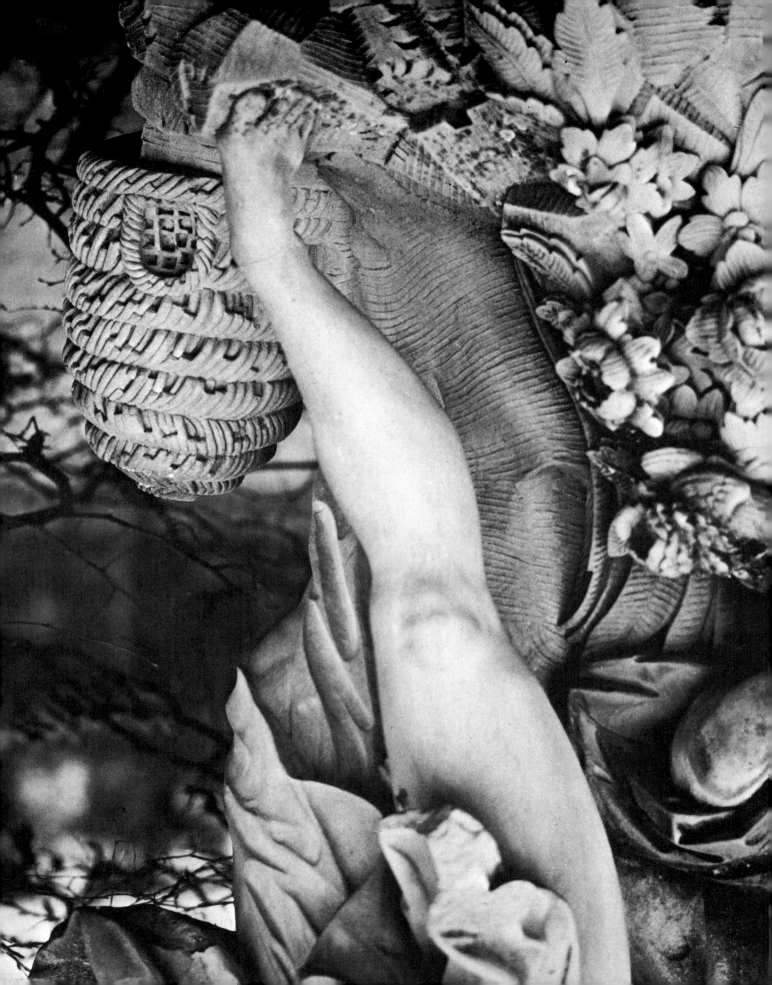

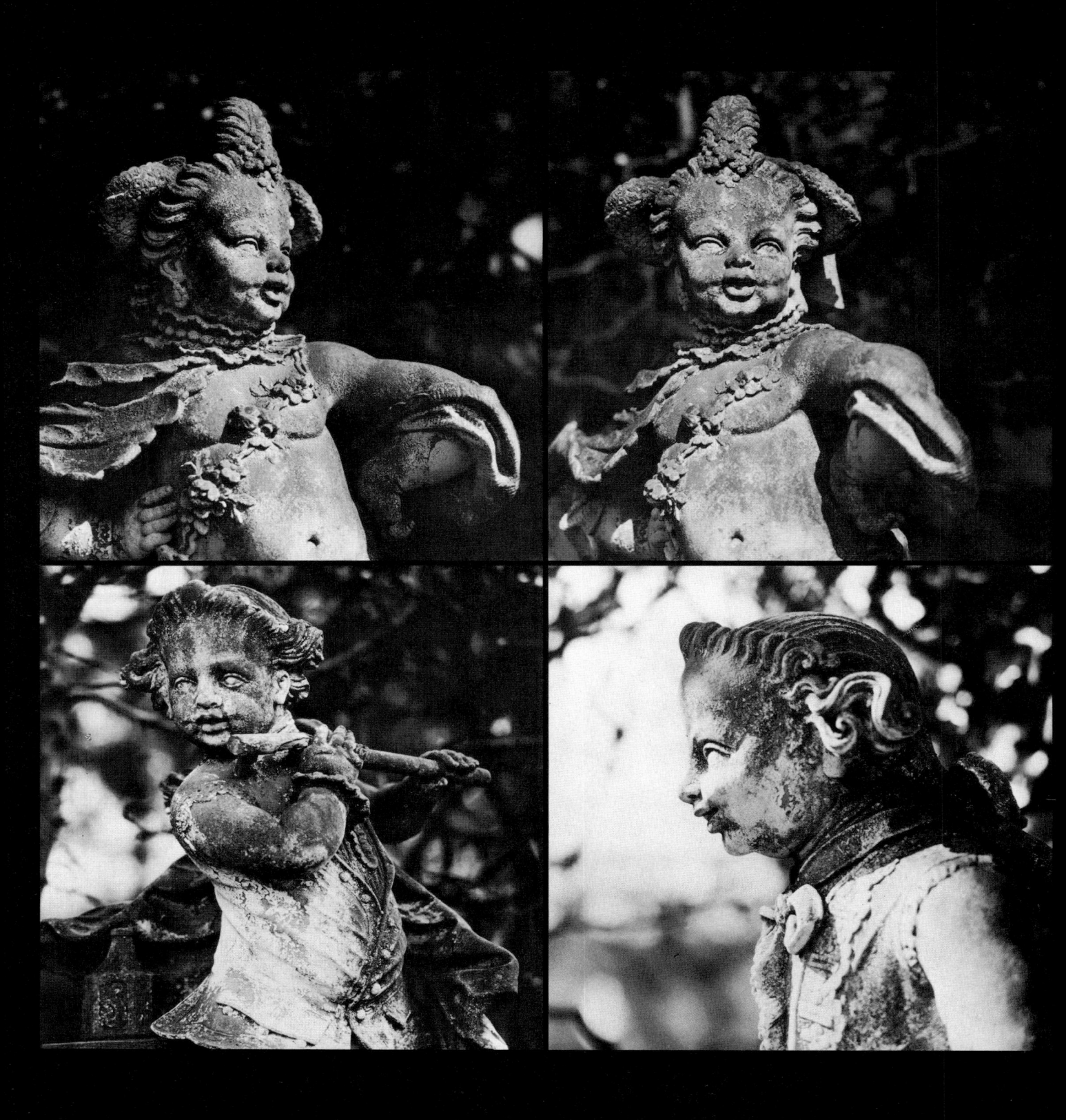

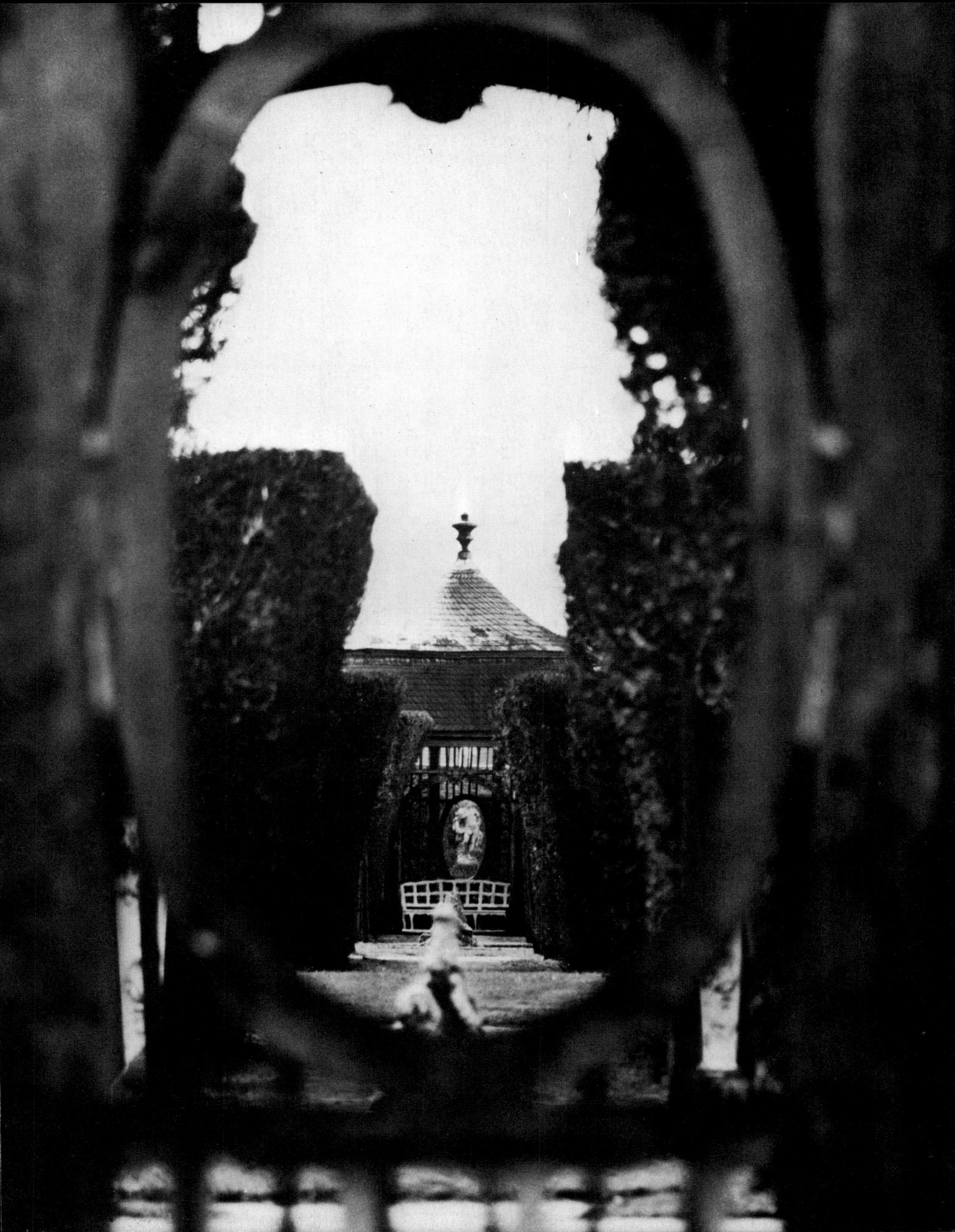

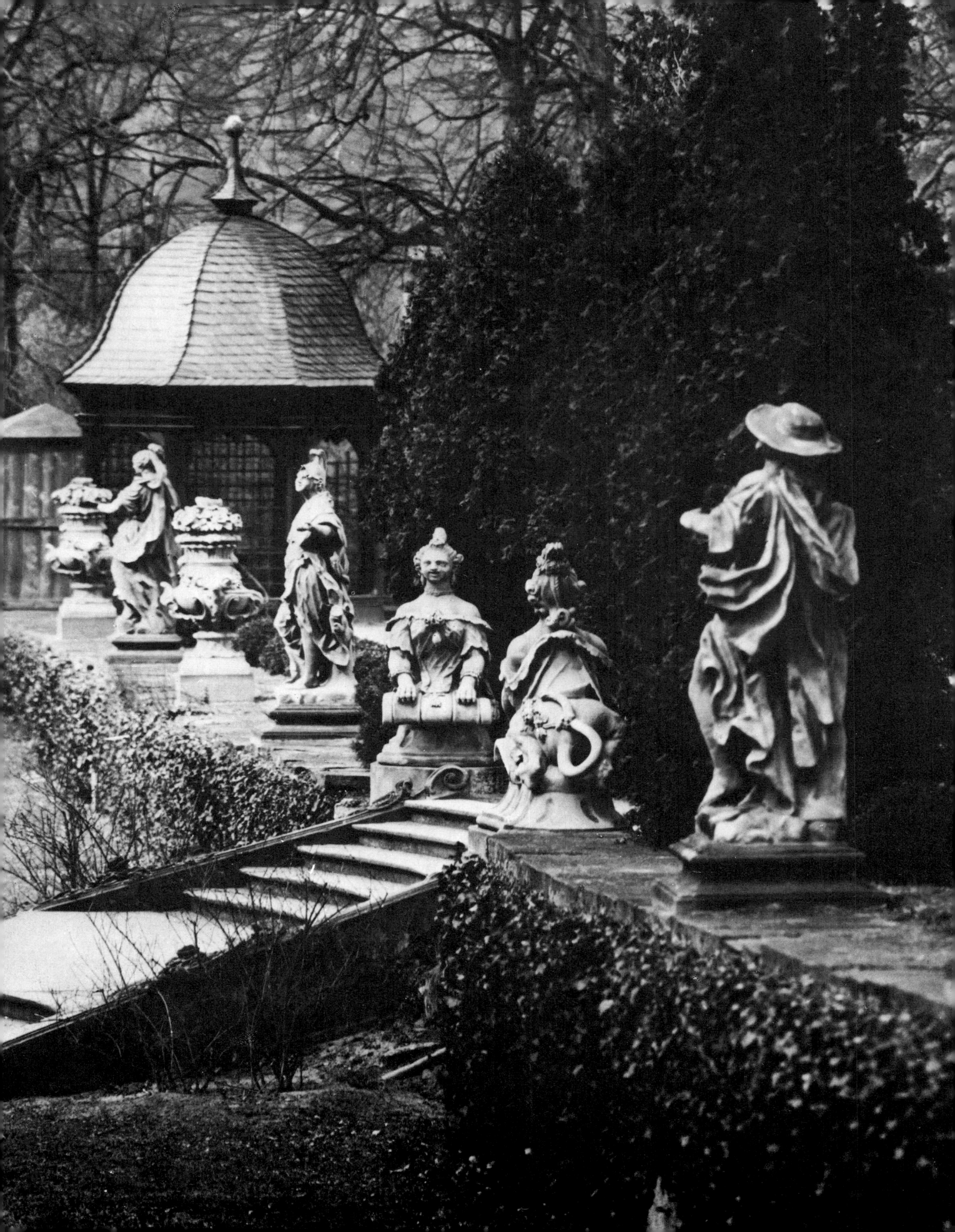

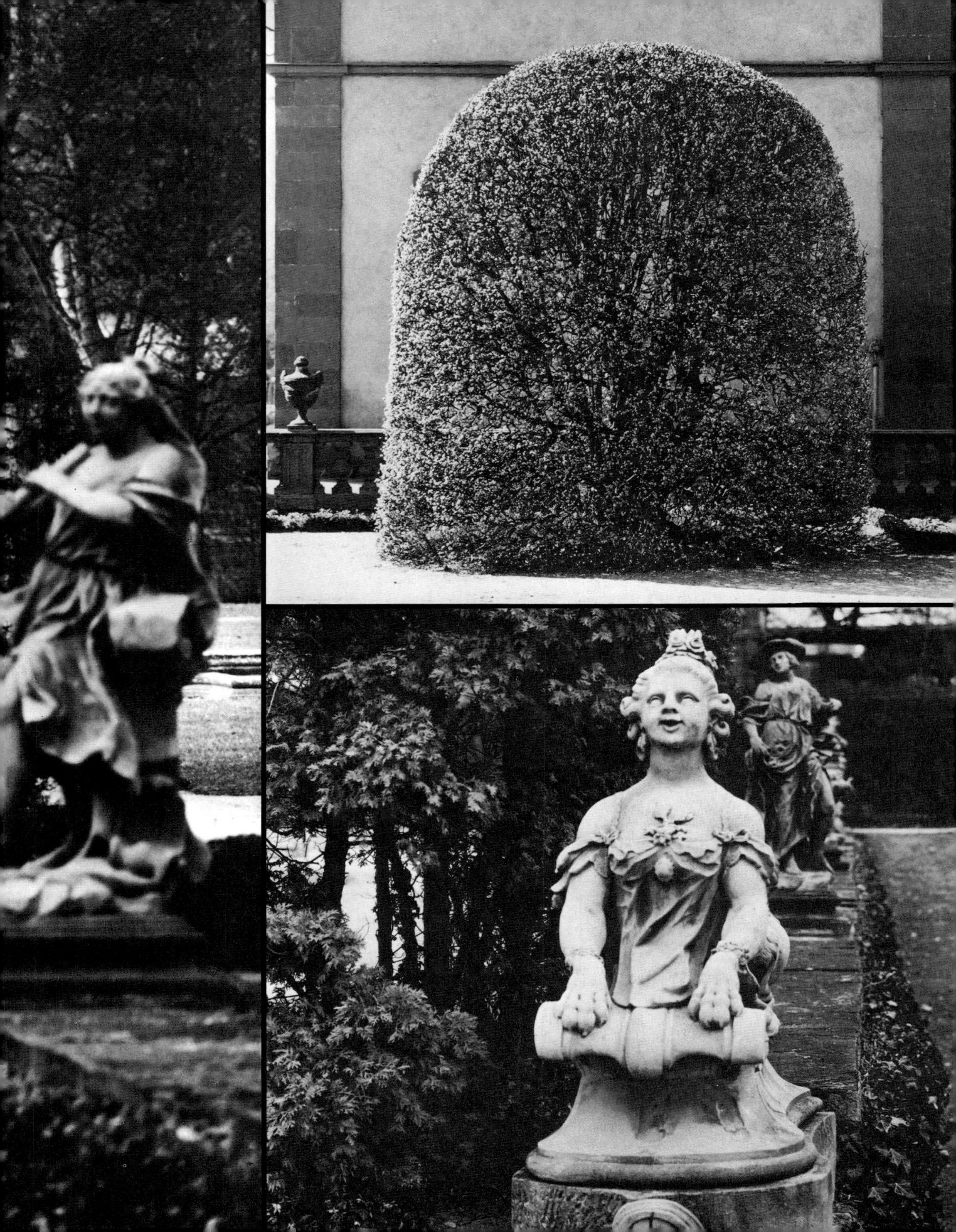

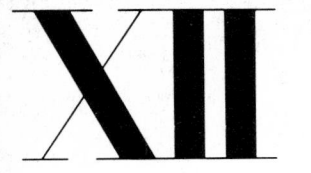

XII BAROCKE WALLFAHRT

Es war eine österliche Wallfahrt, die uns zu den Donaustiften in Niederbayern führte. Zwischen Straubing und Passau liegen sie links und rechts der Donau, nicht gerade an den großen Heerstraßen und auch nicht so hart am Strom wie in Österreich Melk oder Dürnstein; aber doch in nächster Nähe, so daß ihre Bezeichnung gerechtfertigt ist.

Die Klosterkirche Metten empfand ich so, wie man sich eben eine Barockkirche vorstellt.

Ihre Größe wirkt anheimelnd und intim, im Gegensatz zu Niederalteich, das fast wie ein Dom ist. Auf den alles mitgearbeitet, was im Bayerischen Barock Rang und Namen hat.

Die Klosterkirche Metten empfand ich so, wie man sich eben eine Barockkirche vorstellt. Ein Rausch aus Stuck, Figuren und vor allem Gold, das jetzt, nach der Restaurierung, eine unerhörte Leuchtkraft hat.

Ihre Größe wirkt anheimelnd und intim, im Gegensatz zu Niederaltaich, das fast wie ein Dom ist. Auf den Seitenaltären Stuckplastiken von Franz Xaver Holzinger aus Schörfling am Attersee, Heilige und Kaiser in phantastischen Gewändern und Rüstungen, mit großer Gebärde und Pathos. Von fast ekstatischer Bewegung die Doppelatlanten von Holzinger in der farbenfrohen Bibliothek, die an Stelle von Säulen die Gewölbe tragen.

Osterhofen, das „Damenstift", wie es dort heißt, ist eine der größten Schöpfungen der Brüder Asam, Egid Quirin und Cosmas Damian. Wenn man die Kirche betritt, ist man zuerst schockiert, fast empfindet man etwas kitschig, was man hier sieht. Aber es ist ungeheuer, was diese beiden Vollblutdekorateure hier in Bildhauerei, Stuck und Malerei in Szene setzten. Der Figurenreichtum einer Show, ein Barocktheater, vieles auch theatralisch wirkend. Ganz große Kunst die beiden Tabernakelengel. Überhaupt die Engel und Putten! In Fürstenzell steht ein Paar von dem in Wien geschulten Münchner Johann Bapt. Straub, sehr ausdrucksvoll, und ein drittes Paar in Aldersbach von Joseph Math. Götz aus Passau ist vielleicht nicht ganz so elegant, aber sehr innig.

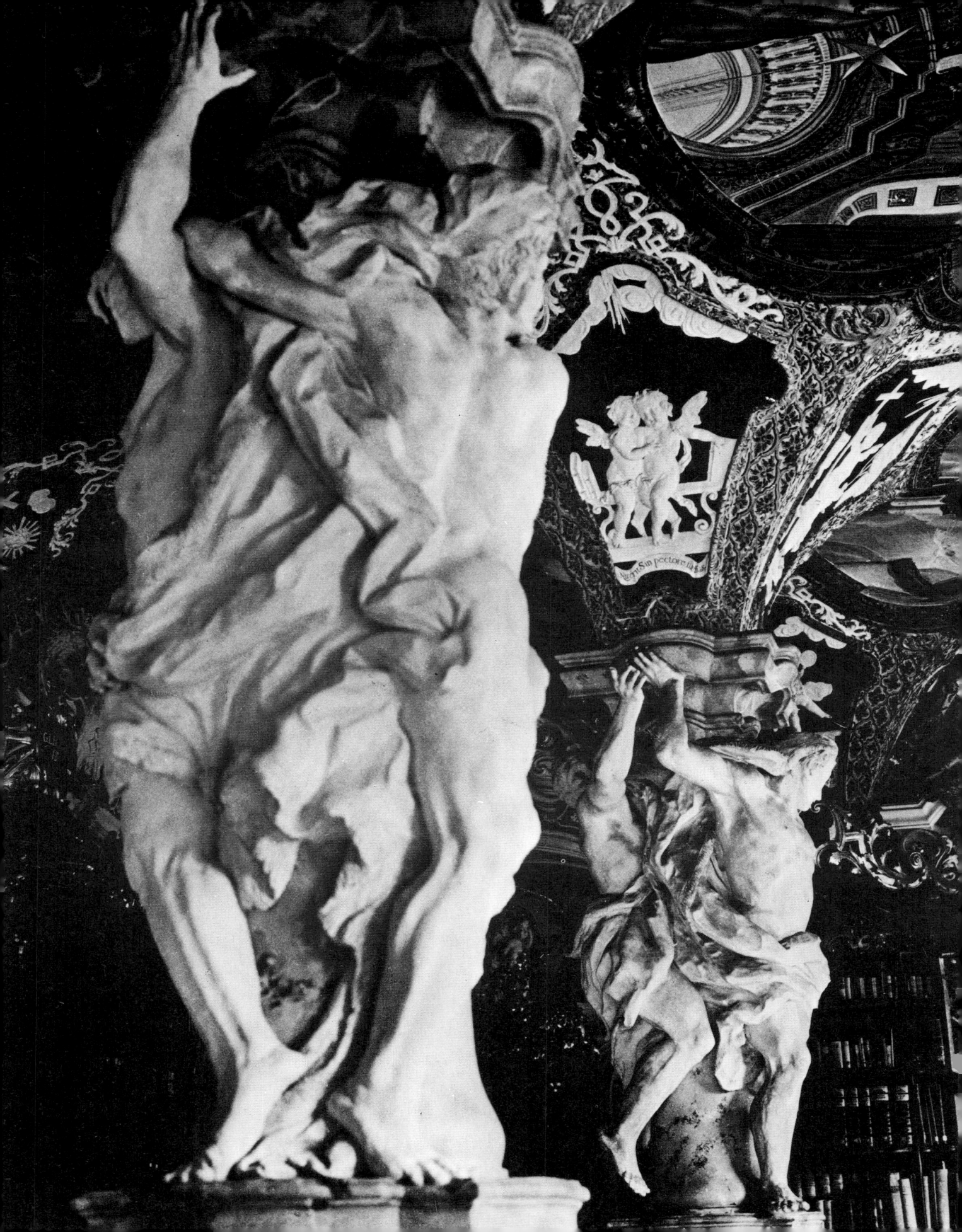

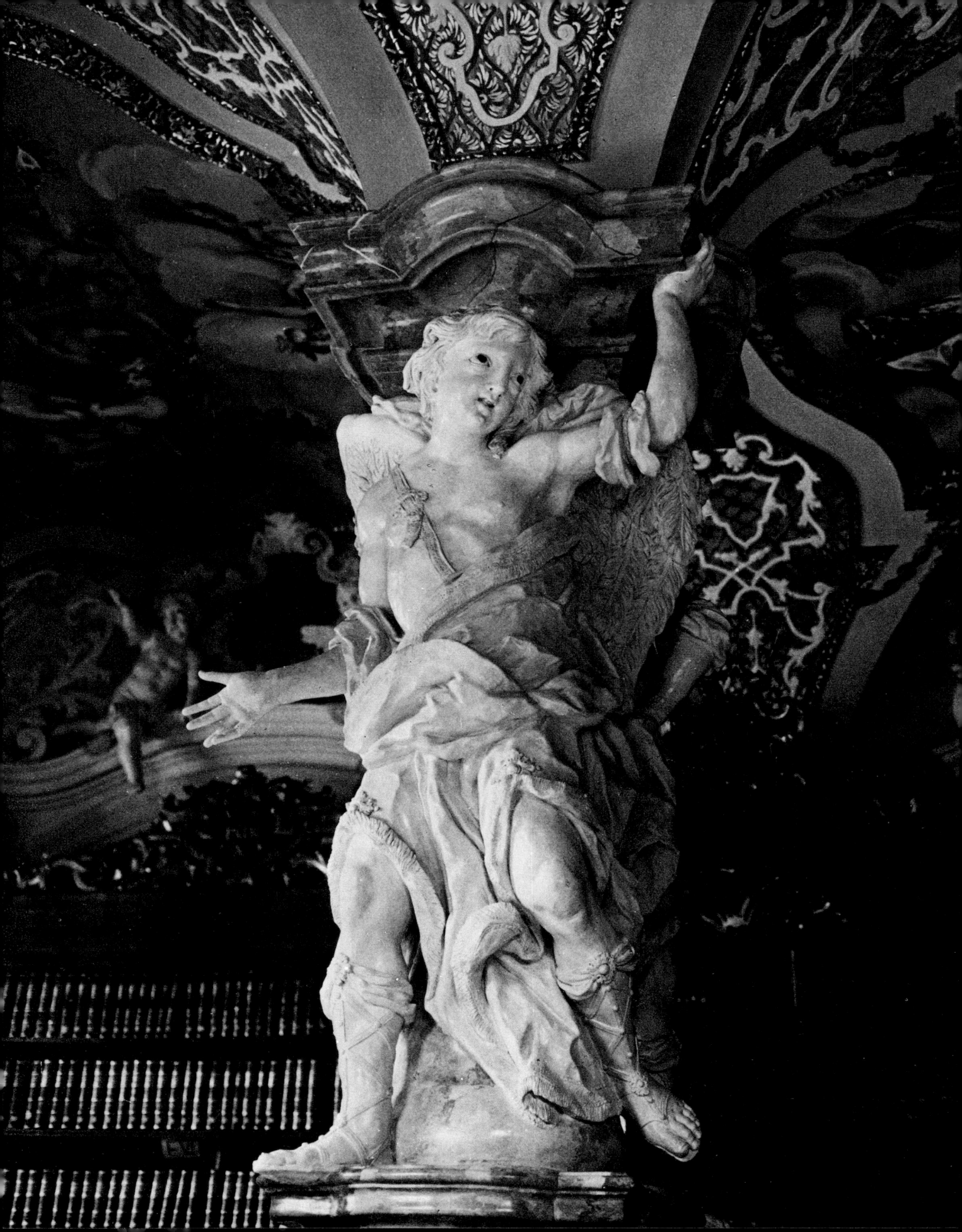

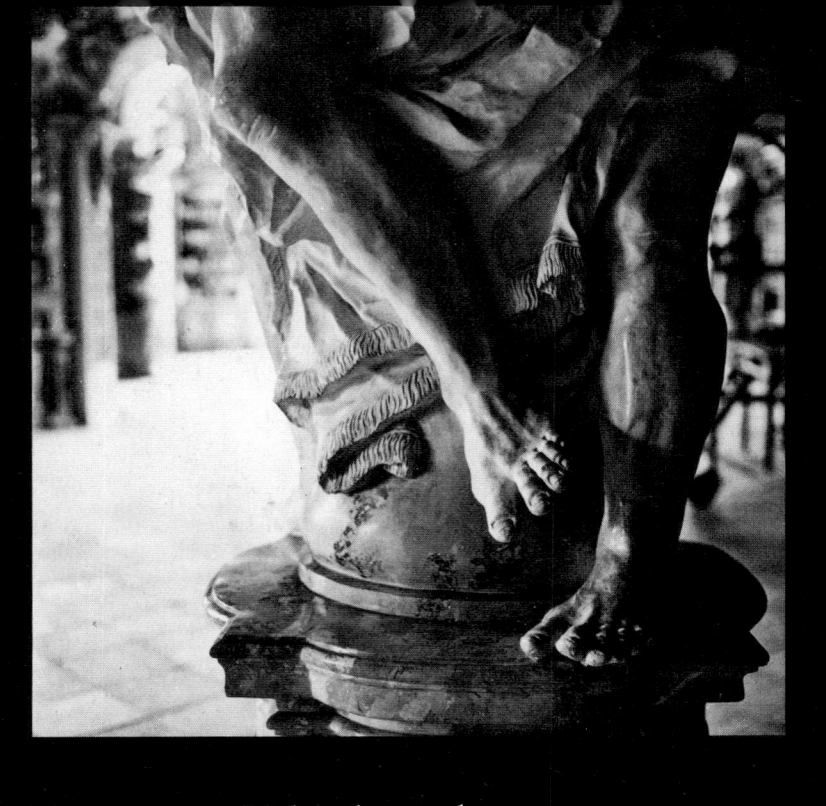

Links, oben und unten:
In der Bibliothek des Stiftes Metten
Vorhergehende Seite: Bibliothek des Stiftes Metten.
Doppelatlanten von Franz X. Holzinger

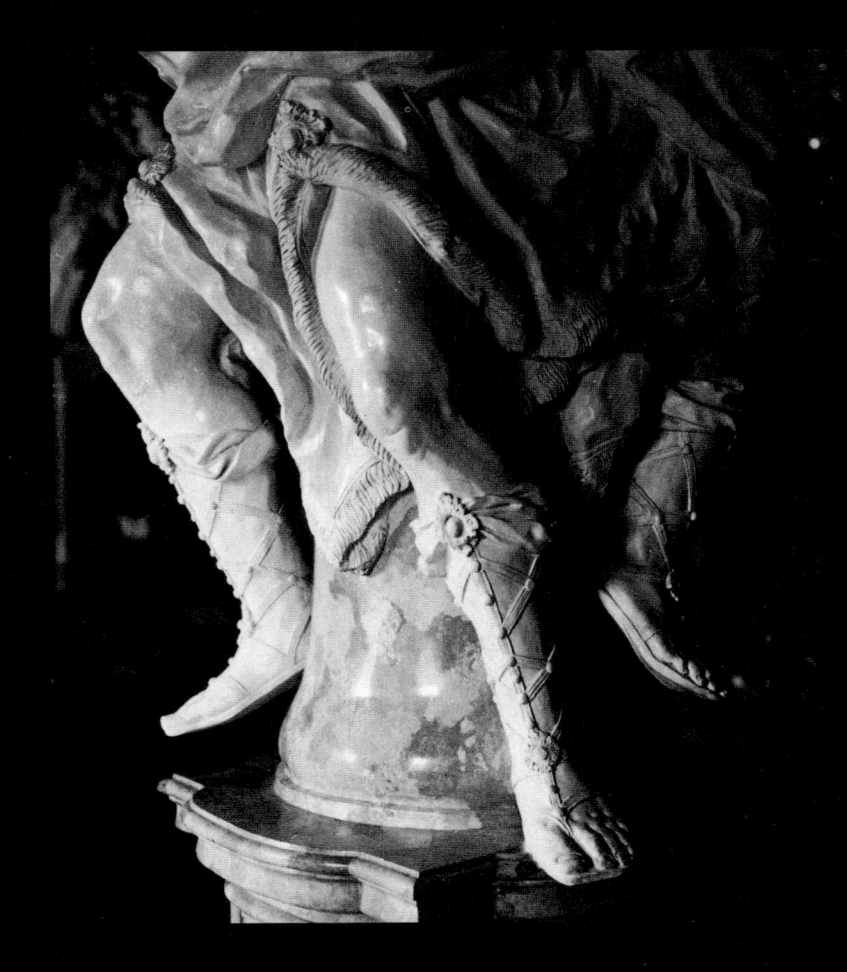

246

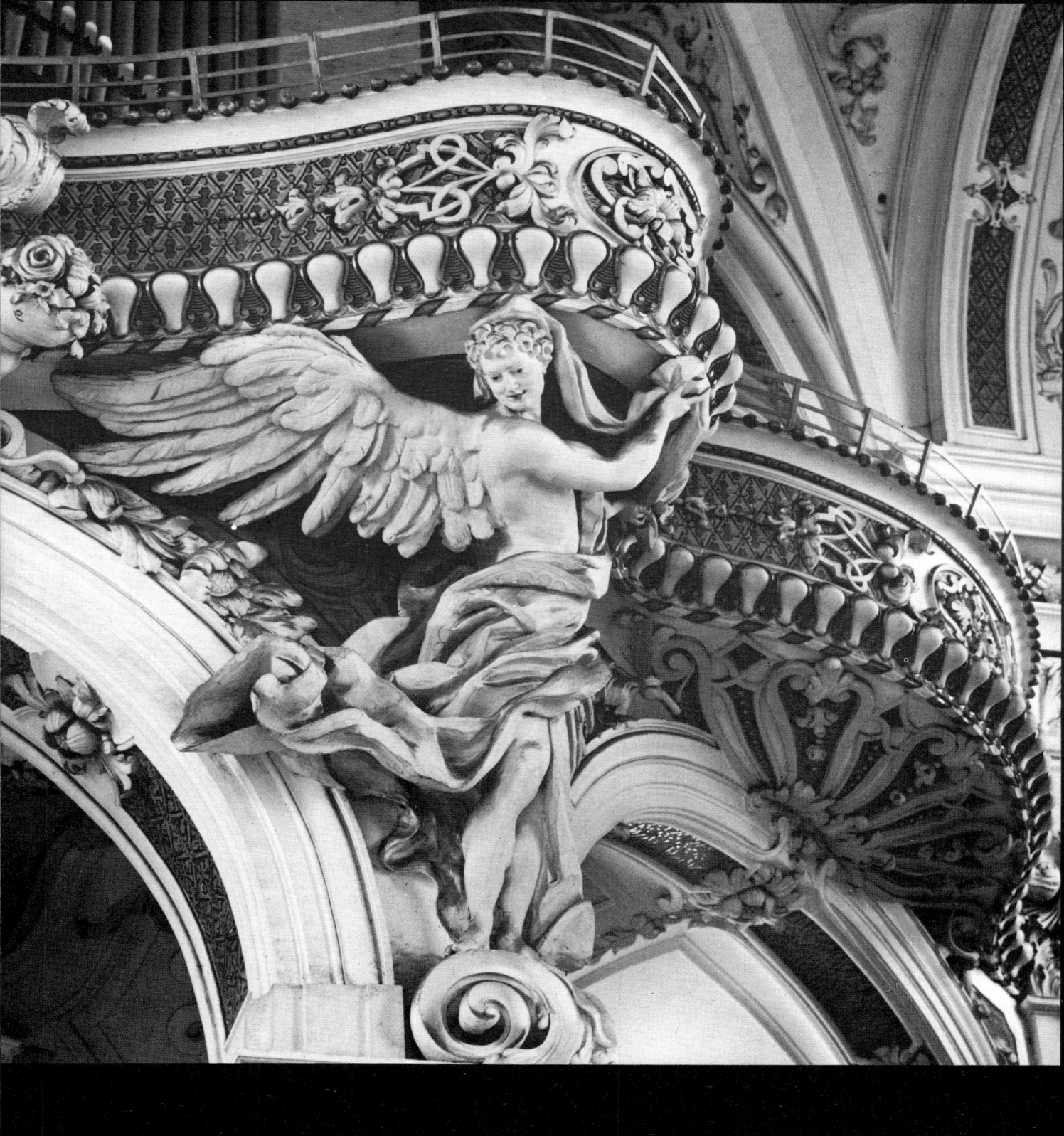

Aldersbach, Orgelempore von Egid Quirin Asam

Metten, Putto im Festsaal

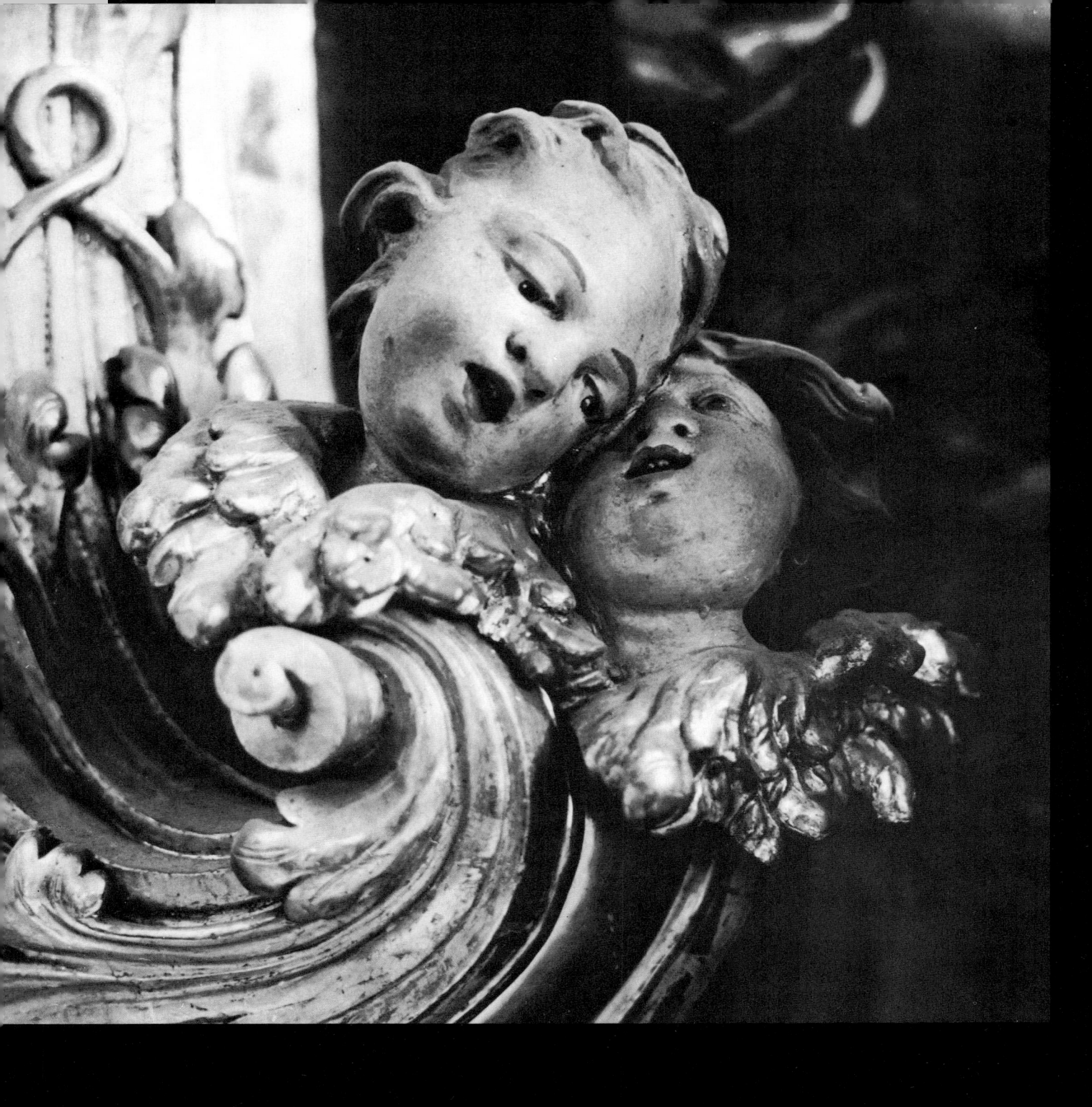

Aldersbach, Putten von Jos. Math. Götz

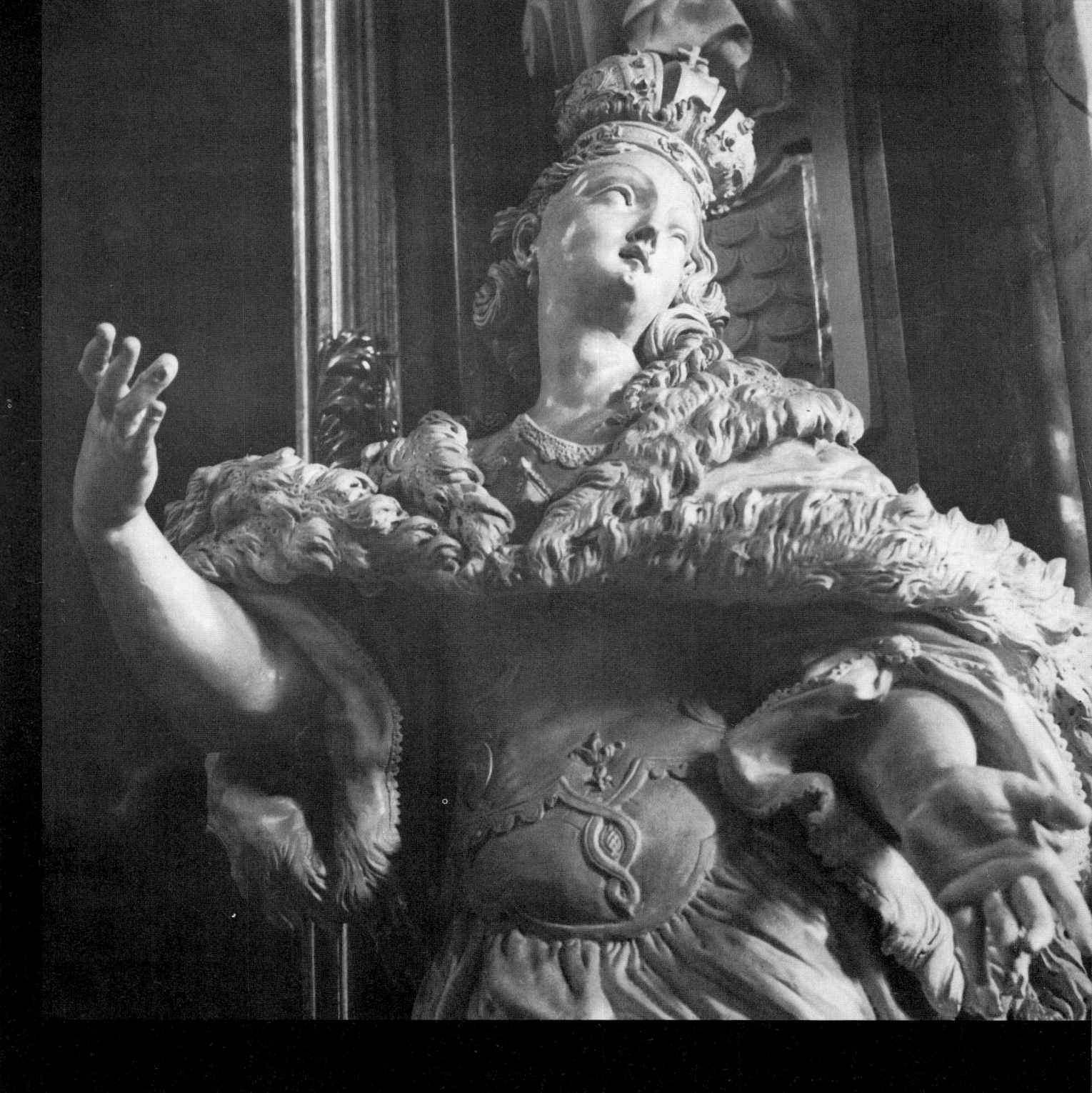

250 Oben: Metten. Kaiserin Helena, Stuckplastik von Franz X. Holzinger
Rechte Seite: Fürstenzell. „Die letzten Dinge"
am Chorgestühl, geschaffen von Deutschmann

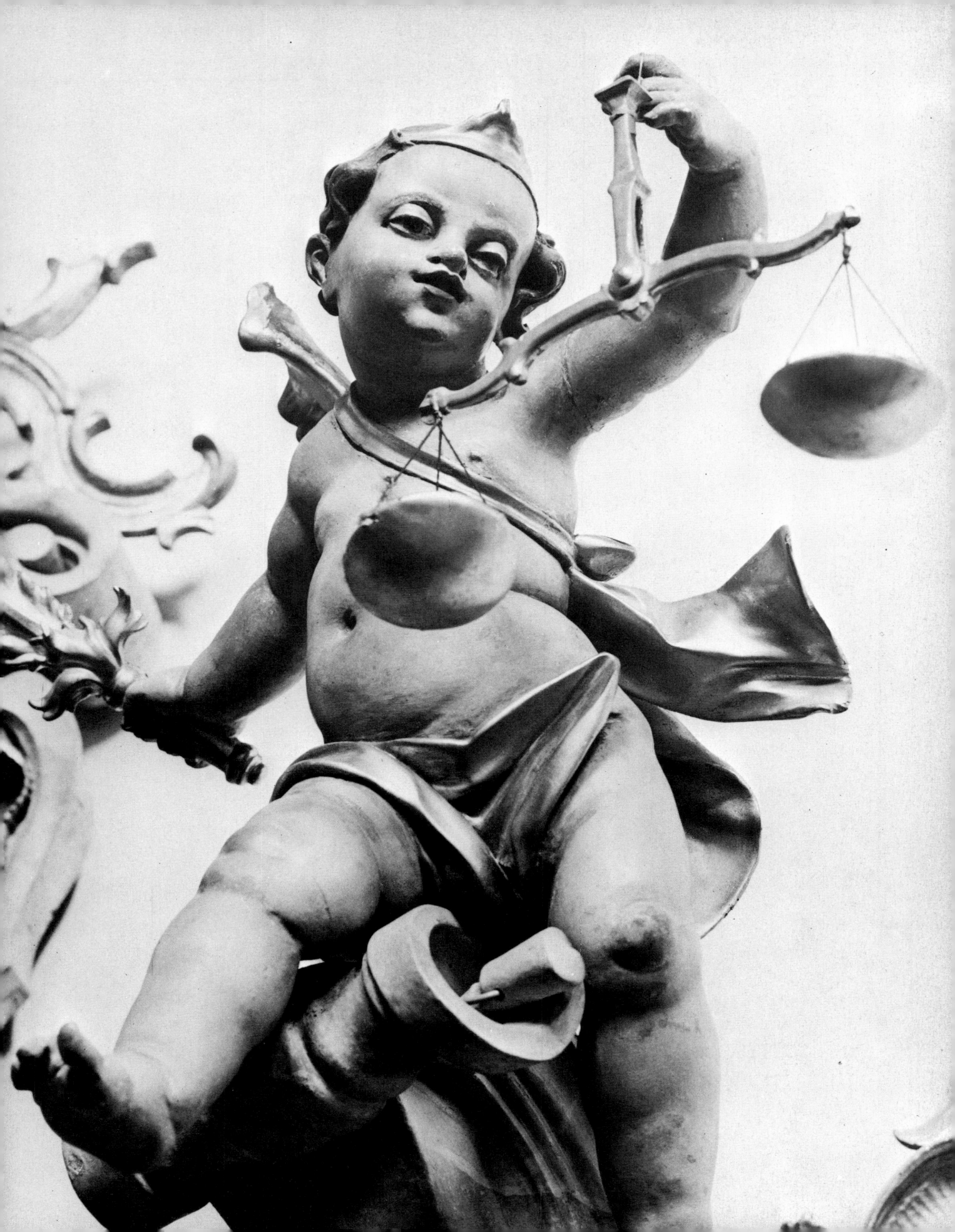

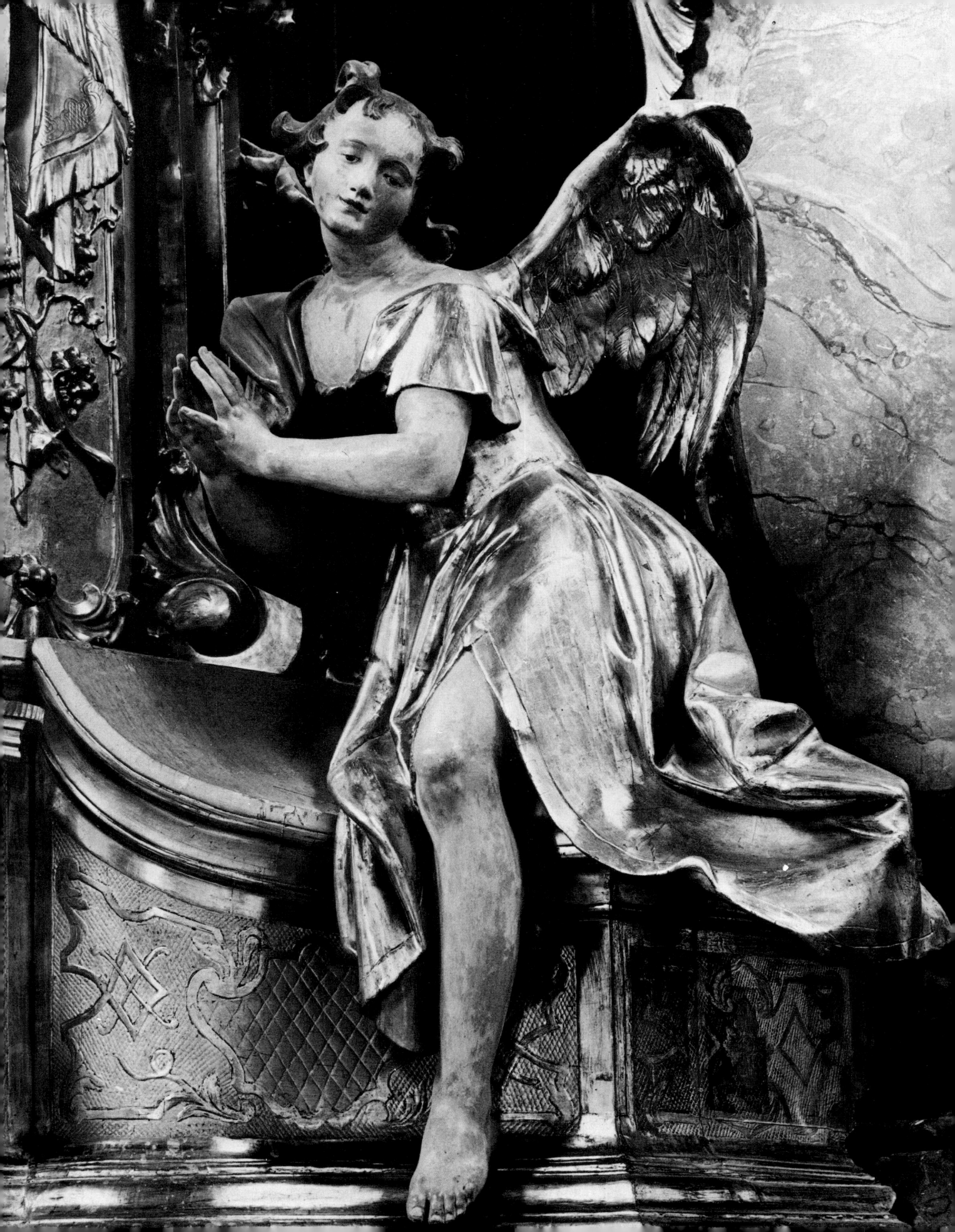

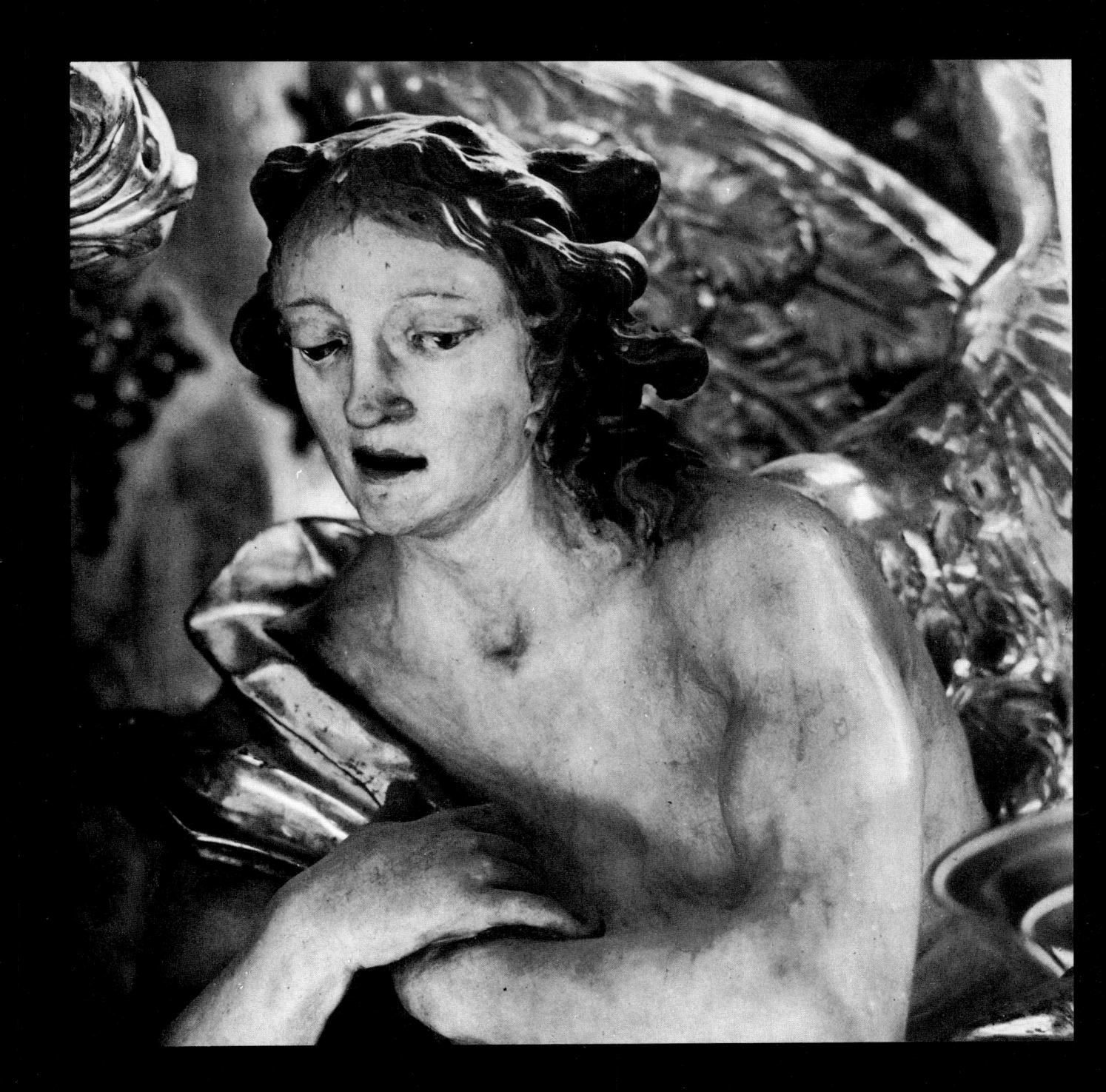

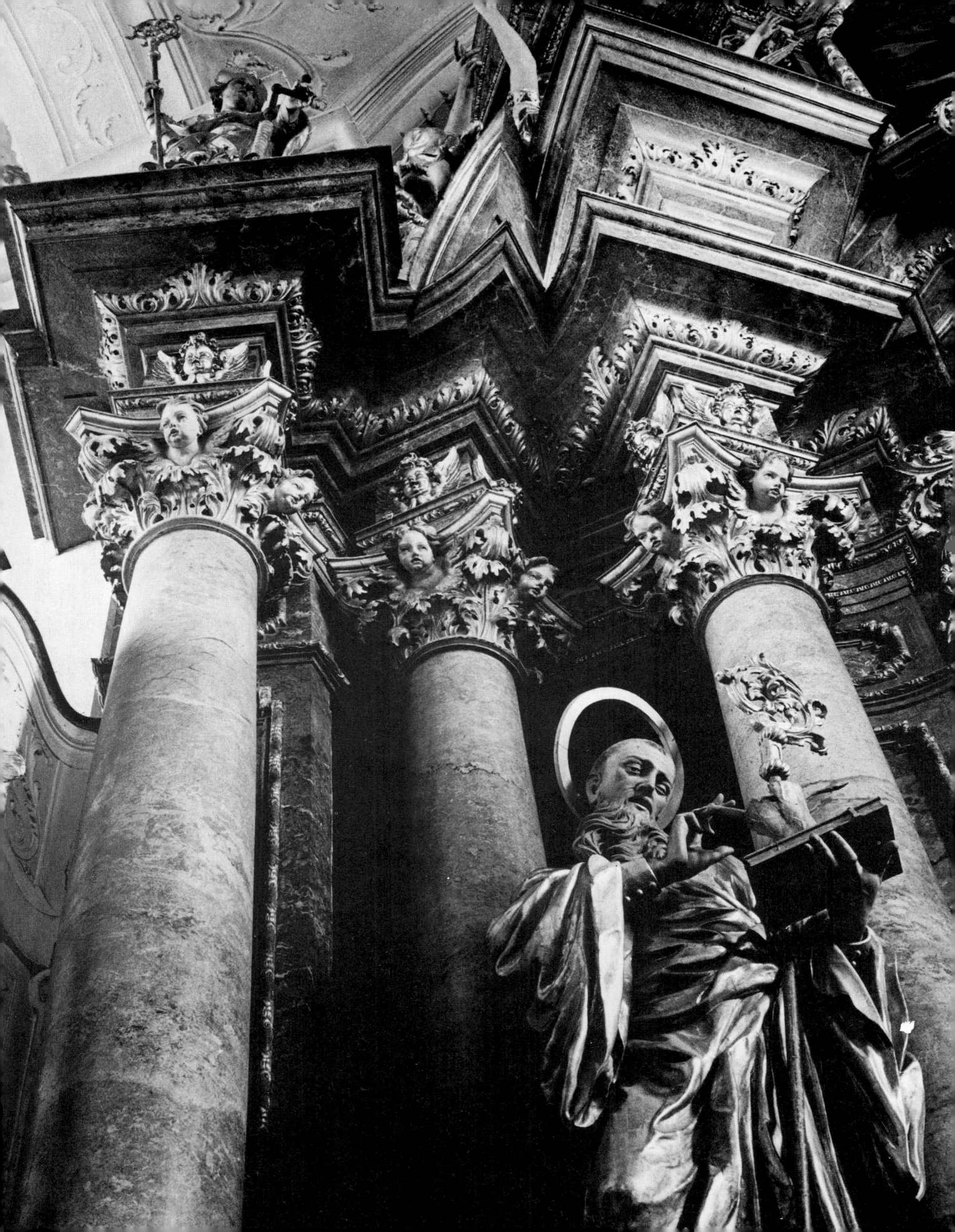

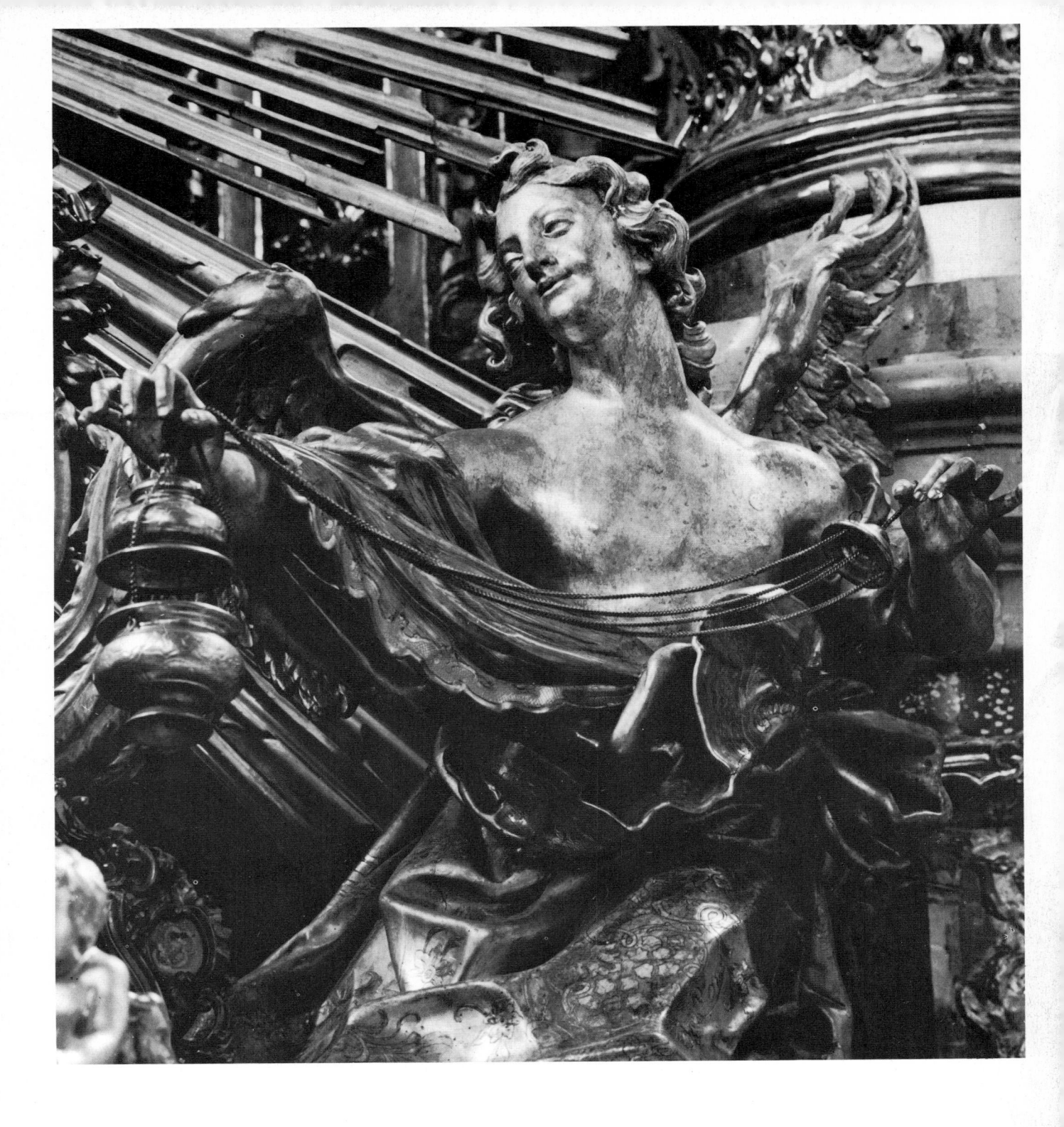

Linke Seite: Niederalteich. Hochaltar von Jakob Schöpf aus Straubing
Oben: Osterhofen. Tabernakelengel von Egid Quirin Asam

255

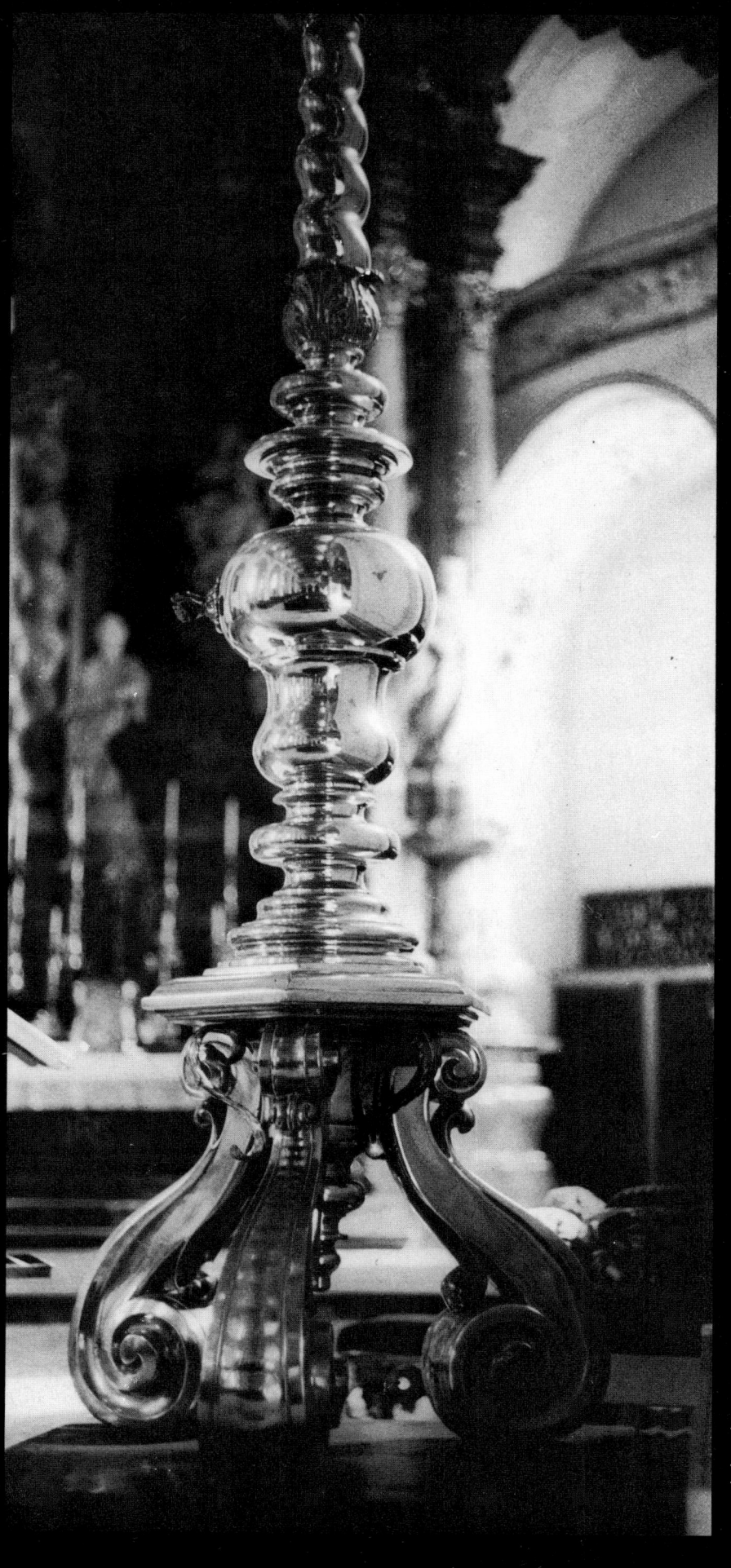

256

Links: Barocker Kerzen-
leuchter in der Pfarrkirche
von Deggendorf
Rechte Seite: Fürstenzell
Putto von Johann Bapt.
Straub

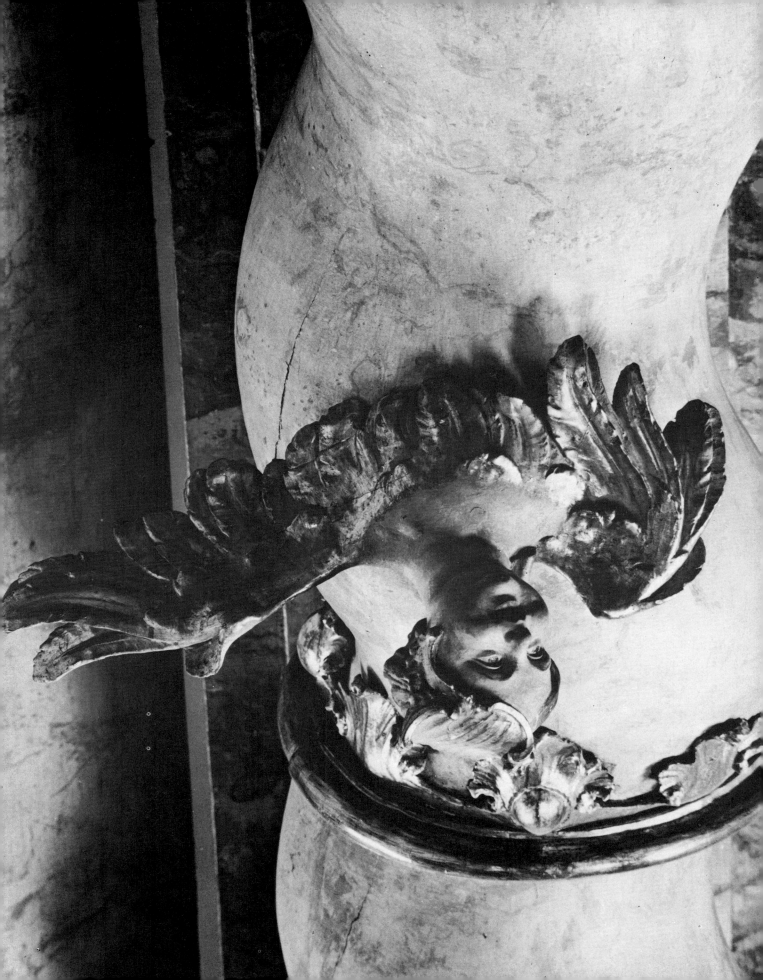

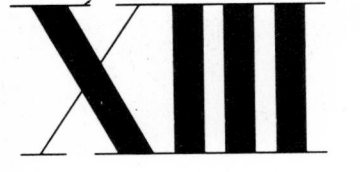

ZWISCHEN MAIN UND SCHWARZWALD

„So Gsell, soo!" Langgezogen hört man diesen Ruf des Nachts zur vollen Stunde vom Türmer in Nördlingen. Er erschallt vom „Daniel", dem Turm der Stadtpfarrkirche St. Georg, der hoch und schlank die Stadt überragt und schon von weit her zu sehen ist, wenn man von Höchstädt kommt und der Kessel der Ries vor einem liegt. Und ihm antwortete noch bis vor kurzem der Polizist im Rathaus mit „So Gsell!" Freuen wir uns, daß es diesen jahrhundertealten Brauch gibt und den Hauch von Romantik. Nicht umsonst hat man die Straße hier die „Romantische Straße" genannt. Schon in Aschaffenburg fängt die Verzauberung an. Man kommt aus den wunderschönen Fachwerkstädtchen Hessens, jedoch aus einem rauhen Klima. Hier aber beginnt der Wein, die Wärme. Die Häuser aus Stein mehren sich und die Bürgerstädte. Den Main aufwärts Miltenberg, Wertheim, Tauberbischofsheim, von Würzburg südlich die Weinstädtchen Ochsenfurt, Frickenhausen, Marktbreit, Sulzfeld, viele noch mit Stadtmauern, und die zu Fremdenverkehrsattraktionen gewordenen alten Reichsstädte Rothenburg, Dinkelsbühl und Nördlingen mit bis zu 50 Türmen und Wehrgängen und einem mittelalterlichen Stadtbild.

Weiter westlich zum Neckar wieder Wein und Fachwerkhäuser der alemannischen Bauart; auch an ihnen merkt man den Süden, sie haben Fensterläden, rot und grün und braun, und zum Teil abgewalmte Dächer. So stehen sie auch im Schwarzwald, in Calw, Nagold, Alpirsbach, Sasbachwalden, und so umstehen sie in Schiltach den steilen, wunderschönen Marktplatz. In Wolfach, Schiltach, Alpirsbach gab es Flößerzünfte, denn hier, im schwärzesten Schwarzwald, begann die Flößerei auf der Kinzig zum Rhein und hinaus bis Holland. Hier spielt Wilhelm Hauffs „Kaltes Herz", hier kann man sich den „Holländermichl" vorstellen.

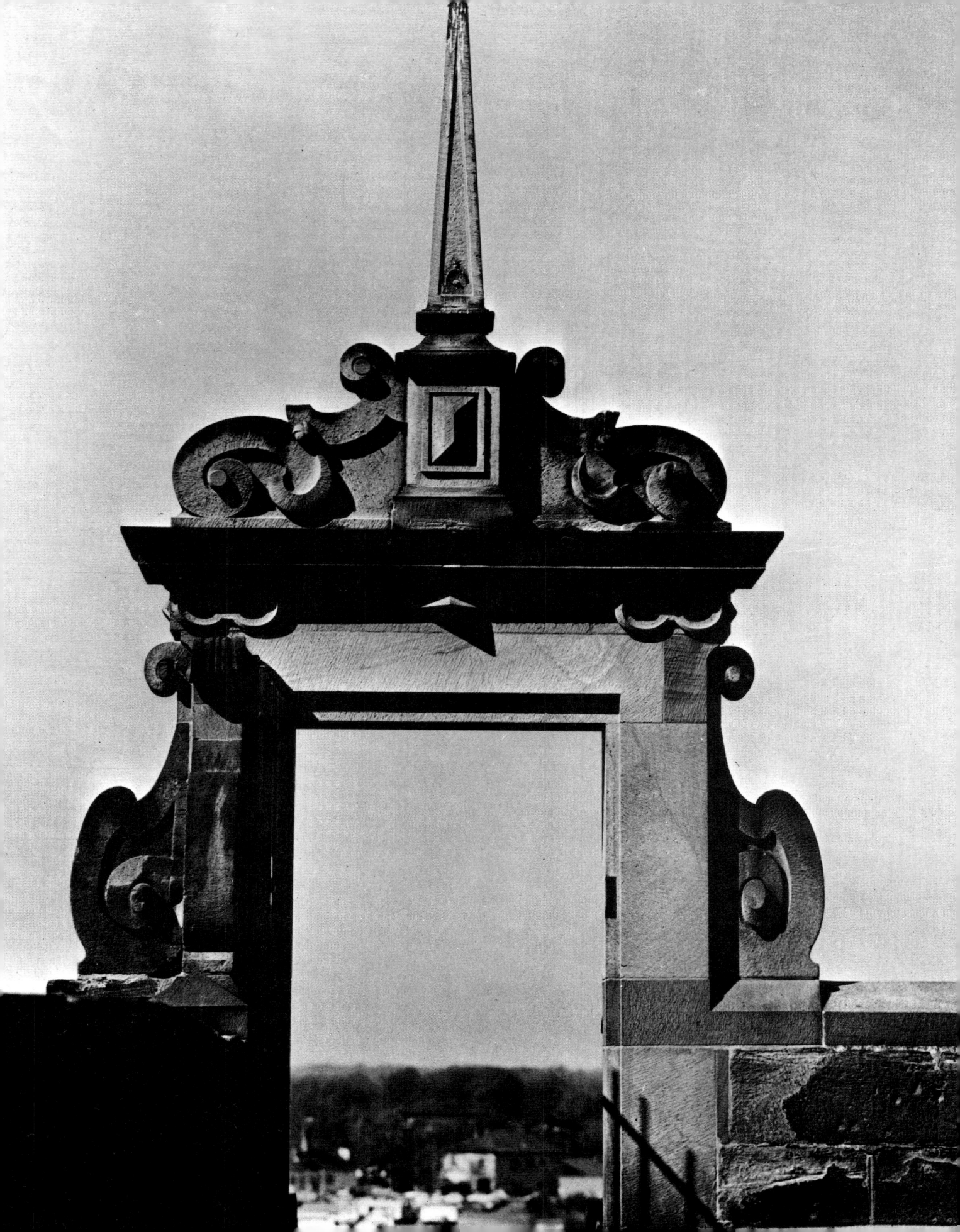

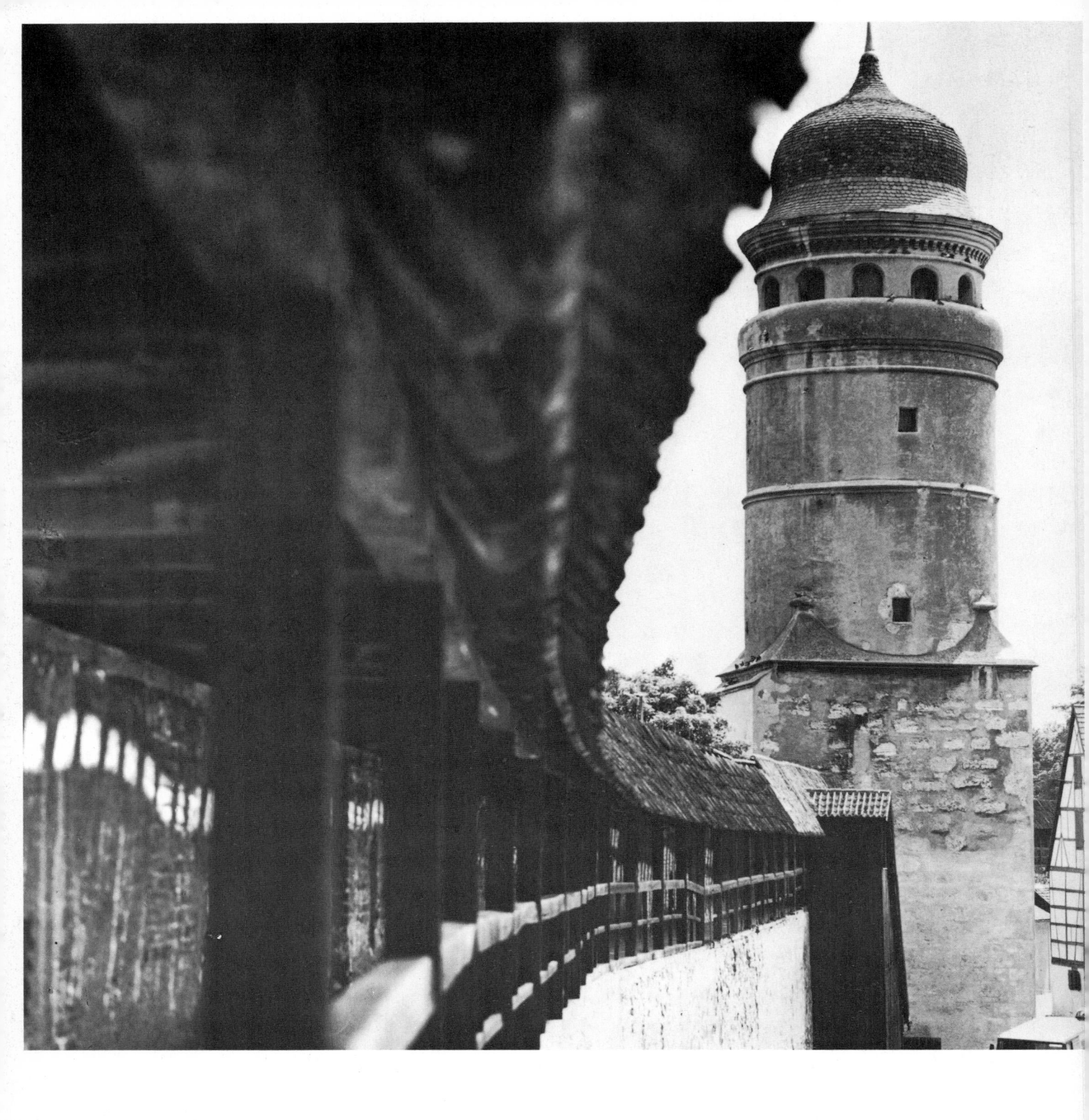

Vorhergehende Seite: Gartentor auf der Terrasse von Schloß Aschaffenburg, 1614
Oben: Torturm und Wehrgang in Nördlingen, 16. Jahrhundert

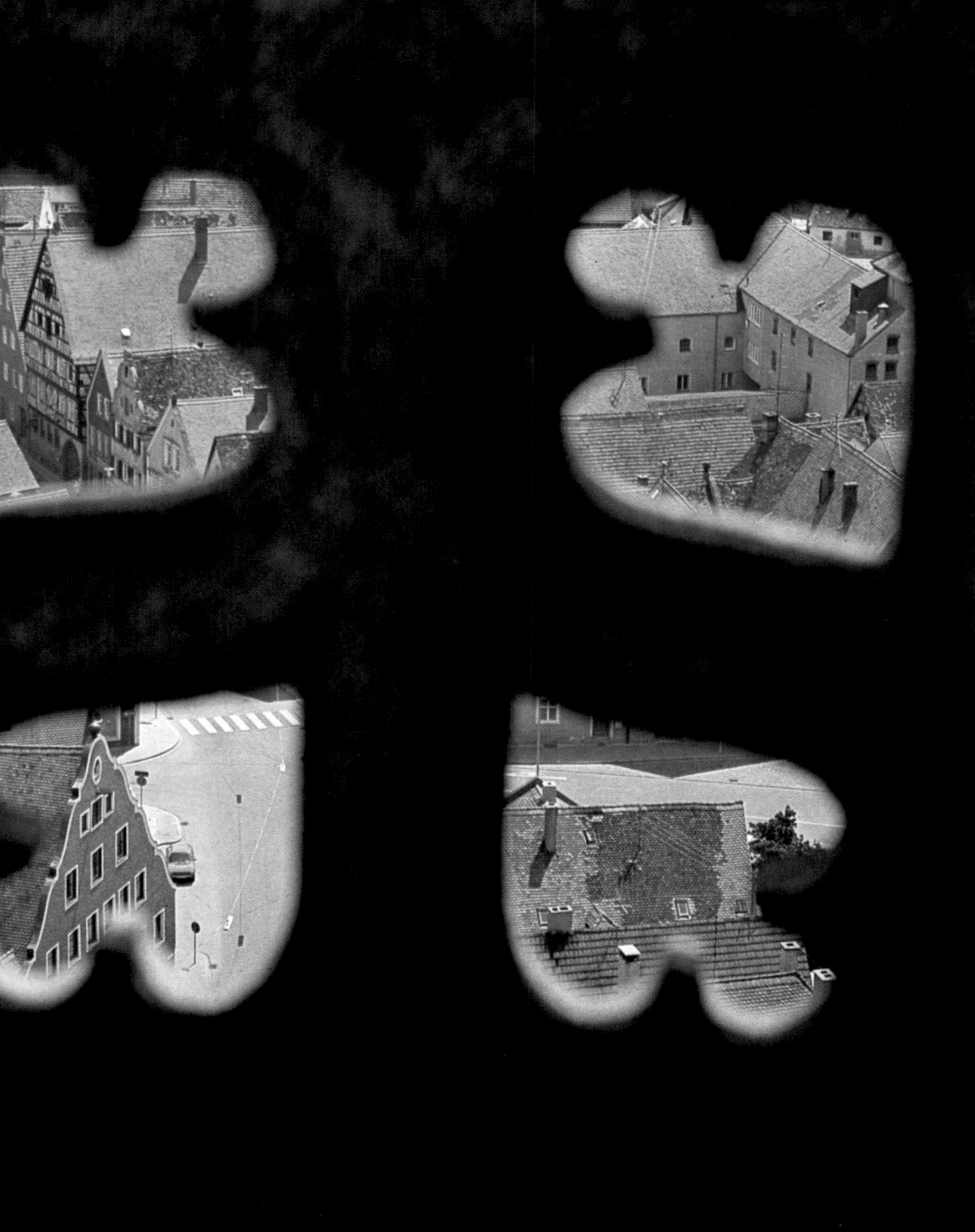

Oben: Nördlingen, Blick vom „Daniel", dem Turm von St. Georg, auf die Stadt
Folgende Doppelseite: Schiltach im Schwarzwald

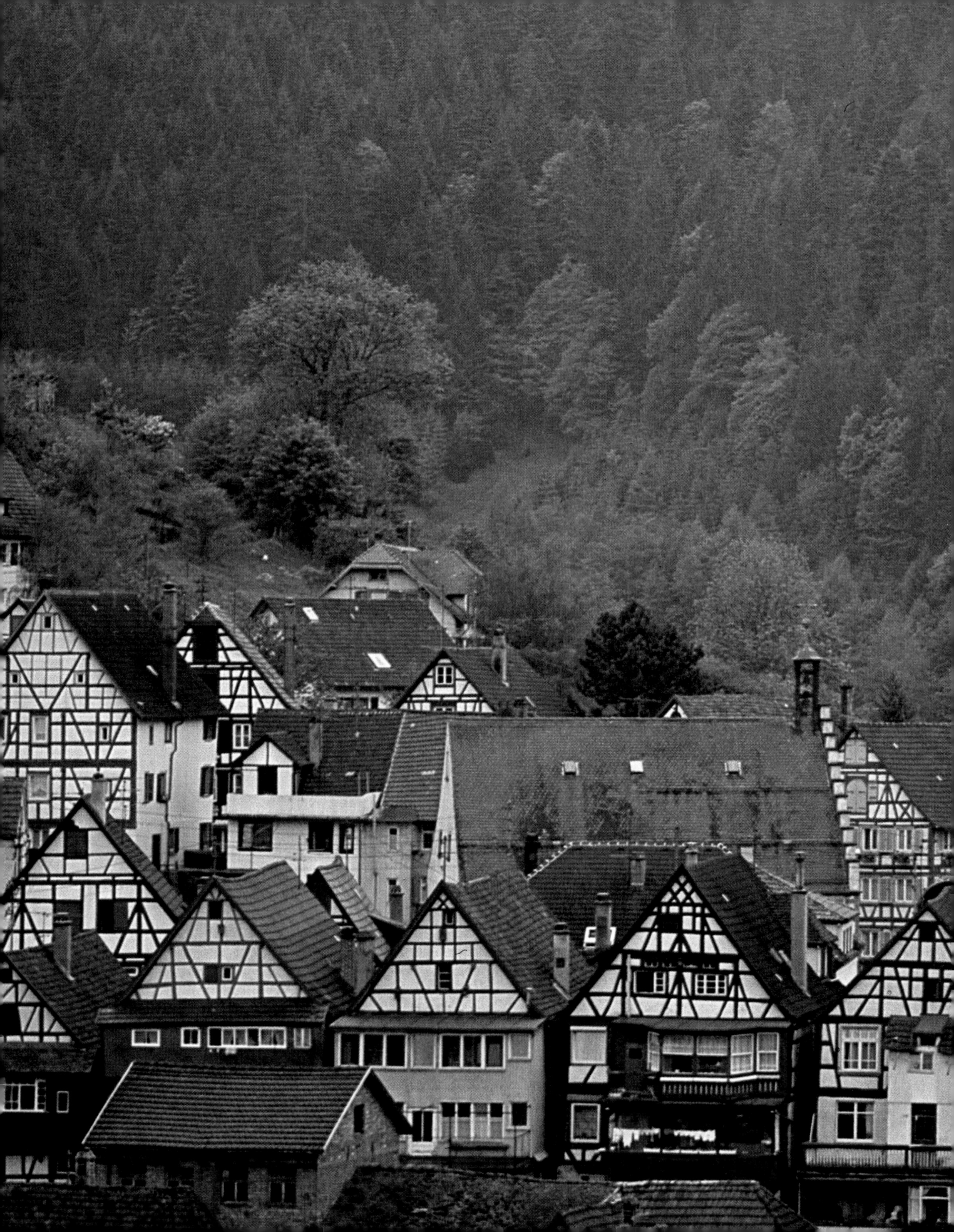

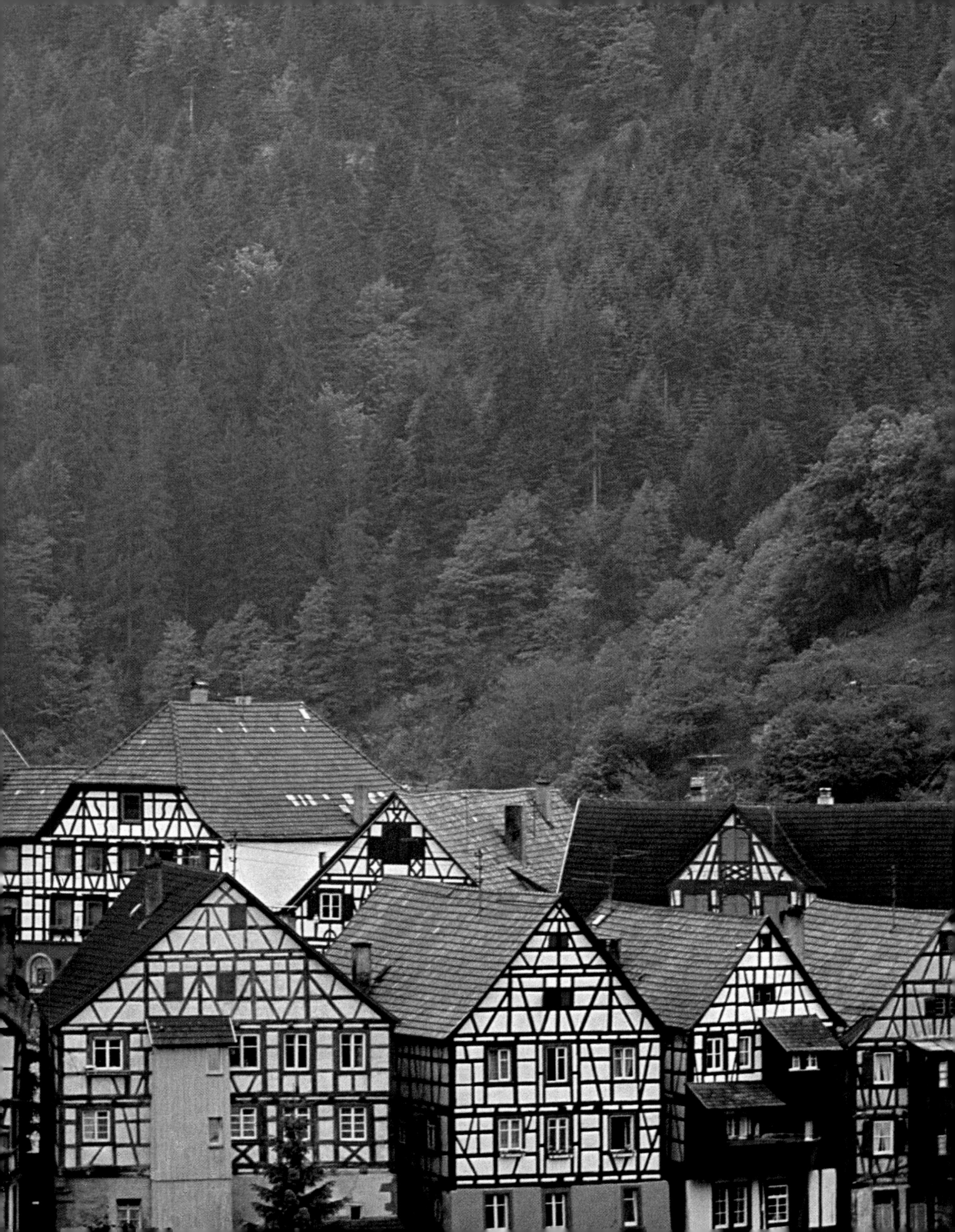

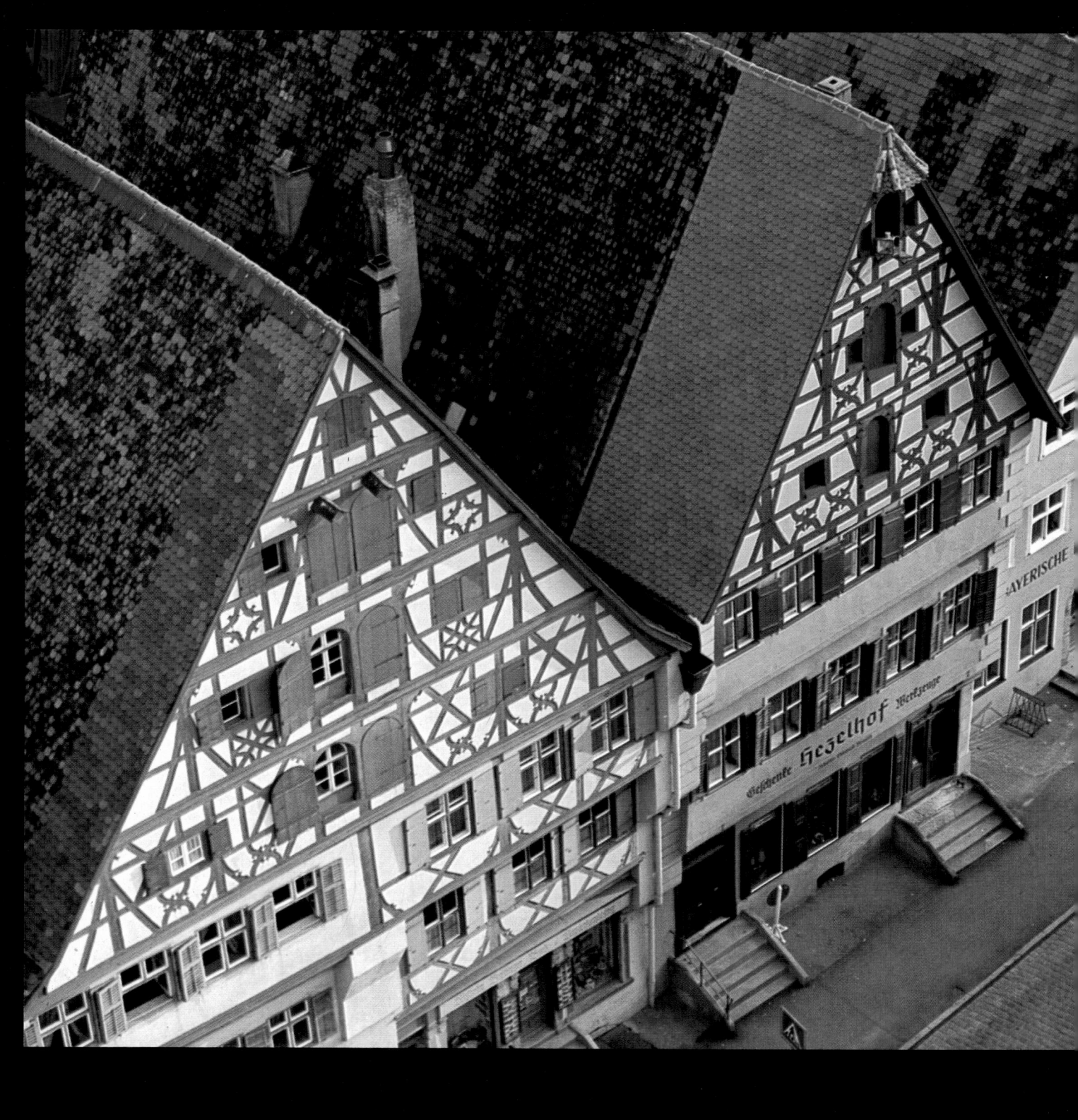

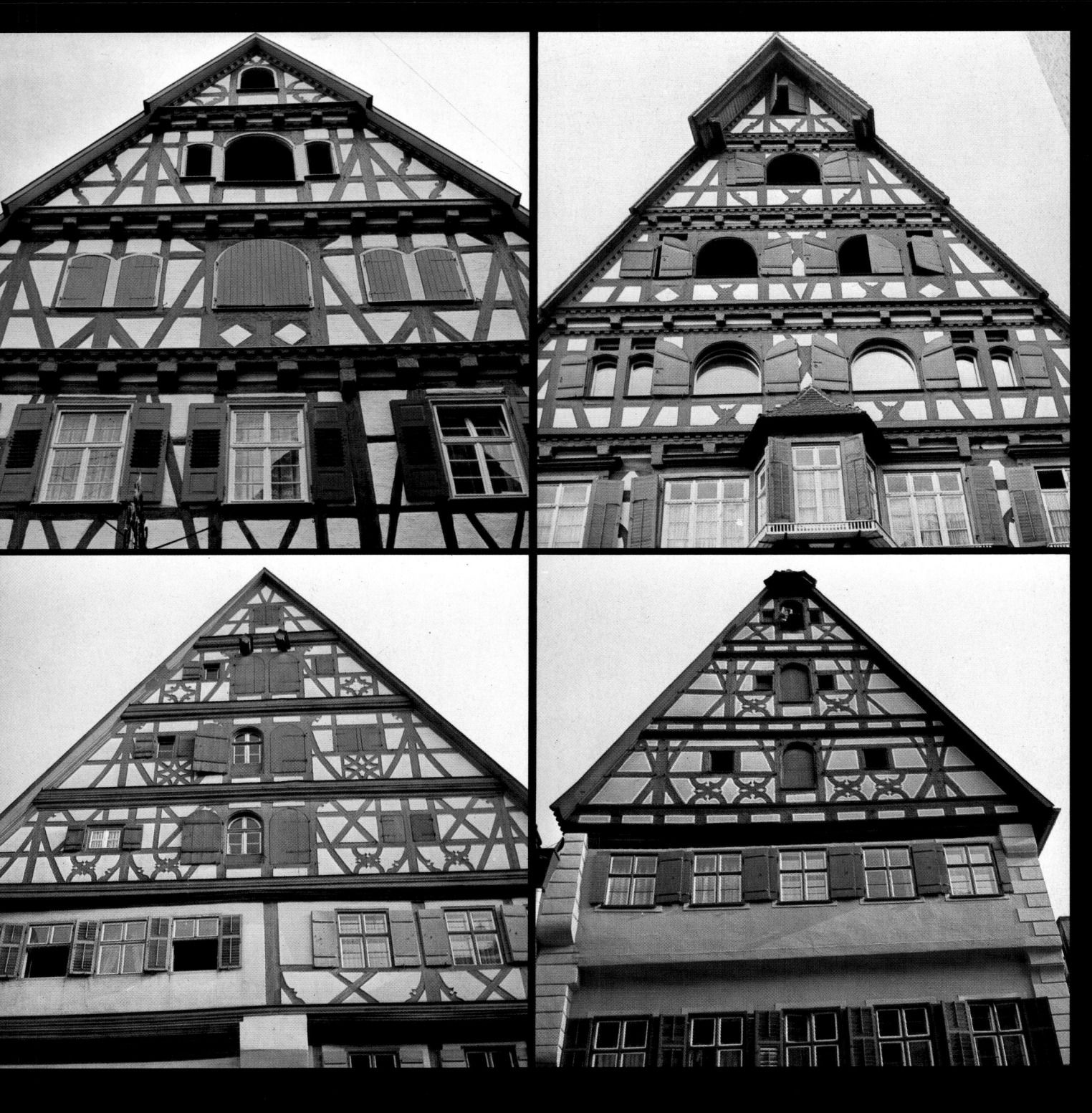

Linke Seite: Dinkelsbühl
Obere Reihe: Giebel in Calw
Untere Reihe: Giebel in Dinkelsbühl

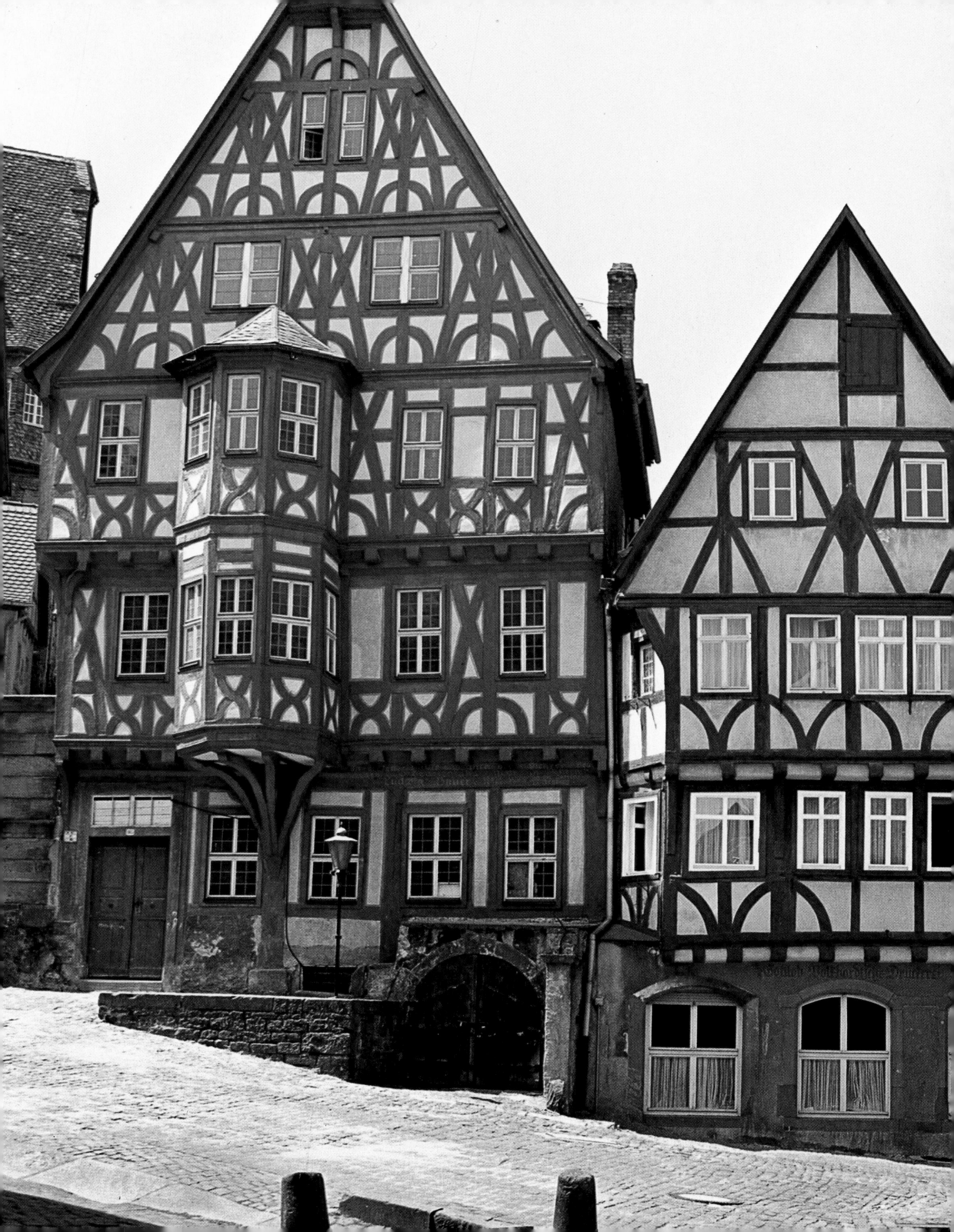

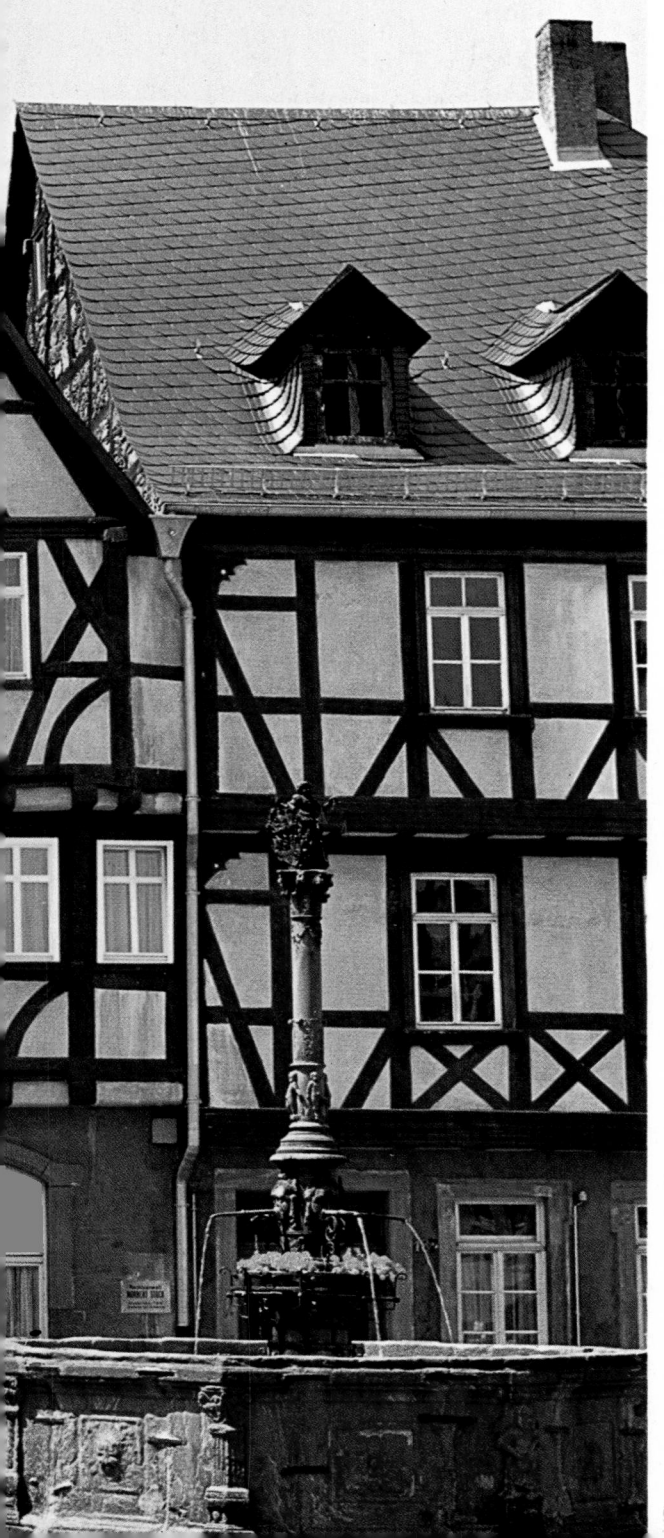

Links: Der Marktplatz von Miltenberg am Main.
Das linke Fachwerkhaus ist noch spätgotisch
Unten: Türe im Rathaus von Rothenburg

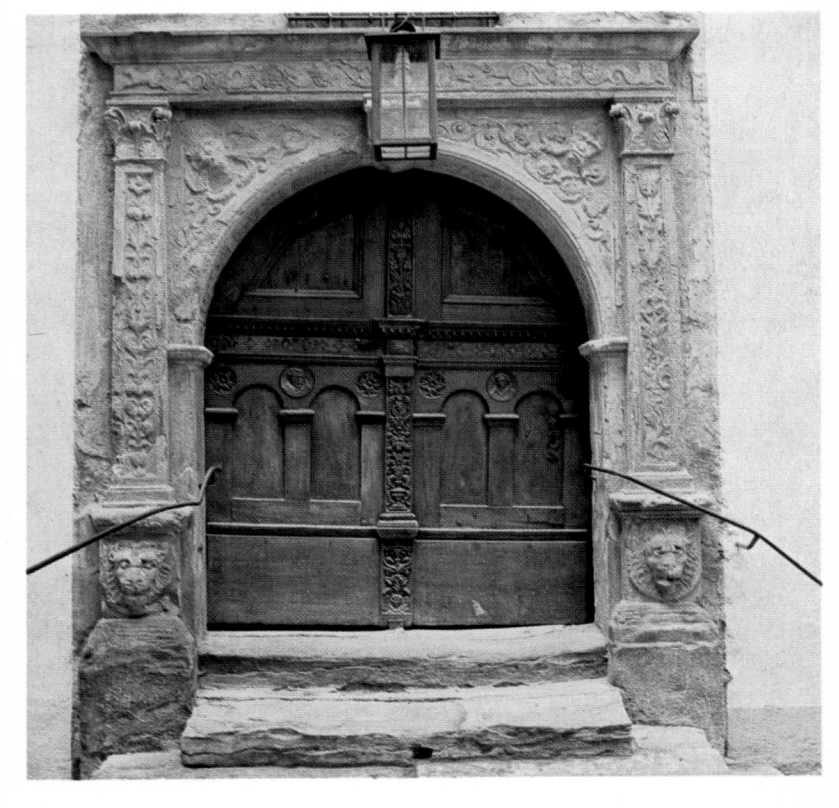

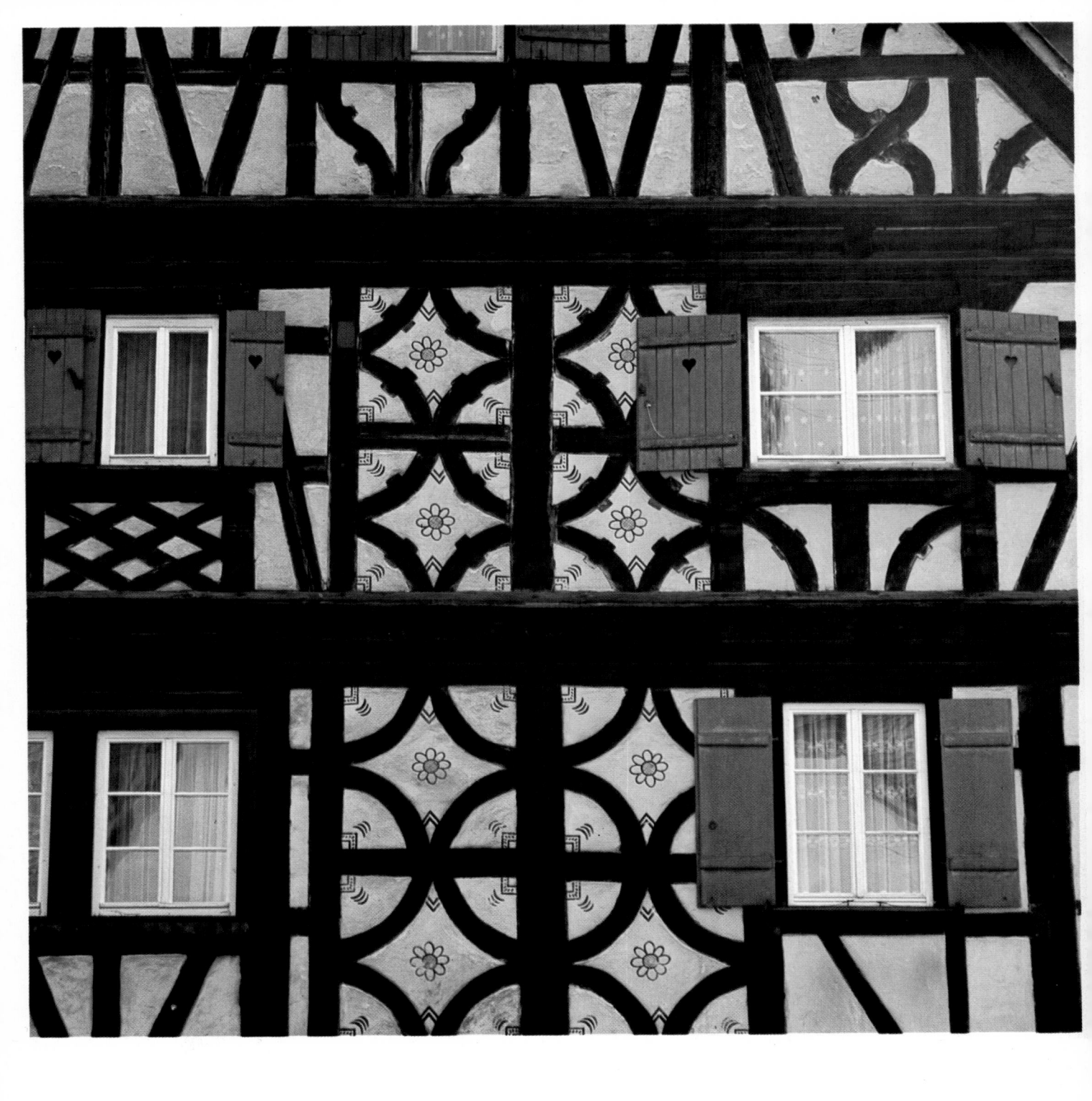

268   Alpirsbach im Schwarzwald

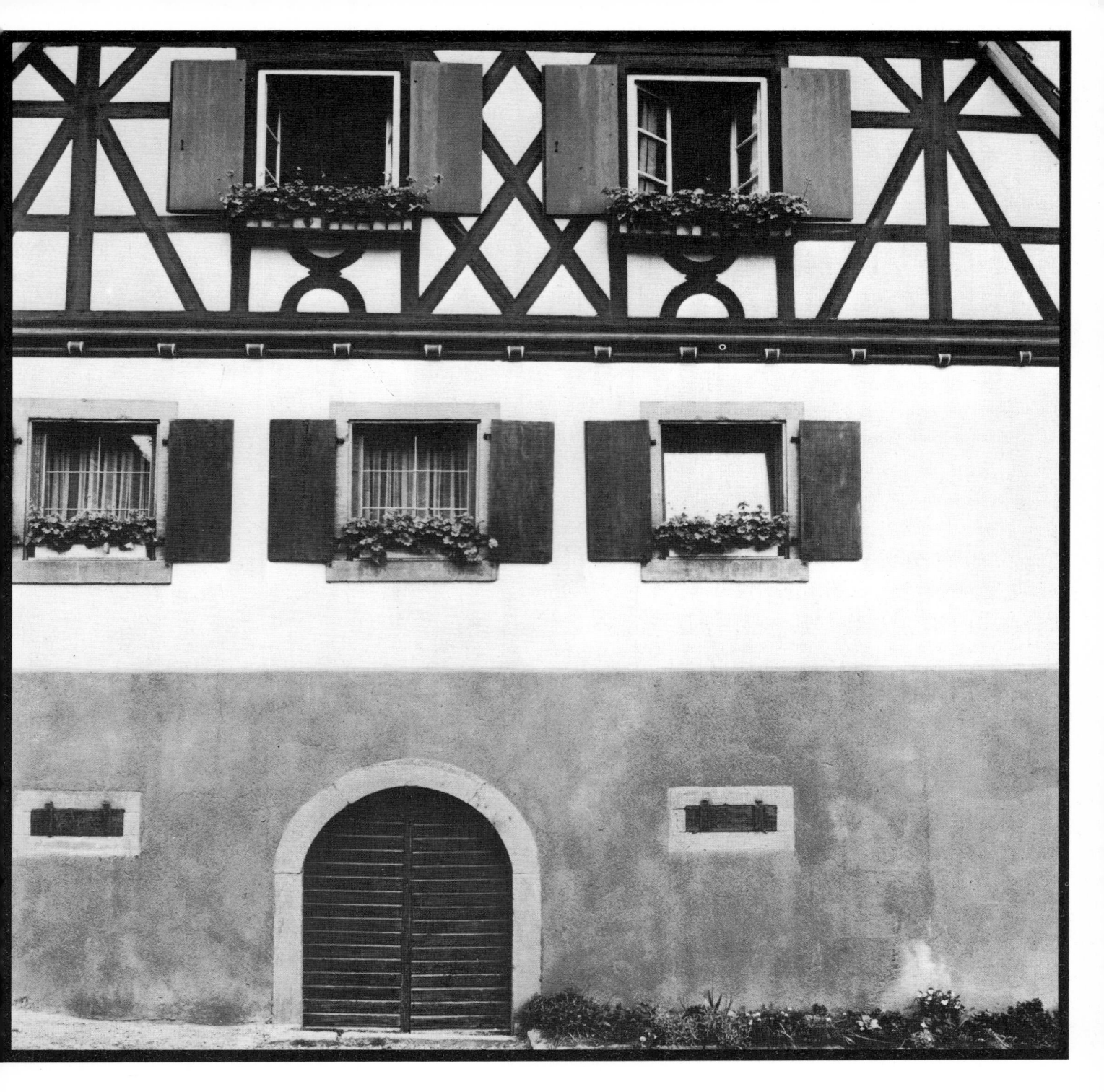

Sasbachwalden in der Ortenau, Haus des Weinhauers Huber

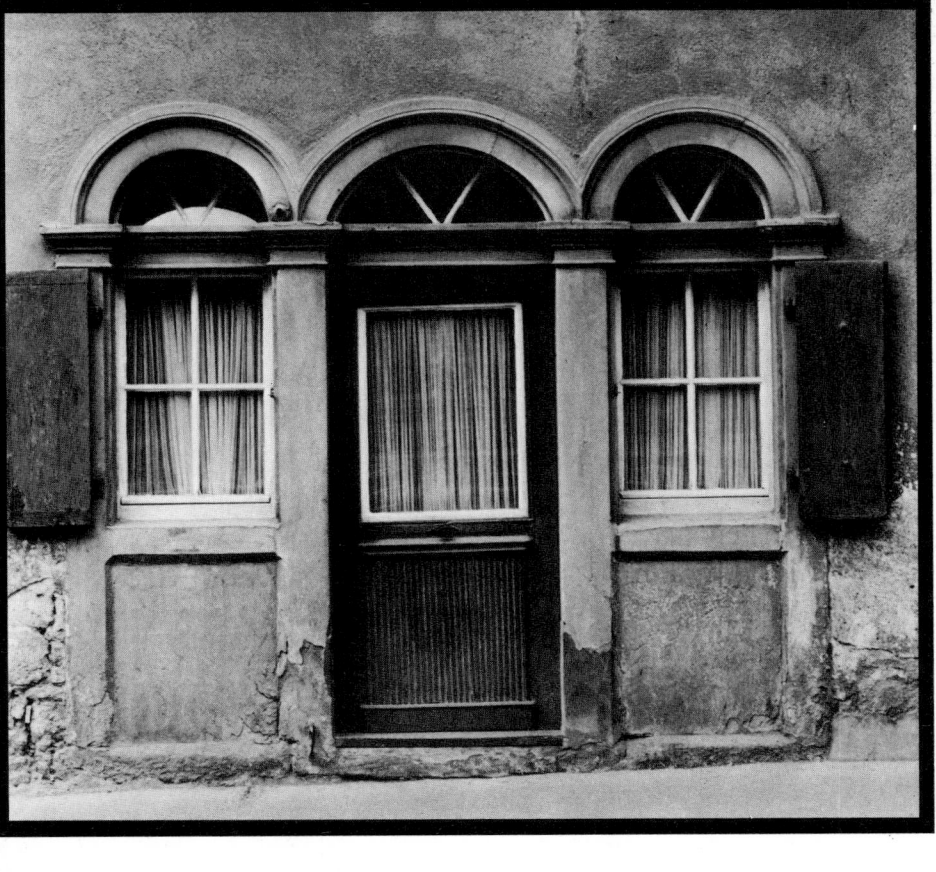

Oben und unten: Ochsenfurt am Main
Rechts: Miltenberg am Main
Folgende Doppelseite: Tür und Tor am Rathaus von Sulzfeld am
Main, 1609

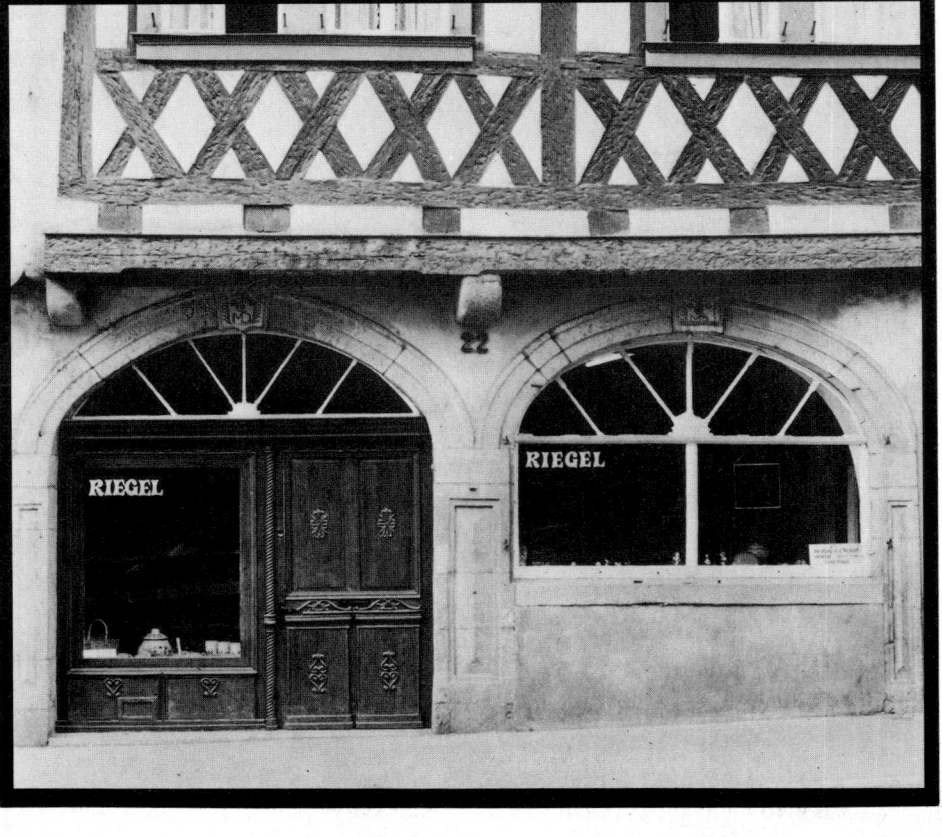

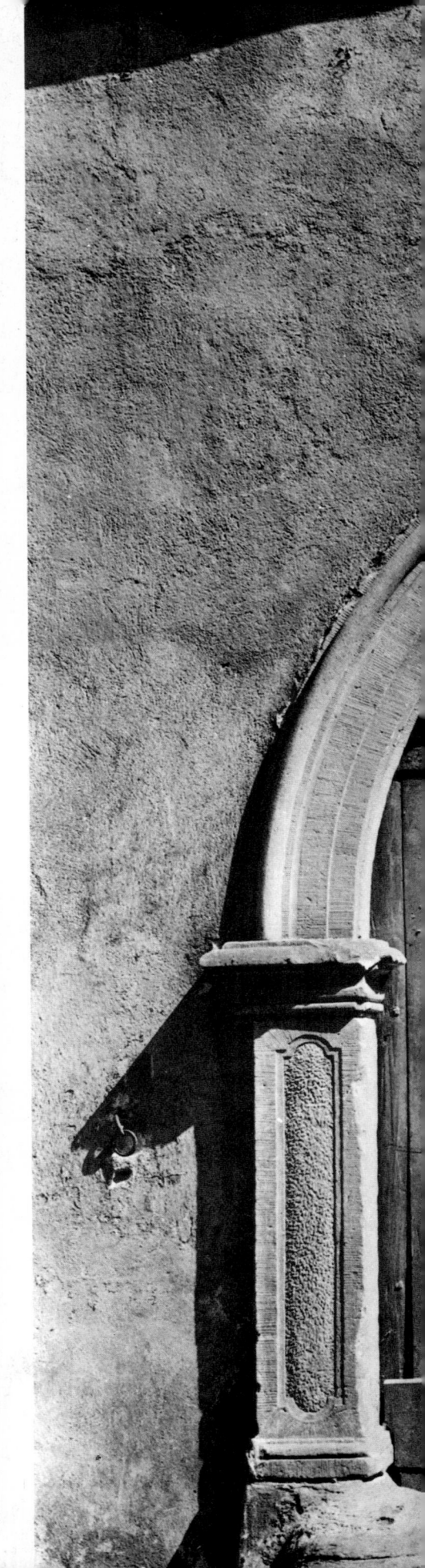

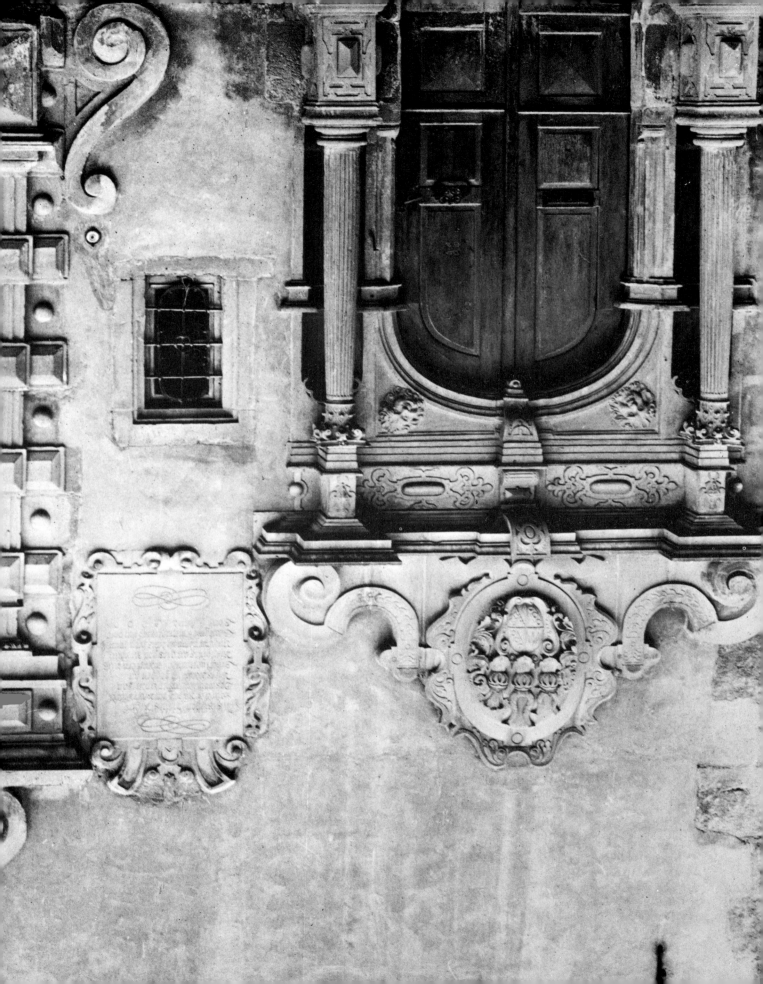

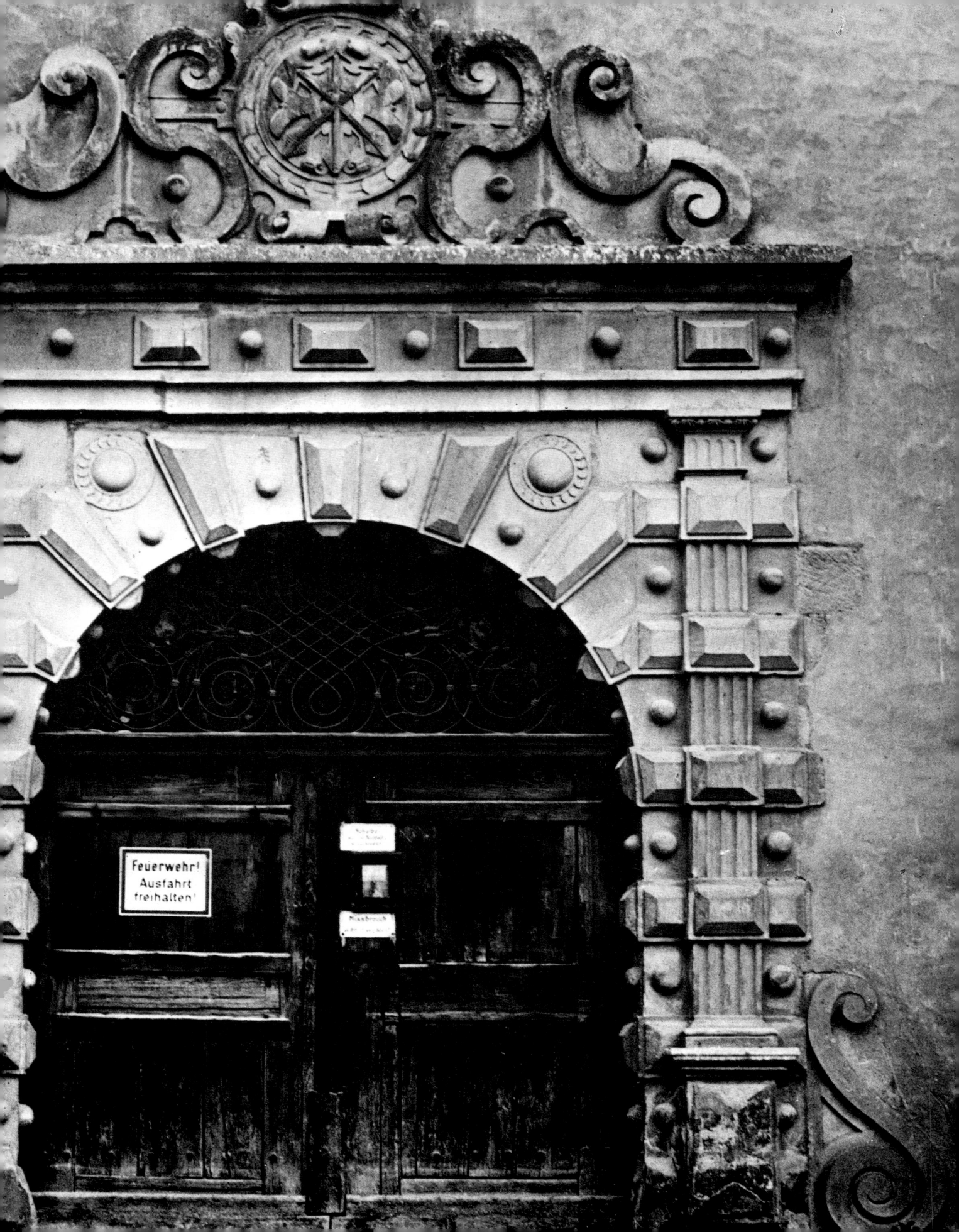

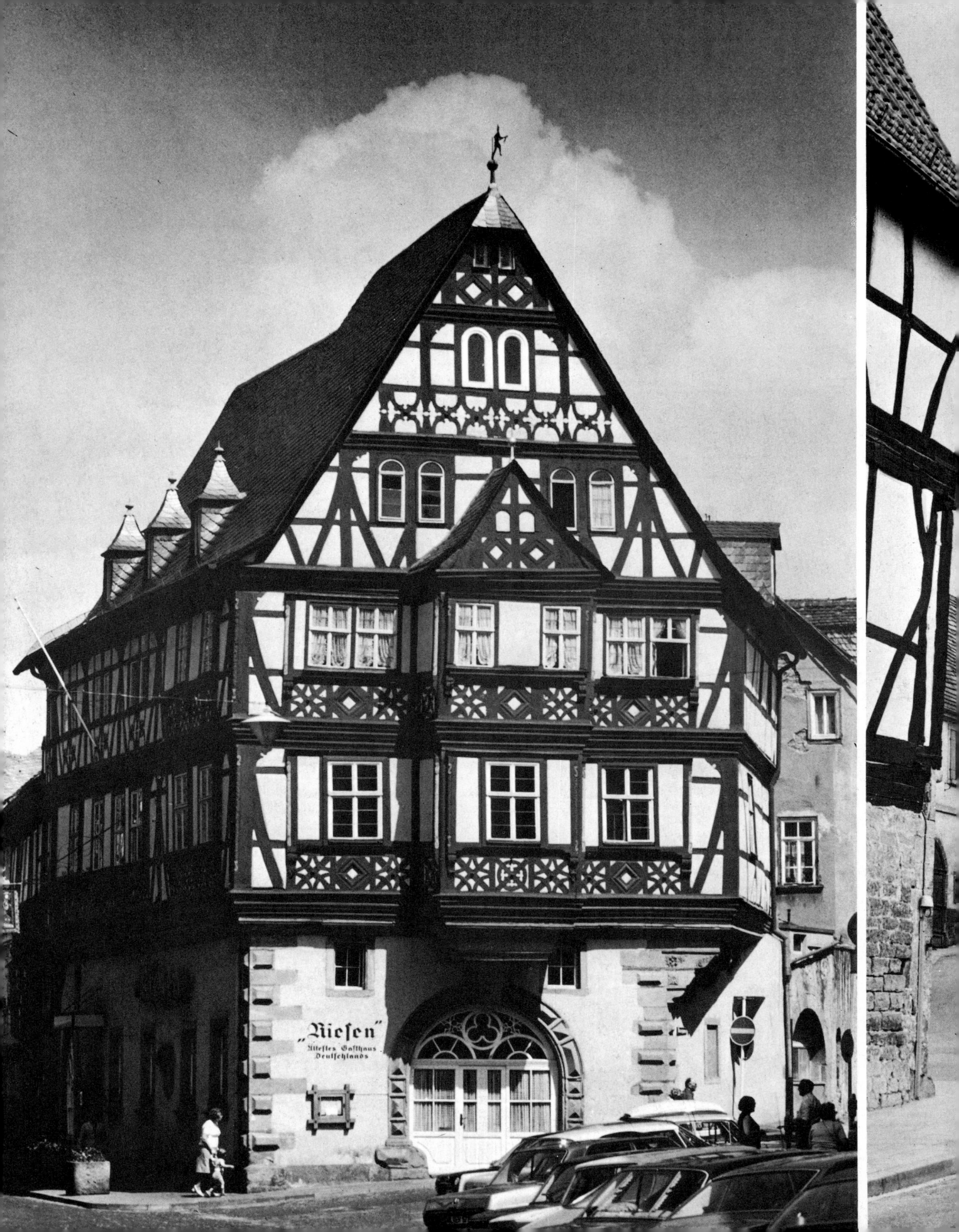

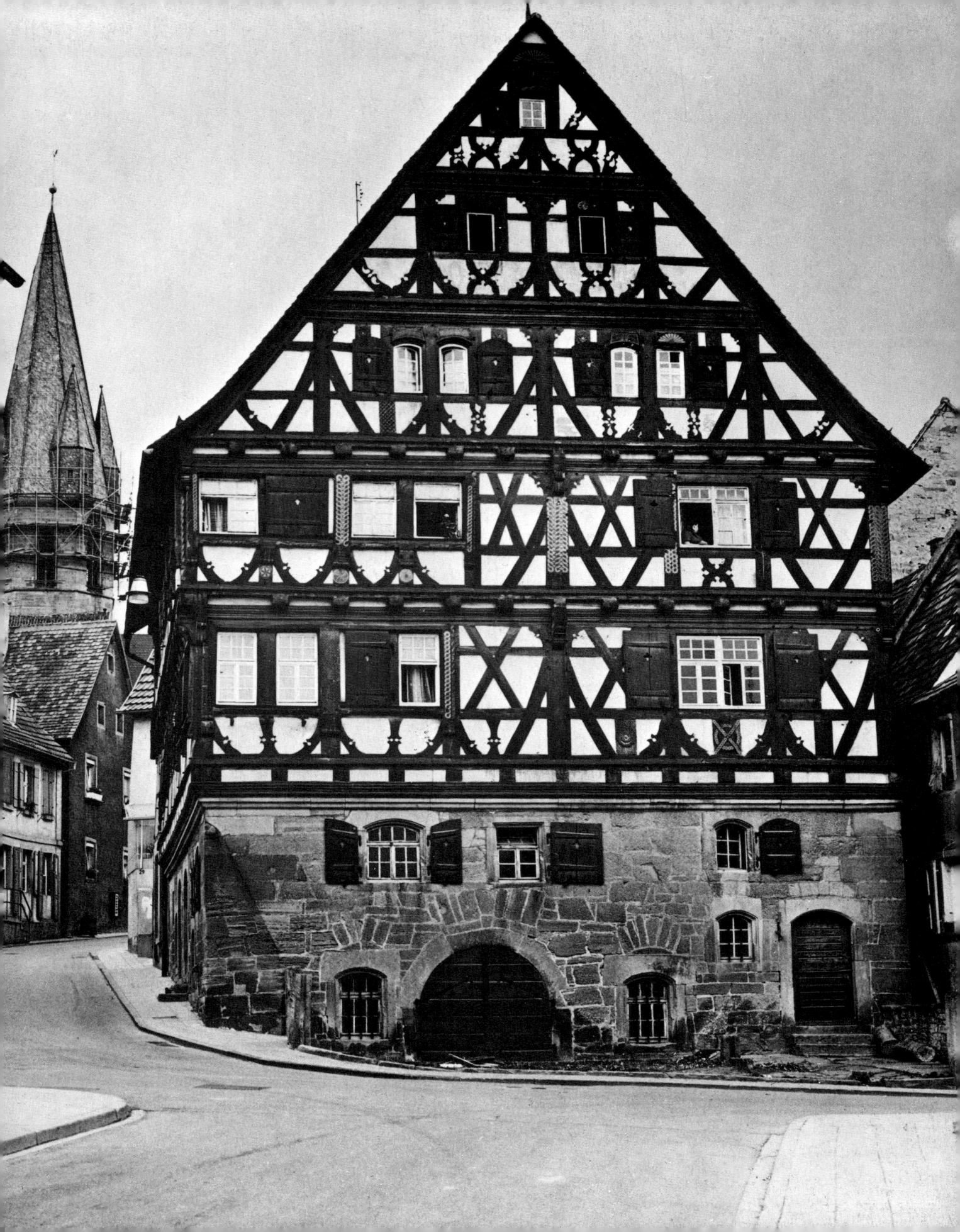

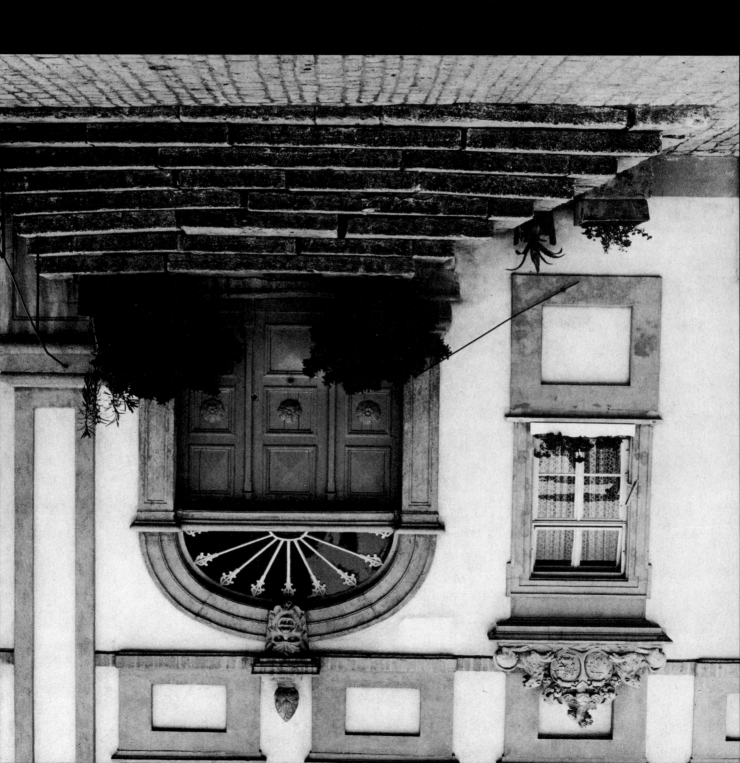

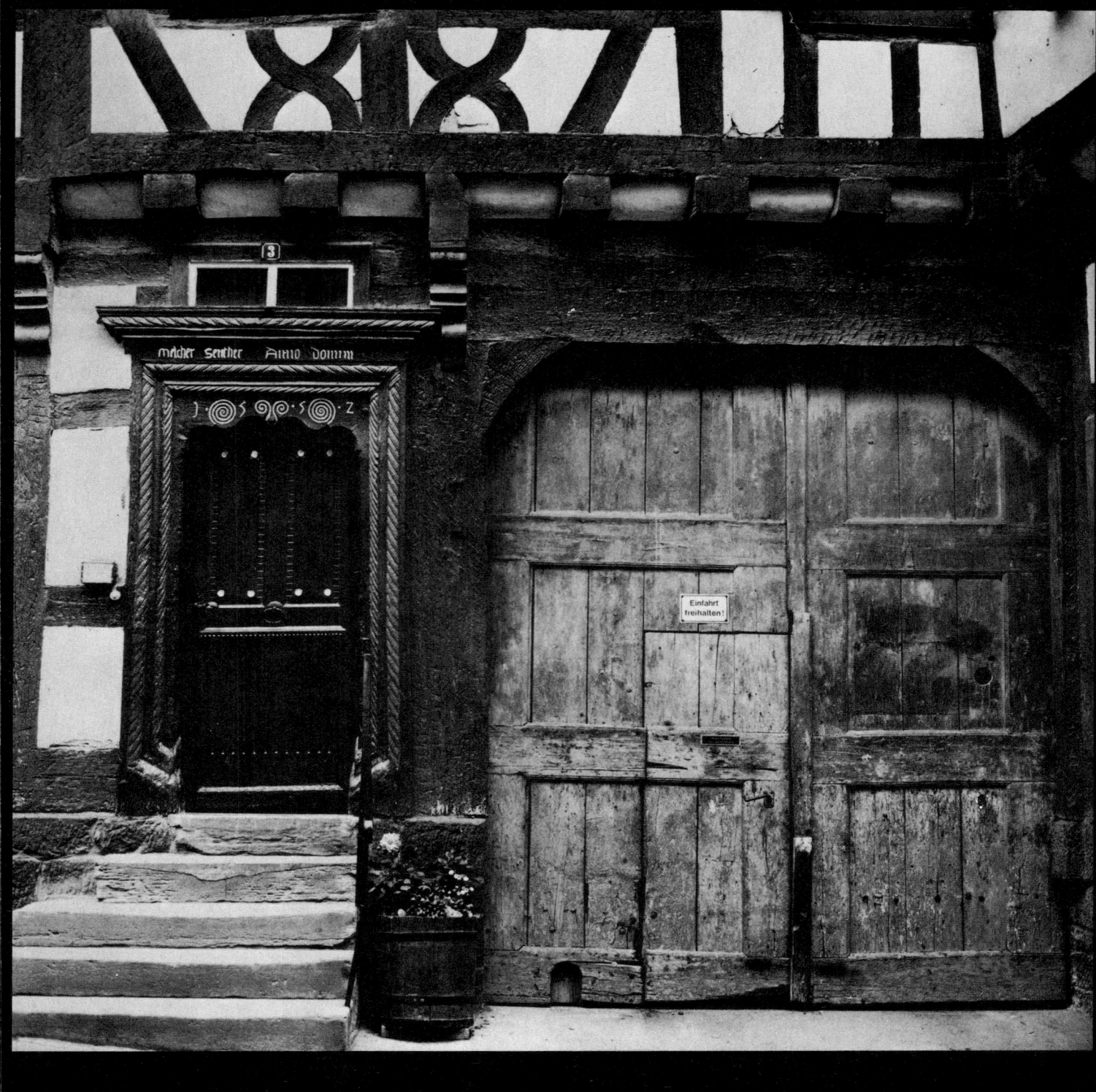

Vorhergehende Seite, links: Miltenberg am Main. Haus „Riesen", 1504
Vorhergehende Seite, rechts: Das Baumannsche Haus in Eppingen in Baden
Linke Seite: Bürgerhaus in Frickenhausen am Main
Oben: Eppingen in Baden, Haus aus dem Jahr 1557

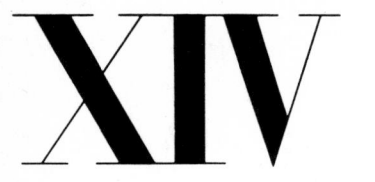

XIV DEGGENDORFER KALVARIE

Wir kamen in der Osterwoche nach Deggendorf an der Donau. Eine niederbayerische Stadt mit einem breiten und noch längeren Platz, in der Mitte freistehend das gotische Rathaus mit dem Uhrturm. Die meisten der alten Bürgerhäuser leider durch die Großmannssucht unserer Zeit, das Nachäffen der Großstadt durch die Kaufleute, restlos verschandelt. Riesige Auslagen mit marktschreierischer Werbung zerreißen die Wandordnung. In die eine Platzhälfte hineinragend die Heilig-Grab-Kirche mit einem der schönsten Barocktürme Bayerns.

An dieser Kirche begann früher ein langer Kreuzweg zum Geyersberg. Er existiert schon lange nicht mehr, aber einen Teil der barocken Sandsteinfiguren hat man hinter der Pfarrkirche aufgestellt, etwas lieblos vor einer Betonstiege, nur die Ölberggruppe ist am Hang zwischen Felsen gut plaziert. Die Figuren sind sehr verwittert, aber trotzdem von starker Ausdruckskraft. Wir standen erschüttert davor. Die Gruppen wie bei einem Passionsspiel, Christus zwischen zwei Kriegsknechten, Geißelung, Dornenkrönung, Kreuztragung, Ecce-Homo. Die Soldaten in barocken Phantasierüstungen, gedrungen, mit gnomenhaft kurzen Beinen, die Bewegung der zum Schlagen erhobenen Arme von unerhörter Brutalität, ordinär — solche Gebärden sieht man bei Raufhändeln in der Vorstadt. Die bösartigen Gesichter sehen durch die Verwitterung wie vom Aussatz befallen aus. Alle sind sie so zerfressen, nur Christus ist davon verschont geblieben. Hat man einen anderen Stein verwendet — oder welches Schicksal waltet hier?

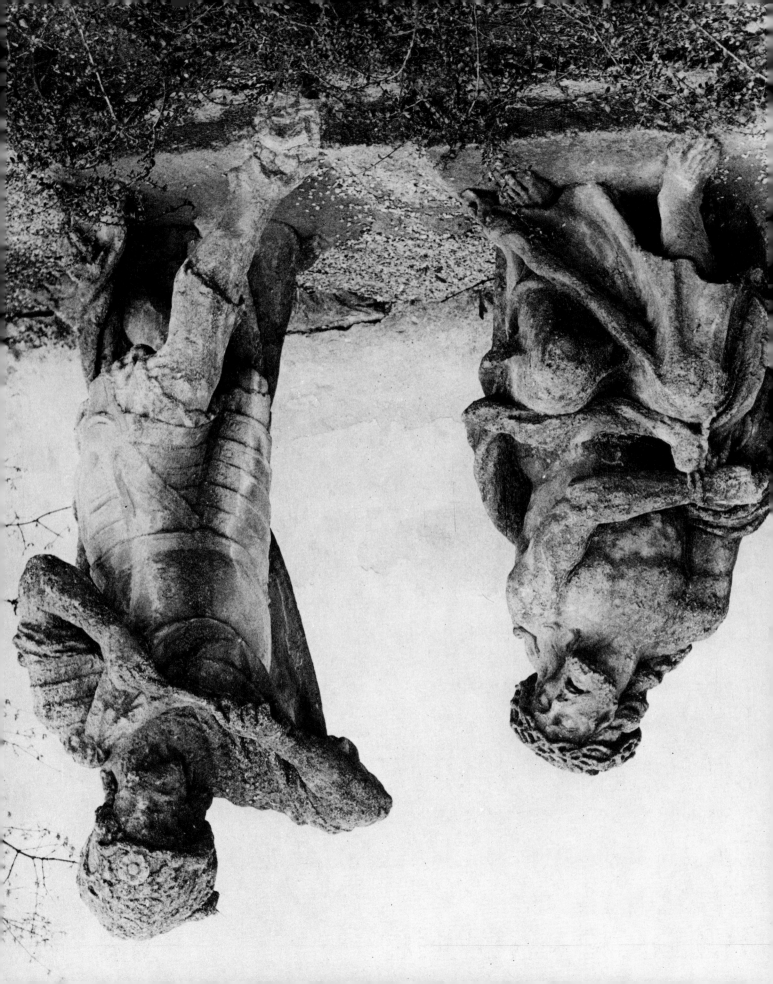

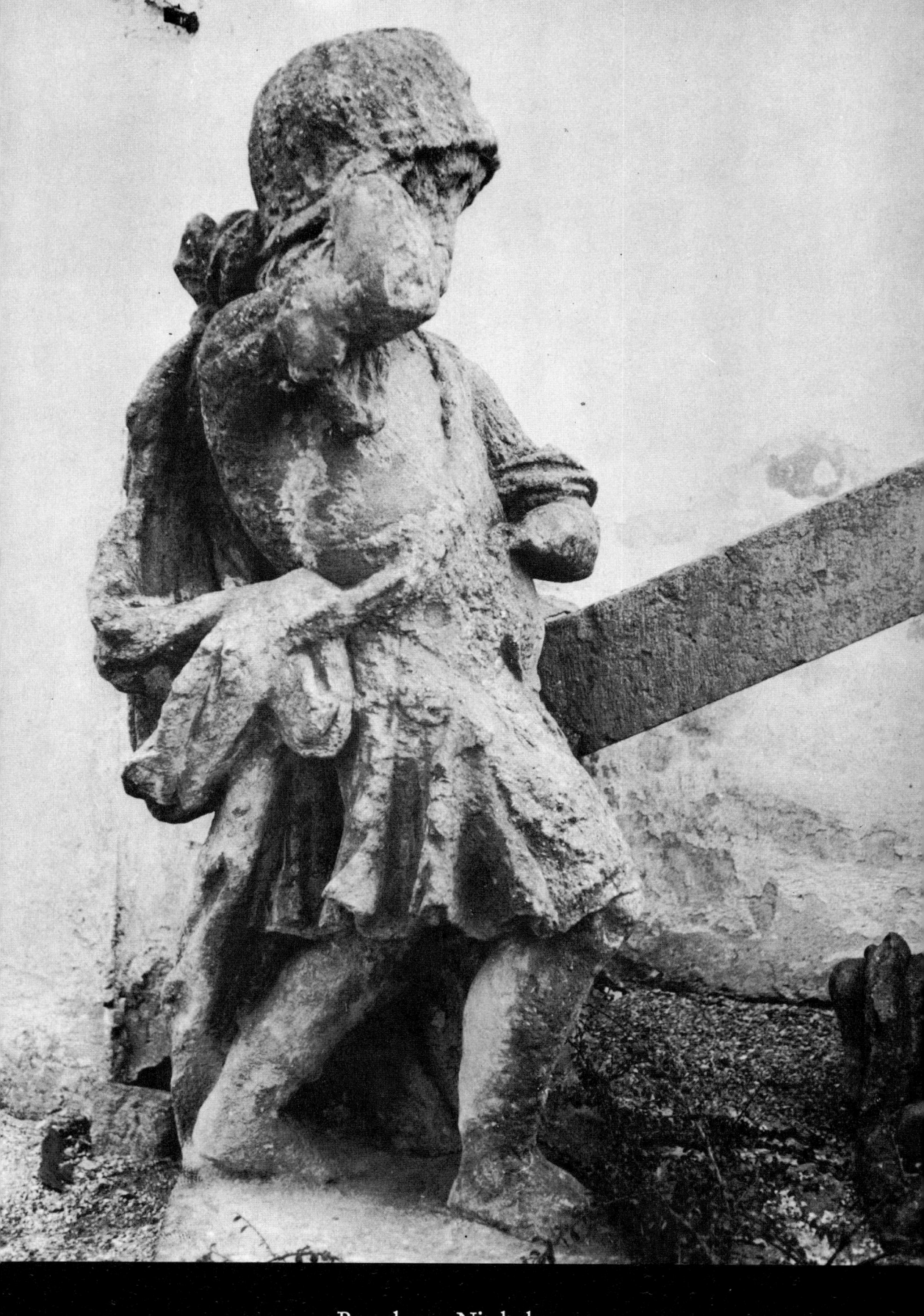

Barock aus Niederbayern:
Die Sandsteinfiguren des Kalvarienbergs von Deggendorf

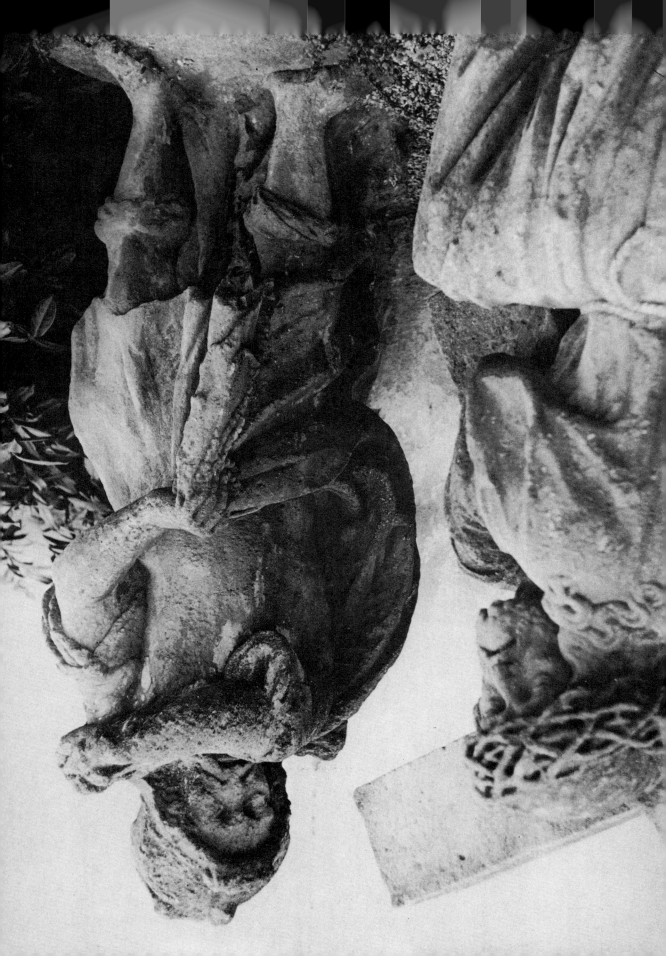

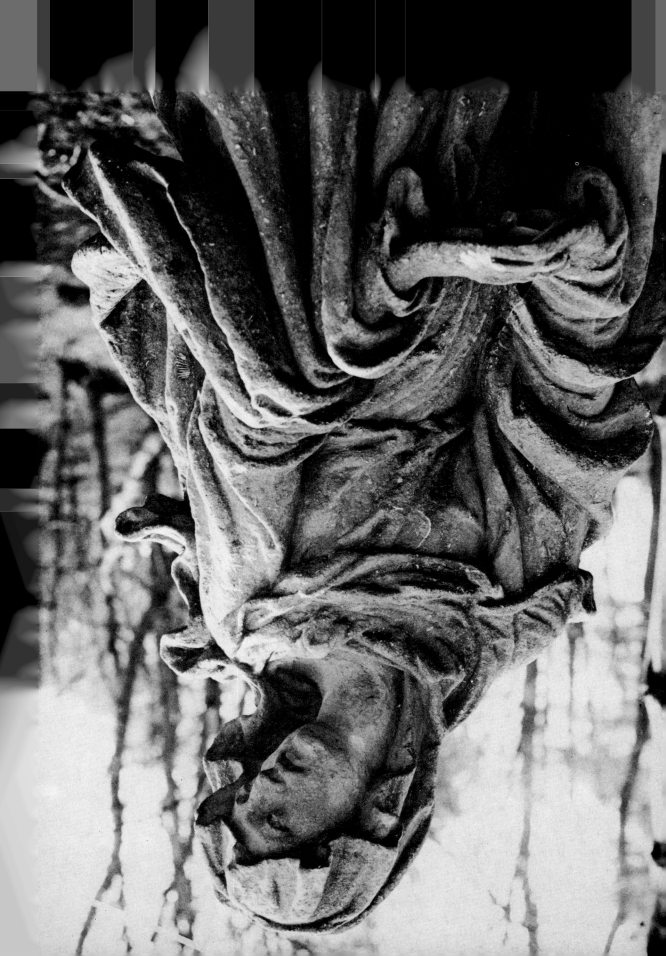

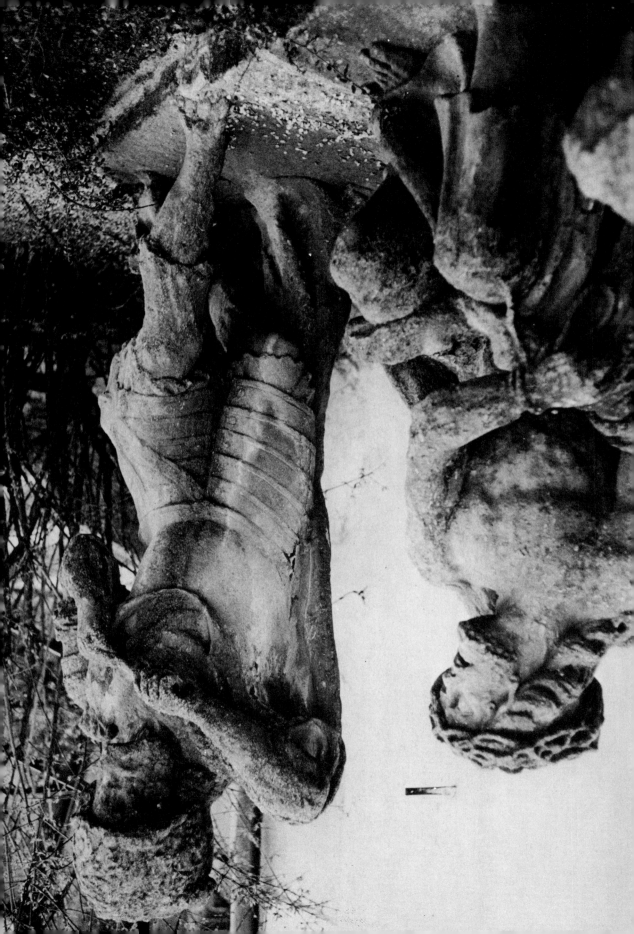

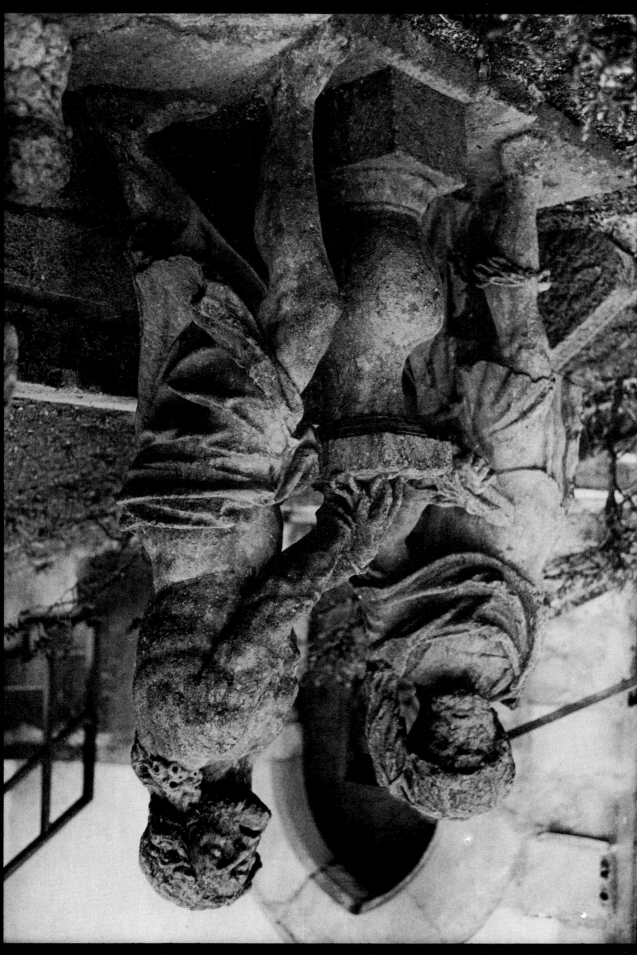

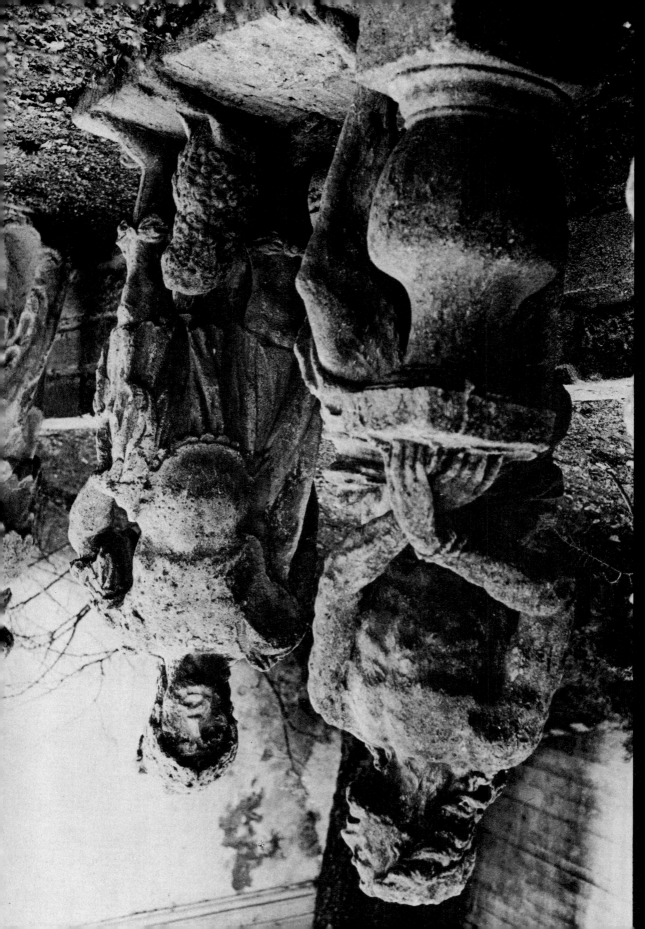

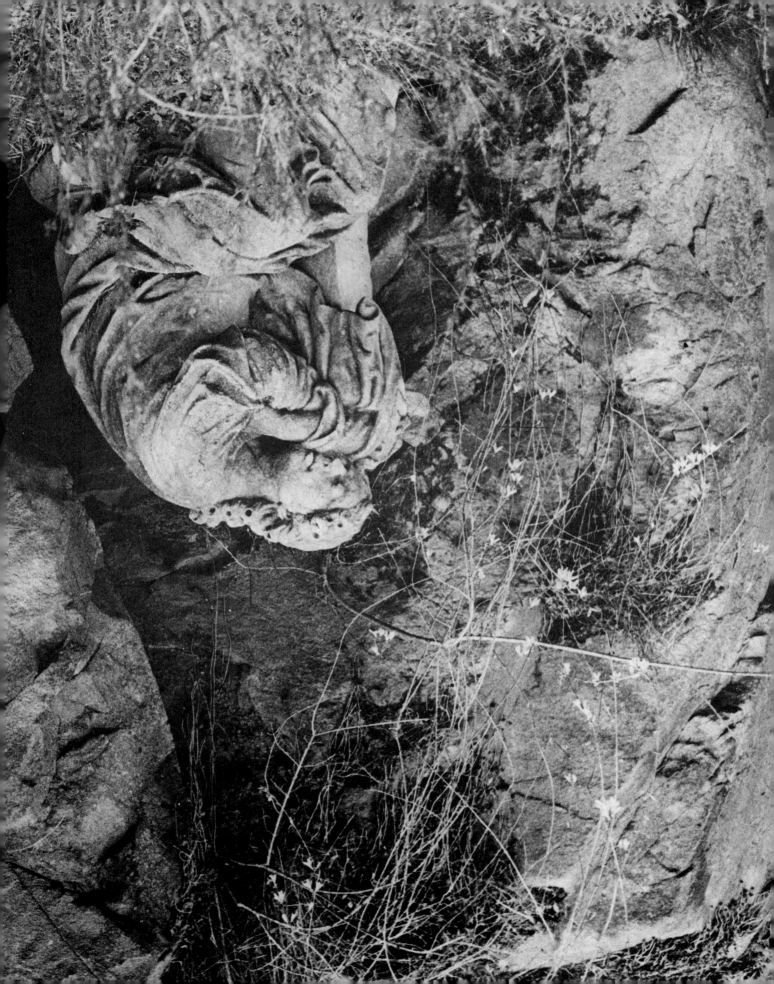

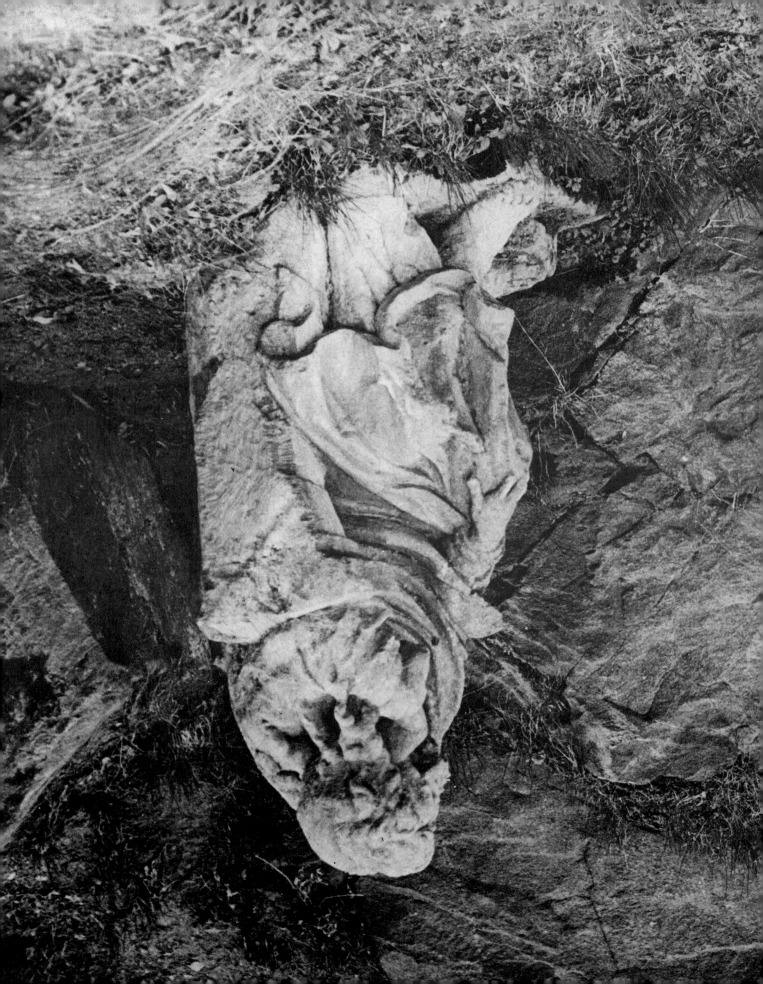

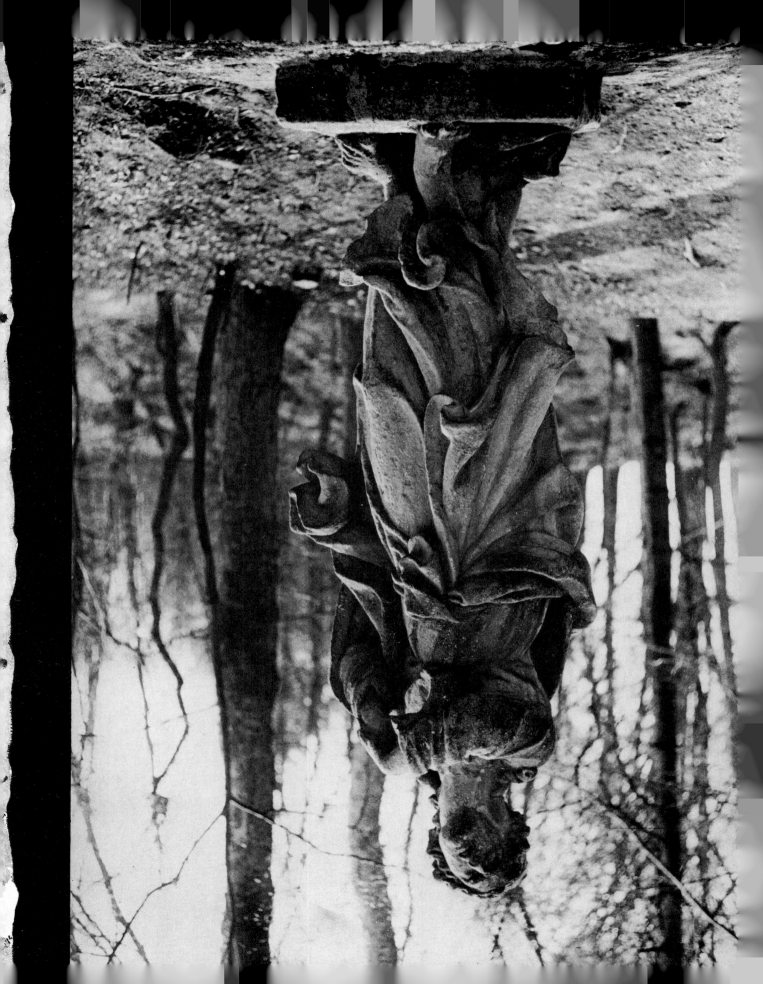